REGIME CONSTITUCIONAL DA ATIVIDADE NOTARIAL E DE REGISTRO

Maurício Zockun

REGIME CONSTITUCIONAL DA ATIVIDADE NOTARIAL E DE REGISTRO

REGIME CONSTITUCIONAL DA ATIVIDADE NOTARIAL E DE REGISTRO
© MAURÍCIO ZOCKUN

Direitos reservados desta edição por
MALHEIROS EDITORES LTDA.
Rua Paes de Araújo, 29, conjunto 171
CEP 04531-940 – São Paulo – SP
Tel.: (11) 3078-7205 – Fax: (11) 3168-5495
URL: www.malheiroseditores.com.br
e-mail: malheiroseditores@terra.com.br

Composição: PC Editorial Ltda.
Capa:
Criação: Vânia Amato
Arte: PC Editorial Ltda.

Impresso no Brasil
Printed in Brazil
09.2018

Dados Internacionais de Catalogação na Publicação (CIP)

Z84r   Zockun, Maurício.
      Regime constitucional da atividade notarial e de registro / Maurício Zockun.
  – São Paulo : Malheiros, 2018.
      288 p. ; 21 cm.

      Inclui bibliografia e índice.
      ISBN 978-85-392-0426-7

      1. Direito notarial e registral - Brasil. 2. Registros públicos. I. Título.

      CDU 347.961.1(81)
      CDD 346.810438

Índice para catálogo sistemático:
1. Direito notarial e registral : Brasil   347.961.1(81)
(Bibliotecária responsável: Sabrina Leal Araujo – CRB 8/10213)

*"Às vezes você deseja ler um livro e esse livro não existe.
Então, você acaba escrevendo o livro
que esperava que outra pessoa o tivesse escrito
para que você pudesse ler"*

(Peter Burke).

À Aurora e ao Ivan, que derramam alegria e felicidade no meu coração a cada despertar. Vocês são a razão da minha vida.

À Carol, cujas lembranças que salpicam em minha memória sempre me fazem sorrir e confirmam que a paixão juvenil dos primeiros dias acabou fixando residência no meu espírito e no meu coração.
Cada dia ao seu lado soa como o nosso primeiro encontro.
Eu te amo princesa.

NOTA INTRODUTÓRIA

Este trabalho é fruto do espírito de três almas generosas.

Em 2008, Marco Aurélio de Carvalho, ex-Presidente do Centro Acadêmico 22 de agosto, da Faculdade de Direito da PUC/SP, auxiliava a realização do que seriam as I Jornadas Institucionais da ANOREG/SP. Pediu, então, à sua sempre professora Weida Zancaner que indicasse alguns nomes do meio acadêmico que pudessem contribuir para o evento, tratando da atividade notarial e de registro sob a ótica do direito público.

A professora Weida sugeriu três nomes: Prof. Celso Antônio Bandeira de Mello, Prof. Silvio Luís Ferreira da Rocha e, derradeiramente, o meu, todos prontamente aceitos por Marco Aurélio. Entretanto, tinha plena consciência que a lembrança do meu nome decorria de ato de extrema generosidade, que se somava a outros tantos que Weida Zancaner fazia e continua fazendo, e dos quais nunca me esqueço.

Naquele tempo Marco Aurélio e eu mantínhamos afável convívio social. Como o tema envolvia múltiplos profissionais da área, aí se incluindo magistrados, políticos, notários e registradores, membros do Conselho Nacional de Justiça, era grande a possibilidade de opiniões conflitantes. Marco Aurélio, temeroso pela possibilidade de minha fala inflamar ainda mais o debate, contatou-me perguntando, muito habilmente, minhas opiniões sobre o tema proposto. Percebendo a apreensão em sua voz, disse a ele que ficasse tranquilo, pois tudo correria muito bem. Nunca soube se minhas palavras o acalmaram ou aumentaram a sua angústia.

De todo modo, Marco mal sabia que a intranquilidade e apreensão pesavam sobre os meus ombros, pois muito pouco sabia do tema que me havia sido confiado. Era um jejuno na matéria.

Passei dias a fio estudando o regime jurídico da atividade notarial e de registro, ressentindo, já naquele tempo, de um estudo que esqua-

8 REGIME CONSTITUCIONAL DA ATIVIDADE NOTARIAL E DE REGISTRO

drinhasse o regime constitucional dessa atividade pública. De todos os textos sobre os quais me debrucei, apenas um me reconfortou: um parecer da lavra do Professor Celso Antônio Bandeira de Mello, elaborado a propósito da criação e extinção de serventias extrajudiciais.

E lá segui para as I Jornadas Institucionais da ANOREG/SP abordando tema que, inclusive, integra esta obra. Com a mente desgarrada de balizas mais específicas a respeito desta atividade pública, esquadrinhei a questão a partir dos elementos cardiais do direito público que me pareciam aplicáveis.

Terminada a fala, emergiram do salão Marco Aurélio – com semblante bastante aliviado – na companhia de um senhor chamado Claudio Marçal, simpatia em forma de gente. A prosa foi rápida e agradável.

Nos dias seguintes à fala, reuni-me com Marco Aurélio e o tão amável Claudio Marçal, passando a tratar de temas relacionados à atividade notarial e de registro.

Com o passar do tempo, tomei consciência que Cláudio Marçal era prodigiosamente conhecedor da matéria. Homem dotado de um raciocínio jurídico refinado e aguçado, que a partir de então passei a admirar. Não conhecia – e ainda não conheço – pessoa que saiba mais profundamente da atividade notarial e de registro do que Cláudio Marçal. Quem tomava e ainda toma nota das suas falas sou eu, e não o reverso.

Marco Aurélio, então, era capaz de fazer conexões sobre múltiplos aspectos jurídicos e legislativos que granjeiam a atividade notarial e de registro, mostrando que a solução a certos gargalos ou males não deveriam ser necessariamente alcançados na ponta da pena de um magistrado. Ficava, e ainda fico, impressionado com essa singular habilidade de Marco.

E foi por força destas três almas generosas – Weida Zancaner, Marco Aurélio de Carvalho e Claudio Marçal – que, em ato de autêntica e desinteressada bondade, permitiu que eu me aproximasse das questões afetas à atividade notarial e de registro e que, ao final, culminou com este estudo.

A vocês, a quem a vida me permitiu conhecer e cuja companhia é sempre motivo de alegria: muito obrigado!

AGRADECIMENTOS

À sogra do coração, Weida Zancaner, pela confidente amizade de todos os dias.

À Gabi, muito obrigado pelo apoio e carinho constante.

Ao querido Prof. Celso Antônio Bandeira de Mello, cujas palavras nos momentos mais difíceis revigoraram o meu espírito e fizeram-me perceber que os altos e baixos são fatos inatos à vida. Muito obrigado pelas lições de vida e de direito.

À minha querida Mãe, obrigado pela educação e pelo amor de ontem e de hoje.

Ao meu pai, Oleg Zockun, cuja doce memória da minha infância me inspira para ser um pai melhor a cada dia.

Ao meu irmão, Victor Zockun, de quem me orgulho cada dia mais e mais e, como irmão mais velho, sempre tem uma boa palavra a dizer. É muito bom tê-los novamente junto a nós: você, Paulinha, Lu e Teté.

A você, Fábio, meu amigo-irmão que mora no meu coração, na boa companhia do primo-irmão Marcelo.

Aos queridos Felipe e Igor, alunos de ontem e amigos de hoje. Muito obrigado pelo incondicional apoio nesta longa jornada.

A vocês, razão de ser da minha vida que, cada um, ao seu modo, muda o eixo de minha existência e atesta o amor incondicional: Carol, Ivan e Aurora. Nada pode ser mais divertido do que ser pai e marido.

SUMÁRIO

NOTA INTRODUTÓRIA 7

AGRADECIMENTOS 9

INTRODUÇÃO 15

CAPÍTULO I – A NATUREZA JURÍDICA DA ATIVIDADE NOTARIAL E DE
REGISTRO

1.1 As atividades públicas e privadas na ordem constitucional

    1.1.1 Considerações propedêuticas: a finalidade do Direito 19

    1.1.2 A "plenitude da ordenação" 20

    1.1.3 Direito público e direito privado: categorias constitucionais 24

1.2 As atividades públicas e privadas à luz da Constituição da República e as funções administrativa e jurisdicional 31

    1.2.1 As funções administrativa e jurisdicional e os seus conceitos 34

    1.2.2 Atividades estatais desempenháveis no exercício da função administrativa e a atividade notarial e de registro 37

CAPÍTULO II – O EXERCÍCIO DAS ATIVIDADES PÚBLICAS

2.1 Transferência da atividade pública e transferência do exercício da atividade pública

    2.1.1 A função pública como competência pública 41

    2.1.2 A classificação das competências públicas: competência pública in abstrato *e* in concreto 43

    2.1.3 Regime jurídico das competências públicas in abstrato *e* in concreto 45

        2.1.3.1 Delegação como transferência de competência pública *in concreto* 45

12 REGIME CONSTITUCIONAL DA ATIVIDADE NOTARIAL E DE REGISTRO

2.1.3.2 Parcial proibição à delegação de competência pública *in abstrato* 47

2.1.3.3 Objeto delegável da competência pública *in concreto* 51

2.1.4 *Limites constitucionais* formais *à chamada* despublicização *das atividades estatais* 54

2.1.5 *Limites constitucionais substantivos à chamada despublicização das atividades estatais* 59

2.1.6 Publicização *de atividades privadas* 60

2.2 Exercício público e o exercício delegado das atividades públicas 62

2.2.1 *Modalidades de delegação da competência pública* in concreto *e o seu exercício* 63

CAPÍTULO III – **O CONTEÚDO JURÍDICO DA ATIVIDADE NOTARIAL E DE REGISTRO**

3.1 Mutação constitucional da atividade notarial e de registro 74

3.2 Atividades estatais concretizadas por meio da função notarial e de registro: uma definição constitucional por referência 76

3.3 A presunção de legitimidade dos atos estatais e a fé pública *dos* atos notariais e de registro 83

3.3.1 *A fé pública dos atos estatais* 83

3.3.2 *A presunção de validade dos atos estatais e a sua fé pública* 88

3.3.3 *A* fé pública *dos atos notariais e de registro e seus efeitos* 97

CAPÍTULO IV – **A ATIVIDADE NOTARIAL E DE REGISTRO COMO FUNÇÃO ADMINISTRATIVA**

4.1 A função notarial e de registro como atividade jurídica estatal 100

4.2 O emprego do regime de contraprestação da atividade notarial e de registro para identificação da sua natureza jurídica 102

4.3 O sentido amplo de serviço público e a atividade notarial e de registro 105

4.4 A função notarial e de registro como função pública 106

4.4.1 *A função notarial e de registro como função jurisdicional* 108

4.4.2 *A função notarial e de registro como jurisdição voluntária* 112

SUMÁRIO   13

CAPÍTULO V – COMPETÊNCIA LEGISLATIVA EM MATÉRIA NOTARIAL E
DE REGISTRO

5.1 Introdução 118

**5.2 Cumulativa competência legislativa dos entes políticos para
tratar da atividade notarial e de registro**

   *5.2.1 Critério de segregação da competência legislativa da ati-
vidade notarial e de registro* 120

**5.3 O Congresso Nacional como Poder Legislativo da União e da
Nação** 120

   *5.3.1 A mutação constitucional da atividade notarial e de regis-
tro* 122

   *5.3.2 A mutação constitucional no desempenho da atividade
notarial e de registro* 124

**5.4 Edição de normas gerais quanto à delimitação da atividade
notarial e de registro** 127

   *5.4.1 O fundamento constitucional para o regramento da ativi-
dade notarial e de registro* 129

   *5.4.2 A mutação da atividade notarial e de registro por meio de
lei* 133

**5.5 Edição de normas para criação, transformação e extinção de
serventias extrajudiciais** 136

   5.5.1 Conceito e natureza da serventia extrajudicial 138

   *5.5.2 Disciplina normativa para criação, transformação e extin-
ção das serventias extrajudiciais* 140

   *5.5.3 Acumulação, desacumulação, anexação e desanexação de
serventias extrajudiciais* 147

**5.6 Edição de normas gerais relativas ao preenchimento das serven-
tias extrajudiciais vagas** 154

   *5.6.1 Formas de provimento nas serventias extrajudiciais: por
ingresso ou por remoção* 156

5.7 Possibilidade de carreira na atividade notarial e de registro 162

5.8 O regime de contraprestação dos atos notariais e de registro ... 168

   5.8.1 Edição de normas gerais para fixação de emolumentos ... 168

   *5.8.2 O reequilíbrio econômico-financeiro no desempenho da
atividade notarial e de registro* 171

**5.9 A Lei de Acesso à Informação e a atividade notarial e de regis-
tro** 177

14   REGIME CONSTITUCIONAL DA ATIVIDADE NOTARIAL E DE REGISTRO

5.10 Fixação da responsabilidade patrimonial dos notários e registradores 183

5.11 Competência legislativa estadual: campo de atuação em matéria notarial e de registro 188

    5.11.1 Disciplina normativa estadual para os concursos de remoção e o caso da Lei Complementar paulista 539, de 1988 .. 188

    5.11.2 Regime de aposentação dos titulares, escreventes e auxiliares das serventias extrajudiciais 194

5.12 Competência legislativa municipal 199

CAPÍTULO VI – COMPETÊNCIA ADMINISTRATIVA EM MATÉRIA NOTARIAL E DE REGISTRO

6.1 Introdução 203

6.2 Regime de desempenho da atividade notarial e de registro 203

6.3 A fiscalização da atividade notarial e de registro 208

6.4 Limites constitucionais à função fiscalizatória do Poder Judiciário em relação à atividade notarial e de registro 210

    6.4.1 Os confins da fiscalização dos atos notariais e de registro pelo Poder Judiciário 212

    6.4.2 A remuneração dos interinos das serventias extrajudiciais 217

6.5 A pessoa política titular da atividade notarial e de registro 226

6.6 O órgão estatal titular da atividade notarial e de registro 227

6.7 A declaração de vacância da serventia extrajudicial 230

    6.7.1 A Resolução 80 do Conselho Nacional de Justiça e a indiscriminada declaração de vacância de serventias extrajudiciais 231

CONCLUSÕES 237

BIBLIOGRAFIA 247

ÍNDICE REMISSIVO 271

INTRODUÇÃO

1. Dentre as atribuições conferidas ao Estado pela Constituição da República, as atividades desempenhas por meio da função notarial e de registro estão certamente dentre aquelas com maior curso entre a população. Prova disto é o fato de que todas as pessoas naturais e de direito privado delas se valem, ao menos, ao nascerem e perecerem.

Trata-se de atividade púbica invulgarmente conhecida e enraizada em nossa cultura, cujo desempenho entre nós coincide com a "descoberta" do Brasil. Afora tradicional, a atividade notarial e de registro goza de apreço e confiança da população,[1] fruto do elevado grau de profissionalismo no seu desempenho e invulgar capilaridade no território nacional.[2]

Apesar de estes dados serem juridicamente irrelevantes, eles atestam quão cotidianamente nos valemos dessa atividade. Por força disto, é especialmente importante fixar as balizas normativas que ditam o seu legítimo desempenho.

Sucede que são raríssimos os estudos que se ocuparam de delimitar os confins constitucionais da atividade notarial e de registro. Credita-se isto à importância que se deu e se dá ao campo jurídico no qual, por excelência, atuam os profissionais de notas e de registro público: o *direito privado*.

2. Dentre as múltiplas atividades notariais e de registro – algumas *exclusivamente desempenhadas* pelo Estado[3] ou outras cuja prestação

---

1. Conforme se lê da pesquisa disponibilizada em *www.anoreg.org.br/cartoriossai bamais/* e também em *www.anoregsp.org.br/index.php?pG=X19leGliZV9ub3RpY2lhcw =&in=NzE5.*

2. Pois, segundo o art. 44, §§ 2º e 3º, da Lei federal 8.935/1994, "Em cada sede municipal haverá no mínimo um registrador civil das pessoas naturais" e "Nos municípios de significativa extensão territorial, a juízo do respectivo Estado, cada sede distrital disporá no mínimo de um registrador civil das pessoas naturais". Por estas razões, não raramente o registrador é a única presença estatal em certas localidades.

3. Caso dos denominados "Serviços do Registro Público de Empresas Mercantis e Atividades Afins", desempenhados pelas Juntas Comerciais, nos termos da Lei federal 8.934/1994.

16　REGIME CONSTITUCIONAL DA ATIVIDADE NOTARIAL E DE REGISTRO

é *obrigatoriamente transferida* a particulares[4] –, interessa-nos aquela referida pelo art. 236 da Constituição da República. Atividade, pois, de certificação e constituição de situações jurídicas[5] a cargo do Estado, mas concretamente realizadas por particulares, delegados dessa função pública.

3. Ocorre que, nesta espécie de atividade pública, há quem sustente haver dualidade de regimes jurídicos.

O *primeiro*, atinente à delimitação dos confins jurídicos dessa função estatal, sua outorga e fiscalização, sendo ele precipuamente edificado no campo do *direito público*.[6]

O *segundo*, atrativo da incidência de normas de *direito privado*. Ao justificar o influxo destas normas, alguns advogam a ideia segundo a qual elas são aplicáveis apenas nas relações jurídicas que o notário e o registrador entretêm com terceiros; fora, pois, do concreto exercício da atividade pública transferida.[7] Mas há quem pretenda estender esse regime às relações travadas entre esses delegatários e os usuários dessa comodidade pública delegada.[8] O dissenso se prolonga, pois também

4. Observadas algumas exceções, como é o caso do registro de brasileiro nascido no exterior, a cargo da Embaixada brasileira, nos termos do art. 12, I, "c", da Constituição da República.

5. A atividade de registro se presta à certificação jurídica de atos e fatos da vida, mas nada constitui (nesse sentido, por exemplo, é o pensamento de Maria Helena Diniz, *Sistema de Registros de Imóveis*, 9ª ed., São Paulo, Saraiva, 2010, p. 59). Já a atividade notarial, além visar ao mesmo fim, também se destina à formalização da vontade das partes, constituindo-a juridicamente (como, por exemplo, afirma Leonardo Brandelli, *Teoria Geral do Direito Notarial*, 4ª ed., São Paulo, Saraiva, 2011, p. 190).

6. Segundo Oswaldo Aranha Bandeira de Mello, o direito público pretende reger relações jurídicas nas quais o Estado, ou quem lhe faça as vezes, persegue a tutela do interesse público. Já o direito privado se presta a assegurar aos particulares a consecução imediata de seus interesses individuais, nas suas relações recíprocas (*Princípios Gerais de Direito Administrativo*, vol. I, 3ª ed., São Paulo, Malheiros Editores, 2007, p. 39, item 3.1).

7. Segundo Maria Sylvia Zanella Di Pietro, os concessionários e permissionários de serviço público atuam em obediência às normas de direito privado quanto à sua organização, estrutura e relação com terceiros (*Parcerias na Administração Pública*, 5ª ed., São Paulo, Atlas, 2006, p. 94). Esta ideia também é aplicável às atividades desempenhadas pelos notários e registradores, salvo nas suas relações com terceiros, como demonstraremos no Capítulo VI, itens 2 a 9.

8. Esse é o pensamento de Almiro do Couto e Silva que, sem embargo de abordar a questão pela ótica da prestação de serviços públicos por particulares, assinala que na relação entre o concessionário e o usuário prepondera o regime privado. Daí porque afirma "(...) no tocante às relações estabelecidas com os usuários, é predominantemente de direito privado, mas *quoad intra,* no concernente às relações entre o delegante e o dele-

INTRODUÇÃO 17

se alega que esta dualidade de regimes jurídicos advém do fato de que essa atividade delegada tem por propósito a estabilização de relações privadas, caso em que essa função estatal se volta à tutela de interesses privados, campo próprio do direito privado.[9]

4. Todavia, reputamos que a atividade notarial e de registro está submetida ao regime jurídico de direito público. Isso porque consideramos que essa função pública tem sua gênese na Constituição da República, que fixa a competência legislativa e administrativa sobre a matéria, assinala a pessoa política titular dessa função, indica seus fins materiais e formais, as pessoas ordinariamente incumbidas de desempenhá-la e, por fim, sua disciplina remuneratória.

Por essa razão, não apenas as relações jurídicas formadas entre os notários e registradores e o Estado se submetem à disciplina própria do direito público. Aquelas relações formadas entre esses agentes delegados e os usuários dessas comodidades estatais também observam, senão in-

gado, é de direito público, sendo, assim, de qualquer modo, visualizado o regime em seu conjunto, exorbitante do direito comum, o que bastará para qualificá-lo como especial, ou como de Direito Privado Administrativo, como preferimos dizer" ("Privatização no Brasil e o novo exercício de funções públicas por particulares. Serviço público 'à brasileira'?", *Revista da Procuradoria-Geral do Estado do Rio Grande do Sul*, vol. 27, n. 57 (suplemento), Porto Alegre, 2004, p. 232).

Não comungamos desse juízo, por razões que se expõem no Capítulo V, itens 4 a 9 e, especialmente quando ao pensamento de Almiro do Couto e Silva, dele discordamos por força do que sustentamos no item 8 do Capítulo V.

9. Esse é o magistério de Ricardo Dip, para quem o "direito administrativo registral (...) administra situações de direito privado segundo normas de direito público, sem prejuízo de dirigir-se à direta e primeira consecução de interesses de natureza privada, o que não obsta aplique normas de todo o campo do direito (público, privado, misto), mantido o primado da vocação teleológica de garantia de situações jurídicas particulares. Por isso, à medida que o fim norteia a causa eficiente, pode admitir-se, por esse ângulo, uma certa preponderância do caráter jusprivado (do direito registral)" (*Direito Administrativo Registral*, São Paulo, Saraiva, 2010, pp. 28 e 29).

Parece-nos que sem razão, contudo!

É certo que os particulares almejam segurança jurídica ao demandar o exercício dessa função pública. Entretanto, tendo essa garantia sido alçada a um elevado patamar dentro da ordem jurídica, esse fim não é apenas interesse privado; é interesse público *coincidente* com o interesse privado. Tanto mais isso nos soa acertado que a Constituição da República conferiu ao Estado (e não aos particulares) a competência para certificar essas situações. É de interesse público, portanto, que essas situações jurídicas particulares tenham sua realização atestada pelo poder estatal (além de, obviamente, também ser interesse privado).

Logo, não nos parece que esse critério (segurança jurídica) justifique a submissão da atividade notarial e de registro ao regime jurídico de direito privado, senão que exclusivamente às normas de direito público.

18   REGIME CONSTITUCIONAL DA ATIVIDADE NOTARIAL E DE REGISTRO

tegralmente, preponderantemente ao direito público,[10] embora não haja consenso a este respeito.[11]

5. Se rios de tinta foram escritos sobre o campo de atividade do notário e do registrador, sobejamente escassa é a produção jurídica nacional relativa ao sentido, conteúdo e alcance das normas de direito público disciplinadoras dessa função estatal. Isso nos animou a tratar do tema.

6. E para fixarmos o regime jurídico desse instituto pelo enfoque do direito público, eis a trilha que nos parece segura: *primeiro*, fixando a natureza jurídica da atividade notarial e de registro para, em *seguida*, alocá-la topologicamente dentre as funções estatais. Feito isto, cuidaremos de delimitar os confins das competências legislativa e administrativa afetas a essa função estatal e, com isso, seu regime jurídico.

E nesse proceder serão abordados temas atuais e controvertidos sobre a matéria, além de outros que nos parecem ainda intocados.

10. É o direito público – e não o direito privado – que rege a relação entre o usuário de uma comodidade pública e o seu prestador, seja ele o Estado ou um particular em atividade colaborada com a Administração.

Esse, aliás, também é o pensamento de Celso Antônio Bandeira de Mello, para quem as prerrogativas dos usuários dos serviços públicos prestados em regime de concessão e permissão têm sua fonte em normas de direito público. E, completa o mestre, que, por essa razão, as garantias contempladas no Código de Defesa do Consumidor, quando eventualmente aplicáveis, se prestam a acrescer aquelas já legislativamente estabelecidas, salvo se inadaptadas à índole do serviço público, quando menoscabar prerrogativas da Administração e suas eventuais repercussões sobre o prestador do serviço (*Curso de Direito Administrativo*, 33ª ed., 3ª tir., São Paulo, Malheiros Editores, 2018, p. 775, Cap. XII, item 68).

11. Basta trazer à coleção a insuspeita posição de Clèmerson Merlin Clève que, ao tratar do regime jurídico aplicável às atividades notarias e de registro, averbou: "O regime, por se tratar de função pública delegada a particulares e por expressa exigência constitucional, é de natureza mista. Com isso, embora não se possa afirmar que tais serviços estejam integralmente submetidos ao regime de direito privado (afinal, embora delegado, trata-se ainda de um serviço público), o fato de ser explorado por particulares determina, em várias e importantes dimensões, que seu regime jurídico seja distinto daqueles ofícios não estatizados (...)" ("O Regime jurídico das serventias extrajudiciais e a Lei 3.893/2002 do Estado do Rio de Janeiro", in *Soluções Práticas de Direito – Administração Pública, Tributação e Finanças Públicas – Pareceres*, vol. 2, São Paulo, Ed. RT, 2012, p. 405).

Capítulo I

A NATUREZA JURÍDICA
DA ATIVIDADE NOTARIAL E DE REGISTRO

1.1 As atividades públicas e privadas na ordem constitucional: 1.1.1 Considerações propedêuticas: a finalidade do Direito; 1.1.2 A "plenitude da ordenação"; 1.1.3 Direito público e direito privado: categorias constitucionais. 1.2 As atividades públicas e privadas à luz da Constituição da República e as funções administrativa e jurisdicional: 1.2.1 As funções administrativa e jurisdicional e os seus conceitos; 1.2.2 Atividades estatais desempenháveis no exercício da função administrativa e a atividade notarial e de registro.

1.1 As atividades públicas e privadas na ordem constitucional

1.1.1 Considerações propedêuticas: a finalidade do Direito

1. O mundo dos acontecimentos reais não se confunde com aqueloutro do pensamento ou das ideias. São realidades que não se tocam, tal como a realidade sonhada não se confunde com a realidade experimentada.

Sem embargo, para que a vida em sociedade possa ser organizada e, com isso, os seus membros possam conviver em harmonia – inclusive para garantir a perpetuação do corpo social –, há necessidade de regular o comportamento humano cuja observância se impõe a todos.[1]

2. Acaso assim não se procedesse, não haveria limite ao exercício das atividades individuais e aos meios empregados para consecução

---

1. Nesse sentido é o pensamento de Celso Antônio Bandeira de Mello (*O Homem e a Sociedade*, São Paulo, 1970, e *Curso de Direito Administrativo*, 33ª ed., 3ª tir., São Paulo, Malheiros Editores, 2018, p. 27), José Roberto Dromi (*Manual de Derecho Administrativo*, t. I, Buenos Aires, Ástrea, 1987, pp. 1 e 2), Hely Lopes Meirelles (*Direito Administrativo Brasileiro*, 15ª ed., São Paulo, Ed. RT, 1990, p. 19 e 43ª ed., São Paulo, Malheiros Editores, 2018, pp. 39 e ss.) e José Antônio Pimenta Bueno (*Direito Público Brazileiro e Analyse da Constituição de Império*, Rio de Janeiro, J. Villeneuve, 1857, pp. 7 e 8, § 2º).

20 REGIME CONSTITUCIONAL DA ATIVIDADE NOTARIAL E DE REGISTRO

deste fim, o que deflagraria invulgar insegurança nas relações sociais, gerando permanente conflito social.[2]

E se o interesse de cada qual fosse garantido não por uma regra objetiva e impessoal, mas pelos poderes manejados pelo seu titular, haveria totalitarismo, situação enjeitada pelos elementos que informam e conformam o Estado de Direito.

3. Eis a síntese do que se propõe o Direito: pretende tornar previsíveis os comportamentos dos membros da sociedade e, com isso, edificar a segurança jurídica.[3] Para tanto, regula coativamente as relações entre eles formadas, o que se opera impondo às pessoas obrigações, permissões ou proibições de fazer ou não fazer algo. E para realização deste expediente, o direito positivo se vale de normas jurídicas.

4. Ademais, por meio desse plexo de normas jurídicas, valores socialmente relevantes são prestigiados e, por isso mesmo, protegidos de comportamentos que os burle.

E não havendo entre nós comportamento humano que, sob uma dada ordem jurídica, não seja normativamente disciplinado, disso resulta que o Direito pretende trazer previsibilidade a todas as condutas praticadas ou a serem praticadas pelo corpo social. Daí haver, ao menos entre nós, "plenitude da ordenação".[4] Explicamos!

1.1.2 A "plenitude da ordenação"

5. Doutrina de mão e sobremão já cuidou de demonstrar que o comportamento humano só pode ser regulado obrigando, proibindo ou permitindo que uma pessoa faça ou não faça algo em relação à outra. Não há qualquer espécie de tergiversação séria a esse respeito.[5]

2. Conforme Celso Ribeiro Bastos (*Curso de Direito Constitucional*, 22ª ed., revista e atualizada por Samantha Meyer-Pflug, São Paulo, Malheiros Editores, 2010, pp. 25 e 26) e Celso Antônio Bandeira de Mello ("Direito adquirido e o direito administrativo: uma nova perspectiva", in *Grandes Temas do Direito Administrativo*, São Paulo, Malheiros Editores, 2009, pp. 11 e 12, itens 1 e 2).

3. Nesse sentido pensam Dalmo de Abreu Dallari (*O Renascer do Direito*, São Paulo, Bushatsky, 1976, pp. 24 a 30) e José Horácio Meirelles Teixeira (*Curso de Direito Constitucional*, revisto e atualizado por Maria Garcia, Rio de Janeiro, Forense Universitária, 1991, p. 572). Sem embargo, há quem sustente, por exemplo, que o princípio fundamental do direito é a dignidade da pessoa humana, caso de Ingo Wolfgang Sarlet (*Dignidade (da Pessoa) Humana e Direitos Fundamentais na Constituição Federal de 1988*, 10ª ed., Porto Alegre, Livraria do Advogado, 2015, pp. 79 a 88).

4. Expressão talhada por Santi Romano (*Princípios de Direito Constitucional Geral*, trad. de Maria Helena Diniz, São Paulo, Ed. RT, 1977, p. 127).

5. Sobre o assunto, confira-se o pensamento de Lourival Vilanova (*As Estruturas Lógicas e o Sistema do Direito Positivo*, São Paulo, Max Limonad, 1997). No mesmo

A NATUREZA JURÍDICA DA ATIVIDADE NOTARIAL E DE REGISTRO   21

Fiado nesse pensamento sobejamente pacífico, Márcio Cammaro-sano[6] muito bem observou que o art. 5º, II, da Constituição da República equacionou o problema que poderia surgir a partir da arguição de eventual lacuna em nosso direito.

Afinal, como esse preceito constitucional prevê que ninguém (brasileiro ou estrangeiro) pode ser *obrigado* ou *proibido* a fazer alguma coisa, senão em virtude de lei, duas conclusões daí se sacam: (i) nas hipóteses em que há disponibilidade da vontade das partes sob o bem tutelado, a ausência de lei *obrigando* ou *proibindo* um dado comportamento traz, ínsito, uma *permissão*;[7] e (ii) nos casos em que se exerce função pública, sendo a lei o instrumento que assinala os fins a serem perseguidos em prol do bem comum, ainda que de modo facultativo ou discricionário, é proibido àqueles que exercem função pública atuar, nessa qualidade, no silêncio ou no vácuo da lei.

Assim, pelas premissas eleitas, chega-se à conclusão de inexistência de lacunas em nosso ordenamento jurídico.[8]

6. Poder-se-ia objetar esse pensamento arguindo-se que o Poder Judiciário, tendo pleitos submetidos à sua apreciação, é obrigado a julgar mesmo no silêncio da lei. E, para suplantar esta suposta lacuna normativa, o art. 4º da Lei de Introdução às Normas do Direito Brasileiro dita os expedientes a serem percorridos pelo magistrado para solucionar os

sentido é o pensamento de Valmir Pontes Filho (*Poder, Direito e Constituição*, Belo Horizonte, Fórum, 2010, p. 25).

6. Em aulas ministradas nos cursos de mestrado e doutorado da PUC/SP.

7. No mesmo sentido é o magistério de Tércio Sampaio Ferraz Jr. (*Introdução ao Estudo do Direito: técnica, decisão, dominação*, 6ª ed., São Paulo, Atlas, 2010, p. 111).

8. Essa mesma ideia – também designada de "plenitude da ordenação" –, já fora concebida por Santi Romano, ainda que dela discordasse (*Princípios de Direito Constitucional Geral*, cit., p. 128). Segundo ele, "(...) se as leis, prevendo determinados casos, estabelecem para eles certas obrigações, ou seja limitações, isto significaria dizer que, nos demais casos, se pretende que não haja nenhuma limitação. E tal vontade traduzir-se-ia numa norma, que imporia o dever de abster-se de qualquer ação que pudesse importar limitação não prevista pelas leis, e, correspondentemente, estabeleceria o direito de estar livre desta limitação. Tal norma geral de exclusão encerraria em seu âmbito todas as disposições particulares e tornaria completa a ordenação jurídica, preenchendo as lacunas deixadas necessariamente por estas últimas".

Por esta razão, não se adere às proposições de Maria Helena Diniz, para quem (i) a completude ou incompletude de um sistema jurídico perpassa pelo *modo de se conceber o sistema normativo*; e (ii) não é jurídico-positiva a ideia segundo a qual "tudo que não está proibido, está permitido" (*Compêndio de Introdução à Ciência do Direito*, São Paulo, Saraiva, 1993, pp. 397 e 398). *Data venia*, a premissa adotada pela jurista não prospera porque, ao inverso do assentado, essa prescrição é edificável a partir do art. 5º, II, da Constituição da República, norma jurídica de aplicabilidade imediata.

22 REGIME CONSTITUCIONAL DA ATIVIDADE NOTARIAL E DE REGISTRO

pedidos que lhe forem formulados por meio de uma ação judicial. Mas esta ideia não procede!

Com efeito, como a cláusula que impõe a irrestrita prestação jurisdicional está inserta no art. 5º, XXXV, da Constituição da República, sua aplicabilidade é imediata a teor do § 1º do mesmo preceito constitucional. Vê-se, pois, que é a própria Constituição da República, e não o art. 4º da Lei de Introdução às Normas do Direito Brasileiro, que assinala e impõe o dever de resolução de todos os conflitos objeto de demandas judiciais. Não existisse esta Lei de Introdução ou fosse ela revogada, ainda assim os conflitos judiciais sempre seriam solucionados.

Logo, a suposta ausência de lei aplicável ao caso concreto não é causa impeditiva da apreciação e resolução de pleitos submetidos ao Poder Judiciário. Isso porque a ausência de lei não se traduz na inexistência de disciplina normativa aplicável ao caso concreto, conforme se depreende do conteúdo, sentido e alcance do autoaplicável princípio da legalidade.[9]

Em vista disto, parece-nos que o art. 5º, II, da Constituição da República exaure o objeto tutelado pelo art. 4º da Lei de Introdução às Normas do Direito Brasileiro.

7. Outra objeção também poderia ser edificada ao argumento de que há matérias juridicamente irrelevantes e, portanto, desconsideradas pela ordem jurídica. Por esse raciocínio, se houver uma situação fática desprovida de disciplina normativa, ela não será jurídica.[10]

E, para corroborar este pensamento, aventam-se as situações passadas no exterior que, sendo juridicamente irrelevantes, não são normativamente disciplinadas. Este pensamento não nos parece procedente.

Deveras, a ordem jurídica tutela as relações de pessoas sob o seu império[11] e, portanto, nos limites do espaço nacional. A extraterritoria-

9. O magistério de Santi Romano é diverso, apesar de assinalar que a "plenitude da ordenação" não admite lacunas no complexo de suas normas. Daí concluir que situação não disciplinada pela ordem jurídica significa dizer que "este caso não será jurídico". Em vista disto, o magistrado "(...) declarará inexistentes os direitos ou deveres eventualmente afirmados pelas partes sobre um pressuposto diverso e repelirá as ações ou exceções nele fundadas" (*Princípios de Direito Constitucional Geral*, cit., p. 129).

Esse pensamento não tem curso entre nós. Afinal, a ausência de disposição normativa expressamente aplicável a uma situação litigiosa posta à apreciação do Poder Judiciário é rompida pelo preceito veiculado no art. 5º, XXXV, da Constituição da República.

10. Esse é o pensamento de Santi Romano (*Princípios de Direito Constitucional Geral*, cit., p. 128).

11. Ou "povo", como prefere Paolo Biscaretti di Ruffia (*Direito Constitucional – Instituições de Direito Público*, trad. de Maria Helena Diniz, São Paulo, Ed. RT, 1984,

A NATUREZA JURÍDICA DA ATIVIDADE NOTARIAL E DE REGISTRO   23

lidade da lei nacional é excepcional e se opera apenas se duas ou mais Nações assim consentirem.[12]

Logo, uma dada situação passada no exterior não é juridicamente disciplinada, não porque seja juridicamente irrelevante, mas porque ela não está sob o alcance da ordem jurídica tomada por referência.[13]

Pelo fato de haver completude do direito, não se segue que o direito sobre tudo dispõe. Significa dizer que, se um dado fato ocorrido no mundo fenomênico criar, alterar ou extinguir um vínculo de uma pessoa em relação a outra pessoa sob o alcance da nossa ordem jurídica, este vínculo será disciplinado pelo direito, pois do seu silêncio emerge uma permissão.

8. Resulta dessa construção uma consequência lógica: ao mesmo tempo em que a ordem jurídica prevê condutas permitidas, obrigatórias e proibidas, fixa, de outra banda, quais comportamentos se reputam lícitos e ilícitos.

9. Mas não basta reconhecer que todas as atividades humanas são juridicamente disciplinadas entre nós; importa também reconhecer qual o tratamento jurídico aplicável e o regime jurídico de sua incidência.

Isso porque é o regime jurídico aplicável sobre um dado objeto – e não o objeto isoladamente considerado – que fixa o modo por meio do qual se formam as relações de coordenação e subordinação em um dado sistema normativo.

Sob esse prisma, é corrente a ideia segundo a qual a metodológica bifurcação do direito – entre direito público e privado – é noção elementar, imbricada e indissociável às sociedades juridicamente organizadas,[14]

p. 37, Capítulo I, item 15-II-A). Daí a feliz observação de Celso Ribeiro Bastos, para quem "(...) todo o Estado é a organização juridicamente soberana de um povo" (*Curso de Direito Constitucional*, cit., p. 35).

12. Nesse sentido Oswaldo Aranha Bandeira de Mello (*Princípios Gerais de Direito Administrativo*, 3ª ed., vol. I, São Paulo, Malheiros Editores, 2007, p. 352, item 38.1).

13. Exceção feita às hipóteses de extraterritorialidade da lei nacional, como panoramicamente catalogado por Oswaldo Aranha Bandeira de Mello: (i) incorporação ou remissão de lei estrangeira pela lei nacional; (ii) hipóteses em que certas pessoas ou bens, ainda que se encontrem no exterior, não estão submetidas ao império da lei estrangeira. Isso porque a Nação na qual eles se encontram os retirou, total ou parcialmente, do alcance da sua soberania (caso de embarcações de guerra nacionais, embaixadas e consulados); e (iii) nos espaços que estejam fora do exercício de qualquer espécie de soberania (caso de situações ocorridas em alto-mar) (*Princípios Gerais de Direito Administrativo*, cit., pp. 352 e 353, item 38.1).

14. Nesse sentido opinam, dentre outros, José Antônio Pimenta Bueno (*Direito Público Brasileiro e Analise da Constituição de Império*, cit., pp. 7 e 8, § 2º), Paolo Biscaretti di Ruffia (*Direito Constitucional – Instituições de Direito Público*, cit., pp. 81

24 REGIME CONSTITUCIONAL DA ATIVIDADE NOTARIAL E DE REGISTRO

ainda que sejam cambiantes – no tempo e no espaço – os institutos jurídicos que neles se alocam.

10. O exame desta questão tem relevância ao estudo empreendido, pois há intenso debate a respeito dos confins da aplicação do direito público e do direito privado à atividade notarial e de registro.[15] Assim, há que fixar o que se entende por direito público e qual o seu campo de incidência, especialmente em vista da atividade referida.

1.1.3 Direito público e direito privado: categorias constitucionais

11. O direito positivo não deve se ocupar de fixar definições jurídicas,[16] pois cumpre aos comandos jurídicos nele existentes veicularem prescrições jurídicas a serem observadas pelas pessoas.[17] E assim opera o direito positivo para regular os comportamentos humanos e afiançar segurança jurídica.

Nesse sentido, a Constituição da República faz expressa referência à expressão *direito público* para assinalar (i) o regime próprio de contratação de entidades privadas com o Poder Público;[18] (ii) a prerrogativa de as pessoas exigirem do Poder Público um dado comportamento em seu benefício, por ser esse dever estatal realizável à generalidade dos indivíduos;[19] e (iii) a existência de pessoas jurídicas que, criadas pelo

a 89, Capítulo II – item 35 a 38), e Santi Romano (*Princípios de Direito Constitucional Geral*, cit., pp. 98 e 99, § 3º, item 1).

Em sentido *contrário*, pela inexistência de utilidade na distinção entre direito público e privado opinam Hans Kelsen (*Teoria Geral do Direito e do Estado*, trad. de João Baptista Machado, 6ª ed., 4ª tir., São Paulo, Martins Fontes, 2000, pp. 310 a 315, itens 2 e 3), Léon Duguit (*Traité de Droit Constitutionnel*, 2ª ed., t. I, Paris, Ancienne Librairie Fontemoing, 1923, p. 522) e Silvio de Salvo Venosa (*Direito Civil: parte geral*, vol. I, 4ª ed., São Paulo, Atlas, 2004, p. 88), dentre outros.

15. Como sinteticamente se expôs no item 3 da Introdução desta obra.

16. Essa é a crítica de Geraldo Ataliba (*Hipótese de Incidência Tributária*, 6ª ed., 17ª tir., São Paulo, Malheiros Editores, 2018, p. 32), em que pese esse constitucionalista paulista ter reconhecido, à moda de José Souto Maior Borges ("Princípio constitucional da legalidade e as categorias obrigacionais", *Revista de Direito Tributário*, ns. 23/24, São Paulo, Ed. RT, pp. 83 a 90), as *virtudes pedagógicas* da pragmática veiculação de certas definições no texto legal (Rubens Gomes de Souza, Geraldo Ataliba e Paulo de Barros Carvalho, *Comentários ao Código Tributário Nacional*, 2ª ed., São Paulo, Ed. RT, 1985, pp. 29 e 30).

17. Essa é a sua finalidade essencial, apesar de também cumprir às normas jurídicas atribuir qualidade ou estados às coisas e pessoas, o que, na visão de Geraldo Ataliba, indiretamente objetiva regular os comportamentos humanos (*Hipótese de Incidência Tributária*, cit., p. 27).

18. Art. 199, § 1º, da Constituição da República.

19. Art. 208, § 1º, da Constituição da República.

A NATUREZA JURÍDICA DA ATIVIDADE NOTARIAL E DE REGISTRO 25

Estado, ou cuja criação foi por ele autorizada, devem obediência a um regime jurídico peculiar.[20]

A Constituição da República também se refere ao *direito privado*, prevendo seu total ou parcial afastamento nas avenças submetidas à disciplina própria do direito público.[21]

12. Vê-se que, ao mesmo tempo em que a Carta Magna previu essas duas categorias jurídicas e seus distintos regimes jurídicos, andou bem em não as definir.

Daí o encargo confiado aos operadores de direito que, ao seu talante, procuram identificar as características capazes de apartar as situações submetidas ao influxo de normas de direito público ou de direito privado, bem como seu correspondente regime jurídico. Mas não há consenso entre os juristas a esse respeito. E isso por *quatro razões* fundamentais.

13. *Primeira*, porque alguns sustentam inexistir critério seguro para distinguir as relações jurídicas que entre nós estão submetidas ao direito público ou ao direito privado.[22]

14. *Segunda*, porque também se advoga a ideia segundo a qual o direito público exerce um papel instrumental para os fins perseguidos pelo direito privado.[23] E, por esta razão, o direito privado passou a ter por norte a persecução do bem comum, outrora elemento informador apenas do direito público.[24]

20. Arts. 37, § 6º; 54, I, "a" e II, "a"; 100, §§ 4º e 5º; 114, I etc., todos da Constituição da República.

21. Assim dispõe o art. 175, parágrafo único, inciso I, da Constituição da República.

22. Caso de Almiro do Couto e Silva ("Os indivíduos e o Estado na realização de tarefas públicas", *Revista da Procuradoria-Geral do Estado do Rio Grande do Sul*, vol. 27, n. 57 (suplemento), Porto Alegre, 2004, p. 195, nota de rodapé 45) em razão da denominada "fuga para o direito privado"; tema tratado mais amiúde por Maria João Estorninho (*A Fuga para o Direito Privado*, 1ª ed., 2ª tir., Coimbra, Almedina, 2009).

Contudo, a multiplicidade de opiniões doutrinárias sobre o tema não enseja sua inutilidade ou impropriedade; revela, pelo contrário, tergiversação sobre os critérios adotados pelos juristas para o seu exame, como exposto por Maria Helena Diniz (*Compêndio de Introdução à Ciência do Direito*, cit., pp. 229 e 231) e Tercio Sampaio Ferraz Jr. (*Introdução ao Estudo do Direito: técnica, decisão, dominação*, cit., pp. 109 a 110, item 4.2.4.1).

23. Nesse sentido: Almiro do Couto e Silva ("Os indivíduos e o Estado na realização de tarefas públicas", cit., p. 205, item 38).

24. É o denominado fenômeno da "publicização do direito privado", rótulo em relação ao qual há intenso desacordo quanto ao seu conteúdo. Ao nosso juízo, esse fenômeno não decorre de obediência, no direito privado, dos princípios gerais de direito, eis que informadores do ordenamento jurídico-positivo. Nesse sentido é o pensamento de Tércio Sampaio Ferraz Jr. (*Introdução ao Estudo do Direito: técnica, decisão, dominação*, cit., p. 112), Oswaldo Aranha Bandeira de Mello (*Princípios Gerais de Direito Administrativo*, cit., pp. 418 a 422, item 44.7), Celso Antônio Bandeira de Mello (*Curso*

26 REGIME CONSTITUCIONAL DA ATIVIDADE NOTARIAL E DE REGISTRO

15. Terceira, porque as raízes sobre as quais este tema se funda emergem do sistema jurídico-positivo.[25] Assim, ainda que os sistemas jurídicos possam ser muito semelhantes, certamente não são idênticos.[26] Daí ser altamente inapropriada a adoção de soluções edificadas alhures a respeito da eventual distinção entre direito público e direito privado, porque concebidas a partir de modelo jurídico-positivo diverso e distinto no nosso.[27]

de Direito Administrativo, 33ª ed., 3ª tir., São Paulo, Malheiros Editores, 2018, pp. 127 e 128, item 27) e Luís Roberto Barroso (*Curso de Direito Constitucional Contemporâneo: os conceitos fundamentais e a construção do novo modelo*, 5ª ed., São Paulo, Saraiva, 2015, pp. 82 a 84).

Decorre, *diversamente*, da absorção, pelo direito privado, de ideais concebidos para típicas relações de direito público, relativizando o princípio da autonomia da vontade, outrora reinante de modo inconteste naquela seara. E esse fenômeno *não* se confunde com a fixação de *normas de ordem pública*, segundo as quais prescrições normativas derrogáveis são vertidas em obrigatórias ou proibidas. Nesse sentido: Oswaldo Aranha Bandeira de Mello (*Princípios Gerais de Direito Administrativo*, cit., p. 51).

Daí porque atualmente se alude, por exemplo, à função social do contrato, como faz Miguel Reale (*Função Social do Contrato* in *www.miguelreale.com.br/artigos/fun soccont.htm*) e da solidariedade social, juízo professorado por Luiz Edson Fachin (*Teoria Crítica do Direito Civil*, Rio de Janeiro, Renovar, 2003, p. 331), facetas da constitucionalização do direito privado aludidas por Romeu Felipe Bacellar Filho (*Direito Administrativo e o novo Código Civil*, Belo Horizonte, Fórum, 2007, pp. 116 a 120) e Regina Maria Macedo Nery Ferrari (*Direito Constitucional*, São Paulo, Ed. RT, 2011, p. 73).

Essa, aliás, era a pioneira antevisão de Santi Romano, que nos anos 40 do século passado, desde então assinalava: "o direito privado, portanto, encontra o seu fundamento no direito público, já que dele deriva e está circunscrito a sua autonomia: o direito privado é um espaço deixado mais ou menos em branco pelo direito público, que porém o encerra na rede de suas malhas, o alimenta e tutela" (*Princípios de Direito Constitucional Geral*, cit., p. 100).

25. Tese professorada por Hartmut Maurer (*Direito Administrativo Geral*, trad. de Luís Afonso Heck, Barueri, Manole, 2006, p. 49, item 12).

26. Como muito bem registrou Almiro do Couto e Silva, na Alemanha, por exemplo, o critério distintivo entre o direito público e o privado reside nos meios adotados na persecução do bem comum. Já o modelo jurídico francês, faz-se essa distinção tendo em conta os fins perseguidos pelo Estado. Quer-se com isso destacar a inexistência de um conceito universal de direito público e direito privado; este tema não é lógico-jurídico ("Os indivíduos e o Estado na realização de tarefas públicas", *Revista da Procuradoria-Geral do Estado do Rio Grande do Sul*, cit., pp. 193 e 194, item 19 e, especialmente, a nota de rodapé 37). Agustín Gordillo também comunga deste pensamento (*Princípios Gerais de Direito Público*, trad. de Marco Aurélio Greco, São Paulo, Ed. RT, 1977, p. 13).

27. Como há tempos advertia Geraldo Ataliba, ao criticar umas das muitas reformas constitucionais: "13. A raiz de toda esta confusão está – como insistentemente temos denunciado – na colonial admiração pela cultura europeia e na compreensão simplista e acrítica da doutrina jurídica, importada às toneladas e mal digerida. Esta importação leiga – para não dizer ingênua – das questões capilares do nosso direito público não poderia tardar em vir à tona e mostrar suas consequências" (*Sistema Constitucional Tributário Brasileiro*, São Paulo, Ed. RT, 1968, pp. XIV e XV, item 13).

A NATUREZA JURÍDICA DA ATIVIDADE NOTARIAL E DE REGISTRO   27

Eis a razão pela qual, apesar de louváveis e enriquecedoras, servem-nos *apenas* de *ilustração* as lições a respeito do tema lançadas por, dentre outros, Alf Ross,[28] Hartmut Maurer,[29] Guido Zanobini,[30] Giovanni Miele,[31] Hans J. Wolff, Otto Bachof e Rolf Stober[32] e Agustín Gordillo.[33] Isso porque pautadas em critérios muito próprios das ordenações jurídicas nas quais foram edificadas, bastante diversas da nossa.

16. *Quarta,* porque, ainda que balizados pelo mesmo norte jurídico-positivo, edificado com a promulgação da Constituição da República de 1988, juristas de alta nomeada chegam a conclusões bastante diversas, pois embasadas em distintas premissas.

28. Para quem "direito público, por conseguinte, pode ser definido como o direito concernente à posição jurídica das autoridades públicas: sua constituição, competência e deveres". Ao juízo do autor, todavia, a noção de direito público se presta a racionalizar a aplicação da força (*Direito e Justiça,* trad. de Edson Bini, São Paulo, Edipro, 2000, pp. 240 a 242).

29. Pois, no direito alemão, o direito público é instrumento de contenção e restrição das atividades estatais. Por essa ótica, na Alemanha aplicam-se as normas de direito público em situações nas quais o Estado pretende impor a terceiros o poder e autoridade que lhe são próprios (*Direito Administrativo Geral,* cit., p. 50, item 13).

Daí a dificuldade para se qualificar, naquela ordem jurídica, o dever de o Estado prestar serviços públicos, como bem observou Almiro do Couto e Silva ("Os indivíduos e o Estado na realização de tarefas públicas", *Revista da Procuradoria-Geral do Estado do Rio Grande do Sul,* cit., p. 193, item 19 e nota de rodapé 37).

30. Que adota como critério substancial a ideia de que "(...) diritto pubblico è il diritto dello Stato e delle istituzioni ausiliari di esso; diritto privato è il diritto degli individui e delle persone giuridiche (...)". Esse critério subjetivo de classificação do direito público foi ampliado para englobar não só o Estado, pois "(...) il detto criterio viene precisato con l'indicazione della qualità specifica dei soggetti cui il diritto pubblico si riferisce, soggetti che devono essere lo Stato e gli enti pubblici come tali, cioè come enti investiti di supremazia (...)" (*Corso di Diritto Amministrativo,* 8ª ed., Milano, Giuffrè, 1958, pp. 25 e 26).

31. Adepto da corrente formal, que se propõe a apartar o direito público do direito privado a partir da conjugação de três critérios: sujeitos, objeto e conteúdo: "(...) ma, in questo caso, sembra prevalere l'elemento *formale,* risultante della combinazione dei criterî relativi ai soggetti e alla disciplina (contenuto) della materia che si vuole regolare (oggetto), e non già l'elemento sostanziale, ossia la materia presa in considerazione dalle norme" (*Principî di Diritto Amministrativo,* vol. I, 2ª ed., 2ª tir., Padova, CEDAM, 1966, p. 7).

32. Em visão de elevado grau prático, esses germânicos assinalam que uma dada matéria será submetida ao direito público se o legislador assim decidir, em providência por eles louvada em razão do amor nutrido pela segurança jurídica, eficiência da Administração e estabilização da jurisprudência (*Direito Administrativo,* vol. I, 11ª ed., trad. de António F. de Sousa, Lisboa, Fundação Calouste Gulbenkian, 2006, p. 263). No silêncio da legislação, retoma-se a tradicional concepção germânica, segundo a qual há direito público quando houver "um titular de poder de autoridade" (idem, p. 268).

33. Para quem o direito público disciplina apenas as relações do Estado com os particulares (*Princípios Gerais de Direito Público,* cit., p. 27).

28 REGIME CONSTITUCIONAL DA ATIVIDADE NOTARIAL E DE REGISTRO

Para alguns, há falar em direito público nos casos em que as regras jurídicas disciplinam o interesse geral, nos quais os sujeitos envolvidos ou o bem jurídico tenham relação imediata com o Estado;[34] posição semelhante, mas não idêntica, àquela adotada por quem sustenta que o direito público se presta a disciplinar os interesses estatais e sociais.[35]

Outros, em posição bastante similar aos italianos, sustentam que o direito público disciplina as relações formadas entre o Estado e os administrados, entre Estados e entre seus organismos e agentes.[36]

Mais recentemente, apregoa-se a bipartição do direito à luz do binômio supremacia/verticalidade e igualdade/horizontalidade; naquele se aplica o direito público e neste o direito privado.[37]

Diz-se, ainda, haver direito público no campo próprio de incidência das normas jurídicas soberanas,[38] não tendo o Estado como seu único sujeito.

17. Neste cipoal de abalizadas opiniões a respeito do critério classificatório capaz de segregar o direito público e o direito privado, a melhor

34. Juízo, por exemplo, de Pontes de Miranda (*Tratado de Direito Privado*, 2ª ed., t. I, atualizado por Vilson Rodrigues Alves, Campinas, Bookseller, 2000, pp. 121 e 122, itens 1 e 3).

35. Magistério clássico de Hely Lopes Meirelles (*Direito Administrativo Brasileiro*, cit., p. 40).

36. Posição de Edmir Netto de Araújo (*Curso de Direito Administrativo*, 6ª ed., São Paulo, Saraiva, 2014, pp. 23 a 25, item 1 e p. 56, item 2). Apesar de não ser este o critério que nos soa acertado em vista das características tipificadoras do regime jurídico de direito público, há *aparente imprecisão* na definição adotada. Segundo o autor, há possibilidade de formação de uma relação jurídica de direito público entre os "organismos" e seus agentes (idem, p. 52). No entanto, como o autor adota a ideia segundo a qual os órgãos são desprovidos de personalidade jurídica (idem, pp. 162 a 165), não podem eles travar o denominado "contrato de gestão", referido pelo art. 37, § 8º, da Constituição da República (idem, p. 816). Assim, para manter coerência com a teoria adotada, certamente o conceito de "organismos" não é coincidente com órgão, tampouco com Administração direta (que engloba os órgãos). O autor, contudo, não cuidou de prontamente esclarecer o que entende por "organismos", tornando a definição imprecisa.

37. Tese defendida por Romeu Felipe Bacellar Filho (*Direito Administrativo e o novo Código Civil*, cit., p. 251, item 7).

38. Para Tercio Sampaio Ferraz Jr. qualifica-se soberania como a "(...) efetividade da força, pela qual as determinações de autoridade são observadas e tornadas de observação incontrastável pelo uso inclusive de sanções, de um ponto de vista interno". Nada há de autoritário nessa definição se atentarmos para o fato de que o autor assinala só haver soberania quando houver "interesse de ordem pública" ou "interesse público", que não se confunde com o interesse do Estado. E, nestes casos, estes interesses prevalecem, se contrastados com os interesses privados (*Introdução ao Estudo do Direito: técnica, decisão, dominação*, cit., pp. 110 a 111). No mesmo sentido é o pensamento de Maria Helena Diniz (*Compêndio de Introdução à Ciência do Direito*, cit., pp. 231 e 232).

A NATUREZA JURÍDICA DA ATIVIDADE NOTARIAL E DE REGISTRO   29

solução nos parece ser fornecida pela dupla: Oswaldo Aranha Bandeira de Mello e Celso Antônio Bandeira de Mello.

O primeiro por vincular o direito público à tutela "do interesse do todo social" ou "o bem comum a ser alcançado pelo Estado", por pessoa que receba o encargo de fazer as suas vezes, ou, enfim, por quem venha atuar na qualidade de Poder Público.[39] O segundo por consorciar a incidência do direito público ao exercício de uma *função*,[40] por meio da qual se impõe ao Estado, ou quem lhe faça as vezes, o *dever-poder* de curar as finalidades que lhe são próprias,[41] tal como demarcadas pela ordem jurídica em um dado momento.[42]

18. Entre nós, portanto, uma dada *matéria* será submetida ao direito público, não apenas porque o Estado, ou quem lhe faça as vezes, é parte em uma dada relação jurídica; não apenas porque o bem da vida por meio dela perseguido visa à tutela do interesse público; mas, *especialmente*, porque o Poder Público tem o *dever-poder* de persegui-la, atuando, pois, no exercício de uma *função pública*.

39. *Princípios Gerais de Direito Administrativo*, cit., pp. 40, 44 e 46. Ainda que, para alguns, bem comum e interesse público sejam noções meramente formais e, por esta razão, insuficientes para fixar materialmente os fins do Estado. Esta, por exemplo, é a opinião de Marçal Justen Filho (*Curso de Direito Administrativo*, 10ª ed., São Paulo, Ed. RT, 2014, p. 93, item 1.2.5). Sem razão, contudo, pois a dignidade da pessoa humana é um dos fins do Estado e, como tal, integrado à noção de bem comum ou interesse público, como já observava Ataliba Nogueira, que designava esta ideia como *prosperidade pública* (*O Estado é Meio e Não Fim*, 3ª ed., São Paulo, Saraiva, 1955, pp. 116 a 120, item 39).

40. *Curso de Direito Administrativo*, cit., p. 27, ainda que o direito privado possa, excepcionalmente, ser observado pelo Estado na tutela do interesse público (vide item 15, acima).

41. Segundo Celso Antônio Bandeira de Mello "Existe função quando alguém está investido no *dever* de satisfazer dadas finalidades em prol do *interesse de outrem*, necessitando, para tanto, manejar os poderes requeridos para supri-las. Logo, tais poderes são *instrumentais* ao alcance das sobreditas finalidades. Sem eles, o sujeito investido na função não teria como desincumbir-se do *dever* posto a seu cargo. Donde, quem os titulariza maneja, na verdade, deveres-poderes, no *interesse alheio*" (*Curso de Direito Administrativo*, cit., p. 72, item 54). A ideia de função não é nova, pois sua essência já havia sido contemplada, por exemplo, por Ruy Cirne Lima que a ele se referia como *relação de administração* (*Princípios de Direito Administrativo Brasileiro*, 3ª ed., Porto Alegre, Sulina, 1954, pp. 53 e 54, § 6º, item 2; 7ª ed., revista e reelaborada por Paulo Alberto Pasqualini. São Paulo, Malheiros Editores, 2007, pp. 105 e ss.). Daí discordarmos da premissa do pensamento de Massimo Severo Giannini, mas não com sua conclusão: "Ogni attività, in quanto ordinata a un fine, è una funzione; e poiché tutte le attività pubbliche sono ordinate a un fine, a rigore tutte le attività amministrative sono funzioni" (*Lezioni di Diritto Amministrativo*, vol. I, Milão, Giuffrè, 1950, p. 114).

42. Oswaldo Aranha Bandeira de Mello, *Princípios Gerais de Direito Administrativo*, cit., p. 44.

30 REGIME CONSTITUCIONAL DA ATIVIDADE NOTARIAL E DE REGISTRO

19. Isso não afasta, contudo, a possibilidade de o interesse público ser curado pelo Estado ou por quem lhe faça as vezes sob o regime de direito privado.[43] Daí a singular importância da noção de *função pública*, pois o seu exercício poderá se dar tanto em obediência às balizas ditadas pelo direito público (regra geral) como em observância àquelas fixadas pelo direito privado (situação excepcional).

Afinal, tanto em um como em outro caso, o Poder Público *não* age ao abrigo da *autonomia de vontade*[44] na persecução do interesse público. Isso porque, encontrando-se o Estado na contingência de tutelar o interesse público primário[45] em obediência às normas de direito privado, ele o fará no exercício de *função pública*, circunstância que impede a atuação estatal sob o signo da *autonomia de vontade*.[46]

E mesmo nos casos em que se impõe ao Poder Público a tutela do interesse público em obediência à disciplina própria do direito privado, as relações jurídicas que possam nascer em razão e por força deste vínculo estão submetidas ao direito público.[47]

43. Como se processa nos contratos de locação, financiamento e seguros, dentre outros, travados pelo Poder Público (*ex vi* do que prevê, *exemplificativamente*, o art. 62, § 3º, I, da Lei federal 8.666, de 1993).

44. Reconhece-se na *autonomia da vontade* o principal vetor axiológico do direito privado. Por esta razão, as partes de uma relação jurídica obediente a esta baliza jurídica fundamental podem, como regra, livremente dispor sobre os bens juridicamente tutelados nessa relação.

45. Sobre a distinção entre interesse público primário e interesse público secundário, confira-se o pensamento de Celso Antônio Bandeira de Mello (*Curso de Direito Administrativo*, cit., pp. 65 a 70, itens 43 a 49).

46. Essa situação não escapou à percepção de Oswaldo Aranha Bandeira de Mello, para quem o interesse público pode ser excepcionalmente curado pelo Estado em posição de igualdade com terceiros (caso que se dá, por exemplo, em relação aos Convênios), mas desde que autorizado pela ordem jurídica. Ao seu juízo, a facultatividade do exercício das prerrogativas estatais (própria das normas de direito público) não causa, na hipótese descrita na norma, malbaratamento do interesse público; afinal, a tutela do interesse público não exige, inexoravelmente, a sempre presente manifestação coercitiva do Estado. E, mesmo nas hipóteses de aplicação de normas de direito privado em uma relação jurídica na qual o bem da vida é a tutela do interesse público, é o próprio Estado quem fixará unilateralmente a sua observância (até porque essas normas de direito privado foram por ele produzidas) (*Princípios Gerais de Direito Administrativo*, cit., p. 43, item 3.2). No mesmo sentido: Ruy Cirne Lima (*Princípios de Direito Administrativo Brasileiro*, 3ª ed., cit., p. 54; 7ª ed., cit., pp. 105-106) e Themístocles Brandão Cavalcanti (*Curso de Direito Administrativo*, 10ª ed., São Paulo, Freitas Bastos, 1977, p. 162, item 224).

47. Daí porque também se aplica o art. 183 do Código de Processo Civil de 2015 aos feitos judiciais nos quais, sendo o Estado parte, contesta-se certo aspecto de uma relação jurídica formada com o Poder Público, cujas obrigações e direitos são regidos preponderantemente pelo direito privado. Esta é a razão pela qual Maria Sylvia Zanella Di Pietro sentencia, com acerto: "(...) quando a Administração emprega modelos privatís-

A NATUREZA JURÍDICA DA ATIVIDADE NOTARIAL E DE REGISTRO   31

20. À luz destas ponderações, parece mais acertado (i) perquirir se uma dada matéria é ou não juridicamente inserida na esfera de competência do Estado, caso em que ele terá o *dever-poder* de tutelá-la, do que (ii) saber se sobre ela incidirá ou não a disciplina própria do direito público.

Afinal, não resta dúvida que, essencialmente, o direito público pretende disciplinar a atuação do Estado ou de quem lhe faça as vezes na persecução do interesse público. No entanto, excepcionalmente, o direito privado também poderá ser aplicável à relação jurídica volvida ao mesmo fim.[48]

Daí porque é a noção de *função pública* – e não a de direito público ou privado – que se revela prestante a apartar as atividades públicas das privadas; esta exercida com autonomia da vontade e aquela com a vinculação à tutela do bem comum.

Logo, saber se a atividade notarial e de registro é obediente ao direito público ou privado exige um prévio questionamento: se esta atividade é ou não executada no desempenho de uma *função pública*; se é, pois, atividade pública ou privada.

1.2 As atividades públicas e privadas à luz da Constituição da República e as funções administrativa e jurisdicional

21. A ordem jurídica segregou as atividades humanas exercitáveis em dois campos jurídicos: legítimo e ilegítimo; aquele permitido ou obrigatório e este proibido.[49] Algumas foram atribuídas aos particulares e outras ao Poder Público;[50] denominam-se aquelas de atividades privadas e estas de atividades públicas.[51]

---

ticos, nunca é integral a sua submissão ao direito privado". Assim, "(...) mesmo utilizando o direito privado, a Administração conserva algumas de suas prerrogativas, que derrogam parcialmente o direito comum, na medida necessária para adequar o *meio* utilizado ao *fim* público a cuja consecução se vincula por lei" (*Direito Administrativo*, 25ª ed., São Paulo, Atlas, 2012, p. 61, destaques no original).

48. Sendo que o reverso também pode ser verdadeiro, como se observou no item 14, notas de rodapé 23 e 24, acima.

49. Pois destes modais – e apenas destes – se vale o direito positivo para regular o comportamento humano, como se observou na nota de rodapé 5 deste Capítulo.

50. Antônio Carlos Cintra do Amaral segrega as atividades estatais em três grupos: (i) atividades estatais; (ii) atividades econômicas; e (iii) atividades atribuídas simultaneamente ao Poder Público e à iniciativa privada (*Concessão de Serviço Público*, 2ª ed., São Paulo, Malheiros Editores, 2002, p. 17, item 1.3). Vê-se, pois, que o critério classificatório adotado pelo autor é *subjetivo*, por centrar-se na pessoa competente para prestá-lo. Joana

32   REGIME CONSTITUCIONAL DA ATIVIDADE NOTARIAL E DE REGISTRO

22. A atividade pública deve, contudo, ser concebida em *sentido amplo* e em *sentido estrito*. *Aquela* se traduz na competência, fixada em norma *geral e abstrata*, que comina ao Estado um plexo de atribuições, necessárias à consecução do interesse público. *Esta* se aperfeiçoa na própria atividade jurídica desempenhada em busca da satisfação do interesse público.[52]

Assim, onde houver uma *atividade pública* haverá, inexoravelmente, uma *função pública*;[53] em sentido *amplo*, será a *função pública* concebida e em sentido estrito será *função pública exercida*.[54]

23. Sob essa ótica, alguns sustentam que todas as atividades estatais (atividades públicas, portanto) encontram-se albergadas pela noção de

Paula Batista adota um *critério misto* ao empreender sua classificação de atividades, pois adota os critérios relevância à tutela do interesse *versus* sua titularidade à luz da ordem jurídica. E à luz destes critérios são quatro espécies de atividades estatais: (i) atividades que se volvem à preservação do Estado e sua soberania; (ii) atividades que não ostentam o mesmo predicado das anteriores, em que pese terem sido atribuídas ao Poder Público; (iii) atividades que podem ser prestadas excepcionalmente pelo Estado, eis que alocadas na exclusiva alçada dos particulares; e (iv) atividades que, como próprias, podem ser concomitantemente prestadas pelo Estado e pelos particulares (*Remuneração dos Serviços Públicos*, São Paulo, Malheiros Editores, 2005, p. 33).

51. Oswaldo Aranha Bandeira de Mello inclui no conceito de ordenação jurídica do Estado-poder as atividades próprias do Estado para persecução do bem comum; já na ordenação do Estado-sociedade, disciplinar a vida social dos membros do Estado-poder, nela se alocando as atividades privadas (*Princípios Gerais de Direito Administrativo*, cit., pp. 27 e 28, item 1.1).

52. As *atividades materiais* realizadas a esse título não se qualificam como atividades públicas, pois estão no plano fenomênico. Em que pese relevantes para o direito, não convém aglutinar situações ocorridas em planos lógicos distintos sob um mesmo rótulo. Poder-se-ia quando muito, contemplá-las assinalando a distinção entre as seguintes categorias de atividades estatais: (i) atividade pública em sentido amplo; (ii) atividade pública em sentido estrito; e (iii) atividade pública realizada (ocorrida no mundo real).

53. Francis Hamon, Michel Troper e Georges Burdeau sustentam que a teoria das *funções estatais* resulta da *categorização* dos atos estatais, sendo mais adequado associar essa *categorização* à noção de *atividades públicas* do que *funções públicas*. Daí porque empregam essas duas expressões (*funções públicas* e *atividades públicas*) no mesmo sentido (*Direito Constitucional*, trad. de Carlos Souza, Barueri, Manole, 2005, p. 113, Subseção 1).

54. Oswaldo Aranha Bandeira de Mello, por exemplo, emprega essa expressão em seu sentido estrito (*Princípios Gerais de Direito Administrativo*, p. 374, item 40.2), pensamento igualmente trilhado por Hely Lopes Meirelles (*Direito Administrativo Brasileiro*, cit., pp. 74 e ss.), Dinorá Adelaide Musetti Grotti (*O Serviço Público na Constituição Brasileira de 1988*, São Paulo, Malheiros Editores, 2003, pp. 108 e 109), Diogenes Gasparini (*Direito Administrativo*, 13ª ed., São Paulo, Saraiva, 2008, p. 56, item 1), e Regina Maria Macedo Nery Ferrari e Paola Nery Ferrari (*Controle das Organizações Sociais*, Belo Horizonte, Fórum, 2007, pp. 46 e 47), dentre tantos outros.

A NATUREZA JURÍDICA DA ATIVIDADE NOTARIAL E DE REGISTRO   33

serviço público.[55] Não nos parece acertado este pensamento, pois, sendo as funções estatais desempenhadas sob o signo de distintos regimes jurídicos, múltiplas serão as atividades estatais que lhes correspondem.[56]

E à luz das precisas lições de Celso Antônio Bandeira de Mello, as funções públicas são segregáveis em quatro espécies, em vista do regime jurídico a elas aplicáveis, a saber: *função legislativa, função administrativa, função jurisdicional* e *função política.*[57]

24. Em que pese haver significativo dissenso doutrinário sobre quantas seriam as funções públicas (ou funções estatais) no direito pátrio,[58] interessa-nos delimitar os confins das funções administrativa

55. Nesse sentido, dentre outros: Edmir Netto de Araújo, para quem serviço público é "toda atividade exercida pelo Estado, através de seus Poderes (Legislativo, Executivo e Judiciário) para a realização direta ou indireta de suas finalidades" (*Curso de Direito Administrativo*, cit., p. 127), Ruy Cirne Lima (*Princípios de Direito Administrativo Brasileiro*, 3ª ed., cit., pp. 82 a 87, especialmente § 10, itens 3 e 4; 7ª ed., cit., pp. 203 e ss.), e Mário Masagão (*Curso de Direito Administrativo*, 6ª ed., São Paulo, Ed. RT, 1977, pp. 267 e 268, item 457).

56. Daí o acertado juízo de Diogo de Figueiredo Moreira Neto que, apoiado nas lições de Carré Malberg, sustenta que a execução de distintas funções estatais deflagra o exercício de correspondentes e distintas *atividades estatais* (*Curso de Direito Administrativo*, 15ª ed., Rio de Janeiro, Forense, 2009, p. 21).

57. *Curso de Direito Administrativo*, cit., pp. 35 a 37, itens 9 e 10, posição compartilhada por outros, como Valmir Pontes Filho (*Poder, Direito e Constituição*, cit., p. 231).

58. Dentre outros, opina por dúplice função estatal, ainda que por razões diversas: Oswaldo Aranha Bandeira de Mello (*Princípios Gerais de Direito Administrativo*, cit., p. 352, item 38.1). Acolhem a visão tripartida, à moda de Montesquieu: Hely Lopes Meirelles (*Direito Administrativo Brasileiro*, 15ª ed., cit., p. 51; 43ª ed., cit., p. 63), José Afonso da Silva (*Comentário Contextual à Constituição*, 9ª ed., São Paulo, Malheiros Editores, 2014, p. 45, item 3) e Miguel Seabra Fagundes (*O Controle dos Atos Administrativos pelo Poder Judiciário*, 7ª ed., atual. por Gustavo Binenbojm, Rio de Janeiro, Forense, 2006, pp. 3 a 17, itens 2 a 7), corrente engrossada por significativa parcela da doutrina nacional.

José Horácio Meirelles Teixeira entende que as discussões a respeito da mensuração das funções estatais são eminentemente acadêmicas e de reduzido alcance prático, o mesmo não se podendo dizer a respeito das atribuições dos entes públicos incumbidos de exercê-las (*Curso de Direito Constitucional*, cit., pp. 574 e 575). Discordamos desse pensamento.

Afinal, basta termos em conta que o reconhecimento da existência da *função política*, por exemplo, redundará na aplicação de um regime jurídico inextensível aos atos produzidos no exercício das outras funções estatais. Deveras, ao nosso juízo, atos de governo (ou *atos políticos*, como preferem alguns) não são, como regra, suscetíveis de controle judicial, ideia inaplicável a outras espécies de atos estatais. Essa também é a opinião de Hely Lopes Meirelles (*Direito Administrativo Brasileiro*, 15ª ed., cit., p. 609; 43ª ed., cit., p. 884), ao que se agrega o pensamento de Rui Barbosa, para quem "Indubitavelmente a justiça não pode conhecer dos casos que forem exclusivos e absolutamente políticos, mas a autoridade competente para definir quais são os casos políticos e casos não políticos é justamente esta justiça suprema (...)" ("O calote do governo, as decisões do Poder

34 REGIME CONSTITUCIONAL DA ATIVIDADE NOTARIAL E DE REGISTRO

e jurisdicional. Isso porque se sustenta que a atividade notarial e de registro, sendo *atividade pública* (como adiante se demonstrará), apresenta as notas características de um ato jurisdicional, posição contestada por aqueles que as veem como típicas atividades administrativas.[59]

O embate a respeito da inserção dessa atividade em uma dessas funções públicas não se circunscreve a um mero dissenso acadêmico. Com efeito, são bastante relevantes as consequências jurídicas decorrentes da posição jurídica que se venha adotar a esse respeito, em um ou em outro sentido.

Associado ao tema da qualificação da atividade notarial ou de registro (se *atividade jurisdicional* ou *administrativa*), mostra-se igualmente relevante saber em favor de quais pessoas políticas – e, dentro delas, em favor de quais agentes – foram outorgadas as competências legislativas e administrativas relacionadas a essa atividade.[60]

Daí a importância de se tipificar as funções administrativas e jurisdicionais para, feito isto e definida a natureza jurídica da atividade notarial e de registro, apurar quais as pessoas competentes para sobre ela dispor legislativa e administrativamente.

1.2.1   As funções administrativa e jurisdicional e os seus conceitos

25. Entende-se por função administrativa a atividade do Estado, ou de quem lhe faça as vezes, que, a título de dar cumprimento aos comandos jurídicos que lhe são dirigidos, produz atos jurídicos ou materiais[61]

Judiciário, as intervenções federais e o comércio da intervenção em São Paulo", *Obras Completas de Rui Barbosa – Discursos parlamentares*, vol. XLI, t. III, Rio de Janeiro, Ministério da Educação e Cultura, 1974, p. 258).

59. Este tema é esquadrinhado no Capítulo IV desta obra, especialmente nos itens 11 a 19.

60. Temas tratados, respectivamente, nos Capítulos V e VI desta obra.

61. Daí porque Miguel Seabra Fagundes assinalava que "A Administração tem como finalidade exclusiva os fenômenos de realização do direito" (*O Controle dos Atos Administrativos pelo Poder Judiciário*, cit., pp. 7 e 8, nota de rodapé 8), ideia na qual também se associa Mário Masagão (*Curso de Direito Administrativo*, cit., pp. 51 e 52, item 124), André Luiz Freire (*O Regime de Direito Público na Prestação de Serviços Públicos por Pessoas Privadas*, São Paulo, Malheiros Editores, 2014, pp. 254 e 255) e Celso Antônio Bandeira de Mello ("Serviço público e sua feição constitucional no Brasil", in *Grandes Temas do Direito Administrativo*, São Paulo, Malheiros Editores, 2009, p. 278, item 19), dentre tantos outros. De fato, parece-nos acertado incluir nesta noção os *atos materiais* praticados pelo Poder Público, como fez o Seabra Fagundes. Isso porque, a tutela do interesse público pelo exercício de uma função estatal pode-se aperfeiçoar tanto no *plano jurídico* como no *plano material* (caso dos serviços públicos e obras públicas, que se concretizam no plano fenomênico para, assim, tutelar o interesse público). Estes

A NATUREZA JURÍDICA DA ATIVIDADE NOTARIAL E DE REGISTRO   35

sem os quais os fins queridos pelo direito positivo exigentes da atuação do Estado não seriam atingidos. O exercício dessa atividade se dá, na intimidade do Poder Público, pela formação de vínculos hierárquicos, cujo resultado final conclusivo é, como regra, suscetível de apreciação pelo Poder Judiciário.[62]

26. Bastante diversa é a atividade desenvolvida pelo Poder Público no exercício da função jurisdicional, caso em que o Poder Público, provocado, atua pondo fim a uma controvérsia instaurada com caráter de definitividade, hipótese em que se forma a coisa julgada.

O ato jurisdicional que põe fim à controvérsia posta em juízo[63] é a sentença singular ou colegiada (acórdão).[64] Mas, para que ela seja produ-

atos materiais não são, em si, uma atividade pública, mas o resultado decorrente do seu exercício, como afirmamos no item 22, nota de rodapé 52; este tema será retomado no Capítulo II, a partir do item 10.

62. Em grande medida acolhe-se a definição de função administrativa proposta por Celso Antônio Bandeira de Mello (*Curso de Direito Administrativo*, cit., p. 35, item 9). Agrega-se a ela a ideia de que, por meio desta função estatal, o Poder Público produz atos jurídicos e materiais, sendo eles imprescindíveis à persecução dos fins que a ordem jurídica comina ao Estado e, que, como regra (mas nem sempre), são suscetíveis de controle pelo Poder Judiciário: caso, por exemplo, daqueles decorrentes do exercício de competência discricionária, cuja conveniência e oportunidade de sua produção, assim como seu conteúdo, se obedientes ao princípio da legalidade e da boa administração, são insubstituíveis por outro formulado no exercício da função jurisdicional, como acertadamente observa Celso Antônio Bandeira de Mello ("Controle judicial dos atos administrativos", in *Grandes Temas do Direito Administrativo*, cit., pp. 162 e 163, itens 23 e 24). A isto se somam as hipóteses nas quais a Administração pode ter seus conflitos com particulares dirimidos, não pelo Judiciário, mas sim pela arbitragem, como prevê, por exemplo, o art. 23-A da Lei federal 8.987, de 1995, art. 1º, § 8º, da Lei federal 8.693, de 1993, e do art. 11 da Lei federal 11.079, de 2004.

Os elementos agregados à definição de função administrativa são amplamente conhecidos e acertadamente examinados pelo mestre paulista, que, todavia, não os contempla no conceito edificado, o que, contudo, nos parece mais adequado para melhor identificação do seu regime jurídico. Não há, por isto, erro nesta ou naquela definição, senão que a aglutinação de elementos àquela proposta por Celso Antônio Bandeira de Mello.

63. Opinião corrente, como se apura das lições de Celso Antônio Bandeira de Mello (*Curso de Direito Administrativo*, cit., p. 35, item 9), Hely Lopes Meirelles (*Direito Administrativo Brasileiro*, 15ª ed., cit., p. 51; 43ª ed., cit., p. 60), Regina Maria Macedo Nery Ferrari (*Direito Constitucional*, cit., p. 353, item 10.4.1.1), dentre tantos outros. Oswaldo Aranha Bandeira de Mello definiu a função jurisdicional do seguinte modo: "A ação judicial se distingue pela natureza do objeto, portanto, pela sua essência, das outras duas, pois tem preocupação diversa, a de manter a ordem jurídica em vigor, em assegurar o direito vigente, acaso ameaçado ou desrespeitado, que busca proteger, e a realização efetiva da decisão, sua consequência lógica. Tem aspecto predominantemente contemplativo, no sentido de que atua no presente, voltado para o passado, a fim de amparar ordem jurídica preexistente, aplicando esse direito ao caso concreto, objeto da norma e relações consequentes anteriores. Objetiva resguardar a ordem normal do Estado-so-

36 REGIME CONSTITUCIONAL DA ATIVIDADE NOTARIAL E DE REGISTRO

zida, outros atos jurisdicionais são praticados no curso do processo. Por meio deles, resolvem-se questões incidentais que, superadas, impõem a solução da questão controvertida subjacente ao bem da vida posto à apreciação judicial. São elas: as decisões interlocutórias e os despachos.[65]

Como regra, essa função é exercida por agentes públicos investidos no cargo de magistrados, na intimidade da estrutura orgânica do Poder Judiciário. Excepcionalmente, contudo, a Constituição da República outorga essa atribuição a outros agentes públicos.[66]

27. As funções administrativa e jurisdicional apresentam características semelhantes, pois, por diferentes meios, pretendem concretizar as prescrições veiculadas em normas gerais e abstratas.[67] Daí porque uma mesma pretensão resistida, desde que tenha o Estado como parte, pode ser sucessivamente analisada no curso de um processo administrativo e judicial. Nesta última, todavia, fixa-se a interpretação definitiva a respeito da aplicação do direito controvertido, formando-se a coisa julgada. Eis a dessemelhança entre essas funções públicas.[68]

No entanto, advirta-se que nem todo ato jurídico produzido por magistrado advém do exercício da função jurisdicional, ainda que emanado no curso ou ao cabo de um processo judicial. É o que se processa, por exemplo, nos casos de jurisdição voluntária, disciplinada pelos arts. 719

ciedade, anteriormente disposta por normas jurídicas ou constantes de relações jurídicas, quando ameaçada ou já perturbada. Envolve o exercício de outra função, jurisdicional, de dizer o direito" ("Conceito do direito administrativo", *Revista de Direito Administrativo: Edição comemorativa – 70 anos FGV*, Rio de Janeiro, FGV, 2013, p. 140). Por óbvio que esta atividade estatal também compreende o controle de constitucionalidade das leis (vide, a propósito, a considerações feitas no Capítulo IV, item 10).

64. Art. 5º, LVII, LXXV; art. 15, I; art. 41, § 1º, I e § 2º, todos da Constituição da República.

65. Art. 93, II, "e", da Constituição da República.

66. Caso, por exemplo, dos Senadores, a teor do art. 52, I e II, da Constituição da República, segundo o qual, com os nossos destaques: "Compete privativamente ao Senado Federal: I – *processar* e *julgar* o Presidente e o Vice-Presidente da República nos *crimes de responsabilidade*, bem como os Ministros de Estado e os Comandantes da Marinha, do Exército e da Aeronáutica nos *crimes da mesma natureza conexos* com *aqueles*; II – *processar* e *julgar* os Ministros do Supremo Tribunal Federal, os membros do Conselho Nacional de Justiça e do Conselho Nacional do Ministério Público, o Procurador-Geral da República e o Advogado-Geral da União nos *crimes de responsabilidade*".

67. Daí porque Francis Hamon, Michel Troper e Georges Burdeau afirmam que "a função judiciária é apenas uma parte da função executiva: ela consiste, na verdade, na aplicação da lei" (*Direito Constitucional*, cit., p. 114). Essa é a mesma posição de Oswaldo Aranha Bandeira de Mello (*Princípios Gerais de Direito Administrativo*, cit., p. 571) e José dos Santos Carvalho Filho (*Manual de Direito Administrativo*, cit., p. 5).

68. No mesmo sentido: Miguel Seabra Fagundes (*O Controle dos Atos Administrativos pelo Poder Judiciário*, cit., pp. 13 a 17, especialmente item 7, nota de rodapé 18).

A NATUREZA JURÍDICA DA ATIVIDADE NOTARIAL E DE REGISTRO   37

a 770 do Código de Processo Civil de 2015; a sentença produzida nestes casos recebe este rótulo formal, pois, materialmente, é um ato administrativo,[69] decorrente da denominada tutela administrativa dos interesses privados.[70]

Tampouco se qualificam como jurisdicionais atos que ponham fim a um conflito, sem, contudo, proporcionar a formação de coisa julgada. É o que se processa com a arbitragem[71] e a mediação.[72]

1.2.2   Atividades estatais desempenháveis no exercício da função administrativa e a atividade notarial e de registro

28. Segundo a insuperável e sempre atual catalogação proposta por Celso Antônio Bandeira de Mello, o Estado, no exercício da função

69. Mas não há consenso sobre o assunto, circunstância bastante habitual no Direito. Reconhecendo que os atos de jurisdição voluntária ou graciosa são materialmente atos administrativos, perfilam-se, dentre outros: Miguel Seabra Fagundes (*O Controle dos Atos Administrativos pelo Poder Judiciário*, p. 14, nota de rodapé 17); Alfredo Buzaid, que manteve a disciplina no anteprojeto do Código de Processo Civil de 1973, "porque, por larga tradição, em tais casos sempre coube ao juiz a função de administrar os interesses privados" (*Exposição de Motivos do Código de Processo Civil – Lei n. 5.869, de 11 de janeiro de 1973*, disponível em *www.oabsa.org.br/documentos/cod_proc_civil.pdf*, consultado em 12/7/2014, item 12); José dos Santos Carvalho Filho (*Manual de Direito Administrativo*, cit., p. 5); Hugo Nigro Mazzilli, que afirma, acertadamente, que nem mesmo há falar em jurisdição na hipótese, pois (i) não há atividade jurisdicional; e (ii) a administração dos negócios privados, quando exigente da atuação de terceiro para sua concretização, não qualifica a atividade exercida por terceiros por jurisdicional, como, por exemplo, aquelas exercidas pelo promotor de justiça (que aprova os estatutos de uma fundação), pela Junta Comercial (que procede ao registro dos denominados atos de comércio ou atos societários das pessoas jurídicas submetidas à sua alçada) e, ainda, pelo notário (ao lavrar uma escritura ou formalizar uma separação ou divórcio consensual, não havendo filhos menores ou incapazes do casal, nos termos do art. 733 do Código de Processo Civil de 2015) ("O Ministério Público e a jurisdição voluntária", *Revista de Processo*, n. 48, São Paulo, Ed. RT, out./dez. 1987, pp. 217 e ss.).

70. Referida por José Frederico Marques, para quem a jurisdição voluntária é espécie do gênero *tutela administrativa dos interesses privados* (*Ensaio sobre a Jurisdição Voluntária*, São Paulo, Ed. RT, 1952, pp. 78 e 79).

71. Cuja controvérsia dirimida entre as partes não pode, em seu aspecto substantivo, ser revisto pelo Poder Judiciário. Isso porque, ao juízo da Suprema Corte, o pleno acesso ao Judiciário, cláusula pétrea prescrita no art. 5, XXXV, da Constituição da República, pode ser renunciado (STF, Tribunal Pleno, Agravo Regimental em Sentença Estrangeira Contestada 5.378, rel. Min. Maurício Corrêa, *DJU* 25.2.2000). Assim, não há formação de coisa julgada, mas a insindicabilidade da cláusula compromissória e a sentença arbitral, salvo se a controvérsia versar sobre direito indisponível. Nesse sentido é magistral o pensamento de Caio Tácito ("Arbitragem nos litígios administrativos", *Revista de Direito Administrativo*, n. 242, Rio de Janeiro, FGV, out./dez. 2005, pp. 139 a 145).

72. Esta passível de realização por todos em nossa sociedade.

38   REGIME CONSTITUCIONAL DA ATIVIDADE NOTARIAL E DE REGISTRO

administrativa, desempenha as seguintes atividades jurídicas: (i) exerce o poder de polícia; (ii) fomenta e auxilia o desenvolvimento e expansão de atividades privadas de interesse coletivo; (iii) equipa-se com recursos humanos e materiais para desempenhar suas atividades; (iv) presta serviços públicos; e (v) intervém em atos e fatos da vida particular para lhes atribuir certeza e segurança jurídica.[73]

E, com relação às últimas, assinala que o seu desempenho ora se realiza "(...) diretamente, ora credenciando ou delegando a particulares esta função a ser exercida em nome do próprio Estado. É o caso dos Tabelionatos e Cartórios. Assim, os registros de títulos e documentos, a lavratura de escrituras, os assentamentos de nascimentos, óbito e alteração do estado civil, configuram o exercício da mencionada função".[74]

Para esse autor, a atividade notarial e de registro é uma função ou ofício público,[75] como se deduz da leitura do art. 236, *caput*, da Consti-

73. *Prestação de Serviços Públicos e Administração Indireta*, 2ª ed., 2ª tir., São Paulo, Ed. RT, 1983, pp. 16 a 18. Mas são muitas as classificações a respeito das atividades estatais, sempre dependentes do critério jurídico adotado, como se apura pela leitura de abalizada doutrina, dentre as quais citamos, exemplificativamente, aquela carreada por Diogo de Figueiredo Moreira Neto (*Curso de Direito Administrativo*, cit., pp. 131 a 135).

74. *Prestação de Serviços Públicos e Administração Indireta*, cit., p. 17 (item 3). Esta última espécie de atividade jurídica parece-nos, contudo, definida de modo incompleto. Ela não é apenas certificadora de fatos e atos jurídicos (opinião igualmente externada pelo Conselho Federal do Notariado Argentino: "El notario ante la jurisdicción voluntaria", *Revista del Colegio de Notarios del Estado de Jalisco*, n. 7, Guadalajara (México), jul./dez. 1992, pp. 106 e 107). Deveras, alguns atos da vida privada *dependem*, para o seu *nascimento*, da atuação de um notário ou registrador. É dizer: a atividade notarial e de registro não confere *apenas* certeza e segurança ao ato; além delas, esta atividade pública delegada pode ser desempenhada na constituição de uma dada situação jurídica, sem a qual não se reputaria legitimamente formalizada. Daí a feliz redação do art. 134, VI, do Código Tributário Nacional, que, ao prever a responsabilidade tributária, comina esta sanção aos "(...) tabeliães, escrivães e demais serventuários de ofício, pelos tributos devidos sobre os atos *praticados por eles*, ou *perante eles*, em razão do seu ofício". Os atos jurídicos que são praticados *perante eles* já concluíram seu ciclo de formação; aquele *por eles* praticados, nascem com sua atuação. Ademais, o notário pode licitamente remodelar o mérito do ato que lhe é submetido a registro, interferindo em seu conteúdo; seja para suprimir cláusulas nulas, seja para ilustrar as partes sobre as obrigações reciprocamente assumidas antes de sua derradeira conclusão por meio da lavratura de uma escritura pública. Isso porque esse agente delegado de função pública atua como consultor imparcial das partes. Nesse sentido e por todos, registramos o pensamento de Leonardo Brandelli (*Teoria Geral do Direito Notarial*, 4ª ed., São Paulo, Saraiva, 2011, pp. 177 e 373). Daí porque a catalogação proposta pelo insuperável mestre nos parece, neste particular, *formalmente incompleta*, ainda que *substancialmente acertada*, pois nela se pretendia referir, justamente, à atividade notarial e de registro.

75. Ao juízo de Celso Antônio Bandeira de Mello estas atribuições se materializam em atividades jurídicas, razão por que são funções ou ofícios e não serviços públicos ("A competência para criação e extinção de serviços notariais e de registro e para delegação e

A NATUREZA JURÍDICA DA ATIVIDADE NOTARIAL E DE REGISTRO   39

tuição da República.[76] Afinal, esse comando constitucional impõe ao Poder Público o dever de delegar o seu desempenho aos particulares.[77] E só a pessoa em favor de quem foi investida uma dada competência (pública ou privada) goza da prerrogativa de transferir o seu exercício a outrem.

Logo, como o Estado é o ente delegante da atividade notarial e de registro (a quem se afiançou o encargo de lhe garantir a prestação), trata-se de uma atividade pública.[78]

provimentos desses serviços", *Coleção Doutrinas Essenciais: direito registral*, vol. I, São Paulo, Ed. RT, 2011, p. 69, item 3).

76. "Art. 236. Os serviços notariais e de registro são exercidos em caráter privado, por delegação do Poder Público."

77. Ainda que algumas atividades notariais e de registro sejam desempenhadas pelo próprio Estado, como assinalado no item 1 da Introdução desta obra, especialmente nas notas de rodapé 3 e 4.

78. Nesse sentido pensam José Afonso da Silva (*Comentário Contextual à Constituição*, cit., p. 897, item 2), Dinorá Adelaide Musetti Grotti (*O Serviço Público e a Constituição Brasileira de 1988*, cit., pp. 112 e 113), Luís Paulo Aliende Ribeiro (*Regulação da Função Pública Notarial e de Registro*, São Paulo, Saraiva, 2009, p. 47), Clèmerson Merlin Clève ("Criação e extinção de serventias extrajudiciais mediante ato administrativo do Tribunal", *Soluções Práticas de Direito – Administração Pública, tributação e finanças públicas – Pareceres*, vol. 2, São Paulo, Ed. RT, 2012, p. 373), Ricardo Dip (*Direito Administrativo Registral*, São Paulo, Saraiva, 2010, pp. 26 e 28), Romeu Felipe Bacellar Filho ("Do regime jurídico dos notários e registradores", *Reflexões sobre o Direito Administrativo*, Belo Horizonte, Fórum, 2009, p. 146) e Narciso Orlandi Neto ("Atividade notarial – Noções", in Ricardo Dip (coord.), *Introdução ao Direito Notarial e de Registro*, Porto Alegre, IRIB e Fabris, 2004, p. 13). Mas há vozes dissonantes.

Segundo Fernando Heren Aguillar, estas atividades não são estatais ou públicas. Isso porque (i) não se trata de serviço público, uma vez que o seu desempenho é levado a efeito pelo particular, em caráter privado; (ii) tampouco se qualifica como atividade econômica, já que a sua prestação exige aprovação em concurso (*Controle Social de Serviços Públicos*, São Paulo, Max Limonad, 1999, pp. 154 e 155). Não nos soa acertado este pensamento, *data venia*. Sem razão, contudo. *Primeiro* porque nem todas as atividades notariais e de registro são desempenhadas obrigatoriamente pelos particulares (Notas de rodapé 3 e 4 da Introdução). *Segundo* porque o seu desempenho em caráter privado não impõe obediência às normas de direito privado, como supõe o autor. E ainda que as relações jurídicas formadas no bojo destas atividades fossem preponderantemente de direito privado, isso não manietaria o atuar do Poder Público (conforme esclarecido nos itens 14 e 16, acima).

Por outro lado, Maria Helena Diniz advoga a tese de que o registro imobiliário (especialidade dentro da atividade notarial e de registro) é uma atividade pública, na medida em que procura tutelar ao interesse público e, sendo obrigatória, transforma-se em serviço público (*Sistema de Registros de Imóveis*, 9ª ed., São Paulo, Saraiva, 2010, p. 695). Com o devido acatamento, os argumentos lançados não levam à conclusão atingida pela ilustre professora. *Primeiro* porque nem toda atividade realizada na consecução do interesse público é, *per si*, uma atividade estatal e, por esta razão, realizada no desempenho de uma função pública. Aliás, é a própria Constituição da República que, em seu art. 197, equaciona a questão ao prever que as atividades relacionadas à saúde são de relevância pública (efetivadas, pois, a título de curar o interesse público). Apesar disto, os particulares podem livremente desempenhá-las, a teor do que prevê o art. 199 da Carta Magna.

40 REGIME CONSTITUCIONAL DA ATIVIDADE NOTARIAL E DE REGISTRO

29. Mas advirta-se o óbvio: a atividade notarial e de registro é uma atividade pública porque a Constituição da República assim determinou, e não por força de um elemento intrínseco que lhes confira esse atributo. Se no passado foi atividade privada, não quer dizer que no presente ou no futuro ela manterá essa qualificação. Do mesmo modo, se no passado foi atividade pública, tal circunstância não impõe a manutenção desse *status* no futuro.

Cada Nação, ao seu modo, prevê quais as atividades que, tidas como essenciais ao Estado e à tutela do bem comum, são mantidas na alçada do Poder Público. Entre nós, o art. 236 da Constituição da República espanca qualquer espécie de dúvida: a atividade notarial e de registro é pública. Dúvidas transbordam em relação a outros temas como, por exemplo, se insertas na função administrativa ou jurisdicional, o que mais adiante se apurará.

30. Em vista disto, conclui-se que a atividade notarial e de registro é atribuição pública ou estatal e, sem prejuízo desta condição, é exercida por particulares. Assim, há que se examinar de que modo a Constituição da República concebe o desempenho de uma atividade pública, bem como a existência ou não de distintos regimes jurídicos em razão dos vários modos de prestação.

Mas, justamente porque realizadas em prol do interesse público, os particulares estão submetidos, no seu desempenho, a um plexo de normas cuja existência não se concebe na ordem econômica. Esta é a razão pela qual os preços dos medicamentos produzidos pelos particulares não são livremente fixados pelos agentes econômicos; têm seu patamar máximo ditado pelo próprio Estado, para que, com isso, o interesse público não seja esgarçado (como já observamos no "Controle de preços de medicamentos pela CMED. Obrigatoriedade de seus fabricantes e distribuidores aplicarem, na sua venda, desconto compulsório (CAP) sobre o denominado 'preço fábrica'. A formação do 'preço fábrica' e o usufruto facultativo de isenções tributárias condicionadas", *Revista Trimestral de Direito Público*, ns. 51/52, São Paulo, Malheiros Editores, pp. 179 a 193). *Segundo* porque a atividade pública realizada em razão do exercício da função pública não se qualifica, apenas, como serviço público, salvo se esta noção estiver sendo utilizada à moda dos autores referidos no item 23, especialmente nota de rodapé 55, acima.

Bastante sedutor é o pensamento de Décio Erpen, que não qualifica as atividades notariais e de registro como atribuições públicas, mas como uma instituição autônoma, de direito material e de cidadania; uma instituição da Comunidade, e não de Governo, pois o corpo social exigia alguém para esse mister ("Da responsabilidade civil e do limite de idade para aposentadoria compulsória dos notários e registradores", *Revista de Direito Imobiliário*, vol. 22, n. 47, São Paulo, Ed. RT, jul./dez. 1999, pp. 104 e 105). O jurista gaúcho atinge essa conclusão por adotar como premissa que o corpo social (e não a ordem jurídica) exige o desempenho dessas atividades. Ora, se adotamos a ideia de que a ordem jurídica tudo regula, razão por que há plenitude da ordenação (itens 5 a 10, acima), não concebemos atividades pré-jurídicas ou do corpo social. Se o foram no passado, não o são mais no presente (item 24, acima).

Capítulo II
O EXERCÍCIO DAS ATIVIDADES PÚBLICAS

2.1 Transferência da atividade pública e transferência do exercício da atividade pública: 2.1.1 A função pública como competência pública; 2.1.2 A classificação das competências públicas: competência pública in abstrato e in concreto; 2.1.3 Regime jurídico das competências públicas in abstrato e in concreto: 2.1.3.1 Delegação como transferência de competência pública in concreto – 2.1.3.2 Parcial proibição à delegação de competência pública in abstrato – 2.1.3.3 Objeto delegável da competência pública in concreto; 2.1.4 Limites constitucionais formais à chamada despublicização das atividades estatais; 2.1.5 Limites constitucionais substantivos à chamada despublicização das atividades estatais; 2.1.6 Publicização de atividades privadas: 2.2 Exercício público e o exercício delegado das atividades públicas; 2.2.1 Modalidades de delegação da competência pública in concreto e o seu exercício.

2.1 Transferência da atividade pública e transferência do exercício da atividade pública

2.1.1 A função pública como competência pública

1. Impõe-se ao Estado o dever-poder de tutelar o interesse público; de exercer, portanto, *função*.

Para atingir esse desiderato, a Constituição da República prevê em seu favor um plexo de competências públicas, jungidas, que estão ao exercício das funções ou atividades públicas. Assim, a competência pública se traduz na prerrogativa jurídica conferida ao Estado que, exercida, se presta à satisfação do bem comum.[1]

1. José Afonso da Silva afirma que "'Competências' são, assim, as diversas modalidades de poder de que se servem os órgãos ou entidades estatais para realizar suas funções. 'Competência' – vimos antes – consiste na esfera delimitada de poder que se outorga a um órgão ou entidades estatal, mediante a especificação de matérias sobre as quais se exerce o poder de governo" (*Comentário Contextual à Constituição*, 9ª ed., São Paulo, Malheiros Editores, 2014, p. 264, item 2). *Discordamos* parcialmente desta visão, pois, sendo *órgãos* meros plexos de atribuições, em seu favor não se outorgam

42   REGIME CONSTITUCIONAL DA ATIVIDADE NOTARIAL E DE REGISTRO

Ademais, como o Estado desempenha suas funções valendo-se das correlatas competências, isso implica dizer que a cada função pública se atrela um correspondente plexo de competências. Afinal, se a ordem jurídica cominou ao Estado os seus fins (seus *deveres*) previu, igualmente, os correspondentes meios (seus *poderes*,[2] portanto).

Assim, a competência não se traduz apenas em um *poder*, mas em um *poder* edificado em vista de um *fim*, qual seja, o *fim* do Estado: o *dever* de curar e realizar o bem comum.[3] Daí a feliz síntese enunciada por Celso Antônio Bandeira de Mello, para quem "(...) o *poder, na competência, é a vicissitude de um dever*".[4]

deveres-poderes, encargo afiançado aos agentes alocados nessa estrutura organizacional, pensamento que perfilamos à moda de Oswaldo Aranha Bandeira de Mello (*Princípios Gerais de Direito Administrativo*, 3ª ed., vol. I, São Paulo, Malheiros Editores, 2007, p. 506). Além disto, a competência inexiste por si, despregada autonomamente de um fim. Só se concebe competência atrelada a um fim, pois o poder conferido ao Estado é meio para tutela do interesse público.

2. É neste sentido, aliás, a noção de competência a que alude Ruy Cirne Lima. Ao tratar da relação de administração (referida no Capítulo I, item 17, nota de rodapé 41), o mestre gaúcho assinalou "O que se denomina 'poder' na relação jurídica, tal como geralmente entendida, não é senão a liberdade externa, reconhecida ao sujeito ativo, de determinar autonomamente, pela sua vontade, a sorte do objeto, que lhe está submetido pela dependência da relação jurídica, dentro dos limites dessa mesma relação jurídica" (*Princípios de Direito Administrativo Brasileiro*, 3ª ed., Porto Alegre, Sulina, 1954, p. 53, item 1; 7ª ed., São Paulo, Malheiros Editores, 2007, p. 105). No mesmo sentido, dentre tantos outros: Raquel Melo Urbano de Carvalho (*Curso de Direito Administrativo*, 2ª ed., Bahia, Jus Podivm, 2009, pp. 270 a 271).

3. Daí a integral procedência da observação de Celso Antônio Bandeira de Mello, para quem "(...) inobstante os poderes que elas *(competências)* exprimem sejam, efetivamente, o seu lado mais aparente, antes que poderes as competências são *deveres*, o que é particularmente visível no caso de competências *administrativas*" (*Curso de Direito Administrativo*, 33ª ed., 3ª tir., São Paulo, Malheiros Editores, 2018, p. 146, item 5, destaque no original). Também comungamos deste acertado pensamento ("Competência legislativa municipal e o interesse local", *Revista da Procuradoria-Geral do Município de Belo Horizonte – RPGMBH*, ano 3, n. 5, Belo Horizonte, Fórum, jan./jun. 2010). Daí porque, inclusive, a ideia de desvio de poder ou desvio de finalidade resulta do exercício de uma competência pública em desacordo com as finalidades a que ela se vocaciona. Também neste sentido: Celso Antônio Bandeira de Mello ("Desvio de poder", in *Grandes Temas do Direito Administrativo*, São Paulo, Malheiros Editores, 2009, pp. 111 a 142, especialmente itens 9 a 20 e 25 a 29). Na mesma trilha, dentre tantos outros, confira-se o pensamento de José dos Santos Carvalho Filho (*Manual de Direito Administrativo*, 25ª ed., São Paulo, Atlas, 2012, p. 46, item 3.2).

E, por estas razões, soa incompleto o juízo de Hely Lopes Meirelles, na medida em que este festejado publicista assinala que "O poder administrativo, portanto, é atribuído à autoridade para remover os interesses particulares que se opõem ao interesse público. Nessas condições, o *poder de agir* se converte no *dever de agir*", afirmativa que não releva a plenitude dos atributos da competência pública (*Direito Administrativo Brasileiro*, 15ª ed., São Paulo, Ed. RT, 1990, p. 85; 43ª ed., São Paulo, Malheiros Editores, 2018, p. 114).

4. *Curso de Direito Administrativo*, cit., p. 147 (item 6), destaques no original. Não se confunde, todavia, competência pública e capacidade pública, sendo esta projeção da-

O EXERCÍCIO DAS ATIVIDADES PÚBLICAS 43

2. Sucede que a ordem jurídica não conferiu tratamento orgânico ou sistemático ao tema das competências públicas, como o fez, por exemplo, ao prever o tributo e suas espécies.[5]

Com efeito, ao lado das competências legislativas das pessoas políticas,[6] a Constituição da República também contempla as competências administrativas,[7] funcionais[8] e políticas[9] destas pessoas, a par de outras tantas arroladas em seu texto.

Tão lata é a acepção constitucional sobre a matéria que, ao enunciar as competências dos Estados, o art. 25, § 1º, do Texto Maior prescreve que "são reservadas aos Estados as competências que não lhes sejam vedadas por esta Constituição".[10] Com isto, fixaram-se as competências dos Estados pela técnica residual, não se assinalando, destarte, seus contornos ou confins.[11]

2.1.2 A classificação das competências públicas: competência pública in abstrato e in concreto

3. Como a ordem jurídica confere múltiplos tratamentos à competência pública, seus contornos positivados devem ser edificados a partir

quela, conforme o acertado magistério de Oswaldo Aranha Bandeira de Mello (*Princípios Gerais de Direito Administrativo*, p. 505, item 48.4) e Edmir Netto de Araújo (*Curso de Direito Administrativo*, 6ª ed., São Paulo, Saraiva, 2014, pp. 495 e 496).

É no campo do direito tributário que estas distinções têm maior curso concreto. Com efeito, competência tributária se traduz na prerrogativa da pessoa política para criar legislativamente tributos. Exaurida ou exercida esta competência, dá-se lugar à capacidade tributária, posição jurídica na qual a parte se vê alocada na relação jurídico-tributária (como sujeito ativo ou credor – capacidade tributária ativa – ou sujeito passivo ou devedor – capacidade tributária passiva). Nesse sentido: Roque Antônio Carrazza (*Curso de Direito Constitucional Tributário*, 23ª ed., São Paulo, Malheiros Editores, 2006, pp. 236 e 237; 31ª ed., São Paulo, Malheiros Editores, 2017, pp. 271-273) e Geraldo Ataliba (*Hipótese de Incidência Tributária*, 6ª ed., 17ª tir., São Paulo, Malheiros Editores, 2018, p. 84, item 30.5).

5. Segundo previsto no art. 145 da Constituição da República. E justamente por esta razão, continuamos firmes à classificação de tributo proposta por Geraldo Ataliba (*Hipótese de Incidência Tributária*, cit., pp. 137 a 209) e Roque Antônio Carrazza (*Curso de Direito Constitucional Tributário*, 23ª ed., cit., pp. 503 a 621; 31ª ed., cit., pp. 620 a 767).

6. Arts. 22; 24; 25; 30, I a IV; 32, § 1º da Constituição da República.

7. Art. 5º, XXV; 8º, I; 21; 23; 25, 30, V; 37, XVIII, da Constituição da República.

8. Art. 5º, XXXVII, "d"; XLI; 48, *caput*, da Constituição da República.

9. Art. 21, I, da Constituição da República.

10. Ainda que tenha previsto algumas competências em favor destas pessoas políticas, como as comuns (administrativas) e concorrentes (legislativas).

11. O que levou José Afonso da Silva a qualificá-las como *poderes remanescentes* (*Comentário Contextual à Constituição*, cit., p. 292, item 4.2), pensamento comungado por Diogenes Gasparini (*Direito Administrativo*, 16ª ed., Saraiva, São Paulo, 2011, p. 296).

44 REGIME CONSTITUCIONAL DA ATIVIDADE NOTARIAL E DE REGISTRO

do seu *aspecto material*,[12] veiculados em norma de comportamento. Daí porque se define a competência pública como um plexo de poderes a ser exercitado pelo agente habilitado nas hipóteses legalmente previstas, em vista do fim que preside sua existência, segundo o regime jurídico próprio aplicável a cada uma das funções estatais.[13]

Com isto (i) afasta-se a noção *formal* de competência pública, plasmada em uma norma de estrutura (normas, pois, que dispõem sobre competências); e (ii) agrega-se a esta competência a ideia de função pública, como aspecto indissociável de sua feição constitucional.

4. E, sob esta ótica (critério *material*), a transferência de uma função ou atividade pública *pode* compreender duas situações jurídicas muito distintas: a transferência da competência *in abstrato* ou *in concreto*. *Aquela* impositiva do dever-poder para o desempenho da atividade ou função pública; *esta* consistente no dever-poder de concretamente exercitá-la (a atividade ou função pública).

Tome-se, por exemplo, o que se processa em relação aos serviços públicos. Se, por um lado, a Constituição da República comina ao Estado o dever-poder de prestá-los, há, de outra banda, o encargo de o Poder Público concretamente exercitar essa competência. E, nestes casos, duas situações jurídicas bastante diversas se processam. Basta ter em conta que a primeira se tributa ao exercício da função legislativa e a segunda decorre do desempenho da função administrativa, o que revela a incidência de distintos regimes jurídicos. Em vista disto, *aquela* se traduz em uma competência pública *in abstrato* e *esta*, *in concreto*.[14]

12. À moda do proposto por Celso Antônio Bandeira de Mello, para quem a noção material de competência deve ser entendida "(...) no sentido de que, se alguém é investido em uns tantos poderes, não o é para atuá-los em quaisquer circunstâncias ou perante quaisquer fins ou segundo quaisquer formas, mas só o é para mobilizar ditos poderes em determinadas circunstâncias, em vista de específicos fins e através de certas formas" ("Desvio de poder", cit., p. 125, item 14).

13. Advirta-se que são diversas e sortidas as opiniões doutrinárias qualificadoras da competência pública. Da sua suposta distinção em relação às denominadas atribuições (juízo de Francis-Paul Bénoit, *Le Droit Administratif Français*, Paris, Dalloz, 1968, pp. 470 a 474), à sua qualificação tomando em conta situações ativas e passivas (caso de André Luiz Freire, *O Regime de Direito Público na Prestação de Serviços Públicos por Pessoas Privadas*, São Paulo, Malheiros Editores, 2014, pp. 131 a 133). A divergência do conceito de competência erigido pelos diversos autores decorre, em larga medida, das distintas premissas eleitas para qualificar este instituto jurídico; não há, sob esta ótica, acerto ou erro nas definições propostas.

14. Sem empregar a mesma terminologia, Oswaldo Aranha Bandeira de Mello reconhece essa distinção ao afirmar que "Impõe-se não confundir o ordenamento jurídico da atividade do Estado para realizar o bem comum com as matérias condizentes com essa atividade e objeto de regulamentação jurídica. Elas correspondem a campos distintos de

O EXERCÍCIO DAS ATIVIDADES PÚBLICAS 45

2.1.3 Regime jurídico das competências públicas in abstrato e in concreto

5. Esta distinção entre as espécies de competências públicas é relevante, pois se afirma (i) que a competência pública é irrenunciável, indelegável e intransferível,[15] ao passo (ii) que o que se *delega* ou *transfere* a outrem é o exercício de uma atividade pública, ideia especialmente corrente em relação às atividades administrativas e particularmente relevante na prestação indireta de serviços públicos.[16]

Estas afirmativas exigem maiores esclarecimentos: *primeiro* para apontar e justificar o sentido de delegação que se acolhe; e *segundo* para revelar a incompletude das afirmativas acima, lançadas por prestigiosa doutrina.

2.1.3.1 Delegação como transferência de competência pública in concreto

6. É inegável a existência de dissenso na doutrina a respeito do objeto jurídico referido pela noção de *delegação*, dada a sua polissemia, seja no Brasil[17] ou no estrangeiro.[18]

relações jurídicas, especificamente suscitados na consecução do fim estatal" (*Princípios Gerais de Direito Administrativo*, cit., p. 216). Neste sentido, ao tratar da titularidade e prestação de serviço público, afirma Joana Paula Batista (*Remuneração dos Serviços Públicos*, São Paulo, Malheiros Editores, 2005, p. 23, item 2.2). José dos Santos Carvalho Filho, por seu turno, reconhece a dualidade das competências na hipótese em apreço (*Manual de Direito Administrativo*, cit., pp. 329 e 330, 46, item 2).

15. Por todos: Roque Antônio Carrazza (*Curso de Direito Constitucional Tributário*, 23ª ed., cit., pp. 621 a 658, itens 3.1.3 a 3.6; 31ª ed., cit., pp. 767-805) e Geraldo Ataliba (*Apontamentos de Ciência das Finanças, Direito Financeiro e Tributário*, São Paulo, Ed. RT, 1969, p. 223).

16. Perfilam este pensamento, dentre outros, Maria Sylvia Zanella Di Pietro (*Direito Administrativo*, 25ª ed., São Paulo, Atlas, 2012, p. 301) e Juarez Freitas, para quem "A titularidade do serviço público, em última instância, pertence irrenunciavelmente ao Poder Público. A execução é que tanto pode ser realizada pela Administração direta quanto conferida por lei específica as autarquias, fundações, empresas públicas e sociedades de economia mista, assim como delegadas a entes privados (...)" ("O novo regime de concessões e permissões de serviços públicos", *Revista Jurídica*, vol. 43, n. 210, Porto Alegre, Nota Dez, abr. 1995, p. 35).

17. Como observou Régis Fernandes de Oliveira, *Delegação e Avocação Administrativas*, 2ª ed., São Paulo, Ed. RT, 2004, p. 21.

18. Como narram Jean-François Auby ("La délégation de service public: Premier bilan et perspectives", *Revue du Droit Public et de la Science Politique en France et a l'Etranger*, n. 4, Paris, LGDJ, jul./ago. 1996, p. 1096), que examina este conceito na França e em outras Nações, e Carole Chenaud-Frazier ("La notion de délégation de service public", *Revue du Droit Public et de la Science Politique en France et a l'Etranger*, n. 1,

46 REGIME CONSTITUCIONAL DA ATIVIDADE NOTARIAL E DE REGISTRO

Uns empregam-na para se referir à transferência de competência pública vocacionada à produção de atos jurídicos, reservando os institutos da concessão, permissão e autorização para os casos de transferência de certas atividades materiais a cargo do Estado.[19] Outros a acolhem para designar a transferência de toda e qualquer espécie de competência pública, inclusive no campo da prestação indireta de serviços públicos,[20] sendo este o sentido que também acolhemos, porque nos soa mais acertado.

Com efeito, em que pese a transferência da prestação de serviços públicos também estar vocacionada ao desempenho de atividades materiais, sem a correspondente – e logicamente precedente – delegação de competência jurídica para o seu exercício, o concreto oferecimento de uma comodidade ou utilidade material será concretizada pelo próprio Estado ou por seu contratado.

Assim, ausente a transferência desta competência pública *in concreto*, não haverá falar em concessão, permissão ou autorização para prestação de serviços públicos por particulares,[21] senão que *terceirização* de uma atividade estatal.[22]

Paris, LGDJ, jan./fev., 1995, pp. 179 a 183), que propõe, ao final, um conceito funcional em vista das decisões do Conselho de Estado Francês.

19. Caso de Ricardo Marcondes Martins (*Regulação Administrativa à luz da Constituição Federal*, São Paulo, Malheiros Editores, 2014, pp. 201 e 202), que adere ao cântico entoado em abono às lições de renomados juspublicistas. De fato, a Constituição da República adota esta nomenclatura para se referir à transferência de competência pública legitimadora da produção de atos jurídicos, sentido que, por vezes, é reproduzido pela legislação federal (caso do art. 40 da Lei federal 13.019, de 2014).

20. Caso de Antônio Carlos Cintra do Amaral (*Concessão de Serviços Públicos: novas tendências*, São Paulo, Quartier Latin, 2012, p. 81), Marçal Justen Filho (*Curso de Direito Administrativo*, 10ª ed., São Paulo, Ed. RT, 2014, p. 757, item 12.11), Geraldo Ataliba ("Sabesp – Serviço público – Delegação a empresa estatal – Imunidade a impostos – Regime de taxas", *Revista de Direito Público*, n. 92, São Paulo, Ed. RT, out./dez. 1989), Hely Lopes Meirelles, que, apesar de utilizar concessão e delegação de serviço público em um mesmo sentido, reserva a noção de outorga para os casos de delegação de serviços aperfeiçoada na intimidade de uma mesma pessoa política (*Direito Administrativo Brasileiro*, 15ª ed., cit., p. 333; 43ª ed., Cap. VI), André Luiz Freire (*O Regime de Direito Público na Prestação de Serviços Públicos por Pessoas Privadas*, cit., p. 193) e Emerson Gabardo (*Interesse Público e Subsidiariedade*, Belo Horizonte, Fórum, 2009, pp. 136 e 137).

Vê-se que, há tempos, se vale da noção de delegação para fazer referência aos casos de transferência da prestação de serviços públicos para entes da Administração indireta ou mesmo a particulares, sendo farto seu acolhimento no plano legislativo federal (caso do arts. 11 a 14 da Lei federal 9.784, de 1999; do art. 5º, *caput*, da Lei complementar federal 140, de 2011; do art. 9º, §§ 5º ao 10, da Lei federal 12.597, de 2012; e do art. 2º, X, da Lei federal 12.815, de 2013, dentre outras).

21. Pela ideia aqui defendida, delegação de competência pública é gênero que *também* comporta como espécies a concessão, a permissão e a autorização de serviços públicos. Apesar de impropriedades técnicas na definição dos institutos da concessão

O EXERCÍCIO DAS ATIVIDADES PÚBLICAS 47

E quando se transfere uma atividade material a cargo do Poder Público, mas não a competência jurídica para prestá-la? Nos casos em que o Estado contrata um particular para, em seu nome, realizá-la, como se dá, por exemplo, nos contratos administrativos por meio dos quais o administrado se compromete a, em nome do Estado, efetuar o recolhimento de lixo nas vias e logradouros públicos, bem como nos imóveis residenciais ou empresariais.[23] Ou, ainda, nos casos em que os particulares realizam atividades puramente materiais relacionadas ao exercício do *poder de polícia*[24] como, por exemplo, o registro eletrônico ou fotográfico de infrações cometidas em desobediência à legislação de trânsito.

7. Fixada a acepção de delegação, cremos serem imperfeitas as afirmativas segundo as quais a competência pública é irrenunciável, indelegável e intransferível. Com efeito, o que se *delega* ou *transfere* a outrem é o exercício de uma atividade pública, ideia especialmente corrente em relação às atividades administrativas e particularmente relevante na prestação indireta de serviços públicos. Explicamos.

2.1.3.2 Parcial proibição à delegação de competência pública *in abstrato*

8. Existem competências públicas que, como regra, podem ser delegadas a terceiros, ao passo que outras são excepcionalmente delegáveis

e permissão, a Lei federal 8.987, de 1995, insere estas duas figuras em uma categoria gênero: a delegação. Também comungam desta ideia André Luiz Freire (*O Regime de Direito Público na Prestação de Serviços Públicos por Pessoas Privadas*, cit., p. 194) e Dinorá Adelaide Musetti Grotti, para quem "Ao contrário do que ocorre na permissão e na concessão, em que o Poder Público *delega* ao particular uma atividade que vai atender a necessidades coletivas, definida pela lei como serviço público (...)" (*O Serviço Público e a Constituição Brasileira de 1988*, São Paulo, Malheiros Editores, 2003, p. 167).

22. *Terceirização* é conceito desprovido de definição no direito, mas que, adotado na seara jurídica, pode congregar a transferência ao particular de uma atividade material a cargo do Estado, como criticamente observa Carolina Zancaner Zockun (*Da Terceirização na Administração Pública*, São Paulo, Malheiros Editores, 2014, pp. 41 e 42) e Antônio Carlos Cintra do Amaral (*Concessão de serviços Públicos: novas tendências*, cit., p. 109), embora o último, ao menos nesta obra, não tenha desbastado criticamente o conceito de terceirização como fez a professora paulista.

23. Este é o exemplo que Celso Antônio Bandeira de Mello adota para divisar delegação de serviço público da execução material de uma atividade pública por particular ("Serviço público e poder de polícia: concessão e delegação", *Revista Trimestral de Direito Público*, n. 20, São Paulo, Malheiros Editores, p. 24).

24. Cujo conceito, impróprio, está veiculado no art. 78 do Código Tributário Nacional, tema sobre o qual já nos debruçamos: "A natureza jurídica das taxas destinadas ao Fundo de Fiscalização das Telecomunicações – FISTEL", in Eduardo de Carvalho Borges (coord.), *Tributação nas Telecomunicações*, São Paulo, Quartier Latin, 2004, pp. 279 a 296.

48   REGIME CONSTITUCIONAL DA ATIVIDADE NOTARIAL E DE REGISTRO

à luz da Constituição da República. É a natureza da competência pública em exame, e não elemento a ela externo, que divisa a viabilidade da inviabilidade de delegação. Explica-se.

Acerta-se ao afirmar a existência de proibição constitucional à transmissão ou delegação de uma competência pública *in abstrato* entre as pessoas políticas ou destas para os administrados. Afinal, sendo os Poderes Públicos harmônicos e independentes entre si, a Constituição da República lhes assegura *independência funcional*.

Logo, essa cláusula pétrea afiança não apenas a recíproca isonomia entre os Poderes na consecução do interesse público, mas, adicionalmente, a preservação das competências que lhes foram assinaladas pela ordem jurídica.[25]

Não bastasse a indelegabilidade das competências públicas *in abstrato* ser uma decorrência lógica do ideal da Separação dos Poderes, tal como concebido e delimitado em nossa ordem jurídica,[26] a Constituição da República procurou ser pedagógica nesta seara.

Daí porque, malgrado a vedação estampada no Texto magno atual não ter a mesma envergadura daquelas encabeçadas em Constituições pretéritas,[27] o art. 25 do Ato das Disposições Constitucionais Transi-

25. Ideia que continua nos parecendo acertada ("A separação dos Poderes e o Poder Judiciário como legislador positivo e negativo", *Revista Trimestral de Direito Público*, n. 47, São Paulo, Malheiros Editores, pp. 162 a 173), não havendo em nosso pensamento qualquer novidade relevante a este propósito, como se lê, por exemplo, de Geraldo Ataliba ("Delegação normativa: limites às competências do C.M.N e BACEN", *Revista de Informação Legislativa*, ano 29, n. 113, Brasília, Senado Federal, jan./mar. 1992, pp. 275 a 306).

26. Pensamento que aderimos na companhia de Castro Nunes ("Delegação de poderes", *Revista de Direito Administrativo*, n. 25, Rio de Janeiro, FGV, jul./set. 1951, pp. 1 a 10, doutrina), Celso Antônio Bandeira de Mello ("Princípio da legalidade no direito brasileiro – Garantia constitucional do livre exercício de atividade econômica lícita – Delegação legislativa disfarçada – Inconstitucionalidade do uso de meios indiretos de compulsão ao pagamento", in *Pareceres de Direito Administrativo*, São Paulo, Malheiros Editores, 2011, pp. 346 a 350, itens 7 a 11) e José Horácio Meirelles Teixeira (*Curso de Direito Constitucional*, revisto e atualizado por Maria Garcia, Rio de Janeiro, Forense Universitária, 1991, p. 596), dentre tantos outros. E sobre o conceito de delimitação das prerrogativas do Estado-poder, consulte Oswaldo Aranha Bandeira de Mello, *Princípios Gerais de Direito Administrativo*, cit., p. 28, item 1.1).

27. O art. 6º da Constituição da República de 1969 previa que "Salvo as exceções previstas nesta Constituição, é vedado a qualquer dos Poderes delegar atribuições; quem for investido na função de um deles não poderá exercer a de outro". Prescrição semelhante era veiculada no art. 36, § 2º, da Constituição de 1946, assim redigido: "Art. 36. São Poderes da União o Legislativo, o Executivo e o Judiciário, independentes e harmônicos entre si. (...) § 2º. É vedado a qualquer dos Poderes delegar atribuições".

O EXERCÍCIO DAS ATIVIDADES PÚBLICAS 49

tórias[28] enuncia a ilegitimidade da delegação da função legislativa ao Poder Executivo.

Apesar destas considerações, a indelegabilidade desta competência pública comporta temperamentos, sendo excepcionalmente admitida como se apura, por exemplo, da prescrição contida no art. 22, parágrafo único, da Constituição da República.[29] Em vista disto, melhor seria asseverar que esta indelegabilidade se traduz em uma regra geral, não tendo, contudo, valor absoluto.

9. Nestas considerações – sobre o perfil jurídico das competências públicas *in abstrato* – residem as bases fundamentais para o correto equacionamento de questão capital afeta à atividade notarial e de registro.

Com efeito, debate-se a legitimidade de o poder constituído alterar o regime de prestação desta atividade delegada ou, até mesmo, extirpá-la da alçada pública para, desta forma, livremente franqueá-la ao desempenho particular, seja como atividade econômica ou como atividade privada de relevância pública.[30]

A questão é relevante tanto do ângulo dogmático, como pelo viés pragmático.

Basta relembrar que, sob o pálio da Constituição da República de 1967/1969, a Emenda Constitucional 7, de 1977, promoveu a *integral estatização* da atividade desempenhada nas serventias do foro judicial e extrajudicial (providência jurídica denominada como *oficialização*). Com isto, a atividade notarial e de registro, cujo exercício até então era atributo particular, foi retirada do domínio privado e conferida ao exclusivo e privativo desempenho estatal. E isto por obra do poder constituído.

---

28. "Art. 25. Ficam revogados, a partir de cento e oitenta dias da promulgação da Constituição, sujeito este prazo a prorrogação por lei, todos os dispositivos legais que atribuam ou deleguem a órgão do Poder Executivo competência assinalada pela Constituição ao Congresso Nacional, especialmente no que tange a: I – ação normativa."

29. Eis o que prevê o art. 22, parágrafo único, da Constituição da República: "Art. 22. Compete privativamente à União legislar sobre: (...) Parágrafo único. Lei complementar poderá autorizar os Estados a legislar sobre questões específicas das matérias relacionadas neste artigo". Daí a advertência de José Horácio Meirelles Teixeira, para quem "(...) nenhum dos Poderes pode delegar as atribuições que a Constituição assinala à sua competência – salvo, evidentemente, os casos porventura expressamente previstos na própria Constituição" (*Curso de Direito Constitucional*, cit., p. 596). E uma das raras exceções a esse postulado já se aperfeiçoou concretamente com a edição da Lei complementar federal 103, de 2000, cujo fundamento constitucional é, justamente, o art. 22, parágrafo único, da Constituição da República.

30. O conceito de atividade de relevância pública é desbastado no item 25, adiante.

50 REGIME CONSTITUCIONAL DA ATIVIDADE NOTARIAL E DE REGISTRO

Foi por esta razão, aliás, que os seus exercentes passaram a se qualificar como servidores públicos e, nesta condição, remunerados pelo Estado e submetidos à denominada aposentadoria compulsória.[31]

Sucede que, diante da inércia dos Estados na promoção da *oficialização* desta atividade (integralmente pública, a partir de então), outorgou-se a Emenda Constitucional 16, de 1980, prevendo a edição de norma geral disciplinadora da *estatização* desta atividade.

A competência para o seu desempenho sofreu nova mutação constitucional em 1982, com a edição da Emenda Constitucional 22. Isso porque, com o seu advento, outorgou-se aos particulares a competência para o desempenho da atividade notarial e de registro nas serventias extrajudiciais, desbastando a competência pública veiculada pela Emenda Constitucional 7, de 1977. Promoveu-se, assim, a *reprivatização* destas atividades.

Assim, sob o pálio da Constituição pretérita houve sucessivas mutações constitucionais de certos atributos da competência pública e privada, relacionadas ao exercício das atividades notariais e de registro.

E, nos dias que correm, é recorrente a divulgação de opiniões, e até mesmo de Proposta de Emenda à Constituição, apregoando a *reestatização* destas atividades públicas[32] ou, até mesmo, a sua extinção.[33]

31. Os poucos que à época se dispuseram a tratar do tema estavam mais atentos aos efeitos concretos advindos da modificação constitucional outorgada. Não se tem notícia de estudo que tivesse por enfoque a (in)constitucionalidade desta alteração constitucional. É o que se colhe, por exemplo, das palavras de José Dilermando Meireles ("Rumos da reforma judiciária", *Revista de Informação Legislativa*, vol. 15, n. 57, Brasília, Senado Federal, jan./mar. 1978, pp. 55 a 60). Também se tributa esta omissão ao invulgar desprestígio dos exercentes dessas atividades delegadas junto à parcela da classe jurídica e política nacional; sentimentos injustificados, diga-se de passagem, que mais residem em elementos subjetivos do que em dados objetivos. Tome-se por base o pensamento de Manuel Gonçalves Ferreira Filho, ao assinalar que a estatização dessas atividades "(...) não agradou aos titulares de serventias do foro extrajudicial, cujos cartórios são tão rendosos que equivalem – querem alguns – às baronias que outorgavam os monarcas feudais aos seus mais fiéis servidores. E o símile não é absurdo porque, neste Brasil, tempo houve em que os bons serviços políticos eram retribuídos com cartórios (...)" (*Comentários à Constituição Brasileira*, 3ª ed., São Paulo, Saraiva, 1983, p. 740).

32. Como registra Marcos Sousa e Silva ("Estatização dos serviços de registro de imóveis", *Revista Síntese de Direito Civil e Processual Civil*, vol. 3, n. 14, Porto Alegre, Síntese, nov./dez. 2001), que deu notícia da existência de Proposta de Emenda à Constituição destinada a estatizar os serviços de registro de imóveis.

33. Esta afirmativa foi proclamada publicamente pelo ex-Ministro do Supremo Tribunal Federal, Joaquim Barbosa, em sessão do Conselho Nacional de Justiça, não sendo, todavia, voz isolada. Já em 1973, A. B. Cotrim Netto rememora o juízo da parcela da comunidade jurídica a respeito destes profissionais: "(...) sobretudo prejudicial (...) é o desprestigio em que caiu, no Brasil, o Notário, a ponto de haver muita gente que nele en-

O EXERCÍCIO DAS ATIVIDADES PÚBLICAS 51

Mentes luminosas já se debruçaram sobre a possibilidade de o legislador (i) fixar os confins de uma competência pública *in abstrato*, delimitando o campo de atuação estatal e particular no desempenho de certa atividade,[34] bem como o meio jurídico pelo qual se trespassa ao administrado a competência pública *in concreto*,[35] ou (ii) tornar pública ou privada a competência para o desempenho de uma dada atividade, por não ter a Constituição da República lhe assinalado a titularidade.[36]

Poucos, no entanto, analisaram a viabilidade de modificação constitucional para alterar ou mesmo suprimir uma competência pública *in abstrato* ou, diversamente, converter ao domínio público uma atividade que, até então, está sob a alçada ou exercício privado, tendo como paradigma o conteúdo, sentido e alcance das cláusulas pétreas, existentes tanto em 1967/1969,[37] como na atual ordem constitucional.[38]

2.1.3.3 Objeto delegável da competência pública *in concreto*

10. Ao mesmo tempo em que se entoa a viabilidade da delegação do exercício de uma atividade pública, não se indica o título jurídico por meio do qual este ato se aperfeiçoa, circunstância que mascara a natureza do objeto jurídico delegado.[39]

xergue um mero parasita da sociedade, que, portanto, deve desaparecer, a ser engolfado na maré da burocracia judiciária" ("A situação jurídica do notariado brasileiro", *Revista de Informação Legislativa*, vol. 10, n. 37, Brasília, Senado Federal, jan./mar. 1973, p. 123).

34. Por todos, fazemos alusão à André Luiz Freire (*O Regime de Direito Público na Prestação de Serviços Públicos por Pessoas Privadas*, cit., pp. 274 a 277, item 2.2.2) e Alexandre dos Santos Aragão (*Direito dos Serviços Públicos*, Rio de Janeiro, Forense, 2007, pp. 224 a 237), cada qual com posições contrapostas.

35. Por todos: André Luiz Freire, *O Regime de Direito Público na Prestação de Serviços Públicos por Pessoas Privadas*, cit., pp. 277 a 280, item 2.2.3.

36. Como afirmam, dentre outros, Dinorá Adelaide Musetti Grotti (*O Serviço Público e a Constituição Brasileira de 1988*, cit., pp. 101 a 106) e Celso Antônio Bandeira de Mello (*Curso de Direito Administrativo*, 33ª ed., 3ª tir., São Paulo, Malheiros Editores, 2018, pp.719-720, itens 27 a 30).

37. Art. 47, § 1º, da Carta outorgada.

38. Caso de Marcelo Figueiredo ("Análise da importância da atividade notarial na prevenção dos litígios e dos conflitos sociais", *Revista de Direito Notarial*, ano 2, n. 2, São Paulo, Quartier Latin, set. 2009-maio 2010, pp. 100 e 101). Outros declinaram seu pensamento sobre o tema sem ofertar os fundamentos balizadores da opinião externada, caso de Pinto Ferreira (*Comentários à Constituição Brasileira*, vol. 7, São Paulo, Saraiva, 1995, p. 492), o que, certamente, agrada apenas aos escolásticos.

39. Tome-se, por referência, o pensamento do festejado Hely Lopes Meirelles, para quem "Pela concessão, o poder concedente (...) delega, apenas, *a execução do serviço* (...)" (*Direito Administrativo Brasileiro*, 15ª ed., cit., p. 334; 43ª ed., cit., p. 510). A exe-

52   REGIME CONSTITUCIONAL DA ATIVIDADE NOTARIAL E DE REGISTRO

Isso porque, como esclarecido, o Poder Público não delega o desempenho de uma atividade material a outrem;[40] delega uma competência jurídica *in concreto*, cujo exercício pode se concretizar no *campo jurídico ou* no *campo jurídico e também no plano material.*[41]

Com efeito, não estão sob a senhoria do Estado as atividades materiais realizadas no plano fenomênico (qualificados como *fatos* ou *fatos jurídicos*), senão que a *competência jurídica* para desempenhá-las, o que se opera por meio da produção de um ato translativo e constitutivo de direito[42] (da produção, pois, de *atos jurídicos*[43]).

cução do serviço referida pelo saudoso jurista consiste, especificamente, no desempenho da atividade material.

40. Insista-se: nos casos em que o particular *apenas* executa uma atividade material a cargo do Estado, não há delegação de uma competência pública *in concreto*, mas terceirização.

41. Esse é o pensamento de Celso Antônio Bandeira de Mello, que reconhece os efeitos deletérios da cumulativa reunião destas duas atividades estatais (competência (i) para o exercício de uma atividade material; e (ii) para o exercício de uma atividade jurídica) na edificação do conceito de serviço público. Daí porque afirma, ao tratar do conceito de serviço público, "Então, por dizer essencialmente com uma atividade material, *ao contrário de poder de polícia*, o serviço público não se substancia em atividade jurídica, embora, como é óbvio, seja juridicamente regulado e sua efetivação pressuponha a prática de atos administrativos" ("Serviço público e sua feição constitucional no Brasil", in *Grandes Temas do Direito Administrativo*, São Paulo, Malheiros Editores, 2009, p. 278, item 10). Esta mesma ideia já era defendida por Oswaldo Aranha Bandeira de Mello (*Princípios Gerais de Direito Administrativo*, cit., p. 187, item 21.7), Adilson Abreu Dallari ("Concessões e permissões sob a tutela da Lei n. 8.987, de 13.2.95", *Boletim de Direito Administrativo*, vol. 12, n. 8, São Paulo, p. 515), e também por autores mais recentes, como André Luiz Freire (*O Regime de Direito Público na Prestação de Serviços Públicos por Pessoas Privadas*, cit., pp. 131 e 254 e 255) e Augusto Neves Dal Pozzo (*Aspectos Fundamentais do Serviço Público no Direito Brasileiro*, São Paulo, Malheiros Editores, 2012, pp. 88 a 91).

42. Daí o acerto do pensamento do Oswaldo Aranha Bandeira de Mello, para quem "Corresponde a *ato administrativo translativo de direito* a concessão pela qual o concedente atribui ao concessionário, inalterados, os poderes e deveres que lhe cabem, para exercê-los e cumpri-los em seu lugar, a fim de praticar ato jurídico – como os serventuários de ofício público –, ou de construir obra pública – como retificação de rio –, ou de prestar serviço público – como o fornecimento de energia elétrica" (*Princípios Gerais de Direito Administrativo*, cit., pp. 557 e 558, item 51.2).

43. Para nós são *fatos jurídicos* aqueles acontecimentos que, oriundos ou não de ação humana, têm relevância para o direito positivo; *ato jurídico*, diversamente, consiste na providência jurídica fixada às partes em vista da ocorrência de um *fato jurídico* (que também é referida como *relação jurídica*). Com isto, adotamos a terminologia parcialmente corrente nos quadrantes do direito público; seja no *plano tributário* – que emprega *fato jurídico tributário* para designar os acontecimentos humanos que, por manifestarem riqueza, são passíveis de tributação e deflagrados no nascimento de um *ato jurídico* ou de uma *relação jurídica*, como o lançamento, que, sendo a consequência de uma norma jurídica, é acertadamente denominado de *ato jurídico* por Alberto Xavier (*Do Lançamento*:

O EXERCÍCIO DAS ATIVIDADES PÚBLICAS 53

É o que se processa, por exemplo, em relação à prestação de serviços públicos. Nestes casos, o Poder Público concretamente presta um serviço público em vista de uma regra de competência habilitante, que impõe seu contínuo e ininterrupto desempenho material (no plano fenomênico, portanto).

Assim, sendo o serviço público prestado por terceiros, não se delega o desempenho dessa atividade material (seu concreto exercício, portanto), mas a competência pública *in concreto* que legitima a produção de atos jurídicos e materiais capazes de concretizar a prestação de serviços públicos;[44] delega-se, pois, uma competência pública *in concreto* (e não o singelo desempenho da atividade material que lhe corresponde, caso da denominada *terceirização*).

Daí porque nos soa questionável a qualificação que alguns emprestam à concessão, permissão e delegação de serviço como modalidades de transferência de atividades materiais do Estado (e não, cumulativamente, de atividades jurídicas[45]). Basta ter em conta o fato de que, justamente porque se transfere o exercício de uma atividade jurídica estatal ao par-

teoria geral do ato, do procedimento e do processo tributário, Rio de Janeiro, Forense, 1997, pp. 54 a 62) –, como também no âmbito do direito administrativo –basta recordar o corrente emprego das noções de *fato* e *ato administrativo*. Confira-se, dentre outros, Dino Jarach (*O Fato Imponível*, 2ª ed., São Paulo, Ed. RT, 2004) e Alfredo Augusto Becker (*Teoria Geral do Direito Tributário*, 3ª ed., Campinas, Lejus, 1998, pp. 299 a 303, item 82, e pp. 324, item 89).

De todo modo, por haver muito dissenso sobre o conceito de *fato jurídico, ato jurídico* e *negócio jurídico*, as palavras de Orosimbo Nonato – reveladoras do amplo desacordo no tema – são reconfortantes. Diz o autor que "Os fatos originadores de direitos apresentam sentido diverso e múltiplo (...). Tais são os *fatos jurídicos* em sentido lato, constituídos de fatos jurídicos *strictu sensu* e das ações humanas, das manifestações de vontade geradoras de efeitos jurídicos (...). Constituem tais atos a categoria principal e de maior momento dos fatos jurídicos. São atos *jurígenos* (...) e compreendem os *atos jurídicos* e os atos ilícitos (...). O ato jurídico chamam-lhe os DD. também 'negócio jurídico', denominação preferida dos juristas alemães". Em vista disto "Estabelecem, assim, os juristas modernos o seguinte quadro sinóptico dos fatos geradores de direito, dos fatos jurídicos em geral": (1) fatos jurídicos em sentido *lato*; (1.1) fatos jurídicos em sentido estrito; (1.2) ações humanas, *atos jurígenos*; que se dividem em (1.2.1) atos lícitos (atos jurídicos em sentido lato), dos quais divisam *(a)* atos jurídicos *strictu sensu* e *(b)* negócios jurídicos; e (1.2.2) atos ilícitos, bipartidos em *(a)* dolosos e *(b)* culposos. Ao final, sentencia: "Inexiste uma *communis doctorum* e as teorias armadas ao propósito acham-se em testilhas uma com as outras" (*Da Coação como Defeito do Ato Jurídico*, Rio de Janeiro, Forense, 1957, pp. 9 a 11).

44. Neste sentido afirma André Luiz Freire, *O Regime de Direito Público na Prestação de Serviços Públicos por Pessoas Privadas*, cit., p. 355, item 2.2.2, "b".

45. Com razão Massimo Severo Giannini, para quem "Invero tutti gli 'atti materiali' sono atti giuridici: potranno essere, nel più modesto dei casi, atti dovuti di carattere meramente interno, come p. es. quelli dei titolari di uffici postali, telegrafici, ecc., atti

54 REGIME CONSTITUCIONAL DA ATIVIDADE NOTARIAL E DE REGISTRO

ticular, o delegatário destas funções públicas é dotado de legitimidade processual para manejar o pedido de suspensão de liminar, prescrito no art. 15 da Lei federal 12.016, de 2009, atributo originalmente conferido apenas ao Poder Público.[46]

Logo, a classificação das atividades estatais que toma em conta a preponderância do exercício jurídico ou material no seu desempenho não é capaz, *data venia*, de extremar figuras jurídicas em vista do seu regime jurídico.[47]

É isto, inclusive, o que se processa em relação à atividade notarial e de registro, que, como atividade pública, se funda em duas competências públicas legitimadoras do seu desempenho (uma *in abstrato* e outra *in concreto*). A primeira é indelegável, por atribuir estas atividades (notariais e de registro) à exclusiva alçada do Estado. A segunda, consistente no dever de concretamente desempenhar estas atividades, que se transfere obrigatoriamente à alçada dos particulares nos casos em que estas atividades públicas forem desempenhadas dentro do território nacional, ressalvada a atuação estatal realizada nas Juntas Comerciais, sob o controle e direção do Departamento Nacional de Registro do Comércio, nos termos da Lei federal 8.934, de 1994.

2.1.4 Limites constitucionais formais à chamada despublicização das atividades estatais

11. À luz destas considerações, quais, então, as diferenças entre uma e outra hipótese de delegação?

A delegação da competência *in abstrato* esbarra em vedação decorrente do primado da Separação dos Poderes ou da Federação, cláusulas pétreas entre nós. Por esta razão, não se admite inovação legislativa

strumentali; ma sempre sono atti giuridici" (*Lezioni di Diritto Amministrativo*, vol. I, Milão, Giuffrè, 1950, p. 109).

46. Como frisa Romeu Felipe Bacellar Filho ("Concessões, permissões e autorizações de serviço público", in *Reflexões sobre o Direito Administrativo*, Belo Horizonte, Fórum, 2009, p. 195). Sobre a vasta competência jurídica delegada aos concessionários e permissionários de serviços públicos, é bastante ilustrativa a leitura de André Luiz Freire (*O Regime de Direito Público na Prestação de Serviços Públicos por Pessoas Privadas*, cit., pp. 379 a 385, itens 4.1 e 4.2).

47. Daí o irretocável acerto de Massimo Severo Giannini, para quem "Ogni atto giuridico postula e presuppone attività materiale: è questione solo di quantità" (*Lezioni di Diritto Amministrativo*, cit., p. 109). Justamente por isto, este jurista considera equivocada a classificação de uma atividade administrativa entre atividade jurídica e atividade material (idem, p. 108).

O EXERCÍCIO DAS ATIVIDADES PÚBLICAS 55

alguma neste campo que tenha por objetivo a *despublicização*[48] de uma competência em favor do particular ou mesmo o seu trespasse a outro Poder da mesma ou diferente pessoa política. E isso sob pena de inconstitucionalidade, por burla ao art. 60, § 4º, da Constituição da República. Assim, as delegações destas competências são aquelas – e apenas aquelas – admitidas, implícita ou explicitamente, pelo Poder Constituinte. Elas conformam as imutáveis fronteiras da Separação dos Poderes e da Federação em nosso direito positivo.

Por esta razão seria inconstitucional a proposta de Emenda à Constituição da República que pretendesse delegar à União a prerrogativa de isentar tributos de competência estadual ou municipal, ou mesmo suprimir uma competência tributária de um ente público em favor de outrem.[49] Haveria, na espécie, ilegítima delegação de competência pública *in abstrato*.

48. Expressão cunhada por Carlos Ayres Britto ("A privatização das empresas estatais, à luz da Constituição", *Revista Trimestral de Direito Público*, n. 12, São Paulo, Malheiros Editores, p. 125).

49. Não é este, todavia, o pensamento de Roque Antonio Carrazza, para quem, em certos casos, é possível a transferência de competência jurídica tributária para criação de tributos entre as pessoas políticas, caso típico de delegação de competência pública *in abstrato* (*Curso de Direito Constitucional Tributário*, 23ª ed., cit., pp. 646 a 647, item II; 31ª ed., cit., pp. 792-793). Para ele, caso esta emenda supressora de competência legislativa tributária não amesquinhasse significativamente o recolhimento de valores pela pessoa tributante, colocando em xeque sua salubridade financeira, não haveria violação às cláusulas pétreas, pois seria mantida a autonomia financeira. E coroa seu pensamento relembrando o ocorrido com a Emenda Constitucional 42, de 2003 (analisada no item seguinte), que permitiu ao Município fiscalizar e arrecadar tributo de competência federal. Estes argumentos não nos convencem, contudo. *Primeiro* porque alteração de competência tributária para criar tributo se qualifica como uma competência legislativa (*in abstrato*, portanto), ao passo que a fiscalização para o seu recolhimento resulta na outorga de uma competência pública *in concreto*, sendo que a delegação destas competências se estriba em distintos regimes jurídicos, como cuidaremos de demonstrar (itens 12 a 15, abaixo). *Segundo* porque se atrela a lisura da delegação de uma competência tributária *in abstrato* às suas consequências financeiras para o ente tributante. Se este entendimento vingasse, então Emenda à Constituição poderia suprimir a competência tributária de todos os entes tributantes, desde que, em contrapartida, garantisse a eles a versão de recursos financeiros na mesma magnitude dos tributos por eles instituídos e arrecadados. E, por este raciocínio, a União poderia passar à condição de depositária de toda a competência tributária nacional, desde que garantisse aos Estados, Municípios e Distrito Federal o pronto repasse de recursos financeiros necessários a essas entidades, na mesma magnitude dos tributos por ela anteriormente arrecadados, o que verteria o Estado Federado em Unitário – pelo ângulo das competências tributárias –, maltratando a Separação dos Poderes, pois a transferência de uma competência de uma pessoa política para outra entidade federada esbarra na Separação de Poderes. É justamente esta, aliás, a conclusão a que chega o Tácio Lacerda Gama ("Federação, autonomia financeira e competência tributária: É possível uma Federação sem repartição de competências tributárias?", in Priscila de Souza

56 REGIME CONSTITUCIONAL DA ATIVIDADE NOTARIAL E DE REGISTRO

O mesmo raciocínio não se estende, na mesma magnitude, à delegação de competência *in concreto*. Explica-se.

12. Já em sua redação original, a Constituição da República de 1988 disciplinou os casos de delegação de competência pública *in concreto*. Basta rememorar que o art. 175 da Constituição da República, inalterado até o presente momento, fixou o regime jurídico para transferência de competência pública volvida à prestação de serviços públicos. Inúmeros permissivos constitucionais autorizavam, como ainda autorizam, a aplicação do citado preceito, tais como: arts. 21, XII, "a" a "f" e 30, V, cuja disciplina normativa para sua concretização foi ditada pela Lei federal 8.031, de 1990, veiculadora do Programa Nacional de Desestatização, revogada posteriormente pela Lei federal 9.491, de 1997.

13. Afora os casos de delegação assinalados pelo Poder Constituinte, o Poder constituído pode verter em delegável uma competência *in concreto* que, pela redação atual do Texto Constitucional, é indelegável.

Foi o que, aliás, se processou intensamente entre nós na década de 1990, quando, por sucessivas Emendas Constitucionais, franqueou-se aos particulares o exercício de atividades públicas até então desempenhadas privativamente pelo Estado. Moldava-se a Constituição da República às concepções neoliberais de parcela da classe dirigente nacional, no que foi prontamente apoiada por segmentos do pensamento jurídico nacional, mas não sem a heroica resistência cívica e jurídica de alguns, cuja conduta já está registrada na história como modelar exemplo da cidadania, que inspira e nos serve de norte para o hoje e o amanhã.[50]

(coord.), *X Congresso Nacional de Estudos Tributários: sistema tributário brasileiro e as relações internacionais*, São Paulo, Noeses, 2013, pp. 1.143 a 1.160), ideia que não conta com nossa adesão. Aliás, nunca é demais relembrar que os tributos têm, adicionalmente, a capacidade indutora do comportamento humano, que pode ser exercida pela entidade tributante para reduzir as desigualdades regionais, incentivar o incremento da atividade econômica ou comportamentos protetivos do patrimônio histórico, ambiental, cultural, dentre inúmeras outras finalidades satisfativas do interesse público. Nesse sentido afirma José Juan Ferreiro Lapatza (*Direito Tributário: teoria geral do tributo*, São Paulo, Manole/ Madri, Marcial Pons, 2007, pp. 25 a 27). Logo, não se contorna a supressão da competência tributária apenas monetariamente, pois há muito mais na tributação do que apenas sua faceta arrecadatória-financeira, razão por que subscrevemos o pensamento de Heleno Taveira Torres, que também vê nos expedientes aqui combatidos frontal violação ao art. 60, § 4º, da Constituição da República (*Direito Constitucional Financeiro: Teoria da Constituição Financeira*, São Paulo, Ed. RT, 2014, pp. 273 a 275).

50. Merece especial destaque a combativa e inspiradora atuação de luminares juristas como Celso Antônio Bandeira de Mello (*Curso de Direito Administrativo*, cit., pp. 49 a 53, itens 22 e 23 e "Privatização e serviços públicos", *Boletim de Direito Administrativo*, vol. 15, n. 6, São Paulo, maio 1999, pp. 295 a 303), Fábio Konder Comparato, Paulo Bonavides e Weida Zancaner.

O EXERCÍCIO DAS ATIVIDADES PÚBLICAS   57

Contudo, não vislumbramos neste procedimento de reforma constitucional uma modalidade de supressão de competências públicas, ainda que indesejável em vista de outros princípios igualmente prestigiados pela ordem jurídica protetores dos interesses nacionais.

Fosse o caso de aniquilamento de uma parcela da competência pública, mínima, haveria, na dicção constitucional, *abolição* de uma ou mais das prerrogativas assinaladas aos Poderes da República, o que não se admite.

No entanto, a modificação do perfil jurídico de uma competência pública *in concreto* por meio de Emenda à Constituição da República que, todavia, não resulte em sua abolição ou trespasse, total ou parcial, a outro ente político[51] ou à ordem econômica, resulta, apenas e tão somente, na sua reconfiguração ou remodelagem, o que é perfeitamente legítimo. É que nestes casos não haverá perda ou supressão de competência pública *in concreto*, que continua imantada na pessoa política.[52]

14. É o que se verifica no caso da fiscalização do cumprimento de obrigações tributárias principais e acessórias[53] pelos particulares em relação ao imposto sobre a propriedade territorial rural (ITR) – tributo de competência da União –, atividades reveladoras da competência pública *in concreto* no plano tributário.

Com efeito, pelo Texto originário da Constituição da República, a fiscalização relativa ao cumprimento das obrigações tributárias (principal e acessória) concernentes a esse imposto sempre esteve a exclusivo

51. Nisto discordamos de Gilmar Ferreira Mendes, Inocêncio Mártires Coelho e Paulo Gustavo Gonet Branco, ao assinalarem que "A repartição de competências é crucial para a caracterização do Estado Federal, mas não deve ser considerada insuscetível de alterações. Não há obstáculo à transferência de competências de uma esfera da Federação para outra, desde que resguardado certo grau de autonomia de cada qual" (*Curso de Direito Constitucional*, 4ª ed., São Paulo, Saraiva, 2009, p. 256). A tese sustentada por este segmento da doutrina já foi contraditada na nota de rodapé 4, acima.

52. Este juízo é similar ao de José Afonso da Silva, para quem, "(...) a autonomia dos Estados Federados assenta na capacidade de auto-organização, de autogoverno e de autoadministração. Emenda que retire deles parcela dessas capacidades, por mínima que seja, indica *tendência* a abolir a forma federativa de Estado. Confiar a qualquer dos Poderes atribuição que a Constituição só outorga a outro importará tendência a abolir o princípio da separação de Poderes" (*Comentário Contextual à Constituição*, cit., p. 450).

53. Sobre o regime jurídico das obrigações tributárias principais e acessórias, confira-se o pensamento de José Souto Maior Borges (*Obrigação Tributária: uma introdução metodológica*, 3ª ed., São Paulo, Malheiros Editores, 2015) e Maurício Zockun (*Regime Jurídico da Obrigação Tributária Acessória*, São Paulo, Malheiros Editores, 2005).

58   REGIME CONSTITUCIONAL DA ATIVIDADE NOTARIAL E DE REGISTRO

encargo da União, pois a pessoa dotada de competência tributária é investida de capacidade tributária ativa.[54]

Sucede que a Emenda constitucional 42, de 2003, ao acrescer o art. 153, § 4º, III, na Constituição da República, outorgou ao Município a competência para fiscalizar e arrecadar este tributo de competência federal, nos termos da lei. E, com isto, alterou-se esta competência pública *in concreto*, conduta que não está enfermada de ilegitimidade.

E para manutenção desta higidez no plano infraconstitucional, o legislador não poderá, ao regulamentar este dispositivo, impor a obrigatória delegação desta competência pública federal *in concreto*. Isso sob pena de, por meios obtusos, trespassá-la integralmente aos Municípios. É que, se assim proceder, o legislador retirará da União a opção de exercitar ou não a sobredita competência pública, o que equivale à sua abolição, pois com o seu impeditivo exercício esvaziam-se por completo as prerrogativas inatas ao titular da competência pública *in concreto*.

15. Estas considerações são integralmente aplicáveis às denominadas *autorizações* para prestação de serviços públicos, figuras irmãs da concessão e da permissão, prescritas no art. 175 da Constituição da República.

Não há qualquer impedimento para que se reconfigure constitucionalmente uma competência pública *in concreto* para nela inserir este instituto (da autorização), como nova modalidade de delegação de uma atividade pública. No entanto, não se pode imaginar que a *autorização*, quando relacionada à delegação de uma competência pública *in concreto*, possa significar o inexorável dever de o Estado trespassar essa competência ao particular, como equivocadamente supõem alguns.[55] É que, neste caso, a *autorização* acabaria por significar o aniquilamento da competência pública *in concreto* assinalada à pessoa política pelo constituinte.

Daí porque, uma vez mais, a razão está com Celso Antônio Bandeira de Mello, que vislumbra na *autorização* a delegação emergencial de uma competência pública *in concreto*, sem o que o interesse público restaria irremediavelmente frustrado.[56]

---

54. Conforme bem observava Geraldo Ataliba (*Hipótese de Incidência Tributária*, cit., p. 84, item 30.4). Sobre estes conceitos – de competência e capacidade tributária – confiram-se as considerações lançadas na nota de rodapé 4, neste Capítulo.

55. Nesse sentido é o pensamento de Alexandre dos Santos Aragão (*Direito dos Serviços Públicos*, cit., p. 221).

56. *Curso de Direito Administrativo*, cit., pp. 718 a 719, item 26. Daí porque, em que pese defensor de visão igualmente protetiva do interesse público, parece-nos parcial-

O EXERCÍCIO DAS ATIVIDADES PÚBLICAS   59

2.1.5   Limites constitucionais substantivos à chamada despublicização das atividades estatais

16. Vê-se que as limitações até aqui edificadas se prestaram a balizar as legítimas delegações de competência pública *in concreto* em vista do seu aspecto *formal.* Não se erigiu qualquer espécie de perímetro à legítima transferência do exercício desta competência pública a partir da *substância* do objeto delegado.

E sob este aspecto (*substantivo*), não há liberdade absoluta para constitucionalmente alterar uma competência pública *in concreto.* Nesta seara, o sopesamento de outros comandos normativos pode levar à conclusão de que certas atividades públicas deste jaez são imutavelmente indelegáveis em vista do *objeto* delegado.

É o caso das funções legislativas e jurisdicionais, constitucionalmente indelegáveis (*in concreto*) por força do conteúdo normativo do Estado Democrático e da independência própria do Poder Judiciário.[57]

Nestes casos, a delegação do exercício da função jurisdicional a terceiros – que não aos magistrados –, manieta a autonomia e independência inerentes ao seu exercício. Afinal, é por meio das garantias funcionais conferidas aos referidos servidores públicos que se criam as condições necessárias ao tratamento jurídico impessoal e equidistante na resolução de litígios, sendo estes predicados um dos alicerces sobre os quais se edificaram os inalteráveis pilares jurídicos da Nação. O mesmo se fale em relação à atividade legislativa, cuja delegação a terceiros rompe com os ideais democráticos.

Há, ainda, outras e variadas hipóteses,[58] identificáveis, mais amiúdes, em vista de situações concretas.

mente acertado o pensamento de André Luiz Freire, pois admite que a autorização se preste ao imediato trespasse de atividades públicas aos particulares em outras situações, além daquelas exclusivamente emergenciais. E isto apesar de sedutoras referências do autor à legislação federal que disciplina, por exemplo, o transporte ferroviário e as telecomunicações, o que, todavia, não nos convence (*O Regime de Direito Público na Prestação de Serviços Públicos por Pessoas Privadas*, cit., pp. 396 a 399). No entanto, reconheça-se, o autor atinge conclusões diversas por eleger distintas premissas.

57. Esse é o magistério de Romeu Felipe Bacellar Filho, "O poder normativo dos entes reguladores e a participação dos cidadãos nesta atividade. Serviços públicos e direitos fundamentais: os desafios da regulação na experiência brasileira", in *Reflexões sobre o Direito Administrativo*, Belo Horizonte, Fórum, 2009, p. 54.

58. Segundo Antônio Carlos Cintra do Amaral, certas atividades estatais são indelegáveis em razão do seu perfil constitucional. É o caso dos serviços públicos de limpeza urbana, indelegáveis por serem gerais e indivisíveis. Por esta razão o jurista pernambucano advogava a inconstitucionalidade do art. 2º da Lei federal 9.074, de 1995 (*Concessão*

60 REGIME CONSTITUCIONAL DA ATIVIDADE NOTARIAL E DE REGISTRO

2.1.6 Publicização *de atividades privadas*

17. Sucede que a competência para o desempenho de certas atividades não está explicitamente encartada na órbita pública, tampouco no campo exclusivamente reservado ao desempenho privado (na ordem econômica, portanto).

Este fenômeno jurídico é especialmente relevante nos Estados e Municípios, por conta do peculiar modo edificado pelo Constituinte para lhes outorgar competências públicas *in abstrato*.

Com efeito, o art. 30, V, da Constituição da República confere aos Municípios a prerrogativa de "organizar e prestar, diretamente ou sob regime de concessão ou permissão, os serviços públicos de interesse local (...)". Em vista desta previsão, quais atividades realizadas no âmbito municipal podem ser legislativamente qualificadas como serviços públicos de interesse local?

A resposta teórica a esse questionamento é de uma singeleza franciscana,[59] apesar de sua aplicação ser bastante sinuosa. Isto porque, somente as atividades capazes de tutelar o interesse público local (art. 30, V, da Constituição da República), cuja disciplina normativa também deve estar ao alcance da competência legislativa municipal (art. 30, I, da Constituição da República), podem ser qualificadas como serviço público municipal. No entanto, apenas o sopesamento dos comandos constitucionais e legais aplicáveis ao caso concreto será capaz de revelar se há ou não interesse local justificador da qualificação de uma atividade como serviço público de interesse local naquele dado momento histórico. Afinal, a partir desta qualificação, o seu desempenho passará a ser norteado pelo regime jurídico de direito público, com os deveres e poderes que lhe são inatos.

Além do batido exemplo do serviço funerário (que pode ou não ser legislativamente qualificado pelo Município como serviço público de

de Serviço Público, 2ª ed., São Paulo, Malheiros Editores, 2002, p. 19). Em pensamento igualmente original, Carolina Zancaner Zockun afirma, com inegável acerto, que os serviços públicos que concretizam os direitos sociais são alçados à condição de cláusulas pétreas (*Da Intervenção do Estado no Domínio Social*, São Paulo, Malheiros Editores, 2009, pp. 176 e 185). E, por esta razão, aquela professora observa que "(...) o serviço público de seguridade social é encargo exclusivo do Estado, não cabendo nem ao menos a possibilidade de transferência do seu exercício" (idem, p. 182).

59. Como se colhe do pensamento de Celso Antônio Bandeira de Mello (*Curso de Direito Administrativo*, cit., pp. 719 e 720, itens 27 a 30) e Carmen Lúcia Antunes Rocha (*Estudos sobre Concessão e Permissão de Serviço Público no Direito Brasileiro*, São Paulo, Saraiva, 1996, pp. 20 e 21), dentre tantos outros.

O EXERCÍCIO DAS ATIVIDADES PÚBLICAS   61

interesse local ou atividade econômica), o tema não é estranho em nossa Suprema Corte.

José Guilherme Giacomuzzi noticia que o Supremo Tribunal Federal, em 1911, reconheceu a constitucionalidade da lei fluminense que (i) obrigou, nos seus limites territoriais, que os abates de animais destinados a consumo humano fossem realizados apenas em matadouros públicos; e (ii) assinalou que apenas os animais pertencentes ao Estado lá poderiam ser abatidos.[60]

Sendo legitimamente criado o serviço público de interesse local, deve a lei municipal também prever a forma de sua prestação, observado, no caso de prestação indireta, a disciplina traçada pelo art. 175 da Constituição da República.

18. Situação similar se verifica em relação aos Estados e Distrito Federal, pois o art. 25, § 1º, da Carta Magna assinala que "São reservadas aos Estados as competências que não lhes sejam vedadas por esta Constituição". Assim, não sendo uma atividade tipificada como interesse local, tampouco atribuída pela Constituição da República à União ou à alçada particular, o Estado poderá qualificá-la como atividade pública estadual ou mesmo serviço público estadual. E, neste caso, as mesmas cautelas aplicáveis à qualificação de uma atividade como serviço público de interesse local devem ser, *mutatis mutandi*, observadas pelo legislador estadual.

E se a lei (estadual ou municipal) pode qualificar uma atividade como pública, ela também poderá desqualificá-la, caso em que será atribuída ao desempenho privado.

19. Observe-se, contudo, ser proibido ao Poder constituído pretender ampliar as funções estatais municipais e estaduais ao ponto de malbaratar o primado da livre iniciativa, castrando ou amesquinhando significativamente a garantia constitucional ao legítimo desempenho das atividades econômicas; o reverso é igualmente verdadeiro.

Afinal, sendo a livre iniciativa um dos fundamentos da República (art. 2º, IV), qualifica-se como uma cláusula pétrea (art. 60, § 4º, IV, da Carta Magna).

Logo, admite-se a mutação dos confins constitucionais das atividades públicas e privadas, não se permitindo, contudo, que a modificação proposta pelo Poder constituído redunde na ilegítima redução do campo

---

60. "A supremacia do interesse público na jurisprudência do Supremo Tribunal Federal durante a República Velha", *Revista de Direito Administrativo*, n. 263, Rio de Janeiro, FGV, maio/ago. 2013, pp. 251 a 290.

62 REGIME CONSTITUCIONAL DA ATIVIDADE NOTARIAL E DE REGISTRO

reservado à livre iniciativa, de modo que, por seu intermédio, ela (a livre iniciativa) seja abolida ou restringida em magnitude incompatível com a ordem constitucional.[61]

20. Não se baralhe estes casos com aqueles em que a legislação delimita certas atividades privadas dentre aquelas que, geral e abstratamente, estão encartadas dentre as competências públicas *in abstrato*. É o caso de certas atividades de telecomunicações desempenhadas em exclusivo proveito privado, que não se qualificam como serviços públicos, além das pequenas centrais produtoras de energia elétrica (denominados de autoprodutores), cuja exploração não depende de concessão ou permissão, já que a energia produzida se destina ao consumo próprio,[62] ainda que sua venda no *mercado livre* de energia seja possível ao Preço de Liquidação das Diferenças (PLD), observados os valores mínimos e máximos fixados pela Agência Nacional de Energia Elétrica.[63]

21. À luz destas considerações, conclui-se pela existência de distintos regimes jurídicos aplicáveis a uma e a outra situação jurídica, concernente à delegação de competências públicas.

Eis a razão da classificação ora proposta, que segrega a delegação das funções públicas, entre delegação de competência pública *in abstrato* e delegação de competência pública *in concreto*.

2.2 Exercício público e o exercício delegado das atividades públicas

22. Ao lado da delegação de uma competência pública *in concreto*, perfila-se o concreto exercício desta competência, que pode se dar por obra do Estado e/ou do administrado.

61. No mesmo sentido pensam Karina Houat Harb (*A Revisão na Concessão Comum de Serviço Público*, São Paulo, Malheiros Editores, 2012, pp. 41 e 42) e Dinorá Adelaide Musetti Grotti (*O Serviço Público e a Constituição Brasileira de 1988*, cit., p. 106).

Tenha-se, por exemplo, que, em 2009, a Alemanha aprovou lei autorizando a *estatização* do banco de crédito hipotecário (*Hypo Real Estate*), revelando que a livre iniciativa, não sendo um princípio absoluto, cede passo a outros cânones igualmente relevantes, vertendo parcialmente uma atividade privada em atividade pública, ainda que de modo temporário: era isto o que previa a lei alemã, conforme esclarece Roberto Chacon de Albuquerque ("Crise financeira internacional e estatização bancária na Alemanha", *Revista Direito GV*, vol. 6, n. 12, São Paulo, jul./dez. 2010, pp. 541 a 564).

62. Sobre o assunto, leiam-se as considerações de Almiro do Couto e Silva ("Privatização no Brasil e o novo exercício de funções públicas por particulares. Serviço público 'à brasileira'?", *Revista da Procuradoria-Geral do Estado do Rio Grande do Sul*, vol. 27, n. 57 (suplemento), Porto Alegre, 2004, pp. 224 a 230, itens 22 a 26).

63. Sobre o regime de comercialização de energia no mercado livre, confira-se: *www.ccee.org.br/ccee/documentos/CCEE_076376*.

O EXERCÍCIO DAS ATIVIDADES PÚBLICAS 63

Em vista disto, estas atividades públicas podem ser segregadas tomando por *critério classificatório* as modalidades (i) de delegação da competência pública *in concreto* e (ii) do exercício da competência pública *in concreto*. Esta classificação se justificaria em razão do acertado juízo de Celso Antônio Bandeira de Mello, pois "Não se deve confundir a titularidade do serviço com a titularidade da prestação do serviço. Uma e outra são realidades jurídicas visivelmente distintas".[64]

A despeito da lisura do critério classificatório eleito, estes distintos objetos serão examinados de modo aglutinado, pois estão umbilicalmente vinculados.

Basta ter em conta que o exame do primeiro objeto (delegação da competência pública *in concreto*) obriga a conjunta análise do exercício dessa competência, sem o que o fragmentado estudo da questão turvaria a compreensão do seu conteúdo, sentido, alcance e efetivação.[65]

2.2.1 *Modalidades de delegação da competência pública* in concreto *e o seu exercício*

23. Tomando como referência a viabilidade de delegação das competências públicas *in concreto*, as funções públicas classificam-se em:

(a) atividades públicas indelegáveis pelo Estado;

(b) atividades públicas obrigatoriamente delegáveis pelo Estado; e

(c) atividades públicas facultativamente delegáveis pelo Estado.

Examinando-se o exercício concreto destas competências públicas, podemos apartá-las como:

(d) de exercício exclusivo ou privativo pelo Poder Público;

(e) de exercício empreendido por pessoa integrante da Administração indireta;

(f) de exercício exclusivo ou privativo pelos particulares; e

(g) de exercício colaborado com os administrados.[66]

---

64. "Serviço público e sua feição constitucional no Brasil", in *Grandes Temas do Direito Administrativo*, cit., p. 285.

65. Este é, por exemplo, o critério classificatório adotado por Sílvio Luís Ferreira da Rocha (*Manual de Direito Administrativo*, São Paulo, Malheiros Editores, 2013, p. 529).

66. Caso em que o administrado poderá desempenhar uma competência pública, isolada ou conjuntamente com o Estado, situação tipificada como *relação jurídica de colaboração* a que se refere Romeu Felipe Bacellar Filho. ("O poder normativo dos entes reguladores e a participação dos cidadãos nesta atividade. Serviços públicos e direitos fundamentais: os desafios da regulação na experiência brasileira", cit., p. 50).

64 REGIME CONSTITUCIONAL DA ATIVIDADE NOTARIAL E DE REGISTRO

24. Embora o concreto exercício da função pública por pessoa integrante da Administração indireta seja bastante semelhante àquele empreendido de modo colaborado com os administrados, ou mesmo de modo privativo pelo Poder Público ou pelo particular, a eles se aplicam distintos regimes jurídicos, o que justifica a classificação proposta.

Afinal, o exercício exclusivo ou privativo pelo Poder Público se aperfeiçoa sob o manto do poder hierárquico, conferindo ao superior "(...) uma *contínua e permanente* autoridade sobre toda a atividade administrativa dos subordinados".[67]

Já nos casos de exercício da função pública empreendida por pessoa integrante da Administração indireta, a Administração centralizada deverá, nos termos da lei, *controlar* a atividade pública concretizada de modo descentralizado; nestes casos haverá parcial autonomia da entidade pública delegada em relação ao ente delegante.[68] Daí porque esse controle pode resultar, por exemplo, na adoção de expedientes necessários para que as entidades públicas delegadas concretizem, na maior medida possível, o dever de universalização dos serviços públicos prestados de modo eficiente, tecnologicamente atualizados e sob a menor contrapartida possível, ante o princípio da retributividade, que informa a instituição

---

67. Segundo apregoa Celso Antônio Bandeira de Mello (*Curso de Direito Administrativo*, cit., p. 154, item 13). Comungam deste pensamento, dentre outros: José dos Santos Carvalho Filho (*Manual de Direito Administrativo*, cit., pp. 67 a 70), Hely Lopes Meirelles (*Direito Administrativo Brasileiro*, 15ª ed., cit., pp. 100 a 103) e Maria Sylvia Zanella Di Pietro (*Direito Administrativo*, cit., pp. 96 a 98). É a própria Constituição da República, e não apenas as lições da boa doutrina, que prevê a existência de hierarquia na intimidade da Administração Pública, bem como as prerrogativas que lhe são inerentes. É o que se edifica pelo exame dos arts. 74, *caput* e § 1º (fixador de mecanismo de *controle interno* de contas públicas), 87, I (segundo o qual os Ministros de Estado podem exercer a *orientação, coordenação* e *supervisão* dos órgãos e entidades da administração federal na área de sua competência), 87, IV, que legitima a *delegação* de competência de superior hierárquico (Presidente da República) ao seu subordinado (Ministro de Estado); 103-B, § 4º, III (caso de *avocação*), 42 e 142, *caput*, (que prevê relação de *hierarquia* e *disciplina hierárquica*) e 198, *caput,* todos da Carta Magna (prescritor de *hierarquia* na prestação de serviços públicos de saúde).

68. Dá-se, no caso, a denominada *supervisão ministerial*, tendo por propósito "(...) assegurar a realização dos objetivos básicos em vista dos quais foi constituída a entidade, promover a harmonização de seu comportamento com a política e a programação do Governo no setor em que atua, promover a eficiência administrativa e garantir sua autonomia administrativa, financeira e operacional", segundo o pensamento de Celso Antônio Bandeira de Mello (*Curso de Direito Administrativo*, cit., p. 211, item 66). Além de Marçal Justen Filho rotular diversamente esta atribuição estatal (*poder de tutela*), fixa seus confins de modo mais econômico, por circunscrevê-la ao "(...) poder jurídico de verificar a regularidade da atividade desenvolvida no âmbito autárquico" (*Curso de Direito Administrativo*, cit., pp. 280 e 281, item 5.8.2.2).

O EXERCÍCIO DAS ATIVIDADES PÚBLICAS 65

e cobrança de taxas. Além disto, basta a edição de ato normativo paralelo àquele que, na atual conjuntura constitucional, autoriza a criação dessas pessoas para que a criatura seja extinta pela vontade da entidade criadora,[69] caso em que o desempenho da atividade estatal retornará à esfera da Administração centralizada.[70]

O exercício colaborado com os administrados se aperfeiçoa sob o império da denominada sujeição especial,[71] categoria jurídica dessemelhante da hierarquia e do controle.[72] É por esta razão que o dever de universalização, atualidade e modicidade na prestação de serviços públicos se aplica a essas pessoas na medida e extensão das cláusulas fixadas no contrato de concessão ou permissão de serviço público.

69. Sobre a criação, objetivo, poderes e deveres, organização, funcionamento e natureza jurídica dos consórcios públicos, recomenda-se a leitura das excelentes monografias específicas sobre este tema de José dos Santos Carvalho Filho (*Consórcios Públicos*, Rio de Janeiro, Lumen Juris, 2009) e Marcelo Harger (*Consórcios Públicos na Lei 11.107/2005*, Belo Horizonte, Fórum, 2007).

70. Como observa Geraldo Ataliba ("Empresas estatais e regime administrativo – Serviço público – Inexistência de concessão – Delegação – Proteção ao interesse público", *Revista Trimestral de Direito Público*, n. 4, São Paulo, Malheiros Editores, 1993, pp. 55 a 70).

71. A respeito da sujeição especial, confira-se o pensamento de Carolina Zancaner Zockun ("Sujeição especial e regime jurídico da função pública no Estado de Direito Democrático e Social", in Martha Lúcia Bautista Cely e Raquel Dias da Silveira (coords.), *Direito Disciplinário Internacional*, vol. I, Belo Horizonte, Fórum, 2011, pp. 275 a 283). O estudo do tema acima é relevante ao conhecimento da disciplina normativa que conforma o exercício colaborado do particular com a Administração. Como acertadamente sublinha Oswaldo Aranha Bandeira de Mello, no exercício colaborado de uma função pública há acordo de vontades apenas na formação do vínculo jurídico entre o Estado e o particular; já a disciplina jurídica traçada para o escorreito exercício da competência pública se funda no denominado ato-união, que desaguará na formação de uma relação jurídica de sujeição especial. Daí porque as denominadas "cláusulas contratuais", asseguradoras da constitucional preservação do equilíbrio econômico-financeiro, são *adjetas* ao ato-união criando em favor do particular "situação jurídica subjetiva de efeitos futuros" (*Princípios Gerais de Direito Administrativo*, cit., p. 506).

72. Ao tratar das "concessões" de serviços públicos às empresas estatais, José dos Santos Carvalho Filho observa que "(...) as pessoas instituídas por força de delegação legal estão vinculadas à pessoa federativa instituidora, e esta, como é óbvio, há de ter natural ingerência na sua organização, estrutura e direção (...) o mesmo não ocorre com as pessoas concessionárias e também permissionárias. Tratando-se de pessoas jurídicas privadas (...), o Estado não tem qualquer ingerência em sua estrutura e organização, limitando-se à fiscalização normal exercida por quem contrata os serviços de outrem" (*Manual de Direito Administrativo*, cit., p. 375). Nestes casos forma-se uma *relação jurídica estatutária* e *contratual*, atributos que atestam a *natureza complexa* desta atividade colaborada, conforme esclarece Letícia Queiroz de Andrade (*Teoria das Relações Jurídicas da Prestação de Serviço Público sob Regime de Concessão*, tese (Doutorado em Direito do Estado), São Paulo, PUC/SP, 2010, pp. 41 a 43 e 121 a 133; Malheiros Editores, 2015).

66   REGIME CONSTITUCIONAL DA ATIVIDADE NOTARIAL E DE REGISTRO

A óbvia possibilidade de modificação destes deveres dos concessionários e permissionários de serviços públicos deverá ser acompanhada do correspondente reequilíbrio econômico-financeiro. Além disto, os casos de extinção da concessão e permissão estão taxativamente previstos em lei, razão por que a superveniência de interesse público justificador da retomada da competência pública *in concreto*, dentro do prazo fixado em contrato, exigirá o pagamento de justa e prévia indenização.[73]

Por fim, o exercício privativo de uma competência pública pelo particular impede o Poder Público de retomá-lo ou mesmo desempenhá-lo por si, a que título for, características nucleares no exercício colaborado de uma competência pública.[74]

Daí o porquê da classificação proposta, reveladora de distintas figuras jurídicas, apartáveis entre si pelo seu regime jurídico.[75]

25. Em vista desta classificação, são atividades públicas indelegáveis (referidas em *(a)*, acima) aquelas que, segundo o figurino constitucional, devem ser mantidas sob o *permanente* e *exclusivo* encargo do Estado, sob pena de malbaratamento do bem comum.

Afinal, se uma atividade está atribuída à alçada particular, não se impõe ao administrado o dever de permanentemente desempenhá-la satisfazendo, assim, o bem da vida objeto da competência que legitima o seu exercício.[76]

Se, de outra banda, certas atividades jurídicas ou materiais são reputadas relevantes aos interesses sociais, qualificando-se como função pública e fundadas na correspondente competência pública habilitante,

73. Caso em que restará caracterizada a prática de dano jurídico lícito (i) antecipadamente conhecido e determinável, (ii) economicamente mensurável, (iii) especial e (iv) anormal, circunstâncias que determinam a prévia recomposição do patrimônio particular. Trilham este pensamento Weida Zancaner (*Da Responsabilidade Extracontratual da Administração Pública*, São Paulo, Ed. RT, 1981, pp. 39 a 74), José dos Santos Carvalho Filho (*Manual de Direito Administrativo*, cit., p. 566), o que também nos parece acertado (*Responsabilidade Patrimonial do Estado*, São Paulo, Malheiros Editores, 2010).

74. Conforme observa Romeu Felipe Bacellar Filho ("Concessões, permissões e autorizações de serviço público", cit., pp. 182, 187 e 197 a 199).

75. Pois, segundo Oswaldo Aranha Bandeira de Mello, "A finalidade de criar distintas figuras jurídicas é permitir classificá-las pelo enunciado da sua denominação, diferenciando-as de outras" (*Princípios Gerais de Direito Administrativo*, cit., p. 557).

76. No entanto, uma vez colocada à disposição de todos – e havendo possibilidade de desempenhá-la na situação concreta –, não pode o administrado negar-lhe execução em desfavor de um ou outro particular, por razões egoísticas ou de foro íntimo. Afinal, como a ordem econômica tem por fim assegurar a existência digna de todos à luz do ideal da igualdade, é ilegítima a conduta do particular que se nega a vender um produto ao adquirente, sem justificada razão, para, em seguida, alienar idêntico produto a outra pessoa.

O EXERCÍCIO DAS ATIVIDADES PÚBLICAS 67

devem ser perseguidas continuamente pelo Poder Público ou por quem lhe faça as vezes.

Nestes casos, fixando-se a obrigatória manutenção da competência pública *in concreto* na esfera estatal, o Poder Público deve exercê-la de modo *privativo*. Deveras, só pode exercitar uma competência pública quem nela estiver investido. E sendo o caso de indelegabilidade da competência pública *in concreto*, esta atribuição permanece imantada na órbita estatal, razão por que, por imperativo lógico, o seu exercício é *privativo* do Estado[77] (hipótese *(d)*, indicada acima).

Sem embargo, é franqueado ao Poder Público constituir pessoa na sua Administração indireta para desempenhar, de modo privativo, esta atividade (caso em que restará caracterizada a hipótese *(e)*, acima[78]). Era o que, por exemplo, previa o art. 21, XI, da Constituição da República de 1988 em sua redação original, ao franquear a exploração dos serviços telefônicos, telegráficos, de transmissão de dados e demais serviços públicos de telecomunicações às "empresas sob controle acionário estatal", situação análoga aos casos de exploração dos serviços locais de gás canalizado, bem como sua distribuição.

77. Insista-se: não se pode baralhar o exercício privativo desta competência com exercício concreto da atividade objeto da referida na competência pública. Afinal, pode ocorrer que a atividade material a que se volve o exercício da competência pública *in concreto* seja levada a efeito pelo administrado por força de avença firmada com o Poder Público. É o que, por exemplo, ocorre em relação ao denominado "monopólio" do Petróleo, flexibilizado pela Emenda Constitucional 9, de 1995. Com efeito, em que pese a competência pública *in concreto* para pesquisa e para a lavra das jazidas de petróleo e gás natural e outros hidrocarbonetos fluido estar sob a privativa alçada federal e ser constitucionalmente indelegável, o art. 177, § 1º, da Constituição da República legitima a União contratar com empresas estatais ou privadas a sua realização. Não há, na espécie, delegação de uma competência pública, mas a contratação de uma empresa para, em nome do Estado, desempenhar as atividades materiais necessárias à satisfação do bem da vida objeto da competência. A distinção entre estes institutos foi, como de hábito, magistralmente esquadrinhada por Celso Antônio Bandeira de Mello ("Serviço público e poder de polícia: concessão e delegação", cit., pp. 21 a 28).

Diogo de Figueiredo Moreira Neto também reconhece a distinção entre estes institutos, denominando o tema tratado como *terceirização*, justamente por não envolver delegação de competência pública ("O sistema de parceria entre os setores público e privado. Execução de serviços através de concessões, permissões, terceirizações e outros regimes. Aplicação adequada desses institutos", *Boletim de Direito Administrativo*, vol. 13, n. 2, São Paulo, fev. 1997, p. 80).

78. É o caso de delegação realizada na intimidade da mesma pessoa política, por meio da qual se transfere o seu exercício dessa competência para pessoa integrante da sua Administração indireta, tema sobre o qual o incomparável Geraldo Ataliba teceu luminosas considerações, que, escritas nos anos de 1980, ainda soam como geniais novidades ("Sabesp – Serviço público – Delegação a empresa estatal – Imunidade a impostos – Regime de taxas", cit.).

68   REGIME CONSTITUCIONAL DA ATIVIDADE NOTARIAL E DE REGISTRO

Em circunstâncias bastante excepcionais, o Estado pode se ver transitoriamente incapacitado de desempenhar de modo privativo esta função pública, caso em que *deverá* se socorrer dos administrados para, com isto, assegurar sua contínua execução (caso, pois, de execução colaborada com o administrado, enquadrável na alínea *(g)*, acima). O credenciamento é o instituto que, por excelência, se presta legitimamente a este fim.[79]

26. Apesar disto, nada impede que a atividade jurídica e material objeto desta competência pública indelegável também seja conferida ao particular, dentro do seu campo próprio de atuação e, por esta razão, exercido sob regime jurídico diverso ao qual o Estado se submete.

É o que reconhecidamente se sucede com os serviços de saúde, educação, previdência e assistência social, que podem ser *formalmente* prestados por particulares sob regime jurídico privado, fortemente derrogado pelo direito público.

Não é por outra razão que os produtos medicamentosos podem ser comercializados no mercado consumidor, desde que o preço de venda seja igual ou inferior àquele unilateralmente fixado pelo Poder Público. O caso não é de *tabelamento de preços*, mas de fixação de preços máximos para comercialização de cada um destes produtos ao Poder Público e aos particulares, pois, segundo o art. 200 da Constituição da República "Ao sistema único de saúde compete, além de outras atribuições, nos termos da lei: I – *controlar* e fiscalizar procedimentos, *produtos* e *substâncias de interesse para a saúde* e *participar da produção de medicamentos*, equipamentos, imunobiológicos, hemoderivados e outros insumos".[80] Daí porque afirmamos que estas atividades – por serem de *relevância pública*[81] – serão desempenhadas pela iniciativa privada sob

79. Esta é a feliz observação de Celso Antônio Bandeira de Mello (*Curso de Direito Administrativo*, cit., p. 717, item 25).

Daí porque, até a definitiva instalação e integral funcionamento das Defensorias públicas nos Estados, as Procuradorias dos Estados – incumbidas de desempenhar estas atividades, mas incapazes de levá-las a satisfatório efeito pelo seu gigantismo material e territorial – firmavam Convênios com as Secções da Ordem dos Advogados do Brasil, de modo que a assistência judiciária fosse supletivamente prestada aos mais necessitados pelos advogados nelas credenciados. E mesmo após a criação das Defensorias públicas dos Estados, este credenciamento deverá perdurar até que esse órgão estatal seja capaz de atender a essa demanda.

80. Tema por nós examinado em outra ocasião: "Controle de preços de medicamentos pela CMED. Obrigatoriedade de seus fabricantes e distribuidores aplicarem, na sua venda, desconto compulsório (CAP) sobre o denominado 'preço fábrica'. A formação do 'preço fábrica' e o usufruto facultativo de isenções tributárias condicionadas", *Revista Trimestral de Direito Público*, ns. 51-52, São Paulo, Malheiros Editores, pp. 179 a 193.

81. As atividades privadas de "relevância pública" estão contempladas no Texto Constitucional, nas passagens em que se disciplinaram as atribuições do Ministério

O EXERCÍCIO DAS ATIVIDADES PÚBLICAS 69

o manto de normativa, fixadas em larga medida no campo do direito público.

Nestes casos não há (e nem poderia haver) delegação de uma competência pública *in concreto*. Isso porque o constituinte também afiançou estas atividades ao campo de atuação do administrado.

Logo, quando desempenhada pelos particulares, não há falar no exercício de uma competência pública *in concreto* delegada, senão que de uma atividade privada de *relevância pública*. Daí o equívoco de qualificá-las como serviços públicos não privativos.[82]

27. Singularmente interessantes são os casos de função ou atividade pública cuja competência para o seu desempenho é obrigatoriamente delegada pelo Estado aos particulares (hipótese indicada em *(b)*, acima). A despeito disto, esta obrigatória delegação se biparte caso: (i) o Poder Público delegue integralmente a competência pública *in concreto*, transpassando-a ao administrado; e (ii) o Poder Público delegue a sobredita competência, que, todavia, permanece no seu círculo de atribuições, caso em que a prerrogativa para o seu exercício será cumulativamente atribuída ao Estado e a terceiros.

28. A primeira hipótese se processa na denominada Justiça de Paz, na qual os exercentes (juízes de paz) devem ser "(...) cidadãos[83] eleitos pelo voto direto, universal e secreto, com mandato de quatro anos e

Público (art. 129, II) e os serviços de saúde (art. 197). Outras atividades, embora não qualificadas deste modo (de "relevância pública"), têm o mesmo *status* constitucional. São, por exemplo, o Sistema Financeiro Nacional (art. 192), o acesso à informação (art. 5º, XXXIII), a impositiva venda e revenda de combustíveis de petróleo, álcool carburante e outros combustíveis derivados de matérias-primas renováveis, nos termos da lei (art. 238) etc. E sendo de "relevância pública", seu desempenho não está livremente disciplinado pelo direito privado. Advirta-se a flagrante impropriedade de se baralhar este conceito com "serviço de utilidade pública" ou *"public utilities"*, institutos surgidos no ambiente da Comunidade Econômica Europeia e pautados nos cardiais princípios – para as Nações que a integram – da livre circulação de pessoas e capital, ideias que, em larga medida, se contrapõem às atividades estatais cujo exercício é pautado pelos vetores da supremacia do interesse público e da sua indisponibilidade. Confira-se, a propósito, a mutação do conceito de "serviço público" para "serviço de utilidade pública" segundo a visão de autores nativos como Rita Arrigoni ("Regolazione e gestione nelle public utilities: principio di separazione e libera concorrenza nell'applicazione di principi costituzionali e comunitari", *Rivista Trimestrale di Diritto Pubblico*, n. 1, Milão, Giuffrè, 1995, pp. 87 a 109) e Domenico Sorace ("Servizi pubblici e servizi (economici) di pubblica utilità", *Diritto Pubblico*, vol. 5, n. 2, Padova, maio/agosto, 1999, pp. 371 a 425).

82. Trilha seguida, dentre outros, por Dinorá Adelaide Musetti Grotti (*O Serviço Público e a Constituição Brasileira de 1988*, cit., p. 96).

83. Necessariamente maiores de 21 anos, nos termos do art. 14, VI, "c", da Constituição da República.

70   REGIME CONSTITUCIONAL DA ATIVIDADE NOTARIAL E DE REGISTRO

competência para, na forma da lei, celebrar casamentos, verificar, de ofício ou em face de impugnação apresentada, o processo de habilitação e exercer atribuições conciliatórias, sem caráter jurisdicional, além de outras previstas na legislação".[84]

Assim, a Justiça de Paz, que em outros tempos deveria ser previamente exaurida sem o que não se legitimava a propositura de demanda judicial,[85] é desempenhada por agente delegado do Estado, não integrante da sua estrutura orgânica.[86] Veicula-se, desse modo, a *impositiva* delegação de uma competência pública *in concreto* aos administrados.[87]

A certamente mais conhecida forma de impositiva delegação constitucional de competência pública *in concreto* é, contudo, a atividade notarial e de registro, que, nos termos do art. 236 da Constituição da República, é exercida em caráter privado, ressalvado o seu desempenho no exterior ou em território nacional, empreendida nas Juntas Comerciais.[88]

Neste caso, tal como na Justiça de Paz, há constitucional delegação de uma competência pública *in concreto*, cujo exercício é, pois, privativo do particular (amoldando-se na hipótese *(f)*, indicada acima).[89]

84. Art. 98, II, da Constituição da República.

85. A Constituição do Império, de 1824, previa: "Art. 161. Sem se fazer constar, que se tem intentado o meio da reconciliação, não se começará Processo algum"; e "Art. 162. Para este fim haverá juizes de Paz, os quaes serão electivos pelo mesmo tempo, e maneira, por que se elegem os Vereadores das Camaras. Suas attribuições, e Districtos serão regulados por Lei".

86. Sendo qualificado como particular em atividade colaborada com a Administração, pois, em que pese estar inserida no Capítulo constitucional reservado ao Poder Judiciário, a atividade desempenhada na Justiça de Paz não é jurisdicional, como esclarece o próprio art. 98, II, da Constituição da República, ao assinalar que esta atividade é realizada "(...) sem caráter jurisdicional (...)".

87. E mesmo inexistindo candidatos interessados ao desempenho desta função pública, é interdito ao Estado realizá-la. Isso porque, nesta limítrofe circunstância, o Poder Público deverá *requisitar* pessoas capazes de exercê-la.

Situação semelhante se opera, diga-se de passagem, em relação aos mesários, que podem se voluntariar ao desempenho desta função (*www.tse.jus.br/eleitor/mesario/programa-mesario-voluntario*). Caso os componentes das mesas receptoras não sejam integralmente selecionados dentre os voluntariamente alistados, requisitam-se pessoas para estas atribuições. Eis a solução que nos parece consentânea com a ordem constitucional.

88. Que, antagonicamente, é uma atividade pública *in concreto* indelegável e de exercício privativo do Estado. A antítese do modelo em exame, pois.

89. O tema será objeto estudo mais aprofundado nos capítulos seguintes. Há relevância científica e prática no esforço que se seguirá, pois o Conselho Nacional de Justiça editou ato normativo prevendo que, sendo extinta a delegação para o desempenho da atividade notarial e de registro, esta função é *retomada* pelo Poder Público, prescrição que nos parece ilegítima.

O EXERCÍCIO DAS ATIVIDADES PÚBLICAS

29. Por outro lado, o art. 223 da Constituição da República prevê que o Poder Público deverá "(...) outorgar e renovar concessão, permissão e autorização para o serviço de radiodifusão sonora e de sons e imagens (...)". Este preceito constitucional não encerra uma faculdade atribuída ao Estado;[90] veicula, diversamente, a obrigação de a pessoa política franquear aos administrados a possibilidade de, se assim desejarem, desempenharem as sobreditas atividades, caso haja viabilidade material.[91]

Todavia, o citado preceito constitucional destaca que a delegação destas competências públicas *in concreto* aos particulares se aperfeiçoará em complemento àquelas atividades desempenhadas pelo Estado.

Assim, em que pese esta competência pública ser obrigatoriamente delegada, ela permanece sob o plexo de atribuições estatais, razão por que o Poder Público deve exercê-la obrigatoriamente e em conjunto com o administrado, se houver interesse deste último (caso em que o exercício desta competência se enquadra na hipótese *(g)*, acima).

30. A Constituição da República também prevê atividades facultativamente delegáveis, mas cujo desempenho deve ser assegurado pelo Estado.[92]

Nestes casos, o Poder Público pode outorgar o exercício dessa competência integralmente a terceiros, hipótese em que deverá garantir-lhe a execução, já que se trata de uma função pública (caso de exercício colaborado com o particular, enquadrável no referido item *(g)*).

90. Como se poderia depreender da leitura do art. 21, XII, da Constituição da República, que insinua a potencial faculdade de o Poder Público realizar esta delegação, que, felizmente, é negada mais adiante, no art. 223 da Carta.

91. Com efeito, sendo as faixas de radiofrequência finitas, estas atividades são desempenhadas dentro das bandas previamente estabelecidas para seu uso. Assim, caso a banda disponibilizada para o desempenho destas atividades públicas não comporte o número de interessados em utilizá-la, deve se instaurar processo seletivo para outorga da concessão. Ao cabo e ao fim deste processo seletivo, existe a possibilidade de algum ou alguns interessados não terem seus pleitos atendidos, disto não resultando qualquer lesão a direito.

92. Situação semelhante à facultatividade da delegação desta competência pública, mas que com ela não se confunde, reside na cumulativa outorga de uma atividade administrativa a dois ou mais entes públicos, cujo exercício entre eles se opera de modo supletivo. E por ser elemento intestino à própria competência, e não a ela externo, não se pode qualificá-lo como prerrogativa estatal condicionada, na esteira das lições de Oswaldo Aranha Bandeira de Mello (*Princípios Gerais de Direito Administrativo*, cit., p. 526, item 48.8). É o que se verifica no caso da fiscalização e recolhimento do imposto sobre a propriedade territorial rural (ITR), tributo de competência da União, conforme já esclarecido nos itens 13 a 16 deste Capítulo.

72   REGIME CONSTITUCIONAL DA ATIVIDADE NOTARIAL E DE REGISTRO

Se, todavia, optar por preservar esta atividade no seu círculo de atribuições, reservando para si o seu privativo exercício, deverá assegurar aos administrados sua máxima fruição possível, ainda que, para este fim, seja obrigado a credenciar administrados para cumulativamente desempenhá-las, mas em seu nome.[93]

Não sendo hipótese de exercício exclusivo dessa competência – fruto de imposição legal ou circunstância de ordem material ou técnica –, ela poderá permanecer no plexo de atribuições estatais, caso em que o Estado também poderá exercê-la. Assim obrando, o Estado atuará em regime de competição com o administrado, em favor de quem se delegou idêntica atribuição (sendo, mesmo neste caso, hipótese de exercício colaborado de competência pública *in concreto*, indicado no item *(g)* acima).[94]

A respeito do assunto já se escreveram rios de tintas, especialmente ao se examinar os institutos da concessão, da permissão e da autorização,[95] não sendo este o objeto do trabalho.

93. Registre-se o óbvio: este credenciamento deve ser levado a efeito de modo transitório, até que o Estado cumpra o seu dever de prestar por si esta atividade ou opte por trespassá-la a outrem, exercendo-a cumulativamente ou não.

94. Já sustentamos que o regime jurídico que estriba a competição entre as pessoas que desempenham estas atividades estatais é dessemelhante ao vigente no âmbito da livre concorrência. É um *tertium genus*, pelo fato de o embate entre estes agentes ser limitado às atividades (e nos estritos confins) ditadas pelo direito público ("As empresas estatais prestadoras de serviço público privatizado e o cumprimento de obrigação pecuniária oriunda de condenação judicial – Comentários ao Acórdão do Supremo Tribunal Federal no Recurso Extraordinário 599.628", *Revista Trimestral de Direito Público*, n. 58, 2013, pp. 312 a 320). O tema não é novo, sendo tratado com riqueza por Almiro do Couto e Silva ("Privatização no Brasil e o novo exercício de funções públicas por particulares. Serviço público 'à brasileira'?", cit., pp. 209 a 237), ao que se somam as doutas considerações de André Luiz Freire (*O Regime de Direito Público na Prestação de Serviços Públicos por Pessoas Privadas*, cit., pp. 248 e 249).

95. Também trataram da matéria Tarso Cabral Violin (*Terceiro Setor e as Parcerias com a Administração Pública: uma análise crítica*, Belo Horizonte, Fórum, 2006), Marcos Juruena Villela Souto (*Desestatização: privatização, concessões e terceirizações*, 3ª ed., Rio de Janeiro, Lumen Juris, 2000), André Luiz Freire (*O Regime de Direito Público na Prestação de Serviços Públicos por Pessoas Privadas*, São Paulo, Malheiros Editores, 2014), Maurício Portugal Ribeiro e Lucas Navarro Prazo (*Comentários à Lei de PPP – Parcerias Público-Privadas: fundamentos econômico-jurídicos*, São Paulo, Malheiros Editores, 2007), Paulo Roberto Ferreira Motta (*Regulação e Universalização dos Serviços Públicos: análise crítica da regulação da energia elétrica e das telecomunicações*, Belo Horizonte, Fórum, 2009), Egon Bockmann Moreira (*Direito das Concessões de Serviço Público: inteligência da Lei 8.987/1995 (parte geral)*, São Paulo, Malheiros Editores, 2010), Vera Monteiro (*Concessão*, São Paulo, Malheiros Editores, 2010), Dinorá Adelaide Musetti Grotti (*O Serviço Público e a Constituição Brasileira de 1988*, São Paulo, Malheiros Editores, 2003), Fernando Vernalha Guimarães (*Concessão de Serviço Públi-*

O EXERCÍCIO DAS ATIVIDADES PÚBLICAS   73

31. Em vista do quanto exposto, enquadra-se a atividade notarial e de registro como função cuja competência pública *in concreto* é de delegação obrigatória e de exercício privativo pelo particular, exceção feita ao seu desempenho no exterior e, ainda, àquelas empreendidas nas Juntas Comerciais, sempre ao exclusivo e indelegável encargo do Estado.

Fixadas estas balizas fundamentais, ocupemo-nos da natureza desta atividade estatal, preocupando-nos em responder os seguintes questionamentos no capítulo seguinte: (i) qual a atividade estatal que, por meio dela, se desempenha?; e (ii) em qual função estatal ela está encartada?

co, São Paulo, Saraiva, 2012 e *Parcerias Público-Privadas*, São Paulo, Saraiva, 2012), Cristiana Fortini (*Contratos Administrativos: franquia, concessão, permissão e PPP*, 2ª ed., São Paulo, Atlas, 2009), Luiz Tarcísio Teixeira Ferreira (*Parcerias Público-Privadas: aspectos constitucionais*, Belo Horizonte, Fórum, 2006), Maria Sylvia Zanella Di Pietro (*Parcerias na Administração Pública*, 5ª ed., São Paulo, Atlas, 2006), Antônio Carlos Cintra do Amaral (*Concessão de Serviço Público*, 2ª ed., São Paulo, Malheiros Editores, 2002 e *Concessão de Serviços Públicos: novas tendências*, São Paulo, Quartier Latin, 2012) e Letícia Queiroz de Andrade (*Teoria das Relações Jurídicas da Prestação de Serviço Público sob Regime de Concessão*, Tese (Doutorado em Direito do Estado), São Paulo, PUC/SP, 2010, Malheiros Editores, 2015).

Capítulo III
O CONTEÚDO JURÍDICO DA ATIVIDADE NOTARIAL E DE REGISTRO

3.1 Mutação constitucional da atividade notarial e de registro. 3.2 Atividades estatais concretizadas por meio da função notarial e de registro: uma definição constitucional por referência. 3.3 A presunção de legitimidade dos atos estatais e a fé pública *dos atos notariais e de registro: 3.3.1 A fé pública dos atos estatais; 3.3.2 A presunção de validade dos atos estatais e a sua fé pública; 3.3.3 A* fé pública *dos atos notariais e de registro e seus efeitos.*

3.1 Mutação constitucional da atividade notarial e de registro

1. Significativa parcela da doutrina nacional tem se ocupado do desenvolvimento histórico e jurídico da atividade notarial e de registro,[1]

1. Vicente de Abreu Amadei dedica parte de interessante estudo para apontar as razões e as origens do instituto do protesto ("Princípios de protesto de títulos", in Ricardo Dip (coord.), *Introdução ao Direito Notarial e Registral*, Porto Alegre, Sergio Antonio Fabris Editor, 2004, pp. 71 a 74). Leonardo Brandelli se ocupa longamente das origens históricas do notariado (*Teoria Geral do Direito Notarial*, 4ª ed., São Paulo, Saraiva, 2011, pp. 25 a 79), no que é acompanhado por Marcelo Figueiredo ("Análise da importância da atividade notarial na prevenção dos litígios e dos conflitos sociais", *Revista de Direito Notarial*, ano 2, n. 2, São Paulo, Quartier Latin, set. 2009-maio 2010, pp. 11 a 44). Outros, como Luís Paulo Aliende Ribeiro (*Regulação da Função Pública Notarial e de Registro*, São Paulo, Saraiva, 2009, pp. 5 a 32), Letícia Franco Maculan Assumpção (*Função Notarial e de Registro: concurso público, regime jurídico e responsabilidade civil*, Porto Alegre, Nuria Fabris Editora, 2011, pp. 25 a 34) e Paulo Roberto de Carvalho Rêgo (*Registros Públicos e Notas: natureza jurídica do vínculo laboral de prepostos e responsabilidade de notários e registradores*, Porto Alegre, IRIB e Sergio Antonio Fabris Editor, 2004, pp. 15 a 67), abordam, de modo mais largo, o desenvolvimento histórico das múltiplas atividades notarias e de registro.

É notável o esforço empregado por alguns especialistas na narrativa dos aspectos históricos e histórico-jurídicos da atividade notarial e de registro, havendo densos e ilustrados textos nos quais se abordam apenas sobre estas questões, tanto no Brasil, como se lê em Luciano Lopes Passarelli ("O *Livro de Eparca* – os notários em Bizâncio", *Revista de Direito Notarial*, ano 3, n. 3, São Paulo, Quartier Latin, jun. 2010-jun. 2011, pp. 141

O CONTEÚDO JURÍDICO DA ATIVIDADE NOTARIAL E DE REGISTRO   75

fato que também se tributa ao ocasional destaque conferido à interpretação histórica do direito positivo[2] por alguns Tribunais.[3]

Sucede que na interpretação do sentido, conteúdo e alcance das normas jurídicas, não gozam de maior destaque ou relevância os fatos (históricos, sociais, técnicos ou mesmo jurídicos) que presidiram ou nortearam o ânimo do legislador. Afinal, não importa saber o que influenciou o legislador a ditar certas prescrições normativas em relação a uma dada matéria ao tempo da formação da lei; importa saber o que a lei efetivamente sobre ela dispôs. E, por esta razão, os aspectos históricos da matéria legislada merecerão destaque apenas se tiverem sido contemplados no texto normativo.[4]

a 209) e Felipe Leonardo Rodrigues ("Regimento dos Tabeliães das Notas: Ordenações Filipinas – Edição 1933 *versus* Regulamento da atividade dos Tabeliães de Notas (Lei 8.935/1994)", *Revista de Direito Notarial*, ano 3, n. 3, São Paulo, Quartier Latin, jun. 2010-jun. 2011, pp. 235 a 272) etc., como no estrangeiro, o que se apura, por exemplo, no texto de Ornelas K. Héctor ("Apuntes para la historia del derecho notarial", *Revista Notarial: órgano del Colegio de Notarios del Distrito Federal y Territorios*, ano 6, vol. 5, n. 21, México, jun. 1955, pp. 57 a 63).

2. Maria Helena Diniz considera que essa técnica de interpretação "(...) baseia-se na averiguação dos antecedentes da norma. Refere-se ao histórico do processo legislativo, desde o projeto de lei, sua justificativa ou exposição de motivos, emendas, aprovação e promulgação, ou às circunstâncias fáticas que a precederam e que lhe deram origem, às causas ou necessidade que induziram o órgão a elaborá-la, ou seja, às condições culturais ou psicológicas sob as quais o preceito normativo surgiu (*occasio legis*)" (*Compêndio de Introdução à Ciência do Direito*, São Paulo, Saraiva, 1993, p. 391).

3. Basta recordarmos que, ao julgar o Recurso Extraordinário 379.572, o Supremo Tribunal Federal resolveu controvérsia tributária valendo-se da interpretação histórica. Naquele caso, a maioria dos Ministros da nossa Corte Constitucional entendeu que a propriedade de embarcação a motor não legitima a incidência do imposto sobre a propriedade de veículo automotor (IPVA). Isso porque, no conceito histórico de veículos automotores, não estavam incluídas as aeronaves e as embarcações, já que esse imposto estadual sucedeu a taxa rodoviária única (TRU), que não contemplava a propriedade de embarcações autopropulsionadas a motor em seu campo de incidência. Aderimos às razões dos votos vencidos que, despregados das razões históricas que desaguaram na criação do IPVA, concluíram pela constitucionalidade da tributação nestes casos, pois qualquer espécie de veículo, desde que autopropulsionado a motor, está albergado no campo constitucional de incidência desse tributo estadual.

4. Neste ponto acompanhamos o pensamento de Celso Antônio Bandeira de Mello, para quem "A ocorrência do substrato que serviu ao legislador como ponto de referência para construção de uma dada situação normativa não tem a virtude de acarretar, por si própria, nenhum efeito de direito" (*Natureza e Regime Jurídico das Autarquias*, São Paulo, Ed. RT, 1968, p. 10, nota de rodapé 10). Este também era o pensamento de Pontes de Miranda (*Tratado de Direito Privado*, 2ª ed., t. I, atualizado por Vilson Rodrigues Alves, Campinas, Bookseller, 2000, pp. 17 e 18).

Outro, todavia, é o magistério de Luís Roberto Barroso. Ainda que vislumbre mitigado alcance da interpretação histórica do texto normativo, o constitucionalista fluminense contempla a sua adoção em situações singulares. Cita, como exemplo, a lei

76 REGIME CONSTITUCIONAL DA ATIVIDADE NOTARIAL E DE REGISTRO

Em que pese convencido do acerto dessa ideia, por vezes examinaremos facetas históricas da atividade notarial e de registro. Isso de modo a refutar certas construções teóricas, largamente edificadas no remoto exercício dessa competência pública, que, contudo, não tem mais guarida no modelo normativo em vigor.[5]

Cumpre, então, identificar o que efetivamente se realiza por meio da atividade notarial e de registro para, feito isto, apurar qual a função estatal que lhe dá curso.

3.2 *Atividades estatais concretizadas por meio da função notarial e de registro: uma definição constitucional por referência*

2. A atividade notarial e de registro é qualificada pelo art. 236 da Constituição da República[6] e pelo art. 32 do Ato das Disposições Constitucionais Transitórias[7] como *serviços*.

Sucede que, ao aludir aos denominados *"serviços"* notariais e de registro, a Constituição da República não cuidou de qualificá-los ou mesmo indicar as atividades a serem desempenhadas por meio desta função pública. Por esta razão, esses institutos têm os seus confins jurídicos fixados na conformidade do *perfil legal* que possuíam ao tempo da promulgação da Constituição da República.

E isso por uma razão muito simples: a Constituição de 1988 não criou essa atividade. Ela existia entre nós muito antes da edição da atual Carta constitucional. Em rigor, foi provavelmente a primeira atividade

criadora de contribuição previdenciária sobre inativos, cuja emenda constitucional que lhe dava suposto arrimo de validade foi aprovada pelo Congresso Nacional com a expressa rejeição, no curso dos debates parlamentares, da viabilidade de edição de lei instituidora dessa contribuição com fundamento em suas disposições (*Curso de Direito Constitucional Contemporâneo: os conceitos fundamentais e a construção do novo modelo*, 5ª ed., São Paulo, Saraiva, 2015, pp. 327 a 329).

5. É o que, por exemplo, secunda a tese conforme a qual as atividades notariais e de registro subjazem nas funções públicas a cargo do Poder Judiciário. Este era o pensamento de Narciso Orlandi Neto até o advento da Lei federal 8.935, de 1994 ("Serviços notariais e de registro", in Vladimir Passos de Freitas (coord.), *Corregedorias do Poder Judiciário*, São Paulo, Ed. RT, 2003, p. 333), havendo quem advogue a subsistência deste modelo até os dias atuais. A esse propósito, confira-se o nosso pensamento no Capítulo IV, itens 11 a 13.

6. "Art. 236. Os *serviços notariais e de registro* são exercidos em caráter privado, por delegação do Poder Público", destaques nossos.

7. "Art. 32 (do ADCT). O disposto no art. 236 não se aplica aos *serviços notariais e de registro* que já tenham sido oficializados pelo Poder Público, respeitando-se o direito de seus servidores", destaques nossos.

O CONTEÚDO JURÍDICO DA ATIVIDADE NOTARIAL E DE REGISTRO   77

jurídica realizada pelos colonizadores entre nós com o "descobrimento" do Brasil.[8] Logo, ao mencioná-las, a Carta Magna incorporou no altiplano constitucional o perfil jurídico desse instituto, tal como existente em 5 de outubro de 1988, segundo os ditames das leis que então os disciplinavam.

3. Basta um exemplo para demonstrar o acerto deste pensamento. O art. 155, II, da Constituição da República confere aos Estados e Distrito Federal a competência tributária para instituir e cobrar o imposto sobre "operações relativas à circulação de *mercadorias* e sobre prestações de serviços de transporte interestadual e intermunicipal e de comunicação, ainda que as operações e as prestações se iniciem no exterior" (ICMS). O conceito jurídico de *mercadoria* decorria, outrossim, de outra noção jurídica: a de ato de comércio, tal como disciplinado no Código Comercial.[9] O objeto do ato mercantil era, pois, a *mercadoria*.

Com o advento do Código Civil de 2002, a parte do Código Comercial que dispunha sobre os atos de comércio foi *revogada*.[10] Em razão disto, deixou de existir *no plano infraconstitucional* o instituto da *mercadoria*. Mas, por força desta sucessão normativa infraconstitucional, prosperaria a ideia segundo a qual parcela do ICMS – que grava as operações de circulação de *mercadorias* – não mais poderia ser exigida pelos Estados e Distrito Federal?

Com efeito, se o conceito jurídico de *mercadoria* deixou de existir em razão da revogação do instituto do ato de comércio, então, em tese, não poderia mais haver tributação sobre uma atividade que tenha por objeto a operação de transferência da titularidade da uma *mercadoria*. Afinal, se juridicamente não há mais *mercadoria*, não poderá mais haver uma relação jurídica que a tenha por objeto, aí se incluindo uma relação jurídico-tributária.

Ademais, *mercadoria* e *ato empresarial* não podem ser tomados como termos ou conceitos sinônimos, pois não designam o mesmo objeto jurídico. Basta recordar que a prestação de serviços também se caracteriza como uma atividade empresarial, sendo este *fato signo presuntivo*

8. Refere-se aqui à Carta elaborada por Pero Vaz de Caminha em 1º de maio de 1500: *www.dominiopublico.gov.br/pesquisa/DetalheObraDownload.do?select_ac tion=&co_obra=17424&co_midia=2*.
9. Arts. 10, 1; 33; 174; 178; 200, 1 e 2; 201; 217; 219; 273; 354, 3 e 446 do Código Comercial.
10. Daí o pensamento de Fábio Ulhoa Coelho, para quem o Código Civil de 2002 substituiu a *teoria dos atos de comércio* pela *teoria da empresa* (*Manual de Direito Comercial*, São Paulo, Saraiva, 2002, pp. 8 a 11).

78 REGIME CONSTITUCIONAL DA ATIVIDADE NOTARIAL E DE REGISTRO

de riqueza[11] passível de tributação por meio do imposto sobre serviços de qualquer natureza (ISS), de competência dos Municípios e do Distrito Federal, e não pelo ICMS.[12]

Mas este raciocínio jurídico limitador do exercício da competência tributária dos Estados e do Distrito Federal não prospera.

Isso porque, com a entrada em vigor do Sistema Nacional Tributário,[13] a Constituição da República de 1988 alçou a definição jurídica de *mercadoria* à categoria de conceito constitucional;[14] conceito constitucional por referência à legislação infraconstitucional, esclareça-se.[15]

Ademais, como este conceito (de *mercadoria*) é adotado para delimitar uma competência legislativa tributária, norma ulterior (constitucional ou infraconstitucional) não pode modificar os seus confins e, com isto, avançar em campo já reservado à prerrogativa legiferante de outra pessoa política ou mesmo aniquilá-la por supressão do objeto nela referido.[16] Afinal, deflui da ideia de Federação a fixação de um plexo de

11. Memorável e didática expressão talhada por Alfredo Augusto Becker (*Teoria Geral do Direito Tributário*, 3ª ed., Campinas, Lejus, 1998).

12. Sobre os distintos campos de incidência do ISS e do ICMS, confira-se o escólio de Geraldo Ataliba ("Conflito entre ICMS, ISS e IPI", *Revista de Direito Tributário*, ns. 7 e 8, São Paulo, Ed. RT, jan./jun. 1979) e Aires F. Barreto (*ISS na Constituição e na Lei*, 2ª ed., São Paulo, Dialética, 2005).

13. Segundo o art. 34 do ADCT, "O sistema tributário nacional entrará em vigor a partir do primeiro dia do quinto mês seguinte ao da promulgação da Constituição, mantido, até então, o da Constituição de 1967, com a redação dada pela Emenda n. 1, de 1969, e pelas posteriores".

14. Apesar de este conceito legal ter sido referido pela Constituição da República, tal fato não tem o condão de encartá-lo materialmente no plano do direito constitucional, ainda que o sejam formalmente. É o que também nos parece em vista das lições de Oswaldo Aranha Bandeira de Mello ("Conceito do direito administrativo", *Revista de Direito Administrativo: Edição comemorativa – 70 anos FGV*, Rio de Janeiro, FGV, 2013, p. 133).

15. É certo que além dos conceitos constitucionais adotados por referência à legislação, outros são edificados no seio da própria Constituição da República, caso do imposto sobre a renda e proventos de qualquer natureza, como demonstram Roberto Quiroga Mosquera (*Renda e Proventos de Qualquer Natureza: o imposto e o conceito constitucional*, São Paulo, Dialética, 1996) e José Artur Lima Gonçalves (*Imposto sobre a Renda: pressupostos constitucionais*, São Paulo, Malheiros Editores, 1997).

16. Esta tese não é infirmada pela modificação promovida no art. 195, I, "b", da Constituição da República pela Emenda Constitucional 20, de 1998, que ampliou a competência tributária da União para instituir contribuição social destinada ao financiamento da seguridade social. Afinal, a criação de novas fontes de custeio é constitucionalmente reservada à União, nos termos do art. 195, § 4º, da Constituição da República. Assim, ampliaram-se constitucionalmente os confins de uma prerrogativa legislativa da União o que, todavia, já poderia ter sido levado a efeito no plano infraconstitucional por meio da edição de lei complementar, nos termos do art. 154, I, da Carta Magna.

O CONTEÚDO JURÍDICO DA ATIVIDADE NOTARIAL E DE REGISTRO   79

deveres-poderes[17] insuscetíveis de modificação legislativa que deságue na corrosão ou aniquilação dos meios normativos que assegurem o *autogoverno* das pessoas políticas, nos moldes prescritos pelo texto original da Constituição da República.[18] E tudo isto ao abrigo da proteção prevista no art. 60, § 4º, da Lei Maior.

Esta ideia, *mutatis mutandi*, também é aplicável em relação à atividade notarial e de registro. Afinal, as delimitações legais da função notarial e de registro[19] foram acolhidas no seio da Constituição de 1988. Houve, pois, a constitucionalização de um conceito legal.[20]

4. Em vista disto, a que se destina a atividade notarial e de registro? Qual o bem comum que, por meio delas, se procura atender?

É tranquilo entre nós que as atividades que se desenvolvem por meio da função notarial e de registro – cuja designação e disciplina eram outrora veiculadas em múltiplos diplomas legislativos – estão atualmente arroladas e condensadas na Lei federal 8.935, de 1994. E, segundo o art. 1º desta Lei federal, por nós destacado, os "*serviços* notariais e de registro são os de organização técnica e administrativa destinados a garantir a *publicidade, autenticidade, segurança* e *eficácia* dos atos jurídicos".

Mas quais as atividades passíveis de formalização pelos agentes delegados desta competência pública, qualificados pela lei como notários (ou tabeliães) e oficiais de registro (ou registradores), para, com isto, tutelar o interesse público justificador da existência desta função estatal?

17. Considerado por José Afonso da Silva como elemento fulcral ou nuclear do nosso Estado federal (*Curso de Direito Constitucional Positivo*, 41ª ed., São Paulo, Malheiros Editores, 2018, pp. 102 e 482), no que é acompanhado por inúmeros juristas, como Fernanda Dias Menezes de Almeida (*Competências na Constituição de 1988*, 3ª ed., São Paulo, Atlas, 2005, p. 29).

18. Segundo o sempre atual magistério de Geraldo Ataliba (*República e Constituição*, 3ª ed., São Paulo, Malheiros Editores, 2011, p. 46).

19. Daí porque Afrânio de Carvalho observou: "Dentro do molde de qualquer Constituição, a de 1988 não tratou especialmente de nenhum dos registros públicos, assunto presentemente regulado em lei ordinária, havida por todos como satisfatória" ("A Constituição e os registros públicos", *Revista Forense*, vol. 84, n. 304, Rio de Janeiro, Forense, out./dez. 1989, p. 20).

20. Interessante questão reside na (im)possibilidade de a *legislação infraconstitucional alterar* os confins das atividades notariais e de registro, para ampliar ou diminuir o seu alcance normativo, tema cujo tratamento já foi esboçado anteriormente (Capítulo II, item 5). A solução normativa aplicável nestes casos – de mutação da amplitude das atividades notariais e de registro por obra do legislador infraconstitucional – é diversa daquela a que se submetem semelhantes mutações no plano das competências tributárias. Afinal, estas dizem respeito a uma competência pública *in abstrato* e aquelas a uma competência pública *in concreto*, cujos regimes jurídicos são dessemelhantes, conforme demonstramos no Capítulo II, especialmente a partir do item 11.

80 REGIME CONSTITUCIONAL DA ATIVIDADE NOTARIAL E DE REGISTRO

5. Segundo os arts. 6º a 13 da Lei federal 8.935/1994, aos:

(i) notários compete (a) "formalizar juridicamente a vontade das partes"; (b) "intervir nos atos e negócios jurídicos a que as partes devam ou queiram dar forma legal ou autenticidade, autorizando a redação ou redigindo os instrumentos adequados, conservando os originais e expedindo cópias fidedignas de seu conteúdo"; e (c) "autenticar fatos";

(ii) tabeliães de notas, com exclusividade, compete lavrar (a) escrituras e procurações, públicas; (b) testamentos públicos e aprovar os cerrados; e (c) atas notariais, bem como reconhecer firmas e autenticar cópias

Além disto, é facultado aos tabeliães de notas realizar todas as diligências necessárias ou convenientes ao preparo dos atos notariais a serem levados a efeito no desempenho dessa atividade, requerendo o que couber;

(iii) tabeliães e oficiais de registro de contratos marítimos compete (a) lavrar os atos, contratos e instrumentos relativos a transações de embarcações a que as partes devam ou queiram dar forma legal de escritura pública; (b) registrar os documentos da mesma natureza; (c) reconhecer firmas em documentos destinados a fins de direito marítimo; e (d) expedir traslados e certidões;

(iv) tabeliães de protesto compete, privativamente, (a) protocolar de imediato os documentos de dívida, para prova do descumprimento da obrigação; (b) intimar os devedores dos títulos para aceitá-los, devolvê-los ou pagá-los, sob pena de protesto; (c) receber o pagamento dos títulos protocolizados, dando quitação; (d) lavrar o protesto, registrando o ato em livro próprio, em microfilme ou sob outra forma de documentação; (e) acatar o pedido de desistência do protesto formulado pelo apresentante; (f) averbar o cancelamento do protesto e as alterações necessárias para atualização dos registros efetuados; bem como (g) expedir certidões de atos e documentos que constem de seus registros e papéis; e, por fim,

(v) oficiais de registro de imóveis, de títulos e documentos e civis das pessoas jurídicas, civis das pessoas naturais e de interdições e tutelas compete a prática dos atos relacionados na legislação pertinente aos registros públicos.

6. Em vista destas atribuições, afirma-se que esta função pública delegada tem por objetivo: (i) a garantia "da aquisição e exercício do direito de propriedade e a instituição de ônus real de fruição, garantia ou aquisição", dando-se "proteção especial à propriedade imobiliária

O CONTEÚDO JURÍDICO DA ATIVIDADE NOTARIAL E DE REGISTRO   81

(...) sob o ponto de vista da respectiva titularidade e dos ônus reais que o gravam (...) tornando os dados registrados conhecidos por terceiros", proporcionando segurança jurídica às operações que tenham a propriedade imobiliário como objeto;[21] (ii) caracterização do inadimplemento do devedor;[22] (iii) lavrar escrituras, procurações, atas notariais, testamentos públicos, aprovar testamentos cerrados – caso em que orienta e aconselha as partes como proceder[23] e quais atos jurídicos podem praticar em vista do fim desejado, bem como dos direitos e deveres decorrentes da escolha empreendida –, além de autenticar cópias e reconhecer firmas.[24]

Vê-se, pois, que a atividade notarial e de registro pretende garantir a publicidade, autenticidade e eficácia de atos jurídicos[25] que por meio dela forem formalizados.[26] Em uma só frase: pretende-se conferir segu-

21. Pensamento que se tributa à Maria Helena Diniz (*Sistema de Registros de Imóveis*, 9ª ed., São Paulo, Saraiva, 2010, p. 49). No mesmo sentido é o juízo de Eduardo Pacheco Ribeiro de Souza (*Noções Fundamentais de Direito Registral e Notarial*, São Paulo, Saraiva, 2011, pp. 47 e 48), dentre outros.

22. Função exercida pelos tabeliães de protesto, como assinala Eduardo Pacheco Ribeiro de Souza (*Noções Fundamentais de Direito Registral e Notarial*, cit., p. 185) e Vicente de Abreu Amadei ("Princípios de protesto de títulos", cit., p. 75).

23. É corrente a ideia de que os notários e registradores atuam como conselheiros das partes, como se lê do pensamento de Narciso Orlandi Neto ("Atividade notarial – noções", in Ricardo Dip (coord.), *Introdução ao Direito Notarial e de Registro*, Porto Alegre, IRIB e Fabris, 2004, p. 15).

24. Atividade desempenhada pelos tabeliães de notas, como sustenta Eduardo Pacheco Ribeiro de Souza (*Noções Fundamentais de Direito Registral e Notarial*, cit., p. 185).

25. Daí porque, tratando do binômio certificação-adequação da função pública desempenhada pelos notários, Marco Aurélio Greco sentencia que "Desta função de adequação, decorre, por exemplo e como um de seus corolários, o poder de controle da legalidade dos atos praticados pelas partes, na medida do compatível com sua própria atividade" ("Emolumentos cobrados pelos serviços notariais e de registros", *Revista Fórum de Direito Tributário – RFDT*, ano 1, n. 5, Belo Horizonte, Fórum, set./out. 2003).

26. Nesse sentido é o pensamento de Walter Ceneviva (*Lei dos Notários e Registradores Comentada*, 8ª ed., São Paulo, Saraiva, 2010, pp. 44 a 47), Eduardo Pacheco Ribeiro de Souza (*Noções Fundamentais de Direito Registral e Notarial*, cit., pp. 21 a 23), Narciso Orlandi Neto ("Atividade notarial – noções", cit., p. 13), Vicente de Abreu Amadei ("Princípios de protesto de títulos", cit., p. 99), Dirley da Cunha Júnior ("A privatização dos serviços de notas e registro e a situação dos atuais titulares", *Repertório IOB de Jurisprudência: tributário, constitucional e administrativo*, vol. 1, n. 19, São Paulo, out. 2007, pp. 760 e 761), Juliana Follmer Bortolin Lisboa ("A força normativa da Constituição como paradigma do atual direito notarial e registral brasileiro na busca da segurança jurídica", *Revista de Direito Notarial*, ano 3, n. 3, São Paulo, Quartier Latin, jun. 2010-jun. 2011, p. 108), Marcelo Figueiredo ("Análise da importância da atividade notarial na prevenção dos litígios e dos conflitos sociais", cit., p. 54), Ricardo Dip (*Direito Administrativo Registral*, São Paulo, Saraiva, 2010, pp. 26 e 27), Celso Fernandes Campilongo (*Função Social do Notariado: eficiência, confiança e imparcialidade*, São

82   REGIME CONSTITUCIONAL DA ATIVIDADE NOTARIAL E DE REGISTRO

rança jurídica na produção e irradiação dos efeitos dos atos e fatos jurídicos constituídos ou declarados[27] por meio da chancela estatal levada a efeito, neste particular, pelos notários e registradores.

Daí a feliz síntese de Décio Erpen, que assim conceitua a atividade notarial e de registro:

> Produto do artificialismo, advém, todavia de exigência histórica, sendo um anteparo contra os negócios jurídicos escusos e clandestinos, às vezes invocáveis somente quando convém a uma das partes. Abrigo dos espíritos desarmados; tutela dos portadores de boa-fé, fortaleza contra os negócios clandestinos; para-raio contra as surpresas.[28]

7. Mas qual é a gênese destes predicados que se derramam sobre os atos jurídicos ungidos pela atividade notarial e de registro? Qual é o efeito jurídico tão diverso que a ordem jurídica confere a um ato jurídico produzido com ou sem a interferência desses agentes delegados? Dito em termos mais objetivos e pedestres: no que, por exemplo, se difere uma procuração celebrada por instrumento particular, daquela lavrada por instrumento público em relação à segurança jurídica conferida por cada um destes atos jurídicos, nos casos em que a lei não exige forma pública?[29]

8. Não se desconhece, por óbvio, que certas relações jurídicas exigem, para sua válida formação, de atos formalizados por meio destes agentes delegados, sem o que não se aperfeiçoam.[30] Nestes casos, um ato

---

Paulo, Saraiva, 2014) e Oswaldo Aranha Bandeira de Mello ("Conceito do direito administrativo", cit., p. 137), dentre outros.

Esses ideais têm igual curso no exterior, onde se advoga a tese segundo a qual a função notarial também se presta à conciliação e assessoramento das partes interessadas na prática de ato notarial, conferindo, assim, segurança jurídica às relações sociais. Este é o juízo de Marina C. Zuvilivia (*El Notario y la Seguridad Jurídica*, Rosario, Editorial Juris, 2008, pp. 27 a 29) e Eric Deckers (*Função Notarial e Deontologia*, trad. de Albino Matos, Coimbra, Almedina, 2005, p. 26 a 36).

27. Certos atos jurídicos formalizados no curso do desempenho das atividades notariais e de registro têm função imediatamente declaratória de direito, ainda que possam ser mediatamente constitutivos de direitos; é o caso da certidão de óbito, pois imediatamente formaliza um *fato jurídico* (a morte de uma pessoa) e mediatamente transfere os eventuais bens do falecido aos seus herdeiros. Já os instrumentos públicos de procuração, lavrados nas serventias de títulos e documentos, têm eficácia constitutiva de direito.

28. "Registros públicos", *Revista dos Tribunais*, vol. 75, n. 610, São Paulo, Ed. RT, ago. 1986, p. 10.

29. Sobre as hipóteses de cabimento de procuração por instrumento público, leia-se o pensamento Leonardo Brandelli (*Teoria Geral do Direito Notarial*, cit., pp. 433 a 435).

30. Como, por exemplo, exige o art. 108 do Código Civil, assim redigido: "Não dispondo a lei em contrário, a escritura pública é essencial à validade dos negócios jurídicos

O CONTEÚDO JURÍDICO DA ATIVIDADE NOTARIAL E DE REGISTRO   83

particular desprovido desta chancela estatal não se prestará a constituir a relação ou situação jurídica pretendida, por vício de formalização; do mesmo modo que uma declaração de nascimento formalizada por um particular é inservível aos fins típicos de uma certidão de nascimento lavrada por um registrador civil.

O aspecto nuclear do tema em debate é diverso: a relação jurídica formalizada por particulares confere menor grau de segurança jurídica do que outra oficializada com a intervenção de notários ou registradores? Há distintos níveis de segurança jurídica: um *forte*, em relação aos atos jurídicos chancelados pelo Estado ou por quem esteja dotado de suas prerrogativas, e outro *fraco* se os atos jurídicos forem emanados no seio de relações privadas sem, portanto, a certificação estatal? Em síntese: confere-se maior certeza jurídica a uma declaração ou relação jurídica brotada do Estado ou formalizada com sua intercessão daquela originada de atividade particular, ainda que as duas tenham sido produzidas ao abrigo de uma mesma ordem jurídica?

A resposta a estes questionamentos repousa nos atributos decorrentes da presunção de conformidade dos atos estatais (ou realizados com sua chancela) e dos atos particulares com a ordem jurídica.

3.3 A presunção de legitimidade dos atos estatais e a fé pública dos atos notariais e de registro

3.3.1 A fé pública dos atos estatais

9. O art. 3º da Lei federal 8.935, de 1994, prescreve, com os nossos destaques, que o "Notário, ou tabelião, e oficial de registro, ou registra-

que visem à constituição, transferência, modificação ou renúncia de direitos reais sobre imóveis de valor superior a trinta vezes o maior salário mínimo vigente no País". Além destes atos jurídicos, muito outros devem ser formalizados por instrumento público, sob pena de invalidade, dentre os quais: cessão de direitos hereditários, a ser formalizada por escritura pública (art. 1.793 do Código Civil), pacto antenupcial, também celebrado por escritura pública (art. 1.653 do Código Civil), renúncia de herança (art. 1.806 do Código Civil) etc. Registre-se que até mesmo alguns atos estatais, para produzirem seus regulares efeitos, devem ser averbados em assentos notariais e de registro. É o que afirma, no exterior, Jesús González Pérez, ("Los efectos de la inscripción de los actos administrativos", *Revista de Administración Pública*, n. 74, Madri, Instituto de Estudios Políticos, maio/ago. 1974, pp. 9 a 37) e, no Brasil, Celso Antônio Bandeira de Mello (*Curso de Direito Administrativo*, 33ª ed., 3ª tir., São Paulo, Malheiros Editores, 2018, p. 190, item 38), ao relembrar que as fundações de direito privado, cuja criação foi autorizada pelo Poder Público, adquirem personalidade jurídica com a averbação da sua escritura pública de constituição no Registro Civil das Pessoas Jurídicas.

84 REGIME CONSTITUCIONAL DA ATIVIDADE NOTARIAL E DE REGISTRO

dor, são profissionais do direito, *dotados de fé pública*, a quem é delegado o exercício da atividade notarial e de registro".

É bastante variada a noção jurídica que se atribui à denominada *fé pública*, mormente porque não se trata de instituto limitado aos estritos quadrantes da função notarial e de registro,[31] sem embargo do seu assento constitucional.[32]

10. Alguns procuram defini-la tomando por empréstimo os arts. 215 e 217 do Código Civil[33] e, por isto, assinalam que a "(...) *fé pública* abona a certeza e a verdade dos assentamentos que notário e oficial de registro pratiquem e das certidões que expeçam nessa condição (...)", e "(...) faz *prova plena* do que nele se contém (...) exigidos pela comprovação do negócio jurídico em juízo ou fora dele".[34] Na mesma carreira, tomam-se por referência outros dispositivos da lei civil para corroborar a tese segundo a qual "Pela fé pública registral, o que constar da tábua de registro – é autêntico e verdadeiro até prova em contrário. Até que se prove que o título que lastreou a aquisição do domínio (derivado ou originário) seja nulo, tudo o que constar do registro tem validade plena. A força da Fé Pública Registral, decorre do contido no art. 859 do Código Civil".[35-36] Este juízo, entretanto, não é indene de críticas.

31. Recorde-se, por exemplo, que as carteiras de identificação profissional, emitidas pelos Conselhos profissionais de profissão regulamentada, têm *fé pública* em território nacional (*e.g.*, art. 17 da Lei federal 8.662, de 1993), sendo que o mesmo ocorre com o Registro de Identificação Civil – RIC (segundo prevê o art. 13 do Decreto federal 7.166, de 2010, regulamentador da Lei federal 9.454, de 1997). Mesmo predicado se estende aos cartões de identidade profissional dos agentes públicos, expedidos pelos Ministérios do Poder Executivo federal e pelos órgãos da Presidência e Vice-Presidência da República (Decreto federal 5.703, de 2006) e as carteiras de identidade funcional emitidas pelo "Poder Judiciário da União" (art. 4º da Lei federal 12.774, de 2012). Mas não é só. Também são dotados de *fé pública* "(...) às informações do Sistema de coleta de dados contábeis dos entes da federação – SISTN", bem como os "(...) dados oriundos do Sistema de informações sobre orçamentos públicos em saúde – SIOPS e do Sistema de informações sobre orçamentos públicos em educação – SIOPE", nos termos do art. 120 da Lei federal 12.465, de 2011 etc.

32. "Art. 19. É vedado à União, aos Estados, ao Distrito Federal e aos Municípios: (...) II – recusar fé aos documentos públicos."

33. "Art. 215. A escritura pública, lavrada em notas de tabelião, é documento dotado de fé pública, fazendo *prova plena*", por nós destacado.

"Art. 217. Terão a mesma força probante os traslados e as certidões, extraídos por tabelião ou oficial de registro, de instrumentos ou documentos lançados em suas notas."

34. Walter Ceneviva, *Lei dos Notários e Registradores Comentada*, cit., p. 51.

35. Fazia-se menção ao art. 859 do Código Civil revogado, cuja redação era a seguinte: "Art. 859. Presume-se pertencer o direito real à pessoa, em cujo nome se inscreveu, ou transcreveu". Atualmente, as correspondentes prescrições estão veiculadas nos arts. 1.245 e 1.246 do Código Civil em vigor, assim redigidos: "Art. 1.245. Transfere-se

O CONTEÚDO JURÍDICO DA ATIVIDADE NOTARIAL E DE REGISTRO 85

Primeiro porque se procurou definir uma função pública à luz dos supostos atributos legais dos atos notariais e de registro. Sucede que os alicerces normativos desta função pública repousam no seio da Constituição da República e, assim sendo, é censurável a interpretação que pretenda erigir os fundamentos desta atividade constitucional com os olhos voltados para a legislação infraconstitucional; é a lei que se molda e se curva aos ditames magnos, que lhe servem de norte e baliza, e não o reverso, obviamente.

Segundo porque os documentos privados não se presumem falsos; pelo contrário, presumem-se tão verdadeiros quanto os documentos dotados de *fé pública*. Afinal, se o Direito nada mais é do que uma construção mental que pretende conferir segurança jurídica às relações intersubjetivas, os atos produzidos pelo Estado ou pelos particulares presumem-se, de início, em conformidade com a ordem jurídica.

Terceiro porque tanto os atos privados como aqueles dotados de *fé pública* podem ser desconstituídos judicialmente.[37] Afinal, a Constituição da República assegura aos brasileiros e estrangeiros que nenhuma lesão ou ameaça a direito será furtada da apreciação do Poder Judiciário, sejam estas ilicitudes decorrentes ou não de atos predicados com a *fé pública*.[38]

11. Outros sustentam que a *fé pública* dos atos notariais (e também dos atos registrais) decorre da maior probabilidade de eles não serem inquinados de ilicitudes, pois formalizados por intermédio de agentes delegados do Estado, seletiva e profissionalmente habilitados a esse mister. E isto tomando-se por comparação semelhantes atos produzidos na órbita privada.

Por esta razão, alega-se que o ato notarial e de registro gozaria de maior credibilidade, inclusive em face de terceiros, sendo importante elemento de "profilaxia jurídica".[39] Esta tese é igualmente criticável.

entre vivos a propriedade mediante o registro do título translativo no Registro de Imóveis. § 1º. Enquanto não se registrar o título translativo, o alienante continua a ser havido como dono do imóvel. § 2º. Enquanto não se promover, por meio de ação própria, a decretação de invalidade do registro, e o respectivo cancelamento, o adquirente continua a ser havido como dono do imóvel. Art. 1.246. O registro é eficaz desde o momento em que se apresentar o título ao oficial do registro, e este o prenotar no protocolo".

36. É a tese advogada por Antonio Albergaria Pereira (*Comentários à Lei n. 8.935, dos Serviços Notariais e Registrais*, Bauru, Edipro, 1995, p. 26).

37. Segundo o art. 427 do CPC/2015, "Cessa a fé do documento público ou particular sendo-lhe declarada judicialmente a falsidade".

38. Art. 5º, XXXV, da Carta Magna.

39. Opinião Leonardo Brandelli (*Teoria Geral do Direito Notarial*, cit., pp. 172 e 173), que firma estes juízos ao aderir às premissas de Pedro Ávila Alvarez.

86 REGIME CONSTITUCIONAL DA ATIVIDADE NOTARIAL E DE REGISTRO

Primeiro porque, ainda que a premissa eleita fosse correta – de que os atos produzidos com a chancela notarial e de registro são estatisticamente mais afinados com o direito positivo, se comparados com aqueles produzidos pelos particulares –, a maior probabilidade de produção de um ato jurídico indene de vícios não é fator jurídico prestante a divisar atos dotados ou não de *fé pública*. Afinal, de acordo com este critério, dependendo dos resultados estatisticamente apurados, certos atos seriam qualificados pela *fé pública* em dado momento para, se os números não mais lhe favorecerem no futuro, serem desvestidos deste atributo e vice-versa.[40] O critério proposto é contábil ou matemático e incapaz, pois, de revelar a *natureza jurídica* dos atos dotados ou não deste predicado, extremando-os.

Segundo porque a maior ou menor credibilidade de um ato jurídico perante as partes – ao ponto de qualificá-lo como sendo dotado de *fé pública* –, não o imuniza do controle judicial e, portanto, da decretação da sua invalidade.

12. Há quem, apesar de partir da equivocada premissa no sentido de que a atividade notarial e de registro é *função pública não estatal*, conclui que os atos formalizados por meio desta atividade são oriundos "da pública administração".[41] E, nesta condição, são dotados de *fé pública*,

40. Se o critério proposto fosse hígido para segregar os atos jurídicos entre aqueles revestidos ou não de *fé pública*, as exigências fiscais, como as formalizadas pela fiscalização tributária federal por meio de lavratura de autos de infração e imposição de multas, não mais seriam adjetivadas pela *fé pública*. Com efeito, segundo o estudo realizado em 2009 pelo Núcleo de Estudos Fiscais, da Escola de Direito da FGV, 57% das exigências fiscais contestadas administrativamente pelos contribuintes foram, total ou parcialmente, glosadas pelo Conselho de Contribuintes, última instância do contencioso tributário federal, cuja atual designação é Conselho Administrativo de Recursos Fiscais (CARF). Além disto, 62% dos recursos de ofícios analisados pelo mesmo órgão foram desprovidos, mantendo-se, total ou parcialmente, o afastamento das exigências fiscais contestadas pelos contribuintes. Confira-se o estudo: *http://invente.com.br/nef/files/upload/2011/05/19/relatorio-final-completo-nef-2009-v-1-0.pdf*.

Logo, caso o critério proposto fosse acolhido, chegar-se-ia à seguinte dedução: certos atos jurídicos produzidos pelo Estado no exercício de suas típicas atribuições não serão dotados de *fé pública se majoritariamente* desconformes com o direito. Esta conclusão é obviamente equivocada, pois radicada em um critério *metajurídico*, inservível, destarte, de suporte a uma classificação jurídica, necessariamente estribada em um correspondente regime jurídico. E sobre a cardeal importância e utilidade da noção de regime jurídico, confira-se o sempre oportuno magistério de Celso Antônio Bandeira de Mello ("Regime jurídico administrativo e seu valor metodológico", *Revista de Direito Público*, n. 2, São Paulo, Ed. RT, 1968, pp. 44 a 61).

41. Caso de Claudio Martins, "Fé pública é fé notarial", *Revista da Academia Cearense de Letras*, ano 92, n. 38, Fortaleza, 1977, pp. 7 e 12.

O CONTEÚDO JURÍDICO DA ATIVIDADE NOTARIAL E DE REGISTRO   87

pois decorrente de atos soberanos do Estado, revestindo-se de autenticidade *erga omnes*.[42] Apesar de algumas observações lançadas nestes pensamentos serem acertadas, a conclusão atingida é incapaz de revelar a distinção entre os atos públicos e privados em relação aos atributos decorrentes da denominada *fé pública*.

Primeiro porque a presunção de autenticidade dos atos públicos não se funda na soberania estatal, mas emerge diretamente do Direito. Além disto, como os atos privados e estatais são presumivelmente autênticos – segundo a dicção por nós adotada –, não há serventia no critério proposto, já que por meio dele não se extremam essas duas espécies de atos jurídicos.

Segundo porque a denominada autenticidade *erga omnes* dos atos estatais não decorre da sua *fé pública*, como se propugnou. Decorre, diversamente, de sua necessária publicidade, pressuposto de validade dos atos emanados do Poder Público ou de quem atue no exercício de função estatal, caso dos notários e registradores.

13. A qualificação dos atos de *fé pública* é, ainda, relevante no plano das infrações e sanções jurídicas.[43] Isso porque o Título X do Código Penal, nos seus arts. 289 a 311-A, apontam as condutas qualificadas como crimes praticados contra a *fé pública*, sendo que os arts. 43 a 46 da Lei das Contravenções Penais[44] preveem as condutas lesivas à *fé pública*.

E sob o manto destes dispositivos legais, Nelson Hungria[45] afirmava que a *fé pública* é a expressão da certeza jurídica e da confiança geral que se deposita em certos atos, atribuindo-os de *valor jurídico*. O festejado penalista obtemperava – com acerto – que este predicado é indispensável à vida em sociedade, como virtude indissociável de sua *sã existência*, no que relembra lições de Binding e Manzini.[46]

42. Idem, ibidem, pp. 13 a 15.
43. À moda de Nelson Hungria, não vislumbramos distinção lógica entre infração e sanção administrativa e penal, pois "A ilicitude jurídica é uma só, do mesmo modo que um só, na sua essência, é o dever jurídico (...). Assim, não há falar-se de um ilícito administrativo ontologicamente distinto de ilícito penal. A separação entre um e outro atende apenas a critério de conveniência ou de oportunidade, afeiçoados à medida do interesse da sociedade e do Estado, variável no tempo e no espaço" ("Ilícito administrativo e ilícito penal", *Revista de Direito Administrativo*, n. 1, Rio de Janeiro, FGV, jan./mar. 1945, p. 24).
44. Decreto-lei 3.688, de 1941, recepcionado pela Constituição da República de 1988 com *status* de lei ordinária.
45. *Comentários ao Código Penal*, vol. IX, arts. 250 a 361, Rio de Janeiro, Forense, 1958, pp. 185 a 189.
46. Ibidem, pp. 189 e 191, respectivamente.

88 REGIME CONSTITUCIONAL DA ATIVIDADE NOTARIAL E DE REGISTRO

Sucede que o sentido de *fé pública* acolhido no direito penal é tão abrangente que Arturo Rocco, citado por Paulo José da Costa Jr., afirmava que a confiança geral que se deposita nesses atos decorre do valor probatório que a ordem jurídica lhes confere, seja por obra de prescrições contidas em normas de direito público ou daquelas edificadas no direito privado.[47] Daí se afirmar que o bem jurídico protegido por estes e outros preceptivos penais é o maltrato à fé alheia, conceito que não se restringe, pois, à *fé pública*;[48] esta é espécie daquela.

Sucede que o conceito teórico proposto, acertado em sua essência, não se presta a apartar os atos estatais dos atos privados pelo seu regime jurídico; tem sua valia na fixação de distintas penas bases aos seus infratores, apenas.

Afinal, as teses construídas a esse propósito se ocuparam especialmente da fixação do arquétipo legal dos atos jurídicos dotados de *fé pública* para, diante do princípio da tipicidade, qualificar uma conduta humana como penalmente reprovável. Nessa toada, o *valor jurídico* atribuído à *fé pública* nestes casos se presta a qualificar uma conduta infracional e não a delimitação dos efeitos que os atos dotados deste atributo irradiam na ordem jurídica.

Para esses autores, portanto, a *fé pública* resulta da qualificação que a lei confere a certos atos jurídicos emanados do Estado, em vista do princípio da tipicidade penal. É, pois, construção inservível aos fins desejados, uma vez que os atributos da função pública têm assento constitucional.

14. Se, com todas as vênias, as justificativas acima arrazoadas não revelam a gênese da denominada *fé pública* dos atos estatais, qual o fundamento jurídico concessivo deste atributo? E mais: quais as consequências jurídicas que descendem da *fé pública*?

3.3.2 *A presunção de validade dos atos estatais e a sua* fé pública

15. Aqueles que se dedicaram ao exame da presunção de validade dos atos estatais[49] – e mais especialmente da presunção de validade dos

47. *Código Penal Comentado*, 8ª ed., São Paulo, DPJ Editora, 2005, p. 913.
48. Este é o pensamento do Paulo José da Costa Jr., *Código Penal Comentado*, cit., p. 914.
49. Do qual as leis e todos os demais atos estatais produzidos no exercício de prerrogativas públicas são espécies e neles, obviamente, se inserem os atos notariais e de

O CONTEÚDO JURÍDICO DA ATIVIDADE NOTARIAL E DE REGISTRO   89

atos administrativos –, tributam este predicado ao princípio da legalida-de,[50] ao ideal democrático[51] ou, ainda, à supremacia do interesse público sobre o interesse privado,[52] não havendo necessidade de norma jurídica que explicitamente o estabeleça,[53] ainda que isto não raramente ocorra.[54]

Por força disto, há presunção relativa (*juris tantum*) de que os atos estatais são produzidos em conformidade com a ordem jurídica,[55] o mes-mo se podendo dizer em relação aos fatos neles afirmados como verda-deiros e que, como regra, independem de prévia comprovação[56] (o que, segundo alguns, decorreria de outra presunção: da veracidade dos atos

registro. A própria designação do tema não é pacífica, bastando recordar que Carlos E. Delpiazzo a ela se refere com presunção de juridicidade (*Derecho Administrativo Uru-guayo*, México, Porrúa, 2005, p. 153).

50. Pensamento de Hely Lopes Meirelles (*Direito Administrativo Brasileiro*, 15ª ed., São Paulo, Ed. RT, 1990, p. 135; 43ª ed., São Paulo, Malheiros Editores, 2018, p. 187), Luis Manuel Fonseca Pires ("A presunção de legitimidade e veracidade dos atos administrativos e o mito da inversão do ônus da prova em prejuízo dos administrados", *Revista da Escola Paulista da Magistratura*, ano 6, vol. 1, São Paulo, Escola Paulista da Magistratura, jul./dez. 2005, pp. 91 e 92), Diogenes Gasparini (*Direito Administrativo*, 16ª ed., Saraiva, São Paulo, 2011, p. 74) e Sílvio Luís Ferreira da Rocha (*Manual de Direito Administrativo*, São Paulo, Malheiros Editores, 2013, p. 307, item 2.7.1).

51. Sendo este o juízo de Diogo de Figueiredo Moreira Neto (*Curso de Direito Administrativo*, 15ª ed., Rio de Janeiro, Forense, 2009, p. 89).

52. Como professoram Edmir Netto de Araújo (*Curso de Direito Administrativo*, 6ª ed., São Paulo, Saraiva, 2014, p. 500) e Juan Carlos Cassagne (*Derecho Administrativo*, t. II, 7ª ed., Buenos Aires, Abeledo-Perrot, 2002, p. 20).

53. É que o pensam, dentre outros, Hely Lopes Meirelles (*Direito Administrativo Brasileiro*, 15ª ed., cit., p. 135; 43ª ed., cit., p. 187), Diogenes Gasparini (*Direito Admi-nistrativo*, cit., p. 74).

54. Caso do art. 12 da Lei argentina 19.549, de 1972, assim redigido: "El acto administrativo goza de presunción de legitimidad; su fuerza ejecutoria faculta a la Administración a ponerlo en práctica por sus propios medios – a menos que la ley o la naturaleza del acto exigieren la intervención judicial – e impide que los recursos que interpongan los administrados suspendan su ejecución y efectos, salvo que una norma expresa establezca lo contrario. Sin embargo, la Administración podrá, de oficio o a pedido de parte y mediante resolución fundada, suspender la ejecución por razones de interés público, o para evitar perjuicios graves al interesado, o cuando se alegare funda-damente una nulidad absoluta".

55. É o que afirmam Edmir Netto de Araújo (*Curso de Direito Administrativo*, cit., p. 500), Guido Zanobini (*Corso di Diritto Amministrativo*, 8ª ed., Milano, Giuffrè, 1958, p. 294), Diogenes Gasparini (*Direito Administrativo*, cit., p. 74) e Tomás-Ramón Fernández e Eduardo García de Enterría (*Curso de Derecho Administrativo*, vol. I, 11ª ed., Madri, Civitas, 2002, p. 583, Capítulo X, item V).

56. Como afirma Oswaldo Aranha Bandeira de Mello, "Conceito do direito admi-nistrativo", cit., p. 147.

90   REGIME CONSTITUCIONAL DA ATIVIDADE NOTARIAL E DE REGISTRO

estatais[57]). E sendo esta presunção fundada em elementos indiciários,[58] nada obsta que a lei venha excepcioná-la.[59]

A despeito disto, a presunção de legitimidade vaticinada aos atos estatais persistiria até sua impugnação judicial,[60] situação deflagradora da inversão do ônus da prova, impondo ao Poder Público demonstrar sua lisura.[61] Nestes casos, o administrado pode exercitar seu legítimo

57. Segundo Maria Sylvia Zanella Di Pietro, *veracidade* consiste na presunção de que os fatos invocados ou afirmados pela Administração se presumem verdadeiros (*Direito Administrativo,* 25ª ed., São Paulo, Atlas, 2012, p. 205). Luis Manuel Fonseca Pires, no entanto, afirma ser relativa a presunção de veracidade, pois, sendo sua procedência contestada judicialmente, o magistrado se pautará pelo juízo probante das "máximas de experiência", segundo preconiza o art. 375 do CPC/2015 ("A presunção de legitimidade e veracidade dos atos administrativos e o mito da inversão do ônus da prova em prejuízo dos administrados", cit., p. 96). Alexandre dos Santos Aragão, por seu turno, nega a existência dessa presunção ("Algumas notas críticas sobre o princípio da presunção de veracidade dos atos administrativos", *Revista de Direito Administrativo*, n. 259, Rio de Janeiro, FGV, jan./abr. 2012, p. 78).

58. Segundo o juízo de Luis Manuel Fonseca Pires ("A presunção de legitimidade e veracidade dos atos administrativos e o mito da inversão do ônus da prova em prejuízo dos administrados", cit., p. 94) e Sílvio Luís Ferreira da Rocha (*Manual de Direito Administrativo*, cit., p. 306).

59. Como assinala Celso Antônio Bandeira de Mello (*Curso de Direito Administrativo*, cit., p. 431, item 66, "a").

60. Este é o juízo de Celso Antônio Bandeira de Mello (idem), embora Manuel María Diez afirme que "por ello (*presunción de validez*) el acto legítimo y el acto inválido no se diferencian ya que ambos lo vinculan igualmente. De allí, entonces, que la situación jurídica de los actos que se presumen legítimos, hasta que no se demuestre lo contrario, es común a los actos legítimos y a los inválidos" (*Derecho Administrativo*, t. II, Buenos Aires, Plus Ultra, 1965, p. 296). Luis Manuel Fonseca Pires sustenta que os atos administrativos supostamente anuláveis continuam presumivelmente legítimos, o mesmo não se dizendo em relação aos atos nulos, no que explicitamente adere ao pensamento de Agustín Gordillo que, contudo, aproxima demasiadamente os conceitos de nulidade e de inexistência, praticamente amalgamando um ao outro (*Tratado de Derecho Administrativo – el acto administrativo*, 6ª ed., t. 3, Belo Horizonte, Del Rey/Buenos Aires, Fundación de Derecho Administrativo, 2003, p. V-2, item 1.2) (Luis Manuel Fonseca Pires, "A presunção de legitimidade e veracidade dos atos administrativos e o mito da inversão do ônus da prova em prejuízo dos administrados", cit., p. 99).

61. Tese defendida por Luis Manuel Fonseca Pires ("A presunção de legitimidade e veracidade dos atos administrativos e o mito da inversão do ônus da prova em prejuízo dos administrados", cit., p. 95) e Edmir Netto de Araújo (*Curso de Direito Administrativo*, cit., p. 500), no que discorda Hely Lopes Meirelles (*Direito Administrativo Brasileiro*, cit., p. 135; 43ª ed., cit., p. 187) e Luís Roberto Barroso, para quem "O ônus de tal demonstração, no entanto, recai sobre quem alega a invalidade ou, no caso, a inconstitucionalidade. Este, aliás, é o papel de uma *presunção* em Direito: determinar que o ônus da prova é da parte que pretende infirmá-la" (*Curso de Direito Constitucional Contemporâneo: os conceitos fundamentais e a construção do novo modelo*, cit., p. 335). Sílvio Luís Ferreira da Rocha sustenta que seria do Estado o encargo de provar a lisura dos atos constitutivos de sua pretensão à luz do art. 333 do Código de Processo Civil de 1973 (*Manual de Direito*

O CONTEÚDO JURÍDICO DA ATIVIDADE NOTARIAL E DE REGISTRO   91

direito de resistência passivo,[62] embora alguns admitam em larga medida a existência de direito de resistência ativo.[63]

Sem embargo, alguns também sustentam que, mesmo nos casos de impugnação administrativa ou judicial, é autorizada a imediata execução ou operatividade dos atos estatais,[64] o que infirma a assertiva no sentido de que a impugnação destes atos teria o condão de suspender ou mesmo afastar a presunção de validade que deles emerge.

Derradeiramente, caso o ato impugnado seja declarado inválido, o Estado poderá ser responsabilizado patrimonialmente,[65] segundo os pressupostos indenizatórios aplicáveis aos danos jurídicos ilicitamente impostos pelo Poder Público ou por pessoas jurídicas que lhes façam as vezes.[66]

Administrativo, cit., p. 308). Sucede que nem sempre a Administração produz atos constitutivos de seu direito em detrimento de terceiros (situação disciplinada pelo art. 333, I, do Código de Processo Civil de 1973). Ora a Administração produz atos homologatórios ou autorizativos em face de pretensões particulares, ou mesmo certificatórios das pretensões por eles formalizadas, casos em que a solução propugnada segundo a legislação processual civil lhes é inextensível. A adoção da solução proposta é ainda mais árdua após o advento do CPC/2015, promotor de significativa alteração legislativa em relação ao ônus da prova, que poderá ser repartido entre as partes a critério do magistrado (art. 357, III) ou mesmo invertido (art. 373, § 1º).

62. Esse direito de resistência é realizado por conta e risco de quem, passivamente, desacata o comando jurídico veiculado em um ato estatal. Afinal, se este ato jurídico for considerado válido pela autoridade competente, aquele que o descumpriu terá praticado um ilícito, podendo ser civil, penal e administrativamente responsabilizado. Daí não causar espécie o art. 116, IV, da Lei federal 8.112, de 1990 que, ao mesmo tempo em que impõe ao servidor público federal o dever de "cumprir as ordens superiores" do hierarca, demove-o deste encargo nos casos em que o sobredito comando for *manifestamente ilegal*. No entanto, na hipótese de o comando desrespeitado ser reputado legítimo, ao agente faltoso podem ser aplicadas as penas de advertência (art. 129 da Lei federal 8.112, de 1990) ou, até mesmo, de demissão (art. 132 da mesma lei federal). No mesmo sentido é o pensamento de Agustín Gordillo (*Tratado de Derecho Administrativo – el acto administrativo*, cit., pp. V-15 a V-19).

63. Caso de Maria Garcia (*Desobediência Civil: direito Fundamental*, 2ª ed., São Paulo, Ed. RT, 2004), no que se contrapõe Juan Carlos Cassagne (*Derecho Administrativo*, cit., p. 20).

64. Hely Lopes Meirelles (*Direito Administrativo Brasileiro*, cit., p. 135; 43ª ed., cit., p. 187) e Marcello Caetano (*Manual de Direito Administrativo*, t. I, 10ª ed., 8ª tir., revista e atualizado por Diogo Freitas do Amaral, Coimbra, Almedina, pp. 33 e 34).

65. Guido Zanobini (*Corso di Diritto Amministrativo*, cit., p. 294).

66. Conforme o nosso *Responsabilidade Patrimonial do Estado* (São Paulo, Malheiros Editores, 2010). Registre-se, neste particular, que as pessoas físicas que desempenham atividades estatais como particulares em atividade colaborada com a Administração respondem por seus atos segundo a legislação civil, pois delas não cuidou o art. 37, § 6º, da Constituição da República. Tratamos mais fundamentalmente deste tema no Capítulo V, itens 122 a 126.

92 REGIME CONSTITUCIONAL DA ATIVIDADE NOTARIAL E DE REGISTRO

16. Ocorre que a presunção de validade ou veracidade não milita apenas em favor dos atos estatais.

Com efeito, como pelo Direito se ambiciona pacificar as relações sociais tornando previsíveis as condutas intersubjetivas que devem ser adotadas em razão de certos acontecimentos humanos ou naturais, um plexo de normas jurídicas é erguido para assegurar a segurança jurídica.

Se fosse outorgada às pessoas a prerrogativa de legitimamente escusar-se do cumprimento de comandos normativos ao fundamento de sua incompatibilidade com a ordem jurídica vigente, haveria o caos social, situação antitética aos fins perseguidos pelo Direito. A presunção de validade dos atos jurídicos é, pois, condição indispensável à consecução do Direito, sem o que se eliminaria o capital fundamento de sustentação do sistema jurídico-positivo.

Assim, é o Direito – e não o princípio da legalidade ou da supremacia do interesse público sobre o privado – que impõe a presunção de validade de todos os atos jurídicos produzidos e agregados à ordem jurídica.[67] Daí a procedência da afirmativa de Agustín Gordillo, para quem não há respaldo jurídico na afirmativa segundo a qual a presunção de validade é decorrência automática dos atos estatais, pelo simples fato de eles serem emanados do Estado.[68]

Obviamente que não se estende esta presunção ao denominado ato inexistente, cujo regular ciclo de formação não se aperfeiçoou ou, ainda, porque impregnado de enfermidade congênita que, sendo por todos reconhecida,[69] nem ao menos se reputa inserto na ordem jurídica,[70] razão por que se proíbe o cumprimento de seus comandos.[71] Neste caso, sendo

67. Massimo Severo Giannini adota critério formal para assinalar que a presunção de validade dos atos administrativos decorre da norma que lhe serve de fundamento, e não do próprio ato administrativo. O critério do professor de Perugia é correto, pois calcado em sua normatividade e não em sua juridicidade (*Lezioni di Diritto Amministrativo*, vol. I, Milão, Giuffrè, 1950, pp. 381 e 382).

68. *Tratado de Derecho Administrativo – el acto administrativo*, cit., p. V-10, item 4.1.

69. Daí Agustín Gordillo sentenciar que as enfermidades maculadoras dos atos administrativos inexistentes resultam do cometimento de *vícios grosseiros*, conceito que o autor aproxima em demasia dos atos nulos para assinalar que ambos não se presumem conforme a ordem jurídica (*Tratado de Derecho Administrativo – el acto administrativo*, cit., p. V-2, item 1.2).

70. Alguns, como José Roberto Dromi, sustentam que a presunção de validade não se estende aos atos nulos (*Manual de Derecho Administrativo*, cit., p. 140). Ocorre que a ordem jurídica não derroga o dever de as pessoas atenderem aos comandos jurídicos veiculados em atos nulos, salvo na hipótese de o vício que o macular ser substancialmente o mesmo da inexistência o que, todavia, não é o pensamento desse professor portenho.

71. Não sendo causa excludente de ilicitude a prática de crime em razão do cumprimento de ordem manifestamente ilegal emanada do superior. Isso porque, segundo

O CONTEÚDO JURÍDICO DA ATIVIDADE NOTARIAL E DE REGISTRO   93

manifesta e seriamente inconteste a moléstia que lhe vicia, sua designação é, destarte, inadequada: não se trata de ato jurídico, mas sim de fato jurídico, ou melhor dizendo, de fato antijurídico.[72]

17. E sob esta ótica, todos os atos jurídicos estatais ou privados, porque dotados de presunção de validade, reputam-se conformes com o Direito. Apesar de esta assertiva ser correta, dela não se pode extrair a conclusão no sentido de que os atos jurídicos presumivelmente válidos são, por esta razão, dotados de *fé pública*.[73]

É dizer, a *fé pública* dos atos estatais não decorre da sua presumível conformidade com a ordem jurídica, pois esta presunção também alberga os atos jurídicos produzidos por particulares.[74] Para que a *fé pública* emerja desta presunção de validade – como elemento que lhe é adicional – outro atributo se reconhece aos atos estatais: o seu especial modo de produção, obediente aos princípios que informam e conformam o direito público.[75]

o art. 22 do Código Penal, "Se o fato é cometido sob coação irresistível ou em estrita obediência a ordem, não manifestamente ilegal, de superior hierárquico, só é punível o autor da coação ou da ordem".

72. Sobre o tema, leia-se texto produzido na companhia de Carolina Zancaner Zockun ("Natureza e limites da atuação dos Tribunais Administrativos", *Interesse Público,* vol. 44, Belo Horizonte, Fórum, jul./ago. 2007, pp. 135-160). Guido Zanobini emprega o termo *perfeição* em sentido análogo à existência (*Corso di Diritto Amministrativo,* cit., p. 271), sendo comum esta designação entre nós como se apura do magistério de Lafayette Pondé ("O ato administrativo, sua perfeição e eficácia", *Revista de Direito Administrativo,* n. 29, Rio de Janeiro, FGV, jul./set. 1952, pp. 16 a 21), Carlos Seabra de Barros Jr. ("Teoria dos atos administrativos", *Revista de Direito Administrativo,* n. 106, Rio de Janeiro, FGV, out./dez. 1971, pp. 21 e 22) e Weida Zancaner (*Da Convalidação e da Invalidação dos Atos Administrativos,* 3ª ed., São Paulo, Malheiros Editores, 2008, pp. 33 a 51).

73. Maria Sylvia Zanella Di Pietro afirma que a presunção de *veracidade* confere *fé pública* às certidões, atestados, declarações e informações fornecidas pela administração pública (*Direito Administrativo,* cit., p. 205). Sem razão a preclara professora, pois a denominada *fé pública* não decorre apenas da presunção de validade de fatos jurídicos afirmados por meio de um ato estatal, mas adicionalmente de um ato jurídico cujo nascimento foi certificado pelo Estado, como se processa com as atividades notariais e de registro.

74. Daí discordarmos do magistério de Alexandre dos Santos Aragão, para quem a *fé pública* decorre da presunção de validade dos atos estatais ("Algumas notas críticas sobre o princípio da presunção de veracidade dos atos administrativos", cit., p. 76).

75. Exigência descendente da garantia do devido processo legal substantivo (*substantive due process of law*), como assinalam Javier Indalecio Barraza (*Manual de Derecho Administrativo,* Buenos Aires, La Ley, 2005, p. 207), Carlos Roberto de Siqueira Castro (*O Devido Processo e a Razoabilidade das Leis na nova Constituição do Brasil,* Rio de Janeiro, Forense, 1989, pp. 34 e ss.), Antônio Roberto Sampaio Dória (*Direito*

94   REGIME CONSTITUCIONAL DA ATIVIDADE NOTARIAL E DE REGISTRO

Segundo a sagaz observação de Rui Cirne Lima, esta presunção provém do impessoal[76] procedimento adotado na elaboração dos atos jurídicos pelo Estado ou por quem lhe faça as vezes,[77] o que não se verifica na produção dos atos privados. Este impessoal procedimento na formação dos atos estatais é corolário da supremacia do interesse público e da indisponibilidade, pelo Poder Público, do interesse público.

A despeito disto, é inegável que a persecução do interesse público pode circunstancialmente nortear a formação dos vínculos privados,[78] não sendo, contudo, pressuposto para a sua válida formação. Afinal, na administração dos negócios privados busca-se a formação de atos jurídicos que acautelem, na maior medida possível, os egoísticos interesses das partes envolvidas.

Em vista disto, a persecução do interesse público não é elemento inato à formação ou aos efeitos dos atos privados, senão que elemento ínsito aos atos estatais.[79]

Constitucional Tributário e "Due Process of Law": ensaio sobre o controle judicial da razoabilidade das leis, Rio de Janeiro, Forense, 1986, pp. 12 a 26), Maurício Zockun (*Regime Jurídico da Obrigação Tributária Acessória*, São Paulo, Malheiros Editores, 2005, pp. 42 e ss.) e Agustín Gordillo (*Tratado de Derecho Administrativo – el acto administrativo*, cit., pp. V-10 a V-12, item 4.1). Tomás-Ramón Fernández, pelo contrário, afirma que a presunção de validade dos atos estatais (ou, como preferimos, da *fé pública* dos atos estatais) provém de elementos que lhe são externos, ideia que não comungamos pelas razões anteriormente assinaladas (*Curso de Derecho Administrativo*, cit., p. 584, Capítulo X, item V).

76. A noção de impessoalidade atribuída por Rui Cirne Lima é bastante similar à supremacia do interesse público sobre o interesse privado, cujos fundamentos e predicados podem ser apreendidos na invulgar obra de Daniel Wunder Hachem (*Princípio Constitucional da Supremacia do Interesse Público*, Belo Horizonte, Fórum, 2011).

77. "Direito administrativo e direito privado", *Revista de Direito Administrativo*, n. 26, Rio de Janeiro, FGV, out./dez. 1951, pp. 19 a 33.

78. Atualmente a legislação, especialmente no âmbito federal, comina às entidades privadas que celebrem termos de parceria ou contratos de gestão com o dever de atenderem aos princípios informadores do regime jurídico administrativo nas contratações que deságuem no dispêndio de recursos financeiros repassados pelo erário; é o que previa, por exemplo, o art. 1o, § 5o, do Decreto federal 5.504, de 2005 (revogado pelo Decreto 9.190, de 2017)) e no âmbito da Lei das parcerias voluntárias, prescrevia o art. 34, VIII, da Lei federal 13.019, de 2014 (revogado pela Lei 13.204, de 2015), relativamente aos termos de colaboração e de fomento.

79. Daí porque Cirne Lime sentencia que "(...) a mesma impessoalidade revela-nos por que o ato administrativo tem em seu favor a presunção de legitimidade, justificada pelo princípio, a que inicialmente aludimos, segundo o qual a administração pública goza do privilégio de poder enganar-se. A impessoalidade na determinação da vontade purifica o ato administrativo; fá-lo presumir isento de defeitos que o caráter pessoal lhe poderia imprimir, oriundo da variabilidade dos interesses, de que a pessoa é suscetível" ("Direito administrativo e direito privado", cit., pp. 24 e 25).

O CONTEÚDO JURÍDICO DA ATIVIDADE NOTARIAL E DE REGISTRO   95

18. Não se olvide do fato que relevante parcela da doutrina nacional[80] e estrangeira[81] tributa a presunção de validade dos atos estatais ao especial procedimento de sua produção, sem nela identificar, contudo, o elemento adicional da *fé pública*.

No entanto, como vislumbramos a presunção de validade tanto nos atos particulares como nos atos estatais é o republicano e o impessoal modo de produção dos últimos, obedientes aos princípios vetores do direito público e, por isto, volvidos à tutela do interesse público, que lhes confere o adicional atributo da *fé pública*.

Logo, nada estrema a presunção de validade dos atos estatais daqueles produzidos na órbita privada, uma vez que este atributo lhes é comum. Diversamente, a *fé pública* é presunção típica e exclusiva dos atos estatais em vista do seu modo de produção.

E é justamente em razão desta *fé pública* que se atribui aos atos jurídicos estatais efeitos jurídicos distintos daqueles imputados aos atos jurídicos produzidos pelos particulares,[82] ainda que, insista-se, os dois sejam presumivelmente válidos.

19. Porque dotados de *fé pública*, predicam-se em favor de certos atos estatais[83] os atributos da imperatividade e da exigibilidade.[84] Logo,

80. Segundo o pensamento de Rui Cirne Lima ("Direito administrativo e direito privado", cit., pp. 19 a 33). Para Sílvio Luís Ferreira da Rocha "O fundamento para ela (presunção de legitimidade ou de conformidade com o ordenamento jurídico) localiza-se no princípio da legalidade, que a Administração está obrigada a observar nos procedimentos e formalidades prévios à produção do ato, que sinaliza uma garantia de observância da lei (...)" (*Manual de Direito Administrativo*, cit., pp. 307 e 308, item 2.7.1).

81. Para Roberto Dromi, "Las *garantías subjetivas y objetivas* que *preceden* a la emanación de los actos administrativos, fundamentan formalmente la presunción (...) en suma, el origen, preparación y emisión de la voluntad administrativa" (*Manual de Derecho Administrativo*, cit., p. 137). Segundo Luciano Parejo Alfonso "La validez del acto administrativo requiere la concurrencia de dos tipos de elementos: objetivos y formales. Los primeros se refieren a las condiciones exigibles de la AP, sus órganos y personas físicas que los ocupan en punto a la producción de actos administrativos. Los segundos, en cambio, están relacionados con el propio acto administrativo y el debido cumplimiento de los distintos trámites procedimentales conducentes a su emisión" (*Lecciones de Derecho Administrativo*, 4ª ed., Valencia, Tirant lo Blanch, 2011, p. 411). De acordo com o magistério Agustín Gordillo "La razón de ser de la presunción habrá de estar, entonces, en el cumplimiento de tales garantías (de válido proceso de formación)" (*Tratado de Derecho Administrativo – el acto administrativo*, cit., p. V-3, item 1.3).

82. Como também observa Carlos Francisco Balbín, ao tratar, especificamente, da executoriedade dos atos administrativos (*Curso de Derecho Administrativo*, t. I, Buenos Aires, La Ley, 2007, p. 173).

83. Segundo o magistério de Diogenes Gasparini, os atos jurídicos produzidos pelo Estado sob regime jurídico de direito privado não são dotados destes atributos, pois nesta

96   REGIME CONSTITUCIONAL DA ATIVIDADE NOTARIAL E DE REGISTRO

estes atributos dos atos estatais não advêm da sua presumível conformidade com a ordem jurídica,[85] pois, se assim fosse, os atos particulares seriam dotados destes mesmos e idênticos atributos, o que, sabemos, apenas *excepcionalmente* ocorre.[86] Decorrem, pelo contrário, da sua *fé pública*.

Sucede que a imperatividade e a exigibilidade se manifestam apenas na hipótese de estes atos estatais veicularem obrigações ou proibições nas quais a Administração seja parte. Em vista disto, quais seriam os efeitos da *fé pública* em relação aos atos notariais e de registros, que se prestam a formalizar a vontade das partes?

seara eles não se presumem; decorrem de expressa previsão legal (*Direito Administrativo*, cit., p. 75).

84. Segundo Celso Antônio Bandeira de Mello "*Imperatividade* – é a qualidade pela qual os atos administrativos se impõe a terceiros independentemente da sua concordância" e "*Exigibilidade* – é a qualidade em virtude da qual o Estado, no exercício da função administrativa, pode exigir de terceiros o cumprimento, a observância, das obrigações que impôs (...) é o atributo do ato pelo qual se impele à obediência, ao atendimento da obrigação já imposta, sem a necessidade de recorrer ao Poder Judiciário para induzir o administrado a observá-la" (*Curso de Direito Administrativo*, cit., p. 431, item 66, "b" e "c" – destaques nos original). Daí a acertada observação de Marcello Caetano, para quem "O atributo dos actos administrativos que obrigam por si e estão em condições de ser imediatamente executados pelo uso do referido privilégio denomina-se *executoriedade* (...). O acto executório é, por princípio, *obrigatório*" (*Manual de Direito Administrativo*, cit., p. 448 – destaques no original), ideia compartilhada por Edmir Netto de Araújo (*Curso de Direito Administrativo*, cit., p. 500). Em complemento às lições do mestre da escola paulista de direito administrativo, temos que a exigibilidade dos atos administrativos irroga o Poder Público no *dever-poder* de *sancionar* o particular que se opõe ao comando normativo estatal obstando, com isto, a consecução do bem comum, no que nos alinhamos ao pensamento de Diogenes Gasparini (*Direito Administrativo*, cit., p. 76, item 7.3).

85. Lúcia Valle Figueiredo assinala justamente o inverso, ao sustentar que "Se os atos administrativos desde logo são imperativos e podem ser exigíveis (isto é, tornam-se obrigatórios e executáveis), há de militar em seu favor a presunção *juris tantum* de legalidade" (*Curso de Direito Administrativo*, 9ª ed., São Paulo, Malheiros Editores, 2008, p. 191). Sem a razão a saudosa professora, pois há atos estatais que, mesmo não sendo imperativos, são dotados desta presunção, caso dos atos administrativos meramente certificatórios.

86. É o que prevê, por exemplo, o art. 1.337 do CC/2002 em relação aos condomínios verticais, que traz em seu bojo os atributos de imperatividade e exigibilidade a ato praticado pelo condomínio: "Art. 1.337. O condômino, ou possuidor, que *não cumpre reiteradamente com os seus deveres perante o condomínio* poderá, por *deliberação de três quartos dos condôminos restantes*, ser *constrangido a pagar multa* correspondente até ao quíntuplo do valor atribuído à contribuição para as despesas condominiais, conforme a gravidade das faltas e a reiteração, independentemente das perdas e danos que se apurem. Parágrafo único. O condômino ou possuidor que, por seu reiterado comportamento anti-social, gerar incompatibilidade de convivência com os demais condôminos ou possuidores, *poderá ser constrangido a pagar multa correspondente ao décuplo do valor atribuído à contribuição* para as despesas condominiais, até ulterior deliberação da assembleia".

O CONTEÚDO JURÍDICO DA ATIVIDADE NOTARIAL E DE REGISTRO   97

3.3.3   A fé pública *dos atos notariais e de registro e seus efeitos*

20. Certos atos notariais ou de registro se prestam a certificar a ocorrência de fatos (jurídicos ou não), caso das atas notariais, autenticação notarial, reconhecimento de firma[87] e do protesto.[88] Nestas circunstâncias a situação fática certificada é alcançada pela *fé pública*, pois formalizada segundo os ditames fixados pelo direito público.

No mais das vezes, contudo, os instrumentos notariais e de registro dão curso ao nascimento de atos jurídicos em vista da vontade manifestada pelas partes e de documentos por elas apresentados ao agente delegado. E porque formalizados à moda republicana, presume-se que os fatos e a vontade declarada pelas partes em vista de um fim conclusivo estão corretamente materializados no ato notarial e de registro, mas não que eles concretamente se processaram na forma como declarada.[89]

São atos que, no acertado magistério de Oswaldo Aranha Bandeira de Mello, se aperfeiçoam no plano jurídico[90] como *atos administrativos de conhecimento ou desejo*, tendo por espécies o assentamento ou documentação e as certidões propriamente ditas.[91]

21. Nestes casos, os atos notariais e de registro atribuem *fé pública* à vontade materializada pelos agentes delegados destas funções públicas, mas não à substância do ato jurídico neles encartado ou à lisura de seus efeitos.[92]

---

87. Segundo Leonardo Brandelli estes instrumentos se prestam à "(...) mera apreensão de um fato jurídico e a sua translação, sem alteração, para o livro notarial, ou para outro documento, conforme seja a ata protocolar ou extraprotocolar" (*Teoria Geral do Direito Notarial*, cit., pp. 349 e 350 e 453 a 456).

88. Ainda que, como acertadamente observa Vicente de Abreu Amadei, o protesto tenha por finalidade primordial comprovar a ocorrência de certos fatos (falta de aceite e de pagamento), prestando-se, outrossim, para conservar o direito de regresso, afora outras que lhe são decorrentes ("Princípios de protesto de títulos", cit., p. 92).

89. Este também é o pensamento de Agustín Gordillo, *Tratado de Derecho Administrativo – el acto administrativo*, cit., p. VII-7.

90. *Princípios Gerais de Direito Administrativo*, vol. II, Rio de Janeiro, Forense, 1974, p. 365.

91. *Princípios Gerais de Direito Administrativo*, vol. I, vol. I., 3ª ed., São Paulo, Malheiros Editores, 2007, pp. 587 a 592, itens 51.20 e 51.21.

92. Este também é o pensamento de Pontes de Miranda (*Tratado de Direito Privado*, 2ª ed., t. III, atualizado por Vilson Rodrigues Alves, Campinas, Bookseller, 2001, p. 401, item 4) e de Maria Helena Diniz que, tratando das finalidades do registro imobiliário, observa que "Há autenticidade do registro porque cria presunção de verdade, sendo retificável, por ser o serventuário mero receptor da declaração alheia, manifestada por meio de requerimento, instruído por documentos comprobatórios, examinando-a mediante critérios formais. Como se pode ver, entendemos que o registro não afirma a autenticidade

98 REGIME CONSTITUCIONAL DA ATIVIDADE NOTARIAL E DE REGISTRO

Afinal, por meio destes atos delegados certifica-se o nascimento de um ato jurídico em vista da declaração de vontade das partes e dos fatos examinados pelo notário ou registrador. Eis a razão pela qual a *fé pública* é "(...) probatorio de la existencia del acto jurídico, no de su sinceridad o la de los comparecientes".[93]

Daí a pedagógica dicção do art. 405 do Código de Processo Civil de 2015, segundo o qual o ato formalizado por notário ou registrador "faz prova não só da sua formação, mas também dos fatos que o escrivão, o chefe de secretaria, o tabelião ou o servidor declarar que ocorreram em sua presença".

22. Sucede que certos atos da vida civil, por exigirem robusta demonstração do seu acontecimento, reputam-se perfeitos e acabados se formalizados por atos dotados de *fé pública*.[94]

Assim, os atos formalizados por particulares sem a intersecção de notários e registradores reputam-se documentos privados (despidos, pois, da *fé pública*).

Eis a razão da prescrição veiculada no art. 407 do CPC/2015, segundo o qual "O documento feito por oficial público incompetente ou sem a observância das formalidades legais, sendo subscrito pelas partes, tem a mesma eficácia probatória do documento particular".

Justamente em razão desta elementar distinção entre documentos dotados ou não de *fé pública*, a lei prevê que certos atos jurídicos são formalizados apenas por meio de documentos públicos, caso do penhor rural,[95] penhor industrial ou mercantil,[96] renúncia de herança,[97] dentre

---

do negócio imobiliário, ante o fato de o oficial, ou preposto seu, efetuar um exame meramente formal dos documentos apresentados pelo requerente, e, consequentemente, nada obsta que, às vezes, venha efetuar assentos imobiliários baseados em escrituras falsas" (*Sistema de Registros de Imóveis*, cit., p. 59).

93. Este pensamento é de Agustín Gordillo (*Tratado de Derecho Administrativo – el acto administrativo*, cit., p. VII-4), no que lhe acompanha, embora não nos mesmos termos, Nelson Nery Junior e Rosa Maria de Andrade Nery (*Novo Código Civil e Legislação Extravagantes Anotados*, São Paulo, Ed. RT, 2002, p. 126).

94. Corrobora esta assertiva o art. 406 do CPC/2015, segundo o qual "Quando a lei exigir instrumento público como da substância do ato, nenhuma outra prova, por mais especial que seja, pode suprir-lhe a falta".

95. Segundo o art. 1.438 do Código Civil, "Constitui-se o penhor rural mediante instrumento público ou particular, registrado no Cartório de Registro de Imóveis da circunscrição em que estiverem situadas as coisas empenhadas".

96. O art. 1.448 do CC/2002 prescreve: "Constitui-se o penhor industrial, ou o mercantil, mediante instrumento público ou particular, registrado no Cartório de Registro de Imóveis da circunscrição onde estiverem situadas as coisas empenhadas".

O CONTEÚDO JURÍDICO DA ATIVIDADE NOTARIAL E DE REGISTRO   99

outros. Daí o art. 406 do CPC/2015 prever que "Quando a lei exigir instrumento público como da substância do ato, nenhuma outra prova, por mais especial que seja, pode suprir-lhe a falta".

23. No entanto, a principal consequência da *fé pública* dos atos certificatórios de direito produzidos por notários e registradores resulta no fato de que o que neles se contém se reputa verdadeiro perante terceiros. Desse modo, é interdito à coletividade enjeitar os efeitos jurídicos neles contidos, senão que após prévia autorização judicial.[98]

Diversamente, o ato jurídico validamente produzido por meio de documento particular se reputa da verdadeiro em relação aos seus signatários, mas não em relação a terceiros.[99] Surtirá este efeito em relação a outrem se, contestado em juízo, não lhe for negada a veracidade.[100]

De outra banda, enquanto a *fé pública* dos documentos públicos é desconstituída apenas judicialmente, os documentos particulares podem ter os seus efeitos enjeitados por terceiros extrajudicialmente, caso em que apenas com a propositura da correspondente medida judicial será possível dotá-lo de força vinculante.

Isto demonstra que a *fé pública* reveste os atos estatais de atributos inextensíveis nos atos privados, dando ao ato notarial e de registro conformação singular, viabilizador da edificação de um regime jurídico que lhe seja próprio.

---

97. O Código Civil, em seu art. 1.806, prevê que "A renúncia da herança deve constar expressamente de instrumento público ou termo judicial".

98. Art. 427 do CPC/2015.

99. Arts. 427, 412 e 415 do CPC/2015.

100. Art. 372 do CPC/1973, não reproduzido no CPC/2015.

Capítulo IV
ATIVIDADE NOTARIAL E DE REGISTRO COMO FUNÇÃO ADMINISTRATIVA

4.1 A função notarial e de registro como atividade jurídica estatal. 4.2 O emprego do regime de contraprestação da atividade notarial e de registro para identificação da sua natureza jurídica. 4.3 O sentido amplo de serviço público e a atividade notarial e de registro. 4.4 A função notarial e de registro como função pública: 4.4.1 A função notarial e de registro como função jurisdicional; 4.4.2 A função notarial e de registro como jurisdição voluntária.

4.1 A função notarial e de registro como atividade jurídica estatal

1. Por força do exame realizado nos capítulos precedentes e também das disposições veiculadas na Lei federal 8.935, de 1994, concluiu-se sinteticamente que o sistema de direito positivo confere aos delegatários das funções notariais e de registro competência para produção de atos jurídicos constitutivos ou certificadores de situações ou estado de coisas.[1]

Em razão do peculiar propósito dessas atividades públicas, alguns sustentam que o seu exercício não se dá ao ensejo da persecução das funções legislativa, administrativa ou jurisdicional. Opera-se no desempenho de uma peculiar função estatal: função notarial e de registro[2] ou, ainda, como função pública.[3]

---

1. Conclusão atingida no Capítulo III, item 6.

2. Este é o pensamento de ex-Ministro do Supremo Tribunal Federal, Carlos Ayres Britto, ao votar nos autos da ADI 2.602. Ao seu juízo:

"14. Categorizam-se como atividade jurídica *stricto sensu*, assemelhadamente às atividades jurisdicionais. E como função pública *lato sensu*, a exemplo das funções de legislação, diplomacia, defesa nacional, segurança pública, trânsito, controle externo e tantos outros cometimentos que, nem por ser de exclusivo domínio estatal, passam a se confundir com serviço público.

"15. Em palavras outras, assim como o inquérito policial não é processo judicial nem processo administrativo investigatório, *mas inquérito policial* mesmo (logo, um *ter-*

FUNÇÃO ADMINISTRATIVA 101

A alocação da atividade notarial e de registro em uma das funções estatais classicamente aceitas, ou em outra inovadoramente concebida, não tem propósito meramente didático ou metodológico. Afinal, subjaz ao desempenho de cada uma dessas funções um peculiar plexo de vetores normativos que lhes conferem singular disciplina jurídica, apartando-as reciprocamente.

Logo, a tipificação da atividade notarial e de registro como uma dessas funções estatais revelará o seu regime jurídico; sua conformação jurídico-positiva.

2. Neste contexto, é sabido e ressabido que a Constituição da República cominou ao Estado o inescusável dever de desempenhar um plexo de atividades volvidas à satisfação do interesse público, a saber: (i) criação de novas regras jurídicas disciplinadoras da conduta em sociedade; (ii) resolução de conflitos decorrentes da aplicação da lei ou da aferição da sua compatibilidade com a ordem constitucional; (iii) polícia administrativa; (iv) fomento e auxílio ao desenvolvimento de atividades particulares de interesse coletivo, seja no campo social ou econômico; (v) intervenção nos fatos da vida privada para lhes atribuir certeza e segurança jurídica; (vi) equipar-se de recursos humanos e materiais para o desempenho de quaisquer atividades públicas;[4] e, por fim, (vii) a prestação de serviços públicos.[5]

tium genus); assim como os processos de contas não são processos da espécie legislativa nem jurisdicional nem rigorosamente administrativa, mas uma categoria processual inteiramente à parte; assim como o Distrito Federal não é Estado-membro nem Município, mas tão somente o próprio Distrito Federal; assim como os serviços forenses, enfim, não são outra coisa senão serviços forenses em sua peculiar ontologia ou autonomia entitativa, assim também os serviços notariais e de registro são serviços notariais e de registro, simplesmente, e não qualquer outra atividade estatal."

Rafael Nuñes Lagos também conclui desta forma à luz do sistema normativo mexicano, por afirmar que a atividade notarial e de registro não está sujeita ao controle do Poder Executivo, não se integrando, pois, ao direito administrativo ("El derecho notarial como rama particular del derecho", Revista Notarial: órgano del Colegio de Notarios del Distrito Federal y Territorios, anos 4 e 5, ns. 13 a 19, t. I, México, abr. 1953-dez. 1954, p. 39, disponível em www.juridicas.unam.mx/publica/rev/indice.htm?r=revnot&n=13).

3. Tercio Sampaio Ferraz Júnior afirma que os notários e registradores exercem atividades com características de ofício ou função pública (Parecer emitido em favor de João Carlos Kloster e outros, relativo à permuta de serventias extrajudiciais no Estado do Paraná, São Paulo, 2011).

4. Situação impeditiva da denominada terceirização das atividades estatais internas e permanentes, como acertadamente observa Carolina Zancaner Zockun (Da Terceirização na Administração Pública, São Paulo, Malheiros Editores, 2014, pp. 151 e 152, item 49).

5. Mas não existe acordo a propósito da enumeração das atividades estatais. Tome-se por referência o ilustrativo juízo de José Afonso da Silva, para quem as atividades a

102   REGIME CONSTITUCIONAL DA ATIVIDADE NOTARIAL E DE REGISTRO

E dentre as atividades públicas que se destinam à intervenção nos fatos da vida privada para lhes atribuir certeza e segurança jurídica, perfila-se a atividade notarial e de registro, sem embargo de não ser a única.[6]

4.2   O emprego do regime de contraprestação da atividade notarial e de registro para identificação da sua natureza jurídica

3. Neste contexto, a Carta Magna aglutinou sob o rótulo de "serviço público" atividades estatais morfologicamente distintas entre si para, ao assim proceder, submetê-las ao regime remuneratório próprio das taxas.

Com efeito, o art. 145, II, da Constituição da República confere às pessoas políticas a prerrogativa de instituir e cobrar "taxas, em razão do exercício do poder de polícia ou pela utilização, efetiva ou potencial, de serviços públicos específicos e divisíveis, prestados ao contribuinte ou postos a sua disposição".

Duas, portanto, são as atividades estatais que autorizam a instituição e a cobrança de taxas: a disponibilização de serviço público fruível ou fruído singularmente (denominado de serviço público *uti singuli*)[7] e o concreto exercício do poder de polícia.[8]

cargo do Estado se qualificam em (i) edição de lei formal; (ii) resolução de "problemas concretos e individualizado, de acordo com a lei", atividades por ele designadas de *função executiva*; (iii) "intervenção, fomento e serviço público"; e, por fim (iv) aplicação do "Direito aos casos concretos, a fim de dirimir conflitos de interesses" (*Comentário Contextual à Constituição*, 9ª ed., São Paulo, Malheiros Editores, 2014, p. 45).

6. Volvem-se ao mesmo fim atividades como: registro de sociedades realizadas no seio das denominadas Juntas Comerciais (art. 24, III, da Constituição da República); fornecimento de certidões (art. 5º, XXXIV, "b", da Constituição da República); demarcação de terras (art. 231 da Constituição da República), dentre tantas outras.

7. Pois não são remuneráveis por taxa os serviços públicos prestados indistintamente aos membros da coletividade (denominados de serviços públicos *uti universi*), em relação aos quais não se pode, portanto, identificar o seu concreto usufrutuário. Com isto não estamos dizendo que não haja formação de relação jurídica por força da prestação de serviços públicos *uti universi*. Com efeito, essa relação rende o nascimento do legislativamente denominado direito ou interesse coletivo e difuso a que se refere o art. 81, parágrafo único, I e II, do Código de Defesa do Consumidor, merecedor de proteção jurídica. O que não há, na espécie, é a formação de uma relação jurídica que se subsuma àquela descrita no art. 145, II, da Constituição da República, autorizativa da cobrança de taxa. Sobre estas e muitas outras espécies de relações jurídicas, confira-se o pensamento de Letícia Queiroz de Andrade (*Teoria das Relações Jurídicas da Prestação de Serviço Público sob Regime de Concessão*, São Paulo, Malheiros Editores, 2015) e, nesse particular o item 3.2.1 dessa obra ("Teoria das relações jurídicas da prestação de serviço público sob regime de concessão", pp. 162 a 176).

FUNÇÃO ADMINISTRATIVA 103

4. Sucede que o desempenho das atividades jurisdicionais exige que as partes, como regra, efetuem o pagamento de "custas do serviço forense"[9] que, ao juízo da Suprema Corte, se qualifica como taxa.[10]

No entanto, não sendo a prestação jurisdicional qualificável como serviço público – senão como concreto exercício da função jurisdicional –, é desacertado rotulá-la desse modo (como serviço público) ao singelo fundamento de que assim se designam *todas* as atividades estatais remuneradas por meio de taxas.

Fosse esse argumento procedente, qualificar-se-ia uma atividade estatal pela forma de sua contraprestação e não pelos elementos que lhe são inatos e lhe dão características juridicamente singulares.

Por esta razão um serviço público cuja prestação tenha sido concedida a terceiro continua sendo serviço público, a despeito de sua remuneração se viabilizar, a partir da concessão, por meio da cobrança de tarifa.

Isto revela a impropriedade de se baralhar a natureza da relação jurídica formada (se serviço público ou atividade jurisdicional, no exemplo dado) com o regime jurídico afeto à liquidação das obrigações pecuniárias que dela derivem; são fenômenos jurídicos distintos e inconfundíveis entre si.

5. Curiosamente é o próprio CTN – veiculador de normas gerais em matéria de direito tributário – quem, em duas oportunidades, confirma a procedência deste pensamento.

Primeiro ao assinalar, em seu art. 183, parágrafo único, que "a natureza das garantias atribuídas ao crédito tributário não altera a natureza deste nem a da obrigação tributária a que corresponda".

Ora, como o CTN prevê que as garantias atribuídas a uma dívida tributária não alteram a substância da obrigação jurídica que lhe deu

8. Não se autorizando a cobrança desse tributo ao singelo fundamento da existência de aparato estatal destinado a viabilizar o exercício do denominado poder de polícia (assim definido no art. 78 do CTN). Para que a cobrança dessa exação se legitime, é imprescindível que haja o concreto desempenho dessa atividade estatal, como bem decidiu o Supremo Tribunal Federal (STF, Tribunal Pleno, RE 588.322, rel. Min. Gilmar Mendes, *DJe* 2.9.2010).

9. Expressão empregada pelo art. 24, IV, da Constituição da República, ao prever em favor da União, dos Estados e do Distrito Federal a concorrente competência legislativa para sobre elas dispor.

10. Confira-se, a propósito, o seguinte trecho da ementa do acórdão proferido nos autos da ADI 3.694: "II. Custas e emolumentos: serventias judiciais e extrajudiciais: natureza jurídica. É da jurisprudência do Tribunal que as custas e os emolumentos judiciais ou extrajudiciais têm caráter tributário de taxa" (STF, Tribunal Pleno, ADI 3.694, rel. Min. Sepúlveda Pertence, *DJU* 6.11.2006).

104   REGIME CONSTITUCIONAL DA ATIVIDADE NOTARIAL E DE REGISTRO

nascimento, pela mesma razão a contraprestação de um serviço público (por taxa ou tarifa) também não terá o condão de lhe alterar a natureza. *Segundo* porque os arts. 109 e 110 do CTN, ao mesmo tempo em que proíbem a modificação de institutos de direito privado para fins tributários, permitem que a legislação altere as consequências que não lhe são próprias para formação de relações jurídicas de natureza tributária. É dizer: um conceito jurídico não se altera em razão do peculiar tratamento que lhe é atribuído no campo tributário.[11]

E nem se imagine que as limitações trazidas pelos arts. 109 e 110 do CTN se restrinjam aos institutos previstos na legislação afeta ao direito privado. Isso porque o que neles se veicula é, fundamentalmente, uma ideia subjacente à superior função do Direito: a previsibilidade.

Com efeito, a submissão de um mesmo instituto a dois regimes jurídicos implica inegável turbação na sua forma de aplicação, por impedir que os administrados saibam como corretamente ajustar o seu comportamento em situações deflagradoras da sua incidência.

Em vista disto, a atividade notarial e de registro é serviço público apenas para fins tributários; nada aquém ou além disto.[12]

6. Nessa toada, ilustres autoridades afirmam que a atividade notarial e de registro se qualifica como serviço público em vista do seu regime de contraprestação.[13] Isso porque os emolumentos devidos pela prática de cada ato notarial e de registro têm natureza de taxa.[14]

11. Eis a razão pela qual a *compensação* não tem sua substância alterada pelo fato de o art. 170 do CTN prever que ela será realizada nas condições e sob as garantias fixadas pela legislação tributária, o que contrasta com o tratamento previsto nos arts. 368 a 380 do CC/2002.

12. Opinião já afirmada por Marco Aurélio Greco ("Emolumentos cobrados pelos serviços notariais e de registros", *Revista Fórum de Direito Tributário – RFDT*, ano 1, n. 5, Belo Horizonte, Fórum, set./out. 2003).

13. Tese que conta com um cambiante e instável amparo jurisprudencial (STF, Tribunal Pleno, Rp 997, rel. Min. Rafael Mayer, *DJU* 28.8.1991, especialmente defendida pelo Min. Moreira Alves na p. 20 do seu voto).

14. Assim reiteradamente tem afirmado a Suprema Corte: STF, Tribunal Pleno, ADI 1.148, rel. Min. Gilmar Mendes, *DJe* 25.11.2015; STF, Tribunal Pleno, ADC 5, rel. Min. Nelson Jobim, *DJe* 4.10.2007; e STF, Tribunal Pleno, ADI 2.653, rel. Min. Carlos Velloso, *DJU* 31.10.2003.

Na doutrina esse pensamento é defendido, por exemplo, por Luís Roberto Barroso ("Atividade notarial e de registro. Serviço público delegado a particulares. Inexistência de estruturação em carreira. Preenchimento de serventias vagas por remoção: necessidade de aprovação em concurso público de provas e títulos. Art. 16 da Lei n. 8.935/94: inconstitucionalidade de concurso apenas de títulos", *Parecer juntado nos autos da Ação*

FUNÇÃO ADMINISTRATIVA 105

No entanto, pelas razões expostas, esta ideia não nos parece procedente. Diversamente, sustentamos que se define a atividade notarial e de registro pela sua morfologia, e não pelo regime da sua contraprestação.

4.3 O sentido amplo de serviço público e a atividade notarial e de registro

7. Nessa toada, por meio da atividade notarial e de registro, o Estado, ou quem lhe faça as vezes, pretende garantir a publicidade, autenticidade e eficácia de atos jurídicos que por meio dela se formalizam. Em uma só frase: a atividade notarial e de registro se dispõe a conferir segurança jurídica na produção e irradiação dos efeitos de atos e fatos jurídicos constituídos ou declarados por meio dessa chancela estatal.[15]

Em vista desta definição, resulta clara a insubmissão dessas atividades jurídicas delegadas ao conceito de serviço público, função estatal que, na ilustrada opinião que aderimos,

(...) é toda atividade de oferecimento de utilidade ou comodidade material destinada à satisfação da coletividade em geral, mas fruível singularmente pelos administrados, que o Estado assume como pertinente a seus deveres e presta por si mesmo ou por quem lhe faça as vezes, sob um regime de Direito Público (...), instituído em favor dos interesses definidos como públicos no sistema normativo.[16]

A atividade notarial e de registro seria qualificada como serviço público caso o seu conceito fosse ampliado ao ponto de nele colher todas

Direta de Inconstitucionalidade n. 3.812, em trâmite no Supremo Tribunal Federal, Rio de Janeiro, 2007), José Afonso da Silva (*Comentário Contextual à Constituição*, cit., pp. 897 e 902) e Luís Paulo Aliende Ribeiro (*Regulação da Função Pública Notarial e de Registro*, São Paulo, Saraiva, 2009, pp. 51 e 52), ainda que este fundamento seja marginal em suas conclusões, já que adota o *conceito amplo* de serviço público (v. Capítulo I, item 19).

15. Por isso, Oswaldo Aranha Bandeira de Mello, tratando especificamente dos notários e registradores, afirmava que "Na realidade, os titulares de ofícios de justiça são titulares de ofícios públicos, como a própria expressão declara, e, portanto, delegados do poder público, para o desempenho de funções de efeitos jurídicos, através dos quais o Estado participa em atos dos particulares, em caráter instrumental, mas não como parte diretamente no negócio, objeto de sua participação, porém com o objetivo de garantia e publicidade desse negócio, que interessa a terceiros" (*Princípios Gerais de Direito Administrativo*, vol. II, Rio de Janeiro, Forense, 1969, p. 367).

16. Este é o conceito de serviço público proposto por Celso Antônio Bandeira de Mello (*Curso de Direito Administrativo*, 33ª ed., 3ª tir., São Paulo, Malheiros Editores, 2018, p. 699, item 1).

106   REGIME CONSTITUCIONAL DA ATIVIDADE NOTARIAL E DE REGISTRO

as atividades desempenhadas no exercício da função pública, tese por alguns defendida.[17] E sob o manto desta teoria, tem-se afirmado que a atividade notarial e de registro é serviço público[18] ou serviço de interesse público,[19] proposta que enjeitamos, por acolhermos um conceito mais restrito de serviço público.

8. Afastadas as correntes que classificam a atividade notarial e de registro sob critério que não nos soa acertado, cumpre expor aquele que nos parece correto. E assim fazemos demonstrando, inicialmente, a sua inserção em uma das funções estatais.

4.4   A função notarial e de registro como função pública

9. A despeito das múltiplas atividades estatais em relação às quais o Estado se encontra constitucionalmente coagido a realizar, essas competências públicas são aglutináveis em vista de um tratamento normativo que lhes é próprio e cientificamente autônomo; em vista, pois, do seu regime jurídico.[20]

Assim, quão mais amplo forem os regimes jurídicos a que se encontram submetidas as atividades públicas, maior serão as correspondentes funções estatais. Daí não existir acerto ou erro no apontamento dessas funções – se duas, três, quatro ou mais –, senão que um critério de utilidade em vista do qual elas foram erigidas.[21]

17. Pensamento de juristas como Edmir Netto de Araújo (*Curso de Direito Administrativo*, 6ª ed., São Paulo, Saraiva, 2014, p. 127); Ruy Cirne Lima (*Princípios de Direito Administrativo Brasileiro*, 3ª ed., Porto Alegre, Sulina, 1954, pp. 82 a 87, especialmente § 10, itens 3 e 4), Mário Masagão (*Curso de Direito Administrativo*, 6ª ed., São Paulo, Ed. RT, 1977, pp. 267 e 268, item 457) e Dirley da Cunha Júnior ("A privatização dos serviços de notas e registro e a situação dos atuais titulares", *Repertório IOB de Jurisprudência: tributário, constitucional e administrativo*, vol. 1, n. 19, São Paulo, out. 2007, p. 759).

18. Pensamento de Maria Helena Diniz (*Sistema de Registros de Imóveis*, 9ª ed., São Paulo, Saraiva, 2010, p. 695), ainda que também afirme ser função pública *sui generis* (ibidem, p. 717) e Ricardo Dip (*Direito Administrativo Registral*, São Paulo, Saraiva, 2010, pp. 25 a 28).

19. Este é o atual juízo de Walter Ceneviva (*Lei dos Notários e Registradores Comentada*, 8ª ed., São Paulo, Saraiva, 2010, p. 41), pois no passado atribuiu-lhes o timbre de serviços públicos (*Direito Constitucional Brasileiro*, São Paulo, Saraiva, 1989, p. 312, item 2).

20. Sobre o conceito e a nuclear importância da noção de regime jurídico, confira-se o pensamento de Celso Antônio Bandeira de Mello (*Curso de Direito Administrativo*, cit., pp. 53 a 59, itens 24 a 30).

21. Tema amplamente examinado no Capítulo I, itens 21 e ss., no que acompanhamos o pensamento de Carolina Zancaner Zockun (*Da Intervenção do Estado no Domínio Social*, São Paulo, Malheiros Editores, 2009, pp. 16 e 17, especialmente nota de rodapé 7).

FUNÇÃO ADMINISTRATIVA   107

10. É quase unânime a ideia segundo a qual, dentre as funções estatais, ganha relevo aquela por meio da qual se inova a ordem jurídica de modo inaugural ou primário, usualmente criadora de proposições normativas gerais e abstratas,[22] indistintamente aplicáveis àqueles inseridos em um dado sistema normativo.[23] Alguns a denominam de *função legislativa*[24] e outros de *função criadora do direito*.

Ao lado delas, concebe-se a existência da *função administrativa*, assim qualificada como uma atividade estatal por meio da qual o Poder Público, ou quem atue em seu nome, tem o dever de produzir atos normativos infralegais ou, excepcionalmente, infraconstitucionais, a título de lhes dar cumprimento[25] e com isto perseguindo os fins estatais mediatos[26] e imediatos em prol do bem comum.[27]

Amplamente aceita é a tese segundo a qual ao Estado, no desempenho de *função jurisdicional*, compete resolver controvérsias na aplicação

22. Segundo Santi Romano "(...) nos Estados modernos, a função legislativa é exercida, de costume, com a emanação de normas mais ou menos gerais, mas algumas vezes se exerce limitadamente a um caso particular que constitui exceção a uma norma geral preexistente na qual estava compreendido, ou que não estava inteiramente regulado. A generalidade é um requisito apenas natural da lei, da qual, pelo contrário, é requisito essencial o da abstração, no sentido de que a lei consiste numa violação não concreta, mas preliminar às futuras volições concretas que ela prevê e regula" (*Princípios de Direito Constitucional Geral*, trad. de Maria Helena Diniz, São Paulo, Ed. RT, 1977, p. 225). Celso Ribeiro Bastos comunga deste pensamento, ainda que por fundamentos diversos (*Curso de Direito Constitucional*, 22ª ed., revista e atualizada por Samantha Meyer-Pflug, São Paulo, Malheiros Editores, 2010, p. 495, item 2).

23. Ideia trilhada por Celso Antônio Bandeira de Mello (*Curso de Direito Administrativo*, cit., pp. 32 e 33, item 4).

24. Caso de Santi Romano (*Princípios de Direito Constitucional Geral*, cit., pp. 225 e 331) e Celso Antônio Bandeira de Mello (*Curso de Direito Administrativo*, cit., p. 35, item 9).

25. É este, *grosso modo*, o juízo de Celso Antônio Bandeira de Mello (*Curso de Direito Administrativo*, cit., pp. 35-36, item 9).

26. Para Santi Romano (*Princípios de Direito Constitucional Geral*, cit., pp. 96 e 97, item 2, e p. 358), função administrativa ou executiva é desempenhada pelo Estado *apenas* na persecução dos fins estatais imediatos. Para José Horácio Meirelles Teixeira função administrativa ou função executiva designam a mesma atribuição estatal (*Curso de Direito Constitucional*, revisto e atualizado por Maria Garcia, Rio de Janeiro, Forense Universitária, 1991, p. 574).

27. Eis a definição dada à função administrativa (item 25 do Capítulo I): "Entende--se por função administrativa a atividade do Estado, ou de quem lhe faça as vezes, que, a título de dar cumprimento aos comandos jurídicos que lhe são dirigidos, produz atos jurídicos ou materiais, sem os quais os fins queridos pelo direito positivo exigentes da atuação do Estado não seriam atingidos. O exercício dessa atividade se dá, na intimidade do Poder Público, pela formação de vínculos hierárquicos, cujo resultado final conclusivo é, como regra, suscetível de apreciação pelo Poder Judiciário".

108   REGIME CONSTITUCIONAL DA ATIVIDADE NOTARIAL E DE REGISTRO

do sistema normativo com força de definitividade.[28] E no bojo desta atividade também se encarta o controle concentrado de constitucionalidade das leis e outros atos normativos gerais e abstratos, a despeito de inexistir um conflito a ser concretamente dirimido.[29]

Daí porque, neste último caso, afirma-se que a função jurisdicional também compreende "distribuir justiça", medida que impõe o afastamento da denominada "lei injusta", por "(...) ofensiva aos *standards* definidos pelo Constituinte (...) cuja aplicação pode ser negada pelo juiz".[30]

Ao longo destas, perfilam outras funções estatais, tais como *função política*,[31] *função executiva*[32] etc. Preocupa-nos, contudo, encartar a atividade notarial e de registro em um dos escaninhos classificatórios das funções públicas, gênero na qual ela está incluída.[33]

4.4.1   A função notarial e de registro como função jurisdicional

11. Afirma-se que a atividade notarial e de registro é desempenhada no bojo do exercício das funções jurisdicionais, por tingir uma dada relação jurídica ou fato com o timbre da *fé pública*, conferindo-lhe certeza e segurança.[34] E estes desideratos, segundo alguns, são próprios das atividades jurisdicionais.[35]

28. Esse é o pensamento de Celso Antônio Bandeira de Mello (*Curso de Direito Administrativo*, cit., p. 36, item 9) e Celso Ribeiro Bastos (*Curso de Direito Constitucional*, cit., p. 534).

29. Daí a atualidade do pensamento de Santi Romano, para quem, por meio da função jurisdicional, o Estado pretende garantir a manutenção e efetivação da ordem jurídica (*Princípios de Direito Constitucional Geral*, cit., p. 379). No mesmo sentido é o pensamento Paolo Biscaretti Di Ruffia, ao assinalar que esta função estatal objetiva solver as *incertezas* na aplicação das normas, aí se incluindo o seu controle de constitucionalidade (*Direito Constitucional – Instituições de Direito Público*, trad. de Maria Helena Diniz, São Paulo, Ed. RT, 1984, p. 419).

30. Juízo da lavra de Clèmerson Mérlin Clève ("Poder Judiciário: autonomia e justiça", *Temas de Direito Constitucional*, 2ª ed., Belo Horizonte, Fórum, 2014, p. 183).

31. Função estatal segundo o magistério de Celso Antônio Bandeira de Mello (*Curso de Direito Administrativo*, cit., pp. 36 e 27, item 10).

32. Caso de Santi Romano (*Princípios de Direito Constitucional Geral*, cit., p. 358), que, no entanto, a adota em sentido diverso daquele empregado por José Afonso da Silva (*Comentário Contextual à Constituição*, cit., p. 45).

33. Como já demonstramos no Capítulo I, itens 17 a 25.

34. Este pensamento também encontra adeptos em sistemas normativos alienígenas, como expõe Sara Elisa Ortega Garnica no caso mexicano ("La intervención del Notario Público en la Función Judicial", *Revista del Colegio de Notarios del Estado de Jalisco*, n. 31, México, UNAM, jan./jun. 2005, pp. 21 a 36), ideia, aliás, bastante controvertida naquelas cercanias como obtemperam Luis e Teresa Corral ("El derecho notarial", *Revista*

FUNÇÃO ADMINISTRATIVA 109

Pautado nesta ideia, também se alega que a atividade notarial e de registro consiste na "administração indireta de serviços jurisdicionais"[36] ou "atividade-meio do Poder Judiciário".[37] Isso porque, advogando-se o critério subjetivo de divisão das funções estatais,[38] todas as atividades estatais que servem de apoio à função jurisdicional são para ela dragadas, por dizerem respeito à denominada *administração da justiça*[39] ou *aparelhamento da justiça*,[40] embora sabidamente com elas não guardassem similitude formal.[41]

del Colegio de Notarios del Estado de Jalisco, n. 4, México, UNAM, jan./jun. 1991, pp. 39 a 47).

35. A seguinte passagem do voto do ex-Min. Carlos Ayres Britto, proferido nos autos da ADI 2.415, sintetiza esse pensamento: "Por órgãos do Poder Judiciário é que se marca a presença do Estado para conferir certeza e liquidez jurídica às relações inter-partes, com esta conhecida diferença: o modo usual de atuação do Poder Judiciário se dá sob o signo da contenciosidade, enquanto o invariável modo de atuação das serventias extraforenses não adentra essa delicada esfera da litigiosidade entre sujeitos de direito" (STF, Tribunal Pleno, ADI 2.415, rel. Min. Carlos Britto, *DJe* 9.2.2012).

36. Segundo noticia Alberto Bitencourt Cotrim Neto, até 1930 estavam inseridos na Organização dos Serviços Judiciários os advogados, membros do Ministério Púbico e também os serviços extrajudiciais. Em vista disto, estas atividades eram consideradas como administração indireta de serviços jurisdicionais, tese não compartilhada pelo autor entretanto ("A situação jurídica do notariado brasileiro", *Revista de Informação Legislativa*, vol. 10, n. 37, Brasília, Senado Federal, jan./mar. 1973, pp. 122 e 123). Em igual sentido, Paulo Roberto de Carvalho Rêgo aponta os vários diplomas normativos que atrelavam as funções notariais e de registro dentre aquelas desempenhadas pelos ofícios de justiça, integrados no Poder Judiciário, razão do seu reconhecimento como atividades jurisdicionais (*Registros Públicos e Notas: natureza jurídica do vínculo laboral de prepostos e responsabilidade de notários e registradores*, Porto Alegre, IRIB e Sergio Antonio Fabris Editor, 2004, pp. 50 a 67).

37. Pensamento esposado por Marco Aurélio Greco, "Emolumentos cobrados pelos serviços notariais e de registros", cit.

38. Este é o pensamento de José Afonso da Silva, para quem "(...) o constitucionalista (...) se satisfaz com o critério orgânico, considerando como de jurisdição aquilo que o legislador constituinte incluiu na competência dos órgãos judiciários e como administração o que conferiu aos órgãos do Executivo, que, em verdade, não se limita à execução da lei (...). Segundo esse critério, ato jurisdicional é o que emana dos órgãos jurisdicionais no exercício de sua competência constitucional respeitante à solução de conflitos de interesses" (*Curso de Direito Constitucional Positivo*, 41ª ed., São Paulo, Malheiros Editores, 2018, p. 561).

39. Pensamento trilhado por J. de Oliveira Filho, "Serventuário de justiça: Official maior e sua competência para praticar todos os actos de competencia do serventuario", in *Coleção Doutrinas Essenciais: direito registral*, vol. I., São Paulo, Ed. RT, 2011, pp. 1.173 e 1.174.

40. Definição talhada por Gastão Grossê Saraiva, para quem, em 1967, a atividade notarial e de registro tinha por "(...) função o expediente pertinente a um dos diferentes setores da órbita judiciária", sendo "um setor do aparelhamento da justiça" ("Ofícios de justiça: questões pertinentes à classificação de candidatos inscritos nos concursos para

110 REGIME CONSTITUCIONAL DA ATIVIDADE NOTARIAL E DE REGISTRO

Daí porque, no passado, cumpria aos magistrados adjudicar *fé pública* aos instrumentos particulares que lhes eram apresentados pelas partes, tarefa hoje atribuída aos notários e registradores.[42] Assim, se a atribuição notarial e de registro é desempenhável *ab initio* pelos magistrados na *administração da justiça*, disto resulta a sua inserção dentre as atividades jurisdicionais. Eis a defesa da tese proposta pelos adeptos da corrente subjetiva de classificação da função jurisdicional.

12. É certo que as atividades estatais desempenhadas no exercício da função jurisdicional procuram atribuir segurança jurídica nos casos em que haja conflito entre jurisdicionados ou colisão entre normas jurídicas.[43]

No entanto, toda atividade juridicamente regrada tem a segurança jurídica por norte, por ser este o princípio que orienta a formação do próprio Direito, sendo-lhe de cardeal importância.[44] E, por esta razão, o

provimento de ofício de justiça – Escrevente de Cartório que passa a escrivão – O cargo de escrevente habilitado nas serventias de justiça – Das prerrogativas dos escreventes habilitados", *Revista dos Tribunais*, vol. 383, São Paulo, Ed. RT, set. 1967).

41. Como bem denunciou Ovídio Araújo Baptista da Silva, "O notariado brasileiro perante a Constituição Federal", in *Coleção Doutrinas Essenciais: direito registral*, vol. I, São Paulo, Ed. RT, 2011, p. 1.271.

42. Como registrou João Mendes de Almeida Júnior ("Orgams da fé pública: tabelliães ou notários. Escrivães e officiaes do juizo. Archivistas", in *Coleção Doutrinas Essenciais: direito registral*, vol. I, São Paulo, Ed. RT, 2011, p. 1.203).

43. É sabido que nos casos de arguição de inconstitucionalidade, constitucionalidade ou arguição de descumprimento de preceito fundamental, o Poder Judiciário afirma a compatibilidade ou não de um ato normativo geral e abstrato com a Constituição da República ou, ainda, fixa a interpretação consentânea do texto questionado com o sistema normativo. Nestes casos, o Poder Judiciário exerce típica função jurisdicional, ainda que não atue para dirimir um conflito concreto entre sujeitos de direito, senão que suposto conflito normativo. Isso porque, como bem observava Oswaldo Aranha Bandeira de Mello, pelo exercício da função jurisdicional dispõe-se "(...) a manter a ordem jurídica em vigor, a de assegurar o direito vigente, acaso ameaçado ou desrespeitado" (*Princípios Gerais de Direito Administrativo*, 3ª ed., vol. I, São Paulo, Malheiros Editores, 2007, p. 50).

44. E nisso seguimos o seguro pensamento de Celso Antônio Bandeira de Mello, para quem, ao tratar de segurança jurídica, afirma "Esta *previsibilidade* ensejada pelo Direito é um requisito conatural a ele, pois disto depende o cumprimento de sua *razão de existir* (...). Portanto, é a segurança, a estabilidade, o que condiciona a ação humana. Esta é a normalidade das coisas. Daí que o Direito não poderia alhear-se disto. Não teria sequer como prosperar a não ser apoiado sobre esta base estrutural" ("Direito adquirido e o direito administrativo: uma nova perspectiva", in *Grandes Temas do Direito Administrativo*, São Paulo, Malheiros Editores, 2009, pp. 11 e 12). E completa o seu magistério: "(...) o chamado princípio da 'segurança jurídica', se não o mais importante dentre todos os princípios gerais do Direito é, indisputavelmente, um dos mais importantes" ("A estabilidade dos atos administrativos e a segurança jurídica, a boa-fé e a confiança legítima ante os atos estatais", in *Grandes Temas do Direito Administrativo*, São Paulo, Malheiros Editores, 2009, p. 169). Daí a afirmativa que lançamos no Capítulo I, itens 2 e 3.

FUNÇÃO ADMINISTRATIVA

primado da segurança jurídica informa, guia e baliza o desempenho de todas as funções estatais, e não apenas a função jurisdicional.

Tanto mais isso nos parece acertado se tomarmos em conta que existem inúmeras atividades estatais que declaradamente têm por único propósito conferir segurança jurídica a uma dada situação de fato ou de direito dotando-a de *fé pública*, sem que, contudo, sejam exercidas a título *jurisdicional*.

É o que se dá, por exemplo, no registro de marcas e patentes, no registro de naturalização junto ao Ministério da Justiça, no registro ligado à proteção de direitos autorais, em relação ao registro de veículos e aeronaves,[45] nas traduções levadas a efeito por tradutores públicos juramentados, alienações concretizadas por intermédio de leiloeiros[46] etc. Note-se que estas atividades são manifestamente volvidas à atribuição de certeza a uma dada situação, sem, no entanto, serem timbradas de jurisdicionais.[47]

Apesar de monografias preciosas sobre o tema, merece especial registro o pensamento de Almiro do Couto e Silva, cristalizado em três artigos de leitura obrigatória: (i) "Princípios da legalidade da Administração Pública e da segurança jurídica no Estado de Direito contemporâneo", in *Conceitos Fundamentais do Direito no Estado Constitucional*, São Paulo, Malheiros Editores, 2015, pp. 19 a 41); (ii) "O princípio da segurança jurídica no direito público brasileiro e o direito da Administração Pública de anular seus próprios atos administrativos: o prazo decadencial do art. 54 da Lei de Processo Administrativo da União (Lei 9.784/1999)", in *Conceitos Fundamentais do Direito no Estado Constitucional*, cit., pp. 43 a 90); e (iii) "O princípio da proteção da confiança e a teoria da invalidade dos atos administrativos no direito brasileiro", in *Conceitos Fundamentais do Direito no Estado Constitucional*, cit., pp. 91 a 119). Também se debruçaram sobre o assunto entre nós Valter Shuenquener de Araujo (*O Princípio da Proteção à Confiança: uma nova forma de tutela do cidadão diante do Estado*, Niterói, Editora Impetus, 2009), Heleno Taveira Torres (*Direito Constitucional Tributário e Segurança Jurídica*, 2ª ed., São Paulo, Ed. RT, 2012), Humberto Ávila (*Teoria da Segurança Jurídica*, 4ª ed., São Paulo, Malheiros Editores, 2016), Rafael Valim (*O Princípio da Segurança Jurídica no Direito Administrativo Brasileiro*, São Paulo, Malheiros Editores, 2010), José Guilherme Giacomuzzi (*A Moralidade Administrativa e a Boa-Fé da Administração Pública*, 2ª ed., São Paulo, Malheiros Editores, 2013), Edilson Pereira Nobre Jr. (*O Princípio da Boa-Fé e a sua Aplicação no Direito Administrativo Brasileiro*, Porto Alegre, Sérgio Antônio Fabris Editor, 2002) e Rafael Maffini (*Princípio da Proteção Substancial da Confiança no Direito Administrativo Brasileiro*, Porto Alegre, Editora Verbo Jurídico, 2006).

45. Arrolamento feito pelo ilustre Ricardo Dip, culto estudioso da matéria (*Direito Administrativo Registral*, cit., pp. 49 e 50).

46. Atividades dotadas destes mesmos atributos, como registrou Décio Erpen ("Da responsabilidade civil e do limite de idade para aposentadoria compulsória dos notários e registradores", *Revista de Direito Imobiliário*, vol. 22, n. 47, São Paulo, Ed. RT, jul./dez. 1999, p. 104).

47. Este é o mesmo pensamento de Carlos Luiz Poisl ("O tabelionato e o Poder Judiciário", *Revista de Direito Notarial*, ano 3, n. 3, São Paulo, Quartier Latin, jun. 2010-

112   REGIME CONSTITUCIONAL DA ATIVIDADE NOTARIAL E DE REGISTRO

13. Pelo exercício da atividade notarial e de registro os agentes delegados não tutelam a segurança jurídica mediante a resolução de conflitos, tampouco seus atos têm força de coisa julgada, o que sabidamente se passa com as decisões judiciais.[48] Não raramente afirma-se que o notário é conselheiro das partes, indicando a elas como praticar atos e fatos jurídicos, imunizando-os de ilicitude,[49] conduta incompatível com o exercício da função jurisdicional.

Em absoluto rigor, a atividade notarial e de registro é logicamente precedente à deflagração do conflito, também se prestando a prevenir a sua ocorrência. E por mais esta razão, não se poderia qualificá-la como atividade jurisdicional[50] como, aliás, há tempos se afirma.[51]

4.4.2 A função notarial e de registro como jurisdição voluntária

14. Além de prevenir a deflagração de conflitos pela certeza e *fé pública* que atribui aos atos e fatos que por ela se certificam, é certo que a atividade notarial e de registro também pode servir de canal condutor para a autocomposição de interesses contrapostos, ensejando a pacífica resolução de conflitos.[52]

jun. 2011, pp. 63 e 64) e Luís Paulo Aliende Ribeiro (*Regulação da Função Pública Notarial e de Registro*, cit., p. 55).

48. O que, ao juízo de João Mendes de Almeida Júnior se prestava a revelar o desacerto da sua qualificação como atividade jurisdicional ("Orgams da fé pública: tabelliães ou notários. Escrivães e officiaes do juizo. Archivistas", cit., p. 1.219).

49. É o que observa, por exemplo, José Renato Nalini: "Prevalece a orientação de que o notário é o conselheiro jurídico das partes, aquele que a elas indica a disciplina jurídica dos negócios, opta pela forma de sua concretização e responde pela sua validade, certificando-lhes os atos lavrados" ("A responsabilidade civil do notário", *Revista de Jurisprudência do Tribunal de Justiça do Estado de São Paulo*, vol. 25, n. 130, São Paulo, Lex, maio/jun. 1991, p. 20), pensamento já anteriormente esposado por Frederico Henrique Viegas de Lima ("Perspectivas da função social dos notários brasileiros", *Estudos Jurídicos*, vol. 22, n. 54, São Leopoldo, EduniSul, jan./abr. 1989, p. 13).

50. Segundo o magistério de Romeu Felipe Bacellar Filho ("Do regime jurídico dos notários e registradores", in *Reflexões sobre o Direito Administrativo*, Belo Horizonte, Fórum, 2009, p. 146), pensamento também comungado por Frederico Henrique Viegas de Lima ("Perspectivas da função social dos notários brasileiros", cit., p. 13).

51. João Mendes de Almeida Júnior observava que "(...) o ministério dos notários não foi mais uma emanação da autoridade judiciária, como nos primeiros tempos o tinha sido da autoridade sacerdotal, mas tornou-se uma delegação imediata do poder soberano" ("Orgams da fé pública: tabelliães ou notários. Escrivães e officiaes do juizo. Archivistas", cit., pp. 1.180 e 1.181).

52. Segundo Pinto Ferreira, "O notário tem uma eminente função social, como órgão do Poder administrativo, convizinho ao Poder Judiciário. Ele exerce uma jurisdição voluntária, onde normalmente não existe litígio (...)" (*Comentários à Constituição Brasileira*, vol. 7, São Paulo, Saraiva, 1995, p. 490).

FUNÇÃO ADMINISTRATIVA 113

É o que recentemente se deu com a edição da Lei federal 11.441, de 2007, no que alterou a redação do art. 982[53] e acresceu o art. 1.124-A ao Código de Processo Civil de 1973,[54] essencialmente reproduzido no art. 733 do Código de Processo Civil de 2015.[55] Estas leis preveem que um ato notarial possa formalizar inventário e partilha, além de separação e divórcio consensual.

A estas inovações legislativas soma-se, dentre tantas outras, o art. 1.071 do CPC/2015,[56] que viabilizará a realização da usucapião extraju-

53. CPC/1973: "Art. 982. Havendo testamento ou interessado incapaz, proceder-se--á ao inventário judicial; se todos forem capazes e concordes, poderá fazer-se o inventário e a partilha por escritura pública, a qual constituirá título hábil para o registro imobiliário.

"Parágrafo único. O tabelião somente lavrará a escritura pública se todas as partes interessadas estiverem assistidas por advogado comum ou advogados de cada uma delas, cuja qualificação e assinatura constarão do ato notarial."

54. COC/1973: "Art. 1.124-A. A separação consensual e o divórcio consensual, não havendo filhos menores ou incapazes do casal e observados os requisitos legais quanto aos prazos, poderão ser realizados por escritura pública, da qual constarão as disposições relativas à descrição e à partilha dos bens comuns e à pensão alimentícia e, ainda, ao acordo quanto à retomada pelo cônjuge de seu nome de solteiro ou à manutenção do nome adotado quando se deu o casamento.

"§ 1º. A escritura não depende de homologação judicial e constitui título hábil para o registro civil e o registro de imóveis.

"§ 2º. O tabelião somente lavrará a escritura se os contratantes estiverem assistidos por advogado comum ou advogados de cada um deles ou por defensor público, cuja qualificação e assinatura constarão do ato notarial.

"§ 3º. A escritura e demais atos notariais serão gratuitos àqueles que se declararem pobres sob as penas da lei."

55. "Art. 733. O divórcio consensual, a separação consensual e a extinção consensual de união estável, não havendo nascituro ou filhos incapazes e observados os requisitos legais, poderão ser realizados por escritura pública, da qual constarão as disposições de que trata o art. 731.

"§ 1º. A escritura não depende de homologação judicial e constitui título hábil para qualquer ato de registro, bem como para levantamento de importância depositada em instituições financeiras.

"§ 2º. O tabelião somente lavrará a escritura se os interessados estiverem assistidos por advogado ou por defensor público, cuja qualificação e assinatura constarão do ato notarial."

56. "Art. 1.071. O Capítulo III do Título V da Lei n. 6.015, de 31 de dezembro de 1973 (Lei de Registros Públicos), passa a vigorar acrescida do seguinte art. 216-A:

"'Art. 216-A. Sem prejuízo da via jurisdicional, é admitido o pedido de reconhecimento extrajudicial de usucapião, que será processado diretamente perante o cartório do registro de imóveis da comarca em que estiver situado o imóvel usucapiendo, a requerimento do interessado, representado por advogado, instruído com: (...)

"'§ 1º. O pedido será autuado pelo registrador, prorrogando-se o prazo da prenotação até o acolhimento ou a rejeição do pedido.

"'(...)

114   REGIME CONSTITUCIONAL DA ATIVIDADE NOTARIAL E DE REGISTRO

dicial, cujo processamento se dará em serventia na qual se desempenhe a especialidade de registro de imóveis.

Estas iniciativas são coroadas com o advento da Lei federal 13.140, de 2015, por meio da qual se reconheceu a possibilidade de os notários e registadores, na qualidade de mediadores extrajudiciais, atuarem na solução de controvérsias entre particulares.[57]

15. Registre-se, a esse propósito, que a Lei federal 13.140/2015 apenas explicita o que sempre foi admitido pela Constituição da República.[58]

Com efeito, no preâmbulo da Constituição da República estão sintetizados o início e o fim do Estado que se criou. Desse modo, não quer a ordem jurídica que, nas hipóteses de descumprimento de seus comandos normativos, o bem comum e a segurança das relações sociais sejam preservados pelo emprego da força. A força coativa que o Estado pode desempenhar por meio dos seus órgãos é a última (e não a primeira) barricada que se erige para assegurar o fim do Direito: a segurança jurídica.

"'§ 3º. O oficial de registro de imóveis dará ciência à União, ao Estado, ao Distrito Federal e ao Município, pessoalmente, por intermédio do oficial de registro de títulos e documentos, ou pelo correio com aviso de recebimento, para que se manifestem, em 15 (quinze) dias, sobre o pedido.

"'§ 4º. O oficial de registro de imóveis promoverá a publicação de edital em jornal de grande circulação, onde houver, para a ciência de terceiros eventualmente interessados, que poderão se manifestar em 15 (quinze) dias.

"'§ 5º. Para a elucidação de qualquer ponto de dúvida, poderão ser solicitadas ou realizadas diligências pelo oficial de registro de imóveis.

"'§ 6º. Transcorrido o prazo de que trata o § 4º deste artigo, sem pendência de diligências na forma do § 5º deste artigo e achando-se em ordem a documentação, com inclusão da concordância expressa dos titulares de direitos reais e de outros direitos registrados ou averbados na matrícula do imóvel usucapiendo e na matrícula dos imóveis confinantes, o oficial de registro de imóveis registrará a aquisição do imóvel com as descrições apresentadas, sendo permitida a abertura de matrícula, se for o caso.

"'(...)

"'§ 9º. A rejeição do pedido extrajudicial não impede o ajuizamento de ação de usucapião.

"'§ 10. Em caso de impugnação do pedido de reconhecimento extrajudicial de usucapião, apresentada por qualquer um dos titulares de direito reais e de outros direitos registrados ou averbados na matrícula do imóvel usucapiendo e na matrícula dos imóveis confinantes, por algum dos entes públicos ou por algum terceiro interessado, o oficial de registro de imóveis remeterá os autos ao juízo competente da comarca da situação do imóvel, cabendo ao requerente emendar a petição inicial para adequá-la ao procedimento comum'."

57. Não sem razão comungamos do mesmo magistério de Celso Campilongo ("A mediação e o notário", *Jornal Valor Econômico*, São Paulo, 26.8.2013, p. E2) e de Carlos Luiz Poisl ("O tabelionato e o Poder Judiciário", cit., p. 62).

58. No que, inclusive, ungiu de legitimidade o Provimento 17/2013, editado pelo Corregedor Geral da Justiça do Tribunal de Justiça do Estado de São Paulo.

FUNÇÃO ADMINISTRATIVA 115

Assim, apesar de a Constituição da República conferir aos órgãos integrantes do Poder Judiciário a prerrogativa de solucionar os conflitos, esse órgão estatal não é o único que goza da prerrogativa de solver litígios entre pessoas. Daí porque o bem de todos não é alcançado pela perpetuação de um conflito que encontra seu fim na pena do juiz. A sociedade justa, aspirada pelo constituinte, tem a autocomposição e a conciliação como seus termos iniciais, no que observa a recomendação talhada por Publilio Sírio, segundo o qual *discordia fit carior concordia*.[59] Desse modo, basta integrar a noção de povo para, insitamente, gozar da competência para conciliar.

E essa republicana competência independe de produção normativa ulterior para o seu imediato exercício, eis que está imbricada na noção de direito e garantia fundamental.[60] Afinal, a solução pacífica dos conflitos e a prerrogativa assinalada ao povo para exercê-la constituem os alicerces de nossa Nação. Daí porque o notário e o registrador – assim como qualquer um do povo – sempre podem atuar na conciliação de pessoas, procurando pôr fim a intrigas e contendas.[61]

16. Viu-se, pois, que a *jurisdição voluntária* é correntemente exercida entre nós tanto por magistrados como por notários e registadores.

E justamente por esta razão há inegável afinidade entre certas funções exercidas pelo Poder Judiciário e aquelas desempenhadas em serventias extrajudiciais. Daí não causar espanto a tese segundo a qual a missão do Poder Judiciário, no plano administrativo, é perseguida por esses delegados de função pública. Para os adeptos desse pensamento, a Justiça é perseguida no plano judicante pelos magistrados e no plano administrativo pelos notários e registradores.

Este pensamento ganha sugestivo amparo constitucional, pois alguns entendem que as atividades desempenhadas por esses profissionais delegados se qualificam como "serviços auxiliares do Poder Judiciário",[62] no que antecipadamente adiantamos nossa discordância.[63]

59. Na discórdia torna-se mais valioso o entendimento.

60. Contrariamente ao que sustentam o Conselho Federal da Ordem dos Advogados do Brasil e a Ordem dos Advogados do Brasil, Secção de São Paulo, nos autos do Pedido de Providências 0003397-43.2013.2.00.0000 e do Pedido de Controle Administrativo 0005138-21.2013.2.00.0000 (j. 10.9.2013), no Conselho Nacional de Justiça.

61. No que concordamos com Celso Campilongo, que também subscreve este pensamento ("A mediação e o notário", cit., p. E2).

62. Faz-se menção ao voto proferido pelo Min. Carlos Britto, nos autos da Medida Cautelar na ADI 4.140.

63. No que fazemos coro ao pensamento de Romeu Felipe Bacellar Filho para quem "os notários e registradores jamais deveriam ser considerados como auxiliares da

116   REGIME CONSTITUCIONAL DA ATIVIDADE NOTARIAL E DE REGISTRO

17. No entanto, como anteriormente afirmado,[64] nem todo ato produzido por magistrado advém do exercício da função jurisdicional, ainda que emanado no curso ou ao cabo de um processo judicial.

É o que, justamente, se processa nos casos de *jurisdição voluntária,* cuja decisão final produzida recebe o rótulo formal de sentença, ainda que seja materialmente um ato administrativo, decorrente da denominada *tutela administrativa dos interesses privados.*[65]

Estivéssemos na França, outra poderia ser a solução, pois lá se afirma que o notário é o magistrado da Justiça preventiva, razão por que os seus atos têm a mesma força jurídica das sentenças e dos despachos judiciais.[66]

18. Se é certo dizer que a atividade notarial e de registro não se exerce como função jurisdicional, é igualmente certo que não se pode definir um dado objeto jurídico por aquilo que ele não é, senão pelo que ele é. Não existe – ou não deve existir – definição jurídica por exclusão.[67]

Assim, atividade notarial e de registro consiste em uma competência pública[68] cujo desempenho se realiza pelo exercício da função admi-

justiça", pois a atividade pública por eles desempenhada "precede à atividade judicial, não sendo auxiliar desta", pois "consagra a realização espontânea do direito, ou seja, não cuidam eles de decidir litigiosidade ou controvérsia" ("Do regime jurídico dos notários e registradores", cit., p. 146).

64. Capítulo I, item 27.

65. Como também observa Walter Ceneviva, *Lei dos Notários e Registradores Comentada,* cit., p. 41.

66. Pitlo, citado por Eric Deckers, sentencia que, na França, o notário é um "actor da justiça", pois, "Enquanto o juiz pronuncia o direito para os que se dirigem a ele em litígio, o notário administra o direito daqueles que o procuram em concórdia" (*Função Notarial e Deontologia,* trad. Albino Matos, Coimbra, Almedina, 2005, p. 39). Esta afirmativa não é, todavia, acompanhada de maiores esclarecimentos, o que justifica a colação do pensamento de Eduardo Bautista Pondé, para quem o reconhecimento estatal da lisura dos fatos jurídicos ou atos jurídicos entabulados ou produzidos pelos particulares, exigiam, no princípio dos tempos, a mesma força da coisa julgada. Isso de modo que fossem oponíveis a terceiros. A segurança jurídica pública conferida aos documentos particulares decorria, então, de fé pública judicial (*Origem e Historia del Notariado,* Buenos Aires, Depalma, 1967, pp. 133 a 138).

67. Ainda que alguns procedam deste modo, caso de Agustín Gordillo ao definir *função administrativa* (*Princípios Gerais de Direito Público,* trad. de Marco Aurélio Greco, São Paulo, Ed. RT, 1977, p. 124 e *Tratado de Derecho Administrativo – Parte General,* t. 1, 7ª ed., Belo Horizonte, Del Rey/Buenos Aires, Fundación de Derecho Administrativo, 2003, p. IX-39, item 21).

68. O que já foi anteriormente afirmado (Capítulo I, item 18 e ss.) e, especificamente em relação à atividade notarial e de registro, também é assentado por Celso Antônio Bandeira de Mello ("A competência para criação e extinção de serviços notariais e de re-

FUNÇÃO ADMINISTRATIVA   117

nistrativa.[69] Isso porque os atos produzidos sob o seu manto pretendem dar cumprimento aos comandos jurídicos sem os quais inúmeros atos e fatos jurídicos não seriam praticados ou não teriam a mesma valência normativa (pois desprovidos da *fé pública*).

Como a atividade notarial e de registro é constitucionalmente disposta ao desempenho de uma atividade jurídica – razão porque não se amolda à noção de serviço público, o que já se demonstrou –, é melhor designá-la de função notarial e de registro.[70]

19. Revelada a natureza da função notarial e de registro, cumpre-nos agora examinar como a Constituição da República repartiu a competência legislativa e administrativa entre os entes políticos para sobre ela tratar.

gistro e para delegação e provimentos desses serviços", in *Coleção Doutrinas Essenciais: direito registral*, vol. I, São Paulo, Ed. RT, 2011, p. 70).

69. Nesse sentido é o magistério de Celso Antônio Bandeira de Mello ("A competência para criação e extinção de serviços notariais e de registro e para delegação e provimentos desses serviços", cit., pp. 74 e 75), Marcelo Figueiredo ("Análise da importância da atividade notarial na prevenção dos litígios e dos conflitos sociais", *Revista de Direito Notarial*, ano 2, n. 2, São Paulo, Quartier Latin, set. 2009-maio 2010, p. 49) e Leonardo Brandelli (*Teoria Geral do Direito Notarial*, 4ª ed., São Paulo, Saraiva, 2011, p. 157). Celso Ribeiro Bastos reconhecia nesta atividade o desempenho de uma função administrativa, apesar de afirmar que ela prestava ao auxílio do Poder Judiciário, o que não prospera. Ao tratar das serventias extrajudiciais, afirmou: "(...) são órgãos que desempenham atividade administrativa, exercendo o papel de auxiliares do Judiciário no desempenho do que se poderia chamar de 'poder certificante'" (*Parecer emitido em favor do Sindicato dos Escreventes e Auxiliares Notariais e Registrais do Estado de São Paulo – SEANOR*, São Paulo, 1999, pp. 16 e 17).

70. É o que fazem Celso Antônio Bandeira de Mello ("A competência para criação e extinção de serviços notariais e de registro e para delegação e provimentos desses serviços", cit., p. 69) e Leonardo Brandelli (*Teoria Geral do Direito Notarial*, cit., pp. 167 a 303), dentre outros. Advirta-se que também se utiliza essa expressão – função notarial e de registro – para designar objeto distinto: como autônoma função estatal, alheia às tradicionalmente professoradas (conforme esclarecido no item 1, acima).

Capítulo V

COMPETÊNCIA LEGISLATIVA EM MATÉRIA NOTARIAL E DE REGISTRO

5.1 Introdução. 5.2 Cumulativa competência legislativa dos entes políticos para tratar da atividade notarial e de registro: 5.2.1 Critério de segregação da competência legislativa da atividade notarial e de registro. 5.3 O Congresso Nacional como Poder Legislativo da União e da Nação: 5.3.1 A mutação constitucional da atividade notarial e de registro; 5.3.2 A mutação constitucional no desempenho da atividade notarial e de registro. 5.4 Edição de normas gerais quanto à delimitação da atividade notarial e de registro: 5.4.1 O fundamento constitucional para o regramento da atividade notarial e de registro; 5.4.2 A mutação da atividade notarial e de registro por meio de lei. 5.5 Edição de normas para criação, transformação e extinção de serventias extrajudiciais: 5.5.1 Conceito e natureza da serventia extrajudicial; 5.5.2 Disciplina normativa para criação, transformação e extinção das serventias extrajudiciais; 5.5.3 Acumulação, desacumulação, anexação e desanexação de serventias extrajudiciais. 5.6 Edição de normas gerais relativas ao preenchimento das serventias extrajudiciais vagas: 5.6.1 Formas de provimento nas serventias extrajudiciais: por ingresso ou por remoção. 5.7 Possibilidade de carreira na atividade notarial e de registro. 5.8 O regime de contraprestação dos atos notariais e de registro: 5.8.1 Edição de normas gerais para fixação de emolumentos; 5.8.2 O reequilíbrio econômico-financeiro no desempenho da atividade notarial e de registro. 5.9 A Lei de Acesso à Informação e a atividade notarial e de registro. 5.10 Fixação da responsabilidade patrimonial dos notários e registradores. 5.11 Competência legislativa estadual: campo de atuação em matéria notarial e de registro: 5.11.1 Disciplina normativa estadual para os concursos de remoção e o caso da Lei Complementar paulista 539, de 1988; 5.11.2 Regime de aposentação dos titulares, escreventes e auxiliares das serventias extrajudiciais. 5.12 Competência legislativa municipal.

5.1 Introdução

1. No passado as competências legislativas eram taxativamente enumeradas em favor da União, garantindo-se aos demais entes políticos

COMPETÊNCIA LEGISLATIVA EM MATÉRIA NOTARIAL E DE REGISTRO   119

as prerrogativas legislativas remanescentes ou residuais.[1] Este modelo foi abandonado pelo constituinte de 1987.[2]

No atual sistema normativo é corrente a ideia segundo a qual as competências legislativas foram repartidas entre as pessoas políticas por meio da adoção dos denominados critérios *horizontal* e *vertical*. Pelo primeiro expediente confere-se, a cada uma delas, competência privativa para dispor legislativamente sobre determinada matéria; pelo segundo recurso legitima-se que um mesmo objeto possa[3] ser cumulativamente regrado por mais de um ente político, ainda que as leis produzidas para esse propósito não possam se sobrepor, sob pena de *bis in idem*.[4]

Desse modo, além de ser aquinhoada com competência legislativa privativa para dispor sobre inúmeros temas,[5] a União também pode legislar em concorrência com Estados e Municípios[6] que, por seu turno, também são dotados de competência legislativa própria, residual[7] ou não.[8]

1. Conforme se lê do estudo empreendido por Clèmerson Merlin Clève ("O Estado Brasileiro – algumas linhas sobre a divisão de Poderes na Federação Brasileira à luz da Constituição de 1988", *Temas de Direito Constitucional*, 2ª ed., Belo Horizonte, Fórum, 2014, p. 280). Ainda hoje essa técnica encontra mitigado curso em nosso sistema normativo, como se verifica no campo tributário, no qual aos Estados foi outorgada competência para criação, instituição e cobrança de taxas, o que foi argutamente observado por Roque Antonio Carrazza (*Curso de Direito Constitucional Tributário*, 23ª ed., São Paulo, Malheiros Editores, 2006, pp. 631 a 632; 31ª ed., São Paulo, Malheiros Editores, 2017, pp. 777-779).

2. Confira-se, a esse propósito, o estudo de Raul Machado Horta, *Direito Constitucional*, 4ª ed., Belo Horizonte, Del Rey, 2003, pp. 341 a 348.

3. Porque, como regra, a competência legislativa é de fruição facultativa. Sem embargo, em certas ocasiões essa faculdade legislativa se verte em inescusável dever constitucional, cuja inércia pode ser rompida por meio da propositura de mandado de injunção, individual ou coletivo, ou, ainda, por meio de ação direta de inconstitucionalidade por omissão. Confira-se, a esse propósito, monografia específica de Daniel Wunder Hachem (*Mandado de Injunção e Direitos Fundamentais*, Belo Horizonte, Fórum, 2012), tema, aliás, que também nos é caro ("A separação dos Poderes e o Poder Judiciário como legislador positivo e negativo", *Revista Trimestral de Direito Público*, n. 47, São Paulo, Malheiros Editores).

4. Luiz Alberto David Araújo e Vidal Serrano Nunes Júnior bipartem a classificação das competências legislativas verticais em: (i) competência concorrente própria, quando explicitamente prevista; e (ii) competência concorrente imprópria, quando implícita nas dobras das competências administrativas constitucionalmente fixadas em favor dos entes estatais (ou nas dobras das competências comuns, como usualmente são rotulados esses deveres-poderes) (*Curso de Direito Constitucional*, 15ª ed., São Paulo, Editora Verbatim, 2011, pp. 304 e 307).

5. *Ex vi* do art. 22 da Constituição da República.

6. A teor, por exemplo, do disposto no art. 24 da Constituição Cidadã de 1988.

7. Previstas em favor dos Estados e dos Municípios, respectivamente, pelos arts. 25, § 1º, e 30, II, da Constituição da República.

8. Aos Municípios compete dispor legislativamente sobre assuntos de interesse local e instituir e cobrar seus próprios tributos, segundo preveem os art. 30, I e II, da Carta

120   REGIME CONSTITUCIONAL DA ATIVIDADE NOTARIAL E DE REGISTRO

2. Este modelo constitucionalmente fixado se reverbera no trato legislativo previsto em relação ao direto e ao indireto desempenho da atividade notarial e de registro. Explica-se.

Além da disciplina normativa atinente à própria atividade pública delegada aos notários e registradores (concernente ao seu direto desempenho, portanto), também se tutelam legislativamente outras relações jurídicas, sem as quais não se viabiliza o exercício dessa função pública (dispositivas, pois, da sua indireta concretização).

A partir de agora nos debruçaremos sobre os aspectos que julgamos nucleares e controvertidos a respeito do trato normativo da atividade notarial e de registro.

5.2   Cumulativa competência legislativa dos entes políticos para tratar da atividade notarial e de registro

5.2.1   Critério de segregação da competência legislativa da atividade notarial e de registro

3. A repartição das atribuições legislativas em matéria notarial e de registro não se deu pelo constituinte em vista de um critério material ou substancial, a partir de elementos intrínsecos a essa função pública. Se o constituinte tivesse assim procedido, estaria viabilizada a repartição dessa competência de acordo com os distintos aspectos morfológicos dessa atividade.

Tampouco se aquinhoou essa competência legiferante tomando por consideração um modelo orgânico ou subjetivo, tendo em conta a pessoa política investida na competência administrativa afeta a essa atividade.

Diversamente, fixou-se essa competência legislativa segundo um modelo objetivo formal, considerativo apenas do tratamento jurídico que a Constituição da República conferiu ao tema.

5.3   O Congresso Nacional como Poder Legislativo da União e da Nação

4. A Constituição da República prevê que o Congresso Nacional é, ao mesmo tempo, o Poder Legislativo da Nação Brasileira[9] e do ente fe-

---

Magna. No mesmo sentido, os Estados podem instituir e cobrar seus próprios tributos, caso do IPVA, ITCMD e ICMS.

9. A expressão *Nação*, mais ao nosso gosto, era comumente adotada no passado, como se lê do art. 1º da Constituição da República de 1891: "Art. 1º – A Nação brasileira

COMPETÊNCIA LEGISLATIVA EM MATÉRIA NOTARIAL E DE REGISTRO   121

derativo União. É dizer: o Congresso Nacional é tanto o órgão estatal de representação política e democrática do Estado Brasileiro como também o parlamento de um dos seus entes federados: a União.[10]

É por esta razão que brotam do Congresso Nacional tanto leis que se aplicam a todos os entes políticos e às pessoas naturais e jurídicas nacionais e estrangeiras,[11] como leis volvidas exclusivamente à União e àqueles que com ela se relacionem.[12] As primeiras são denominadas *leis nacionais* e as últimas, *leis federais*.

5. Nesse contexto, o Congresso Nacional pode, em tese, dispor legislativamente sobre as seguintes matérias relacionadas à atividade notarial e de registro: (i) regime constitucional de delegação;[13] (ii) registros públicos;[14] (iii) a materialidade da atividade notarial e de registro;[15]

adota como forma de Governo, sob o regime representativo, a República Federativa, proclamada a 15 de novembro de 1889, e constitui-se, por união perpétua e indissolúvel das suas antigas Províncias, em Estados Unidos do Brasil". Mais comumente se utiliza, em substituição, a ideia de "Estado brasileiro", como se lê de Celso Ribeiro Bastos (*Curso de Direito Constitucional*, 22ª ed., revista e atualizada por Samantha Meyer-Pflug, São Paulo, Malheiros Editores, 2010, p. 429, item 11). Curiosamente a ideia de Nação continua permeada na Constituição da República em conceitos como *Assembleia Nacional Constituinte* (Preâmbulo), *independência nacional* (art. 4º, I), *território nacional* (art. 5º, XV). Para José Horácio Meirelles Teixeira, *Nação* é o Estado juridicamente organizado (*Curso de Direito Constitucional*, revisto e atualizado por Maria Garcia, Rio de Janeiro, Forense Universitária, 1991, p. 547), razão por que adotamos essa noção. Pietro da Jesús Lora Alarcón revelou os confins formais do conceito de Nação, mutável e definível por vários aspectos, inclusive jurídico (*Ciência Política, Estado e Direito Público: uma introdução ao direito público da contemporaneidade*, São Paulo, Editora Verbatim, 2011, pp. 80 e 81).

10. Ainda que sem fazer expressa alusão ao Congresso Nacional, Michel Temer reconhece essa dupla qualificação da União, no que também resultaria idêntico atributo do seu Poder Legislativo, tese que sustentamos (*Elementos de Direito Constitucional*, 24ª ed., 4ª tir., São Paulo, Malheiros Editores, 2017, p. 82). Também comungam deste pensamento: Regina Maria Macedo Nery Ferrari (*Direito Constitucional*, São Paulo, Ed. RT, 2011, p. 217) e Luiz Alberto David Araújo e Vidal Serrano Nunes Júnior (*Curso de Direito Constitucional*, cit., p. 313).

11. Como o Código Civil, Código de Processo Civil, Consolidação das Leis do Trabalho, Código Penal, Código de Processo Penal, Código Brasileiro de Trânsito, Lei de Licitações, Lei Geral da Atividade Notarial e de Registro, Lei Geral de Concessão etc.

12. Caso da legislação do imposto sobre a renda, do Estatuto de Servidor Público Federal (Lei federal 8.112/1990), da Lei Orgânica da Advocacia-Geral da União (Lei Complementar 73/1993) etc.

13. Art. 235, *caput*, da Constituição da República, arts. 31 e 32 do Ato das Disposições Constitucionais Transitórias.

14. Art. 22, XXV, da Carta Magna.

15. Art. 236, § 1º, da Constituição da República. Mas se o registro público é, ao lado da atividade notarial, uma das especialidades desempenhadas por meio dessa função pública, qual a razão que serve de sustentáculo à ideia segundo a qual o art. 22, XXV, da Constituição da República acolheria apenas uma delas em seu seio? Ou seria de outra

122   REGIME CONSTITUCIONAL DA ATIVIDADE NOTARIAL E DE REGISTRO

(iv) responsabilidade civil e criminal dos notários e oficiais de registro;[16] (v) fiscalização dos atos notariais e de registro pelo Poder Judiciário;[17] (vi) normas gerais para fixação de emolumentos;[18] e (vii) normas gerais sobre concurso público e concurso para ingresso e remoção em serventias extrajudiciais.[19]

Ocupemo-nos destas competências legislativas da União.

5.3.1   A mutação constitucional da atividade notarial e de registro

6. Em vista da classificação das competências públicas empreendida,[20] a mutação de uma função pública *pode* compreender duas situações jurídicas distintas: a modificação da competência *in abstrato* ou sua alteração *in concreto*. *Aquela* impositiva do dever-poder para o desempenho da atividade ou função pública; *esta* consistente no dever-poder de concretamente exercitá-la (a atividade ou função pública).

Apropriando-nos desta ideia à função notarial e de registro, configura-nos como competência *in abstrato* a outorga da titularidade dessa função ao Estado e a imposição do dever-poder de a pessoa política competente dar-lhe o correspondente tratamento normativo.[21] A despeito disto, a Constituição da República não afiançou ao Poder Público o encargo de exercitar essa função de modo exclusivo, mormente em vista do prescrito no art. 236 da Constituição da República, hipótese de sua impositiva delegação aos particulares.[22] Por esta razão, o concreto exercício dessa função – a cargo do Poder Público ou não – se justifica em razão de uma competência pública *in concreto*.

atividade de registro a que se fez alusão o referido perceptivo normativo. Disto tratamos nos itens 19 a 28, a seguir.

16. Art. 236, § 1º, da Constituição da República.

17. Art. 236, § 1º, da Constituição da República.

18. Art. 236, § 2º, da Constituição da República. Nesse sentido, é singular a opinião de Sergio de Andréa Ferreira, para quem "23.5. As serventias do foro judicial e extrajudicial prestam os serviços forenses, a que se refere o art. 24, IV, que se submete à competência legislativa concorrente da União, Estados e Distrito Federal, dispor sobre 'custas dos serviços forenses'" ("Serviços de registro de distribuição. Regime jurídico. Art. 236 e seus parágrafos da Constituição Federal", *Revista Forense*, vol. 101, n. 381, Rio de Janeiro, Forense, set./out. 2005, p. 258). A despeito desta ponderável e sedutora construção teórica, ousamos dela discordar, pois não se desempenha atividade judicial nas serventias extrajudiciais.

19. Art. 236, § 3º, da Constituição da República.

20. Vide Capítulo II, itens 3 e 4.

21. O que se dá no plano legislativo, como consignamos no Capítulo II, item 4.

22. Vide Capítulo II, itens 27 e 28.

COMPETÊNCIA LEGISLATIVA EM MATÉRIA NOTARIAL E DE REGISTRO   123

7. Em vista disto, poderia haver supressão do art. 236 da Constituição da República de modo que a atividade notarial e de registro não mais fosse uma atribuição pública? É dizer: poderia essa competência pública *in abstrato*, impositiva do exercício de uma função pública, ser aniquilada e expungida do campo público por obra do constituinte e, com isto, ser integralmente repassada à ordem econômica?

Não se debate a possibilidade de outra radical modificação constitucional, tendente a promover a integral estatização do desempenho dessa atividade,[23] caso de mutação da competência pública *in concreto*. Cuidaremos deste tema no item seguinte; por ora, preocupa-nos a questão afeta à extinção dessa competência pública *in abstrato*.

8. Pelos pressupostos que adotamos, tirante as exceções previstas no texto originário da Constituição da República,[24] toda delegação da competência pública *in abstrato* é inconstitucional, por esbarrar na vedação decorrente do primado da Separação dos Poderes ou da Federação, cláusula pétrea entre nós.

Isso porque as competências públicas conformam as imutáveis fronteiras da Separação dos Poderes e da Federação em nosso direito positivo. Justamente por esta razão, as delegações destas competências são aquelas – e apenas aquelas – admitidas, implícita ou explicitamente, pelo Poder Constituinte.

Por esta razão, não admitimos inovação legislativa alguma neste campo que tenha por objetivo a *despublicização* de uma competência em favor do particular ou mesmo o seu trespasse a outro Poder da mesma ou diferente pessoa política. E isso sob pena de inconstitucionalidade, por burla ao art. 60, § 4º, da Constituição da República.

9. Ora, se o trespasse de uma competência pública *in abstrato* entre os entes públicos resulta no ilegítimo malbaratamento dos meios constitucionalmente assegurados para a consecução do interesse público, o mesmo e deletério efeito advirá do seu completo aniquilamento.

Sob este ângulo, a competência pública notarial e de registro (*in abstrato*) é irrenunciável, indelegável e intransferível.

Afinal, as garantias nas quais estão embebidas as denominadas cláusulas pétreas afiançam não apenas a recíproca isonomia entre os

23. Diz-se integral estatização, pois já é de exclusiva atribuição pública a atividade notarial e de registro desempenhada nas Juntas Comerciais e nas repartições diplomáticas brasileiras no exterior.
24. Vide Capítulo II, item 8.

124 REGIME CONSTITUCIONAL DA ATIVIDADE NOTARIAL E DE REGISTRO

Poderes na consecução do interesse público, mas também a preservação das competências que lhes foram assinaladas pela constituinte.

10. Registre-se que no mesmo vício incidirá a proposta de Emenda constitucional que indistintamente imante todos os particulares na prerrogativa de produzir atos jurídicos dotados de *fé pública*. É que, ao assim prever, essa alteração constitucional redundará, de modo disfarçado e transverso, na renúncia de uma competência pública *in abstrato*, o que é vedado.

Não se atinge as mesmas conclusões, todavia, nos casos de alteração da competência *in concreto*, relativa ao exercício da atividade notarial e de registro.

5.3.2 A mutação constitucional no desempenho da atividade notarial e de registro

11. A alteração da pessoa habilitada ao desempenho da atividade notarial e de registro não é propriamente uma novidade entre nós.

Recorde-se que sob o pálio da Constituição da República de 1967/1969 promoveu-se a *integral estatização* da atividade desempenhada nas serventias do foro judicial e extrajudicial. Com isto, a atividade notarial e de registro, cujo exercício até então era atributo privado, foi manietado do domínio particular e trespassado ao exclusivo e privativo desempenho estatal.

A prerrogativa para o exercício dessa competência pública *in concreto* sofreu nova mutação constitucional em 1982, com a edição da Emenda Constitucional 22. Com o seu advento, outorgou-se aos particulares a competência para o desempenho da atividade notarial e de registro nas serventias extrajudiciais, revogando-se, pois, o disposto na Emenda Constitucional 7, de 1977. Promoveu-se, assim, a *reprivatização* desta atividade.

Aliás, inúmeras competências públicas *in concreto* sofreram mutação constitucional ao longo de nossa história recente. A Emenda Constitucional 5, por exemplo, permitiu que a distribuição de gás canalizado, até então desempenhável exclusivamente pelo Estado, fosse delegada a terceiros. A Emenda Constitucional 8, por seu turno, rompeu com o privativo desempenho de atividades de telecomunicações pelo Estado e empresas estatais, permitindo sua prestação por meio de empresas concessionárias desses serviços. E muitas outras trilharam o mesmo caminho.

COMPETÊNCIA LEGISLATIVA EM MATÉRIA NOTARIAL E DE REGISTRO   125

12. Sucede que, como anteriormente afirmado,[25] não vislumbramos neste procedimento de reforma constitucional uma modalidade de supressão de competências públicas.

Com efeito, haverá intolerável abolição de uma ou mais prerrogativas assinaladas aos Poderes da República na hipótese de aniquilamento de qualquer fração de uma competência pública, independente da espécie, se *in abstrato* ou *in concreto*.

Sem embargo, a modificação do perfil jurídico de uma competência pública *in concreto* por meio de Emenda Constitucional que, todavia, não resulte em sua abolição ou trespasse, total ou parcial, a outro ente político ou à ordem econômica, resulta, apenas e tão somente, na sua reconfiguração ou remodelagem, o que é perfeitamente legítimo.

É que, nestes casos, não haverá perda ou supressão de competência pública *in concreto*, que continuará imantada na pessoa política.

Daí porque não vislumbramos qualquer espécie de inconstitucionalidade na alteração da competência *in concreto* para o desempenho da atividade notarial e de registro.

13. O tema é relevante em vista da afirmada conveniência de estatização da atividade notarial e de registro referida no art. 236 da Constituição da República. A sentença dos propagandistas dessa ideia é bastante curiosa e ao mesmo tempo descolada da corrente jurídico-ideológica que ganhou corpo em momento histórico recente,[26] iniciada com a edição do Plano Diretor da Reforma do Aparelho do Estado pelo antigo Ministério da Administração Federal e da Reforma do Estado – MARE.[27] Nela se afirma a necessidade de o Estado centrar esforços em relação ao seu denominado *núcleo estratégico*,[28] em vista de um suposto – e inexistente – princípio da subsidiariedade.[29]

25. Vide Capítulo II, item 13.

26. E que prosseguiu nos últimos governos federais, mantenedor da política de desaparelhamento dos quadros técnicos do Estado. Não fosse isso suficiente, os mesmos governantes aperfeiçoaram e refinaram mecanismos incentivadores do trespasse de atividades públicas para a esfera privada, caso das Parcerias Público-Privadas, conclamando a oitiva de profissionais, inclusive da área jurídica, com orientação declaradamente antitética às políticas prestigiadoras do desenvolvimento nacional e do Estado social, já que divulgadores e propagandistas de pensamentos e práticas *neoliberais*.

27. O tema foi tratado amiúde em obra monumental de Emerson Gabardo (*Interesse Público e Subsidiariedade*, Belo Horizonte, Fórum, 2009, pp. 192 a 202).

28. Sobre as politicamente designadas atividades-fim do Estado, de acordo com o Plano Diretor da Reforma da Aparelho do Estado, confira-se a exposição feita por Maria Sylvia Zanella Di Pietro (*Parcerias na Administração Pública*, 5ª ed., São Paulo, Atlas, 2006, pp. 48 a 54).

126 REGIME CONSTITUCIONAL DA ATIVIDADE NOTARIAL E DE REGISTRO

Em absoluto rigor, seria uma verdadeira tolice apregoar a necessidade de *estatização* ou a *oficialização* dessa atividade por amor à eficiência que o Poder Público poderia a ela imprimir.[30] Outro vetor, que não este, anima essas iniciativas.

De todo modo, e a despeito de comungarmos da ideia segundo a qual é possível a alteração do regime de prestação da atividade notarial e de registro – de obrigatoriamente privada para exclusivamente pública[31] –, sobredita mutação deve ser promovida em afinada sintonia com o ato jurídico perfeito e com o direito adquirido.

Sem embargo, havendo interesse da maioria em alterar o regime de desempenho dessa atividade – de privada para estatal –, ou a situação dos seus atuais exercentes é preservada[32] ou, alternativamente, deve o Estado previamente indenizá-los antes de impedir-lhes o desempenho dessa função pública, como adiante esclarecemos.

Daí a invulgar importância das regras de transição na mudança de regimes jurídicos, por acautelarem e preservarem situações legitimamente constituídas ao tempo da edição da disciplina normativa revogada.

29. Suposto *princípio* que, segundo arguta observação de Emerson Gabardo, é desprovido de qualquer espécie de calço jurídico que lhe dê suporte (*Interesse Público e Subsidiariedade*, cit., pp. 203 a 250). Sem razão, pois, o pensamento de Silvia Faber Torres a esse propósito (*O Princípio da Subsidiariedade no Direito Público Contemporâneo*, Rio de Janeiro, Renovar, 2001), como acertadamente observa Carolina Zancaner Zockun (*Da Intervenção do Estado no Domínio Social*, São Paulo, Malheiros Editores, 2009, pp. 187 a 188, item 3).

30. Tenha-se em conta que duas pesquisas de opinião, realizadas pela insuspeita DataFolha em 2009 e 2015, revelam que a população entrevistada tributa maior confiança e credibilidade aos notários e registradores do que a outros profissionais que desempenham atividades jurídicas, como juízes, promotores e advogados. Foi havido pela população que essa função pública é desempenhada pelos notários e registradores de modo altamente cortês e eficiente, sendo elevadíssimo o grau de satisfação manifestado pelos seus usuários. Essas pesquisas podem ser acessadas em *www.anoregsp.org.br/index. php?pG=X19leGliZV9ub3RpY2lhcw==&in=MTEz*; e *www.anoreg.org.br/index.php?op tion=com_content&view=article&id=18139*.

31. O que seria de todo indesejável em vista da inegável eficiência e nacional reconhecimento da boa prestação dessas atividades pela população, se comparado ao seu desempenho estatal, que há pouco foi definitivamente trespassado aos particulares no Estado da Bahia.

32. Como já se processou por ocasião do advento do novo regime constitucional, seja em relação às serventias judiciais como também em relação às extrajudiciais. É o que se prevê nos arts. 31 e 32 do ADCT: "Art. 31. Serão estatizadas as serventias do foro judicial, assim definidas em lei, respeitados os direitos dos atuais titulares" e "Art. 32. O disposto no art. 236 não se aplica aos serviços notariais e de registro que já tenham sido oficializados pelo Poder Público, respeitando-se o direito de seus servidores". Sobre o conceito de serventia judicial e extrajudicial, remetemos à nossa observação lançada no item 35, adiante.

COMPETÊNCIA LEGISLATIVA EM MATÉRIA NOTARIAL E DE REGISTRO   127

14. Caso não se pretenda salvaguardar estas situações jurídicas consolidadas da incidência da nova disciplina legal, restará configurada a ocorrência de sacrifício de direito, exigente de justa e prévia indenização.[33]

E sem que haja a prévia preservação do patrimônio do agente delegado dessa função pública, não se poderá castrá-lo do desempenho da atividade notarial e de registro. Isso porque a justa e prévia indenização se impõe como condição suspensiva da irradiação dos efeitos da medida legislativa ou administrativa que tenha por finalidade esgarçar atos jurídicos de modo especial e anormal.[34]

15. Outro tema deflagrador de apaixonadas opiniões reside na possibilidade de a lei reconfigurar a atividade notarial e de registro, acrescendo ou suprimindo atribuições do campo das suas múltiplas especialidades. A análise desta espinhosa questão exige, no entanto, a prévia delimitação do campo de incidência das normas gerais em relação a essa função pública.

5.4 Edição de normas gerais quanto à delimitação da atividade notarial e de registro

16. Há quem dê o mesmo significado jurídico às noções de norma geral e de lei geral, tese com a qual não comungamos.[35]

Segundo nos parece,[36] o art. 24, § 1º, da Constituição da República, prescreve que, havendo competência concorrente entre as pessoas políticas para legislar sobre determinado plexo de relações intersubjetivas, a

33. Nesse ponto discordamos do pensamento de Marcelo Figueiredo, para quem não haveria possibilidade de retomada da prestação dessas atividades pelo Estado ("Análise da importância da atividade notarial na prevenção dos litígios e dos conflitos sociais", *Revista de Direito Notarial*, ano 2, n. 2, São Paulo, Quartier Latin, set. 2009-maio 2010, pp. 100 e 101).

34. É o juízo que formamos em nosso *Responsabilidade Patrimonial do Estado*, São Paulo, Malheiros Editores, 2010.

35. Caso de Carlos Maximiliano, para quem o direito comum "(...) contém normas gerais, acordes com os princípios fundamentais do sistema vigente e aplicável universalmente a todas as relações jurídicas a que se referem". Já o direito singular "(...) atende a particulares condições morais, econômicas, políticas, ou sociais, que se refletem na ordem jurídica, e por esse motivo subtrai determinadas classes de matérias, ou de pessoas às regras do direito comum, substituídas de propósito por disposições de alcance limitado, aplicáveis apenas às relações especiais para que foram prescritas" (*Hermenêutica e Aplicação do Direito*, 9ª ed., Rio de Janeiro, Forense, 1979, p. 228, item 274).

36. E aqui sintetizamos pensamento já exposto anteriormente ("Apontamentos do Regime Diferenciado de Contratação à luz da Constituição da República", in Rafael Valim, Augusto Neves Dal Pozzo e Marcio Cammarosano (coords.), *Regime Diferenciado*

128   REGIME CONSTITUCIONAL DA ATIVIDADE NOTARIAL E DE REGISTRO

lei produzida pelo Poder Legislativo da União veiculará normas gerais sobre o tema.

A expressão normas gerais é empregada de forma plurissignificativa na linguagem da Ciência do Direito. Deveras, se pretendermos classificar as normas jurídicas a partir de sua estrutura (um dos possíveis critérios classificatórios existentes) teremos normas jurídicas gerais, abstratas, concretas e individuais.

Ocorre que esse juízo é imprestável para apartar as normas gerais das demais espécies veiculadas no ordenamento jurídico. É que qualquer uma delas poderá ser uma norma geral à luz da classificação estrutural apontada acima. Desta forma, a dessemelhança entre elas prevista constitucionalmente não reside nesse elemento classificatório.

17. Daí porque usualmente se qualificam como normas gerais as normas jurídicas que veiculam em seu conteúdo mandamentos (i) genéricos a serem observados inexoravelmente por ulteriores atos normativos que pretendam dispor, total ou parcialmente, a respeito do plexo de direitos e obrigações de sujeitos de direitos advindo das possíveis relações jurídicas que tenham por objeto certo bem juridicamente tutelado e (ii) que podem ser aplicados de maneira uniforme e indistinta nas localidades em que se verifique o surgimento de relações jurídicas decorrentes de suas disposições obrigatórias.[37]

A esses predicados soma-se outro, recentemente identificado pelo sempre genial Celso Antônio Bandeira de Mello, que nelas incluiu o dever de (iii) fixar um padrão mínimo de conduta a ser observado por todos os entes políticos, demarcando elementar e irredutível plexo de garantias.[38]

Sob essas perspectivas, as normas gerais são normas de produção normativa ou normas de estrutura que, adicionalmente, disciplinam o mínimo essencial do tema por ela legislado. Qualificam-se como normas especiais os comandos prescritivos que pretendem disciplinar o comportamento humano em vista dos padrões ditados nas normas gerais.[39]

de Contratações Públicas – RDC (Lei n. 12.462/2011; Decreto n. 7.581/2011): aspectos fundamentais, 3ª ed., Belo Horizonte, Fórum, 2014, pp 3 a 15).

37. Nesse sentido é o pensamento de Geraldo Ataliba ("Normas gerais de Direito Financeiro e Tributário", *Revista de Direito Público*, n. 10, São Paulo, Ed. RT, pp. 45 a 80), que subscrevemos de modo integral (*Regime Jurídico das Obriga*ção *Tributária Acessória*, São Paulo, Malheiros Editores, 2005, pp. 125 a 127).

38. "O conceito de normas gerais no direito constitucional brasileiro", *Interesse Público*, ano 13, n. 66, Belo Horizonte, Fórum, mar./abr. 2011.

39. Daí a conclusão no sentido de que: toda norma geral é veiculada em lei geral, mas nem toda lei geral veicula norma geral. De outra banda, pode haver norma especial veiculada em lei geral, mas não lei especial veiculada em norma geral.

COMPETÊNCIA LEGISLATIVA EM MATÉRIA NOTARIAL E DE REGISTRO   129

18. É variado e sortido o campo para veiculação de normas gerais em matéria notarial e de registro, e delas nos ocuparemos ao seu tempo. Mas já adiantamos a imperiosa necessidade de sua edição para a fixação de diretrizes (i) em vista das quais os Estados instituirão emolumentos, como expressamente consigna o art. 236, § 2º, da Constituição da República; (ii) relacionadas ao estabelecimento de disciplina nacional para realização de concurso público habilitante ao desempenho dessa função delegada;[40] e (iii) volvidas à fiscalização dos atos notariais e de registro pelo Poder Judiciário.

5.4.1   O fundamento constitucional para o regramento da atividade notarial e de registro

19. Afirma-se que a competência legislativa para disciplinar a atividade notarial e de registro tem seu fundamento no art. 22, XXV, da Constituição da República,[41] razão da privativa legitimidade da União para sobre ela dispor.[42] Não comungamos deste pensamento.

20. A um só tempo a Constituição da República prevê que a função pública notarial e de registro compreende duas distintas especialidades: *notas* e *registros* públicos, categorias jurídicas alçadas à condição de conceitos constitucionais por referência.[43] Sem embargo, o art. 22, XXV, da Constituição da República outorga competência privativa da União para legislar *apenas* sobre *registros públicos*.

Em vista disto, teria o constituinte se deslembrado de contemplar nesse preceptivo a atividade *notarial* que, conjuntamente com a atividade de *registro*, conformam essa função pública? Teria, em razão disto, o

40. No que antecipadamente concordamos com o pensamento de Clèmerson Mérlin Clève, para quem este campo é reservado à competência da União ("O Regime jurídico das serventias extrajudiciais e a Lei 3.893/2002 do Estado do Rio de Janeiro", in *Soluções Práticas de Direito – Administração Pública, tributação e finanças públicas – Pareceres*, vol. 2, São Paulo, Ed. RT, 2012, p. 403).

41. "Art. 22. Compete privativamente à União legislar sobre: (...) XXV – registros públicos."

42. Caso de Celso Bastos (*Parecer emitido em favor do Sindicato dos Escreventes e Auxiliares Notariais e Registrais do Estado de São Paulo – SEANOR*, São Paulo, 1999, p. 32), José Afonso da Silva (*Comentário Contextual à Constituição*, 9ª ed., São Paulo, Malheiros Editores, 2014, p. 275), Clèmerson Merlin Clève ("Atividade notarial. Distribuição de títulos e documentos. Regime jurídico. Controle de constitucionalidade", in *Soluções Práticas de Direito – Administração Pública, tributação e finanças públicas – Pareceres*, vol. 2, São Paulo, Ed. RT, 2012, pp. 346 e 355) e Letícia Franco Maculan Assumpção (*Função Notarial e de Registro: concurso público, regime jurídico e responsabilidade civil*, Porto Alegre, Nuria Fabris Editora, 2011, p. 38).

43. Conforme se lê no Capítulo III, itens 2 a 6.

130 REGIME CONSTITUCIONAL DA ATIVIDADE NOTARIAL E DE REGISTRO

constituinte atribuído à União competência privativa para dispor sobre matéria de *registro* (art. 22, XXV) e, em vista do seu eloquente silêncio, aquinhoado aos Estados a residual competência legislativa em matéria *notarial* (art. 25, § 1º), viabilizando duplicidade de regimes jurídicos para uma mesma função pública?

Parece-nos haver constitucional imposição de solução normativa única para *notas* e *registro*. Isso porque o art. 236, § 1º, da Constituição da República assinala que lei regulará a atividade notarial e de registro. E não poderia a lei em comento ser produzida com fundamento no art. 22, XXV, relegando aos Estados a competência legislativa para dispor sobre a atividade *notarial*. Assim, vê-se que esta solução proporcionaria o estabelecimento de múltiplos regimes normativos para institutos que a própria Constituição assinalou devem ser fixados de modo uniforme.

Propõe-se, assim, uma interpretação diversa daquela usualmente afirmada do texto constitucional. Não por amor à criação de novidades, mas pela hermenêutica que nos parece acertada.

21. Nesse sentido, anote-se que a atividade de registro prevista no art. 236 da Constituição da República é impressionantemente mais modesta e acanhada, se comparada ao catálogo das demais atividades de registro público previstas constitucionalmente.

Com efeito, existe previsão constitucional de banco de dados ou *registro* de caráter governamental ou público, situação viabilizadora da impetração de *habeas data* (art. 5º, LXXII); *registro* de candidatura pública, afeto ao exercício da cidadania (art. 8º, VIII, e art. 10, II, "a" do ADCT); *registro* administrativo sobre atos do governo, de óbvio acesso público em todas as esferas estatais (art. 37, § 3º, II); *registro* dos atos de admissão de pessoal, tema do interesse de todas as pessoas da Administração direta e indireta (art. 71, III); *registro* de inventário de bens materiais ou imateriais do patrimônio cultural brasileiro, objeto curado pelo Poder Público (art. 216, § 1º); *registro* de eleitor (art. 5º, § 1º, do ADCT); e *registro* de partido político (art. 6º do ADCT).

E não se trata apenas de uma questão de palavras. Isso porque, subjacente a cada uma dessas passagens constitucionalmente rotuladas de *registro*, há, de fato, um ato estatal constitutivo ou certificatório de uma situação de fato ou de direito.

22. Logo, se *todos* os registros aludidos acima são indiscutivelmente públicos, estariam eles globalmente contemplados no conceito matriz do art. 22, XXV, da Constituição da República? Ao nosso juízo não. Limitemo-nos ao exame da atividade de registro, encartada na função pública delegada da qual nos ocupamos.

COMPETÊNCIA LEGISLATIVA EM MATÉRIA NOTARIAL E DE REGISTRO   131

23. A atividade notarial e de registro é uma atividade estatal por meio da qual se formalizam atos e fatos jurídicos, atribuindo-lhes as notas da *fé pública*. É, sob esta ótica, uma disciplina normativa de *sobreposição*. Isso porque ela adere a outra que lhe serve de suporte; não tem a atividade notarial e de registro vida jurídica autonômica. Constitui-se direito adjetivo que demanda existência de direito substantivo, sem o que não haverá objeto viabilizador da sua incidência.

Assim como o processo civil inexiste sem o correspondente direito material a ser reclamado em juízo, a atividade notarial e de registro (*direito meio*) não subsiste sem outro fenômeno jurídico que lhe sirva de suporte (*direito fim*).

24. Daí ser despiciendo afirmar que a União detém a competência privativa para legislar sobre processo judicial civil ou penal (*direito meio*), uma vez que o direito material a que eles aderem já se encontra na privativa alçada legislativa federal (como direito civil, direito penal, direito eleitoral etc.; é dizer, como *direito fim*).

E pela idêntica razão, as leis que tratam do tema de processo administrativo (*direito meio*) podem ser produzidas autonomamente pelo Poder Legislativo das diversas órbitas políticas. Isso porque o processo administrativo se presta (*direito meio*) ao controle da produção de atos emanados no bojo do exercício de funções públicas da típica alçada daquelas entidades federativas (*direito fim*).[44]

25. Sob esta ótica é o *direito fim* que ditará a necessidade ou não da prática do *direito meio*, bem como a forma de sua realização. Desse modo, é o direito civil, eleitoral, agrário, marítimo, aeronáutico, espacial do trabalho (art. 21, I, da Constituição da República) que fixam, ao seu modo, o alcance e a extensão dos atos notariais e de registro que lhes possam ser prestantes.

Por estas razões, não tem a atividade notarial e de registro previsão legislativa autônoma. Essa função pública tem sua nascente no *direito fim* que arrima a sua existência e demanda o seu exercício.

26. Estas considerações sugerem a existência de vício formal das múltiplas leis editadas a propósito dessa função pública? Ventila-se a

---

44. Diogenes Gasparini sintetiza essa ideia ao afirmar que "O procedimento administrativo é matéria que diz com a autonomia dos entes federados, de sorte que cada um pode discipliná-lo livremente" (*Direito Administrativo*, 16ª ed., Saraiva, São Paulo, 2011, p. 96). Ideia igualmente comungada por Maria Sylvia Zanella Di Pietro (*Direito Administrativo*, 28ª ed., São Paulo, Atlas, 2015, p. 769) e José dos Santos Carvalho Filho (*Manual de Direito Administrativo*, 25ª ed., São Paulo, Atlas, 2012, p. 970).

132   REGIME CONSTITUCIONAL DA ATIVIDADE NOTARIAL E DE REGISTRO

questão pelo fato de essas leis terem sido aprovadas pelo Congresso Nacional ao suposto abrigo do art. 22, XXV, da Constituição da República. O vício especulado não prospera, pois outra competência legislativa legitima a produção dessas leis pela União.

27. Com efeito, as leis fixadoras das diversas especialidades notariais e de registro foram produzidas pela União como medida de suporte e apoio à concretização de atos e fatos jurídicos realizados com fundamento em leis nacionais ou federais.

As leis nacionais ou federais diretamente relacionadas à atividade notarial e de registro procuram condensar o tratamento normativo dessa função pública nesse âmbito.[45] E mesmo assim não exaurem o seu objeto, por vezes tratado de modo extravagante no bojo de leis brotadas do Congresso Nacional e veiculadoras de *direito meio* ou de *direito fim*.[46]

Daí porque, como a Lei de Registros Públicos guarda visceral relação com a produção de atos e fatos jurídicos regrados pelo direito civil, dentre outros, a União detém dupla competência: para editar o *direito fim* (direito civil, no exemplo dado) e o *direito meio* que lhe corresponde (atividade notarial e de registro relacionada ao direito civil).

Por igual razão a União legitimamente editou a Lei do Protesto. Com efeito, essa atividade delegada se presta a instrumentalizar (*direito meio*) a comprovação da impontualidade no pagamento de dívida,[47] segundo a disciplina própria fixada do direito privado ou, ainda, segundo o Código Tributário Nacional (*direito fim* cuja disciplina legislativa é reservada à União).

45. E por que se diz que a disciplina notarial e de registro podem ser nacionais ou federais? Porque o *direito fim* produzido pelo Congresso Nacional pode cambiar sua natureza jurídica, podendo ser lei nacional ou lei federal, conforme observamos nos itens 4 e 5, acima.

46. Confiram-se, a propósito, as considerações lançadas no Capítulo IV, item 14.

47. Este é o pensamento, dentre outros, de Carlos Henrique Abrão (*Do Protesto*, São Paulo, Editora Leu, 1999), Theophilo de Azeredo Santos ("Observações sobre o protesto de títulos e documentos", *Boletim Informativo do IEPTBRJ*, ano 1, n. 8, Rio de Janeiro, dez. 2002, p. 3), Vicente de Abreu Amadei ("Princípios de protesto de títulos", in Ricardo Dip (coord.), *Introdução ao Direito Notarial e Registral*, Porto Alegre, Sergio Antonio Fabris Editor, 2004, pp. 84 e 85), Silvio de Salvo Venosa ("O protesto de documentos de dívida", disponível em *www.migalhas.com.br/dePeso/16,MI947,-61044-O+protesto+de+documentos+de+divida*, acessado em 27.12.2015) e Cláudio Marçal Freire ("O Documento de Dívida e a Lei 9.492, de 10 de setembro de 1997", disponível em *www.anoreg.org.br/index.php?option=com_content&view=article&i d=2833:imported_2801&catid=54:diversos&Itemid=184*, acessado em 27.12.2015).

COMPETÊNCIA LEGISLATIVA EM MATÉRIA NOTARIAL E DE REGISTRO   133

28. Assim, não é o art. 22, XXV, da Constituição da República fundamento constitucional para edição de lei sobre a atividade notarial ou de registro. Esta competência é assinalada à pessoa política privativamente legitimada a produzir o *direito fim*, eventualmente exigente do desempenho da atividade notarial e de registro (*direito meio*).

Em vista disto, pode o *direito fim* cambiar o campo de atuação do *direito meio*, alterando-lhe a conformação?

5.4.2 A mutação da atividade notarial e de registro por meio de lei

29. "O futuro não pode ser um perpétuo prisioneiro do passado", diz Almiro do Couto e Silva.[48]

Não podem situações jurídicas assinaladas pelo direito positivo ou constituídas sob o seu pálio serem erigidas como trincheiras intransponíveis à mutação legislativa. Fosse isto acertado, os zoneamentos urbanos, industriais e comerciais seriam inalteráveis até a consumação dos séculos. Isso porque leis desse jaez preveem certas posições jurídicas em favor dos seus destinatários, que resultarão alteradas pela legislação que lhe foi superveniente.

Tampouco se poderia ter promovido a encampação de concessão de transporte público de bondes, em vista de outros meios de locomoção mais eficientes, ou mesmo o resgate de concessão do serviço de iluminação pública a gás, de modo a ditar que a mesma atividade fosse desempenhada com tecnologia mais moderna (por meio elétrico).[49]

30. Se por um lado é acertado que o futuro não pode ser um eterno prisioneiro do passado, é igualmente correto que apenas os direitos sub-

---

48. Eis o pensamento do publicista gaúcho: "É certo que o futuro não pode ser um perpétuo prisioneiro do passado, nem podem a segurança jurídica e a proteção à confiança se transformar em valores absolutos, capazes de petrificar a ordem jurídica, imobilizando o Estado e impedindo-o de realizar as mudanças que o interesse público estaria a reclamar. Mas, de outra parte, não é igualmente admissível que o Estado seja autorizado, em todas as circunstâncias, a adotar novas providências em contradição com as que foram por ele próprio impostas, surpreendendo os que acreditaram nos atos do Poder Público" ("O princípio da segurança jurídica no direito público brasileiro e o direito da Administração Pública de anular seus próprios atos administrativos: o prazo decadencial do art. 54 da Lei de Processo Administrativo da União (Lei 9.784/1999)", in *Conceitos Fundamentais do Direito no Estado Constitucional*, São Paulo, Malheiros Editores, 2015, p. 49).

49. Exemplos de encampação ou de resgates, fornecidos por Celso Antônio Bandeira de Mello (*Curso de Direito Administrativo*, 33ª ed., 3ª tir., São Paulo, Malheiros Editores, 2018, pp. 777 e 778, item 70).

134   REGIME CONSTITUCIONAL DA ATIVIDADE NOTARIAL E DE REGISTRO

jetivos passíveis de sacrifício podem ser amesquinhados para satisfação do interesse público.

Assim, uma parte do futuro da Nação está presa ao passado e outra parte, embora atrelada ao passado, poderá ser livremente gizada pelos representantes do povo. Quer-se com isso destacar que (i) parte do futuro na Nação é, de fato, imutável, pois há garantias jurídicas alçadas à condição de cláusulas pétreas; ao passo que (ii) parcela desse mesmo futuro é mutável em relação aos bens jurídicos cambiáveis ao sabor do Poder constituído.

Nesse pêndulo da mutabilidade e da imutabilidade da ordem jurídica, o interesse público se revela como a pedra de toque para a legítima condução do futuro da Nação. Com efeito, dentro dos seus limites é que se poderá garantir a manutenção do aspecto imutável da ordem jurídica e da alteração da sua parte cambiável para, nas duas hipóteses, satisfazer o bem comum.

31. Em vista disto, o que se prevê em favor do notário e registrador no desempenho da atividade notarial e de registro? Conferiu-se em favor deles um ato jurídico perfeito que, a partir da outorga da delegação, cristaliza-se como direito adquirido tornando imutável o seu campo de atuação?

Pensamos ser negativa a resposta, pois a relação jurídica formada entre o Poder Público e esses agentes delegados é de índole estatutária,[50] mutável por excelência,[51] pois "não há direito adquirido a regime jurídi-

50. Embora tratemos desse tema mais adiante, adiantamo-nos na indicação da natureza do vínculo jurídico formado entre o Poder delegante e os notários e registradores, sem o que não se demonstra a plausibilidade da tese jurídica legitimadora da cambiante alteração do seu campo normativo de atuação. Nesse sentido acertadamente opinam Luís Paulo Aliende Ribeiro (*Regulação da Função Pública Notarial e de Registro*, São Paulo, Saraiva, 2009, p. 58) e Luís Roberto Barroso ("Serviços notariais e de registro. Repercussão sobre o usuário dos valores recolhidos a título de ISS", *Parecer*, Rio de Janeiro, 2012, p. 6. item 7).

51. Ao tratar do regime estatutário aplicável aos servidores públicos – ideia que também se estende às delegações de atividades públicas, como ato-adesão, e também à atividade notarial e de registro –, Celso Antônio Bandeira de Mello observa que "Nas relações contratuais, como se sabe, direitos e obrigações recíprocos, constituídos nos termos e na ocasião da avença, são unilateralmente imutáveis e passam a integrar de imediato o patrimônio jurídico das partes, gerando, desde logo, direitos adquiridos em relação a eles. Diversamente, no liame de função pública, composto sob a égide estatutária, o Estado, ressalvadas as pertinentes disposições constitucionais impeditivas, deterá o poder de alterar legislativamente o regime jurídico de seus servidores, inexistindo a garantia de que continuarão sempre disciplinados pelas disposições vigentes quando de seu ingresso. Então, benefícios e vantagens, dantes previstos, podem ser ulteriormente suprimidos. Bem por isto, os direitos que deles derivem não se incorporam integralmente, de imediato,

COMPETÊNCIA LEGISLATIVA EM MATÉRIA NOTARIAL E DE REGISTRO   135

co". É certo que não há unanimidade neste pensamento, pois também se afirma a imutabilidade do campo da atividade notarial e de registro por meio de lei formal.[52]

32. Sem embargo do ilustrado pensamento contrário, advogamos a ideia segundo a qual o regime estatutário se presta à expedita e cambiável tutela da vida juridicamente regrada em vista do interesse público. Justamente por esta razão, recobre-se de juridicidade a legislação promotora de sucessivas mutações nesse campo, remodelando o campo jurídico da atividade notarial e de registro para adequá-lo às contemporâneas aspirações sociais e à tutela do bem comum.

Daí porque, após a edição das Leis federais 11.382, de 2006 e 12.322, de 2010, não mais se impôs aos advogados o dever de juntar cópia autenticada de documentos em processos judiciais para fazer prova dos originais. Previu-se que, a partir da edição dessa lei, o patrono pudesse afirmar a autenticidade das cópias juntadas aos autos.[53]

ao patrimônio jurídico do servidor (firmando-se como direitos adquiridos), do mesmo modo que nele se integrariam se a relação fosse contratual, o que, todavia, não significa que inexistam direitos adquiridos no curso de relação estatutária. Basta que se preencham seus pressupostos de aquisição, os quais, sem embargo, não irrompem do mesmo modo que em uma relação contratual trabalhista" (*Curso de Direito Administrativo*, cit., pp. 267 e 268, item 16).

52. Luís Roberto Barroso advoga a tese de inconstitucionalidade do art. 1.361, § 1º, do Código Civil, ao fundamento de que esse dispositivo trespassou parcela dessa função delegada ao Estado ("Invalidade de exercício direto pelo Estado dos Serviços Notariais e de Registros. Interpretação conforme a Constituição do art. 1.361, § 1º, do novo Código Civil", *Parecer emitido em favor da Associação de Registradores de Títulos e Documentos da Cidade do Rio de Janeiro*, Rio de Janeiro, 2003, itens 23 e 24). Não nos parece o caso, pois o Código Civil prevê a possibilidade de constituição da propriedade fiduciária de veículos pelo registro do respectivo contrato nos DETRANs. Não se operou a estatização de parcela dessa função pública, *data venia* de quem pensa de modo diverso, mas a reconfiguração do campo de atuação dessa atividade, afirmando-se que a constituição de um ato jurídico pode se operar por notário ou registrador ou por terceiro, no caso o Estado. Não se trata, desse modo, de atividade notarial e de registro que passou a ser desempenhada pelo Estado (opinião de Luís Roberto Barroso), mas da desqualificação desse atributo para a constituição da alienação fiduciária em relação a veículos automotores. Houve, pois, supressão de certa atividade jurídica da atividade notarial e de registro. Nada aquém e nada além disto, como acabou sendo decidido pelo Supremo Tribunal Federal (STF, Tribunal Pleno, Repercussão Geral no RE 611.639, rel. Min. Marco Aurélio, *DJe* 15.4.2016).

53. Eis os dispositivos do CPC/1973 aludidos, parcialmente contemplados nos arts. 425 e 914 do CPC/2015:

"Art. 365. Fazem a mesma prova que os originais: (...) IV – as cópias reprográficas de peças do próprio processo judicial declaradas autênticas pelo advogado, sob sua responsabilidade pessoal, se não lhes for impugnada a autenticidade."

"Art. 736. O executado, independentemente de penhora, depósito ou caução, poderá se opor à execução por meio de embargos. § 1º. Os embargos à execução serão

136   REGIME CONSTITUCIONAL DA ATIVIDADE NOTARIAL E DE REGISTRO

Se na hipótese acima desbastou-se o campo de atuação dos notários e registradores, em outras alargou-se o espectro de atividades desempenháveis por meio dessa função pública.

Foi o que se processou, por exemplo, com a edição da Lei federal 11.441, de 2007, a partir da qual um ato notarial pode formalizar inventário e partilha, além de separação e divórcio consensual, desde que não estejam presentes hipóteses impeditivas legalmente previstas.

33. Assim, nada a opor à configuração e reconfiguração de atividade notarial e de registro, pois, sendo ela conferida aos delegatários sob regime jurídico de índole estatutária, não há direito adquirido à inalterabilidade dos fatos que podem ser, por meio dela, dotados de *fé pública.*

Visto a mutabilidade do campo jurídico de incidência da atividade, passemos a tratar dos meios previstos para o desempenho dessa função pública: cuidemos, pois, das serventias extrajudiciais.

5.5   Edição de normas para criação, transformação e extinção de serventias extrajudiciais

34. A atividade notarial e registral é um tema de vocação nacional.[54] Isso porque os efeitos jurídicos decorrentes dos atos praticados com base nesta titulação jurídica não estão circunscritos aos estritos limites territoriais do ente titular desta competência administrativa (que, adiantamos, são os Estados).

Não sem razão o órgão estatal incumbindo da fiscalização dos atos produzidos com base nessa competência é igualmente nacional: o Poder Judiciário,[55] por meio da especializada justiça estadual.

distribuídos por dependência, autuados em apartado e instruídos com cópias das peças processuais relevantes, que poderão ser declaradas autênticas pelo próprio advogado, sob sua responsabilidade pessoal."

54. No que está coberto de razão Luís Paulo Aliende Ribeiro, *Regulação da Função Pública Notarial e de Registro,* cit., pp. 150 e 151.

55. Ao julgar a Medida Cautelar na ADI 3.367, o ex-Ministro Cezar Peluso afirmou que "O pacto federativo não se desenha nem expressa, em relação ao Poder Judiciário, de forma normativa idêntica à que atua sobre os demais Poderes da República. Porque a Jurisdição, enquanto manifestação da unidade do poder soberano do Estado, tampouco pode deixar de ser una e indivisível, é doutrina assente que o Poder Judiciário tem caráter nacional, não existindo, senão por metáforas e metonímias, '*Judiciários estaduais*' ao lado de um '*Judiciário federal*'. A divisão da estrutura judiciária brasileira, sob tradicional, mas equívoca denominação, em Justiças, é só o resultado da repartição racional do trabalho da mesma natureza entre distintos órgãos jurisdicionais. O fenômeno é corriqueiro, de distribuição de competências pela malha de órgãos especializados, que, não obstante portadores de esferas próprias de atribuições jurisdicionais e administrativas,

COMPETÊNCIA LEGISLATIVA EM MATÉRIA NOTARIAL E DE REGISTRO   137

Nesse sentido, o advento do Conselho Nacional de Justiça (CNJ) corrobora, de modo irrebatível, a projeção nacional da atividade notarial e de registro. Isso porque, segundo o art. 103-B, § 4º, III, da Constituição da República, compete a esse órgão nacional do Poder Judiciário, o:

controle da atuação administrativa e financeira do Poder Judiciário (...), cabendo-lhe, além de outras atribuições que lhe forem conferidas pelo Estatuto da Magistratura: (...) III – receber e conhecer das reclamações contra membros ou órgãos do Poder Judiciário, inclusive contra seus serviços auxiliares, serventias e órgãos prestadores de serviços notariais e de registro que atuem por delegação do poder público ou oficializados, sem prejuízo da competência disciplinar e correcional dos tribunais, podendo avocar processos disciplinares em curso e determinar a remoção, a disponibilidade ou a aposentadoria com subsídios ou proventos proporcionais ao tempo de serviço e aplicar outras sanções administrativas, assegurada ampla defesa.

35. Em razão da vocação nacional dessa função administrativa estadual, a União e os Estados podem legislar concorrentemente sobre as atividades indiretamente necessárias ao seu desempenho,[56] a teor do disposto no art. 24, §§ 1º a 4º, da Constituição da República. Fiada nessa autorização constitucional, a União rompeu sua omissão com a edição da Lei federal 8.935, de 1994.[57]

integram um único e mesmo Poder. Nesse sentido fala-se em *Justiça Federal* e *Estadual*, tal como se fala em *Justiça Comum, Militar, Trabalhista, Eleitoral* etc., sem que com essa nomenclatura ambígua se enganem hoje os operadores jurídicos".

56. O trato legislativo direta ou indiretamente relacionado ao desempenho da atividade notarial e de registro foi consignado no item 2, acima.

57. Ideia que discrepa daquela habilmente esgrimida por Marcelo Figueiredo, para quem "Ao revés, por respeito ao princípio da autoadministração dos Estados-membros e do Distrito Federal, quando tratar das normas disciplinadoras dos aspectos orgânicos e estritamente administrativos da atividade notarial e de registro, bem como da fiscalização que sobre estas matérias deverá exercer o Poder Judiciário, poderá apenas expressar 'normas legislativas gerais', ou seja, fixar princípios ou delineamentos maiores em âmbito nacional para todos os entes da Federação. Nesse último caso, portanto, estará expressando a competência concorrente da União para editar 'normas gerais' sobre estas matérias, garantida, com isso, a competência legislativa estadual e distrital para tratar dos assuntos estritamente administrativos que lhe forem pertinentes. Agora em síntese final: a 'lei' referida no art. 236, § 1º, da Constituição é 'federal'. Disciplinará a atividade dos registradores, no campo substantivo e material dos atos de registros públicos, da responsabilidade civil e criminal de notários, registradores e seus prepostos, como expressão da competência privativa da União sobre estas matérias. Aos Estados-membros e ao Distrito Federal, por suas leis próprias, estará vedado tratar destes assuntos. Todavia, quanto à atividade de notários e registradores, sob os seus aspectos orgânicos ou estritamente administrativos, os disciplinará no exercício da sua competência concorrente com Estados e Distrito Fe-

138   REGIME CONSTITUCIONAL DA ATIVIDADE NOTARIAL E DE REGISTRO

E no campo do exercício dessa cumulativa competência legislativa insere-se a estruturação jurídica viabilizadora do desempenho da própria atividade pública delegada, que tem como aspecto nuclear a noção de *serventia* ou *serventia extrajudicial*. Em rigor esta última designação melhor representa o objeto de estudo, por apartá-la das *serventias* nas quais se desempenham serviços auxiliares ao Poder Judiciário e que, por isto, são denominadas de *serventias judiciais*.

Utilizemos pois, as expressões *serventia extrajudicial* ou *serventia*, em oposição às *serventias judiciais*.

5.5.1   Conceito e natureza da serventia extrajudicial

36. Segundo a dicção do art. 236 da Constituição da República, com a delegação do "serviço notarial e de registro", dá-se a investidura[58] da pessoa natural no exercício de uma competência pública. Apesar de essa competência pública ter sido impropriamente designada de "serviço" pelo Texto constitucional, interessa-nos registrar que a Carta Magna prevê que a pessoa natural é investida (ou *delegada*) nesse "serviço" (é dizer, na competência jurídica legitimadora da produção de atos notariais e de registro).

Essa competência pública é designada pelo art. 16 da Lei federal 8.935/1994 de *serventia* que, na ilustrada opinião de Celso Antônio Bandeira de Mello, "constitui-se em um plexo unitário, individualizado, de atribuições e competências públicas".[59] A definição proposta pelo professor emérito é irrebatível pela sua tecnicidade.

Sem embargo, alguns sustentam que as serventias extrajudiciais têm natureza de órgão público,[60] posição que dissentimos. Isso porque,

deral, na forma do art. 24 da nossa lei maior. Limitar-se-á apenas ao estabelecimento de 'normas gerais' fixadoras das grandes diretrizes sobre a matéria. Aos Estados-membros e ao Distrito Federal competirá legislar, portanto, respeitadas as normas gerais ditadas pela União, sobre os aspectos orgânicos ou estritamente administrativos que possibilitarão a prestação dos serviços delegados com base no art. 236 da nossa Constituição Federal" (*Parecer emitido em favor do Dr. Evandro Mombrum de Carvalho*, São Paulo, 2008, pp. 61 a 63).

58. Sobre o conceito de investidura, confira-se a excepcional monografia de Marcio Cammarosano, *Provimentos de Cargos Públicos no Direito Brasileiro*, São Paulo, Ed. RT, 1984, pp. 25 e 26.

59. Cf. "A competência para criação e extinção de serviços notariais e de registro e para delegação e provimentos desses serviços", in *Coleção Doutrinas Essenciais: direito registral*, vol. I, São Paulo, Ed. RT, 2011, p. 71.

60. Maria Helena Diniz manifesta opinião que, ao nosso juízo, não procede. *Primeiro* por afirmar que serventia extrajudicial se qualifica como órgão público, tese que

COMPETÊNCIA LEGISLATIVA EM MATÉRIA NOTARIAL E DE REGISTRO   139

sendo o órgão desprovido de personalidade jurídica – o que é sabido e ressabido por todos –, nele não habita qualquer espécie de competência, que sempre adere à pessoa natural[61] investida em uma função pública. Outros afirmam que a serventia assume contornos de empresa,[62] posição que também nos parece equivocada, pois a competência é desprovida de personalidade jurídica. Sem nelas identificar alguma conformação jurídica própria[63] – senão que de própria competência pública –, também se opta por designar as serventias extrajudiciais de *estrutura orgânica peculiar*.[64]

37. Visto que serventia extrajudicial é uma competência pública administrativa, resta saber como ela se cria, se altera e se extingue.

repudiamos. *Segundo* por afirmar que é órgão integrante do Poder Judiciário, posição que não nos parece acertada como procuramos esclarecer no Capítulo VI, itens 38 a 45 (*Sistema de Registros de Imóveis*, 9ª ed., São Paulo, Saraiva, 2010, pp. 688 e 712). Aderem ao mesmo pensamento Claudio Martins ("Fé pública é fé notarial", *Revista da Academia Cearense de Letras*, ano 92, n. 38, Fortaleza, 1977, pp. 5 e 6) e Luís Roberto Barroso ("Serviços notariais e de registro. Repercussão sobre o usuário dos valores recolhidos a título de ISS", cit., item 7).

61. Daí a impropriedade da previsão veiculada no art. 103-B, § 4º, III, da Constituição da República, qualificativa dos "serviços notariais e de registro" como órgão. Confira-se a redação desse dispositivo constitucional, por nós destacado: "Art. 103-B. O Conselho Nacional de Justiça compõe-se de quinze membros com mais de trinta e cinco e menos de sessenta e seis anos de idade, com mandato de dois anos, admitida uma recondução, sendo: (...) § 4º. Compete ao Conselho o controle da atuação administrativa e financeira do Poder Judiciário e do cumprimento dos deveres funcionais dos juízes, cabendo-lhe, além de outras atribuições que lhe forem conferidas pelo Estatuto da Magistratura: (...) III – receber e conhecer das reclamações contra membros ou órgãos do Poder Judiciário, inclusive contra seus serviços auxiliares, serventias e órgãos prestadores de serviços notariais e de registro que atuem por delegação do poder público ou oficializados, sem prejuízo da competência disciplinar e correcional dos tribunais, podendo avocar processos disciplinares em curso e determinar a remoção, a disponibilidade ou a aposentadoria com subsídios ou proventos proporcionais ao tempo de serviço e aplicar outras sanções administrativas, assegurada ampla defesa". Mas esta não é a primeira e tampouco a única passagem do Texto Constitucional que coroa a impropriedade do constituinte no emprego de certos conceitos jurídicos. Tome-se por exemplo o art. 195, § 7º, veiculador de hipótese de imunidade tributária, referida pela Carta Magna como isenção, cujo regime jurídico é fixado no plano infraconstitucional.

62. Ideia de Cristiano Graeff Júnior ("Natureza jurídica dos órgãos notarial e de registro", *Revista da Associação dos Juízes do Rio Grande do Sul – AJURIS*, vol. 24, n. 71, nov. 1997, p. 93) e Carlos Thompson Flores ("Titulares vitalícios e estáveis das serventias extrajudiciais. Limitação de sua arrecadação", *Interesse Público*, ano 13, n. 65, Belo Horizonte, Fórum, jan./fev. 2011, p. 139).

63. Caso de Pinto Ferreira, *Comentários à Constituição Brasileira*, vol. 7, São Paulo, Saraiva, 1995, p. 470.

64. Esta original opinião foi talhada por Tercio Sampaio Ferraz Júnior (*Parecer emitido em favor de João Carlos Kloster e outros, relativo à permuta de serventias extrajudiciais no Estado do Paraná*, São Paulo, 2011, p. 8).

140 REGIME CONSTITUCIONAL DA ATIVIDADE NOTARIAL E DE REGISTRO

5.5.2 Disciplina normativa para criação, transformação e extinção das serventias extrajudiciais

Conceito constitucional de "serviços auxiliares" do Poder Judiciário

38. Segundo o art. 96, I, "b", da Constituição da República, aos Tribunais compete, privativamente, *organizar* suas secretarias e "serviços auxiliares". Por seu turno, o art. 96, II, "b", confere aos Tribunais competência para dar início ao processo legislativo versando sobre *criação*, *extinção* de cargos e remuneração dos seus "serviços auxiliares".

Caso as serventias extrajudiciais sejam insertas na noção de "serviços auxiliares" do Poder Judiciário, sendo, pois, elemento integrante da noção de "organização judiciária", a criação e a extinção dessas competências prescritas exigem prévia edição de lei formal.

Nessa toada, sendo a atividade notarial e de registro integrante da noção de "serviços auxiliares" do Poder Judiciário, sua *organização* e *reorganização* prescinde de lei formal. Isso porque, a organização interna do desempenho dessas atividades, desde que não implique na criação de novas competências a serem outorgadas a novos agentes públicos delegados, é tema de sujeição especial.[65]

39. No entanto, se as serventias extrajudiciais forem aparatos alheios à estrutura orgânica do Poder Judiciário, não se qualificando com seu "serviço auxiliar" ou como figura integrante da noção de "organização judiciária", sua criação, extinção, *organização* e *reorganização* poderão ser empreendidas apenas por meio de lei formal.

Assim, deve-se buscar o conceito constitucional de "serviço auxiliar" ao Poder Judiciário para gizar o verdadeiro alcance da sujeição geral e especial[66] na hipótese em apreço.

40. Nas seguintes passagens, por nós destacada, a Constituição da República faz menção à existência de serviços auxiliares:

65. Esta posição por nós perfilhada ("A natureza jurídica das taxas destinadas ao Fundo de Fiscalização das Telecomunicações – FISTEL", in Eduardo de Carvalho Borges (coord.), *Tributação nas Telecomunicações*, São Paulo, Quartier Latin, 2004, pp. 279 a 296), já era abraçada há décadas por Celso Antônio Bandeira de Mello ("Apontamentos sobre o poder de polícia", *Revista de Direito Público*, n. 9, São Paulo, Ed. RT, 1989, pp. 54 a 68).

66. Sobre o conceito de sujeição geral e sujeição especial, confira-se texto especificamente confeccionado a esse propósito por Carolina Zancaner Zockun ("Sujeição especial e regime jurídico da função pública no Estado de Direito Democrático e Social", in Martha Lúcia Bautista Cely e Raquel Dias da Silveira (coords.), *Direito Disciplinário Internacional*, vol. I, Belo Horizonte, Fórum, 2011, pp. 275 a 283).

COMPETÊNCIA LEGISLATIVA EM MATÉRIA NOTARIAL E DE REGISTRO 141

Art. 96. Compete privativamente: (...)

II – ao Supremo Tribunal Federal, aos Tribunais Superiores e aos Tribunais de Justiça propor ao Poder Legislativo respectivo, observado o disposto no art. 169: (...)

b) a criação e a extinção de cargos e a remuneração dos seus *serviços auxiliares* e dos juízos que lhes forem vinculados, bem como a fixação do subsídio de seus membros e dos juízes, inclusive dos tribunais inferiores, onde houver.

(...)

Art. 103-B. O Conselho Nacional de Justiça compõe-se de quinze membros com mandato de dois anos, admitida uma recondução, sendo: (...)

§ 4º. Compete ao Conselho o controle da atuação administrativa e financeira do Poder Judiciário e do cumprimento dos deveres funcionais dos juízes, cabendo-lhe, além de outras atribuições que lhe forem conferidas pelo Estatuto da Magistratura: (...)

III – receber e conhecer das reclamações contra membros ou órgãos do Poder Judiciário, inclusive contra seus *serviços auxiliares*, serventias e órgãos prestadores de *serviços notariais e de registro* que atuem por delegação do poder público ou oficializados, sem prejuízo da competência disciplinar e correcional dos tribunais, podendo avocar processos disciplinares em curso e determinar a remoção, a disponibilidade ou a aposentadoria com subsídios ou proventos proporcionais ao tempo de serviço e aplicar outras sanções administrativas, assegurada ampla defesa.

(...)

Art. 127. O Ministério Público é instituição permanente, essencial à função jurisdicional do Estado, incumbindo-lhe a defesa da ordem jurídica, do regime democrático e dos interesses sociais e individuais indisponíveis.

(...)

§ 2º. Ao Ministério Público é assegurada autonomia funcional e administrativa, podendo, observado o disposto no art. 169, propor ao Poder Legislativo a criação e extinção de seus cargos e *serviços auxiliares*, provendo-os por concurso público de provas ou de provas e títulos, a política remuneratória e os planos de carreira; a lei disporá sobre sua organização e funcionamento.

41. À luz destes dispositivos constitucionais, a atividade notarial e de registro não se confunde com "serviço auxiliar" do Poder Judiciário.

Primeiro porque o art. 103-B, § 4º, III, da Constituição da República, ao instituir o CNJ, conferiu a ele competência para apreciar reclama-

142   REGIME CONSTITUCIONAL DA ATIVIDADE NOTARIAL E DE REGISTRO

ções contra os membros (i) dos serviços auxiliares do Poder Judiciário e (ii) das serventias e órgãos prestadores de "serviços notariais e de registro" que atuem por delegação do poder público ou oficializados.

Note-se que nesta passagem a própria Constituição da República cuidou de separar os serviços auxiliares das atividades desempenhadas em serventias notariais e de registro, ao assinalar a possibilidade de o CNJ (i) "(...) receber e conhecer das reclamações contra membros ou órgãos do Poder Judiciário, inclusive contra seus serviços auxiliares"; e (ii) exercer idêntica atividade de fiscalização em relação às "serventias e órgãos prestadores de serviços notariais e de registro".

Segregaram-se, pois, os serviços auxiliares que integram a estrutura do Poder Judiciário (referidos pela Constituição da República como "(...) seus serviços auxiliares", ou seja, serviços integrantes da "organização judiciária") de atividades estranhas a este conceito (como a atividade notarial e de registro).

Afinal, se a atividade notarial e de registro estivesse contemplada no conceito de "serviços auxiliares" do Poder Judiciário, não haveria necessidade de a Constituição da República fazer expressa referência a elas para, com isto, gizar a competência do CNJ.

Logo, a Constituição da República foi pedagógica neste ponto, pois distinguiu juridicamente estas duas atividades (serviços auxiliares do Poder Judiciário e atividade notarial e de registro). Revelou, portanto, a distinta e especial morfologia jurídica destas atividades.

Assim, não só os agentes integrantes dos "serviços auxiliares" do Poder Judiciário são estranhos às serventias notariais e de registro, como distintas também são as atividades realizadas sob esta titulação jurídica.

Desse modo, é irrazoável imaginar que as atividades realizadas pelos "serviços auxiliares" do Poder Judiciário são as mesmas alocadas na atividade notarial e de registro, mormente porque a própria Constituição da República cuidou de separá-las para fins de controle.

Segundo porque a própria redação do art. 96, II, "b", da Constituição da República milita em favor da conclusão acima.

Com efeito, este dispositivo faz menção à competência do Poder Judiciário para iniciar processo legislativo que cuide da remuneração dos seus "serviços auxiliares".

No entanto, não é o Poder Judiciário quem remunera os agentes delegados de atividade notarial e de registro. A contrapartida pelo desempenho desta atividade decorre da criação e cobrança de emolumentos, nos termos do art. 236, § 2º, da Constituição da República. Logo, é o

COMPETÊNCIA LEGISLATIVA EM MATÉRIA NOTARIAL E DE REGISTRO   143

usuário da atividade notarial e de registro – e não o Poder Judiciário – quem remunera o notário e registrador pelo desempenho de sua função pública.

Tanto mais isto é verdade que a iniciativa de projeto de lei sobre a fixação de emolumentos é atribuição do Poder Executivo como, de modo incontestável, vem se admitindo e realizando.[67]

42. Ora, se a atividade notarial e de registro fosse qualificada como "serviços auxiliares" do Poder Judiciário, então caberia àquele órgão (i) iniciar o processo legislativo para fixação de emolumentos e (ii) remunerar os agentes delegados dessa função pública. Isso porque, pela dicção do art. 96, II, "b", da Constituição da República, a ele caberia dispor sobre "(...) a remuneração dos seus *serviços auxiliares*".

Entretanto, se (i) não cumpre ao Poder Judiciário remunerar os delegatários da função notarial e registro, mas sim o público por meio do pagamento de emolumentos; e (ii) não é privativa do Poder Judiciário a competência para iniciar processo legislativo sobre a fixação de emolumentos; segue-se que (iii) os "serviços auxiliares" referidos no art. 96, II, "b", da Constituição da República não são os "serviços notariais e de registro". São "serviços" de natureza diversa.

Mas quais, então, as atividades que se encontram alocadas sob a rubrica "serviços auxiliares" do Poder Judiciário?

43. Pretendendo disciplinar o funcionamento da Justiça Federal de primeira instância, os arts. 35 e 36 da Lei federal 5.010, de 1966, preveem que:

> Art. 35. Os *serviços auxiliares* da Justiça Federal serão organizados em Secretarias, uma para cada Vara, com as atribuições estabelecidas nesta Lei.
> Art. 36. Os Quadros de Pessoal dos *serviços auxiliares* da Justiça Federal compor-se-ão dos seguintes cargos: I – Chefe de Secretaria; II – Oficial Judiciário; III – Distribuidor; IV – Contador; V – Distribuidor-Contador; VI – Depositário-avaliador-Leiloeiro; VII – Auxiliar Judiciário; VIII – Oficial de Justiça; IX – Porteiro; X – Auxiliar de Portaria; XI – Servente (redação dada pelo Decreto-lei 253/1967).

67. Verifique-se, por exemplo, que a Lei paulista 11.331, de 2002, que dispõe sobre os emolumentos relativos aos atos praticados pelos serviços notariais e de registro naquele Estado da federação, é originária de projeto de lei encaminhado pelo Chefe do Poder Executivo. Afora isto, a lei geral de emolumentos (Lei federal 10.169, de 2000) decorreu da aprovação, pelo Congresso Nacional, do Projeto de Lei 4.653, de 1998, de autoria do Chefe do Poder Executivo, o que revela que não se trata de tema relativo à remuneração dos "serviços auxiliares" do Poder Judiciário.

144   REGIME CONSTITUCIONAL DA ATIVIDADE NOTARIAL E DE REGISTRO

À luz desta lei, os "serviços auxiliares" do Poder Judiciário são aqueles prestados em suas secretarias ou cartórios (nomenclatura mais utilizada na Justiça Estadual), além daqueles desempenhados com fundamento neste núcleo de atribuições.

Disto também não discrepa a CLT que, entre os arts. 710 e 721, disciplina os "serviços auxiliares" da Justiça do Trabalho para neles incluir as atividades desempenhadas em suas Secretarias, pelo Distribuidor e oficiais de justiça ou de diligência.

O Código de Processo Civil de 2015, a propósito, acolhe a mesma noção de "serviços auxiliares" do Poder Judiciário, para neles contemplar o serventuário, o oficial de justiça, perito, depositário, administrador e intérprete (arts. 149 a 164).

Isso revela, para além de qualquer espécie de dúvida ou entredúvida, que os "serviços notariais e de registro" não se inserem, nem mesmo à luz da legislação ordinária, no conceito de "serviços auxiliares" do Poder Judiciário.

44. Por esta razão, é desacertado pretender incluir a atividade notarial e de registro no conceito de "serviços auxiliares" do Poder Judiciário. E se isto é verdade, os serviços notariais e de registro não integram a noção de "organização judiciária" referida no art. 96, I, "b" e II, "b" e "d", da Constituição da República, pois escapam do conceito de (i) "serviços auxiliares", (ii) secretarias, (iii) juízos vinculados e, por fim, (iv) "organização judiciária".

Daí porque se sustenta que, em relação à atividade notarial e de registro, os Tribunais têm apenas competência para fiscalizar os atos desempenhados pelos seus dirigentes e por quem possa, em seu nome, exercer esta função delegada. Mas disto, trataremos mais adiante.

Logo, os Tribunais só teriam competência para dar início ao processo legislativo sobre matéria afeta à fiscalização dessa atividade, já que as serventias judiciais não se qualificam como seus "serviços auxiliares".[68]

68. Tanto mais isto soa acertado se tomarmos em consideração que a Lei federal 8.935, de 1994, decorreu da aprovação, pelo Congresso Nacional, do Projeto de Lei 2.248, de 1991, de autoria do Chefe do Poder Executivo. O mesmo se pode dizer em relação a Lei federal 10.506, de 2002, que alterou a Lei federal 8.935, de 1994. Isso porque essa nova lei decorreu da aprovação, pelo Congresso Nacional, do Projeto de Lei 1.698, de 1999, de autoria do Chefe do Poder Executivo. Daí porque, quando se tratou da remuneração daqueles agentes investidos na competência relativa à prestação de "serviços auxiliares" do Poder Judiciário, foi este Poder quem apresentou o respectivo projeto de lei (*e.g.*, Lei federal 11.416, de 2006, objeto do Projeto de lei 5.845, de 2005, apresentado pelo Supremo Tribunal Federal).

COMPETÊNCIA LEGISLATIVA EM MATÉRIA NOTARIAL E DE REGISTRO   145

E se as serventias extrajudiciais não se qualificam como "serviços auxiliares" do Poder Judiciário, não poderiam os Tribunais dispor sobre a sua *organização*, visto que se trata de núcleos de competência alheios a esse Poder. É dizer, a prerrogativa para criação e extinção de serventias extrajudiciais não encontra assento no art. 96, I, "a" e "b", da Constituição da República.

O mesmo raciocínio se opera em relação à extinção da serventia extrajudicial, exigente de lei formal para ser concretizada.

A extinção de serventias extrajudiciais exige lei formal

45. Com efeito, a extinção da serventia extrajudicial não se aperfeiçoa com a extinção da delegação pela vacância. Deveras, a declaração da vacância se aperfeiçoa naquelas oportunidades em que há extinção do vínculo jurídico formado entre o delegatário e o Estado, relativo ao exercício da atividade notarial e de registro.

Em princípio, é a própria redação do art. 39 da Lei federal 8.935, de 1994, que milita em abono dessa interpretação ao prescrever, com os nossos destaques, que:

Art. 39. *Extinguir*-se-á a *delegação* a notário ou a oficial de registro por: (...)

§ 2º. *Extinta* a *delegação* a notário ou a oficial de registro, a autoridade competente declarará vago o respectivo serviço, designará o substituto mais antigo para responder pelo expediente e *abrirá concurso*.

Note-se que o dispositivo transcrito acima faz alusão à *extinção* do *vínculo* jurídico e *não* à *extinção* da *serventia* (assim entendida como o núcleo de atribuição para o exercício de uma função notarial e registral).[69] Daí porque há elementar diferença entre *extinção de delegação* e

---

69. Insista-se que, no acertado magistério de Celso Antônio Bandeira de Mello, a expressão *serventia* pretende designar núcleo de atribuição. Segundo esse professor, em opinião por nós destacada: "7. Tanto a Constituição, quanto a lei a que esta se reporta, presumem, então, uma constelação de unidades prestadoras de 'serviços' notariais e de registro, isto é, *plexos* de *poderes públicos* articulados cada qual em uma organização administrativa e técnica, *plexos* estes *referidos como 'serventias'* que podem ficar *'vagas'*, no máximo, por até seis meses, período que não será superado sem que sejam preenchidas por atos de *'provimento'*, efetuados por delegação decorrente de 'concurso público' ou por 'remoção'" ("A competência para criação e extinção de serviços notariais e de registro e para delegação e provimentos desses serviços", in *Coleção Doutrinas Essenciais: direito registral*, cit., p. 72).

146   REGIME CONSTITUCIONAL DA ATIVIDADE NOTARIAL E DE REGISTRO

extinção de serventia, o que confirma a ideia segundo a qual o art. 39 da Lei federal 8.935, de 1994 não contempla a extinção de serventia, mas sim a extinção de delegação.[70]

46. Logo, segundo essa lei federal, com a extinção da delegação (art. 39, *caput*) deve-se abrir concurso para o seu preenchimento (art. 39, § 2º).

Por esta razão, falece ao Poder Judiciário competência normativa para extinguir as serventias notariais e de registro, pois a Constituição da República atribuiu essa prerrogativa a outro Poder.

Afinal, se serventia extrajudicial é um plexo de atribuições públicas, essas atribuições só podem ser *criadas* por meio de *lei*. É o que *explícita* e *implicitamente* determinam os arts. 48, X e XI e 61, § 1º, "e", da Constituição da República. Desse modo, e segundo esses dispositivos constitucionais, somente lei formal pode criar núcleos de atribuições públicas (como órgãos, funções públicas, cargos e empregos públicos).[71]

70. Uma vez mais Celso Antônio Bandeira de Mello observa, especificamente em relação ao tema, que: "Com efeito, as serventias não são criadas pelo ato de delegação, nem são suprimidas nas hipóteses em que esta se extingue. Pelo contrário: as serventias antecedem a possibilidade de delegação e persistem existindo mesmo depois de cessada uma dada delegação feita a alguém para exercer a titularidade da serventia, pois têm de haver sido antes regularmente criadas – tal como em Direito se criam os centros públicos de atribuições – e nesta mesma conformidade se extinguem, por igual processo, segundo o princípio geral da correlatividade de forma. Aliás, isto está claríssimo na Lei 8.935, tanto que esta distingue hipóteses de extinção da delegação e extinção da serventia. Assim, o art. 39 arrola os casos de extinção da delegação, prevendo que, neste caso, enquanto 'vago' o 'serviço' e não implementado o concurso para preenchê-lo, será designado substituto para responder por ele. Já o art. 44, perante o caso de 'impossibilidade absoluta' de preenchê-lo, por desinteresse ou inexistência de candidatos ao concurso público a tanto destinado, estabelece que, em tal hipótese, 'o juízo competente proporá à autoridade competente *a extinção do serviço e anexação de suas atribuições ao serviço da mesma natureza mais próximo ou* (...)'" ("A competência para criação e extinção de serviços notariais e de registro e para delegação e provimentos desses serviços", in *Coleção Doutrinas Essenciais: direito registral*, cit., p. 72).

71. Celso Antônio Bandeira de Mello desbastou de modo singular o tema ao afirmar: "Cumpre, então, indagar como surgem, isto é, como aparecem e como desaparecem no universo jurídico tais 'serviços', também nominados de 'serventias', expressões estas, ambas, utilizadas na Carta Magna e no regramento infraconstitucional expedido em sua obediência, os quais – diga-se de passagem – servem-se desta última nomenclatura no § 3º do art. 236 da CF e nos arts. 16, 22, 28, 29, I, 30, I e nos §§ 1º e 2º do art. 36 da Lei 8.935. O modo como surgem e como se extinguem, evidentemente, é o mesmo pelo qual se criam e extinguem os feixes unitários de competências públicas, isto é, os segmentos em que se partilha o poder estatal; a saber: *por lei*" ("A competência para criação e extinção de serviços notariais e de registro e para delegação e provimentos desses serviços", in *Coleção Doutrinas Essenciais: direito registral*, cit., p. 73).

COMPETÊNCIA LEGISLATIVA EM MATÉRIA NOTARIAL E DE REGISTRO   147

E se isso procede, então uma serventia extrajudicial poderá ser extinta apenas por ato do Poder Legislativo, e não por singela deliberação administrativa do Poder Judiciário.[72]

Idêntica conclusão se atinge em relação à transformação das serventias extrajudiciais que, no entanto, demandam tratamento diferenciado em vista das suas peculiaridades.

5.5.3 Acumulação, desacumulação, anexação e desanexação de serventias extrajudiciais

Natureza jurídica da acumulação, desacumulação, anexação e desanexação

47. O art. 236, § 1º, da Constituição da República de 1988, prescreve que lei "regulará as atividades" notariais e de registro. No hiato de sua edição – que se consumou com o advento da Lei federal 8.935, de 1994 –, aplicavam-se as leis estaduais disciplinadoras da matéria. Isso

72. No que subscrevemos inteiramente, e sem ressalvas, o seguinte pensamento de Celso Antônio Bandeira de Mello: "Sendo certo e sabido que é por lei que se especificam os plexos de competências públicas, os feixes de atribuições para o desempenho de misteres públicos, resulta óbvio e de meridiana obviedade que *os serviços notariais e de registros só se criam por lei e, correlatamente, por lei é que se extinguem.* (...) Assim, é claro a todas luzes que, mesmo sendo a atividade notarial e de registro de natureza administrativa, jamais o Executivo poderia, *sponte propria,* instaurar no universo jurídico serviços desta ordem, pois isto corresponderia a inovar inicialmente na ordem jurídica, ou seja, implicaria compor, por si mesmo, 'plexos unitários de competências', centros de manifestação de poderes públicos, o que, evidentemente lhe seria defeso pelo princípio da legalidade, já que sua função é a de implementar previsões legais e não a de 'instaurar' unidades expressivas de poderes públicos. Ora bem, assim como ao Executivo faleceriam poderes para criar serviços notariais e de registro, *a fortiori,* falecer-lhe-iam poderes para extingui-los, até mesmo porque fazê-lo implicaria contrariar o que fora disposto por lei, isto é, insurgir-se contra a lei, desfazendo o que ela fizera. 11. Se é claro, então, que o Executivo careceria radicalmente de poderes para criar ou extinguir serventia, mais claro ainda é que faleceria ao Judiciário título para tanto. De um lado, ditos serviços, manifestamente administrativos, nada têm a ver com a natureza das funções próprias do Judiciário. Apenas por uma tradição, de resto, felicíssima tradição (já que o Judiciário é, para além de qualquer dúvida ou entredúvida, o melhor, o mais isento, o mais técnico e o mais confiável dos três Poderes, ao menos entre nós) é que são havidos como órgãos auxiliares dele. De outro lado, a missão típica do Judiciário é, quando suscitado, dirimir controvérsias com força de coisa julgada, *nada tendo a ver, pois, com a criação ou supressão de unidades administrativas,* isto é, de centros subjetivados de poderes públicos não legislativos nem jurisdicionais e também não integrados na intimidade de seu aparelho, pois são serviços exercidos em caráter privado e por delegação (de atividade pública). De fato, nada concorreria para que se lhe reconhecessem tão abstrusos poderes" ("A competência para criação e extinção de serviços notariais e de registro e para delegação e provimentos desses serviços", in *Coleção Doutrinas Essenciais: direito registral,* cit., pp. 72, 75 e 76).

148   REGIME CONSTITUCIONAL DA ATIVIDADE NOTARIAL E DE REGISTRO

em vista dos ideais da recepção e da competência legislativa estadual suplementar "plena", caso inexistisse lei nacional sobre o assunto.[73]

Daí porque, ante a inexistência de disciplina constitucional específica a respeito da *repartição* ou *transferência* do exercício da atividade pública notarial e de registro, cumpre à lei formal (nacional ou estadual) dispor sobre a matéria. Há, no entanto, um mínimo de densidade normativa constitucional que tangencia a questão.

48. Com efeito, apesar de o Poder ser uno, pode-se fracionar o exercício das funções estatais volvidas à tutela e atendimento ao *bem comum*. Daí porque, sem embargo de tal atividade jurídica ser una, a Constituição da República (i) aparta o seu exercício em notas e registro; e (ii) segrega seu desempenho em atenção ao critério subjetivo-orgânico. E, por força deste critério, sendo essas funções públicas insertas na competência administrativa residual dos Estados (art. 25, *caput*, da Constituição da República), essas pessoas políticas têm o dever de franquear o seu desempenho nos seus limites territoriais.

Em que pese essa atividade pública já estar segregada no plano constitucional, é no seio da lei que se edifica a possibilidade e os eventuais limites da repartição ou transferência do seu exercício entre as serventias. Temas que, assemelhando-se à concentração ou desconcentração, são edificados no plano da lei (e não da Constituição).

Assim, ao impor aos Estados o inescusável dever de franquear o desempenho dessas atividades aos particulares nos seus limites territoriais, a Constituição da República não cuidou da repartição ou transferência das competências situadas nas serventias extrajudiciais.

O constituinte preocupou-se mais com o fim (dever de os Estados garantirem a prestação dessa atividade pública) do que com o modelo orgânico de sua prestação (se repartíveis ou não, se transferíveis ou não). E, ao assim obrar, conferiu ao Congresso Nacional a possibilidade de dispor sobre a matéria ao seu talante.

49. E desse encargo não se olvidou a Lei federal 8.935, de 1994. Com efeito, ao mesmo tempo em que desconcentrou a atividade notarial e de registro em *sete especialidades* (art. 5º), *circunscreveu* o desempenho dessas especialidades aos limites territoriais do município no qual se criou a serventia (arts. 9º, 26 e 44, 49) e proibiu a prestação cumulativa de especialidades em uma mesma serventia (e, portanto, em uma mesma base territorial) (art. 26).

---

73. Daí o pensamento, no mesmo sentido, plasmado pelo STF ao julgar a Medida Cautelar na ADI 865.

COMPETÊNCIA LEGISLATIVA EM MATÉRIA NOTARIAL E DE REGISTRO   149

Apenas em caráter excepcional, a Lei 8.935/1994 admite a unificação do exercício de mais de uma especialidade sob a competência de uma mesma serventia. Tais exceções ocorrem (i) nos "Municípios que não comportarem, em razão do volume dos serviços ou da receita, a instalação de mais de um dos serviços" (art. 26, parágrafo único) e (ii) na ausência de interessados na assunção da delegação (art. 44).[74] Designa-se aquela hipótese como *acumulação* e esta como *anexação*.

50. Por outro lado, há mecanismo legislativo destinado à desconcentração do exercício cumulativo de especialidades em uma mesma serventia extrajudicial. Essa desconcentração se opera por meio dos institutos da *desacumulação* e da *desanexação*.

Aquela (*desacumulação*) consiste na transferência de especialidade acumulada em uma serventia para outra. Entretanto, essa transferência apenas se aperfeiçoará com a *vacância* da serventia desconcentrada.[75]

Nesta (*desanexação*) opera-se a automática repartição do exercício da especialidade acumulada em uma serventia para outra; *antes, portanto, da vacância* da serventia desconcentrada. Daí porque, nestes casos, tanto a serventia desanexada como a desanexanda detém cumulativa competência para a prestação da mesma especialidade. E quando sobrevier a vacância da serventia desconcentrada (ou desanexada), operar-se-á a transferência completa da especialidade para outra serventia (desanexanda).

E como a acumulação, desacumulação, anexação e desanexação implicam a criação ou a extinção de competências públicas (mas não necessariamente de serventias), exige-se lei formal para tanto.[76]

Fixadas essas premissas fundamentais, cuidemos das figuras da acumulação, desacumulação, anexação e desanexação.

Acumulação, desacumulação, anexação e desanexação.

51. Como propugnamos, as unidades de competência notariais e de registro (rotuladas de "serventias" pela Lei 8.935/1994, ou "cartórios",

74. Ressalvada a hipótese de registro civil das pessoas naturais, especialidade que, por determinação legal, deve estar presente em todos os municípios do Brasil, salvo naqueles de vasta extensão territorial (art. 44, §§ 2º e 3º).

75. Em absoluto rigor formal, a vacância é na titularidade da serventia extrajudicial. Assim, a vacância da serventia é uma forma elíptica para se referir ao mesmo fenômeno.

76. Como, finalmente, reconheceu o STF ao julgar a ADI 2.415, após infundada resistência de segmentos do Poder Judiciário.

150 REGIME CONSTITUCIONAL DA ATIVIDADE NOTARIAL E DE REGISTRO

pelo art. 64 do ADCT) *preexistem* à investidura (ou à "delegação", como prefere a Lei 8.935/1994).[77]

A partir do momento no qual se lota um agente público no plexo de competências públicas, os princípios da isonomia, da moralidade, da segurança jurídica e da boa-fé administrativa impedem, como regra, a ampliação ou redução dessas competências. Com isso, preserva-se a inalterabilidade do exercício da competência pública outorgada, acautelando-se, ademais, a manutenção da identidade do objeto.[78]

52. Em vista disto, a lei não pode atribuir ao agente investido em uma serventia extrajudicial – ao titular dessa serventia extrajudicial, portanto – atribuição pública para a qual ele não foi aquinhoado (e para a qual, portanto, não concorreu). Veda-se, como regra, a *acumulação* ou *anexação* de especialidades após a outorga da delegação.

Essa regra geral sofre alguns temperamentos em vista de outros valores igualmente relevantes. São hipóteses em que: (i) em assim não se procedendo, haveria risco de descontinuidade no exercício da atividade notarial ou de registro (art. 37, § 3º, I, da Constituição da República); e (ii) fosse verificada a possibilidade de essa atribuição pública ser desempenhada com maior rapidez, qualidade e eficiência, caso a competência para o seu exercício fosse atribuída a mais de uma serventia no mesmo âmbito territorial (art. 38 da Lei 8.935/1994), desde que, com isto, não se deflagre a incidência do art. 26, parágrafo único, da Lei 8.935/1994. Hipóteses, pois, de *legítima acumulação* ou *anexação* de atribuições públicas em uma mesma serventia após a investidura do agente delegado que a titulariza.

53. De mesma forma, não pode a lei suprimir uma prerrogativa pública na qual se investiu um agente delegado, senão por ato administrativo a título sancionatório que desconstitua a investidura. Veda-se como regra, pois, a *desanexação*[79] no transcurso da delegação.

77. Na esteira do magistério de Celso Antônio Bandeira de Mello ("A competência para criação e extinção de serviços notariais e de registro e para delegação e provimentos desses serviços", in *Coleção Doutrinas Essenciais: direito registral*, cit., pp. 68 a 72), cuja ideia também comungamos ("Equilíbrio da relação jurídica do serviço delegado frente à atuação do Estado", *Revista de Direito Notarial e de Registro*, vol. 25, Brasília, ANOREG/BR, jan./jul. 2012, pp. 54 a 58).

78. Ideia segundo a qual não se pode alterar a *substância* da relação jurídica havida entre o Poder Público e o particular (seja para ela acrescer algo novo ou para dela suprir elemento que lhe delimita os confins). E isso sob pena de, ao assim proceder, dar-se a esse objeto uma configuração distinta daquela inicialmente entabulada, transmudando-se a relação jurídica e formando-se outra.

79. Não é caso de desacumulação, que se opera apenas na vacância.

COMPETÊNCIA LEGISLATIVA EM MATÉRIA NOTARIAL E DE REGISTRO   151

Há, quando muito, possibilidade de lei posterior à investidura prescrever o *cumulativo* desempenho dessa função pública por mais de um notário ou registrador, situação até então não contemplada. A *desanexação* preserva a competência repartida no plexo de atribuições da serventia desanexada e também o direito de o delegatário que a titulariza continuar a desempenhá-la.

Logo, com a *desanexação*, *amplia-se* o espectro de exercentes de uma mesma especialidade até que se opere a vacância da serventia desanexada, momento a partir do qual a especialidade desanexada será transferida por completo à nova serventia (atendendo-se, pois, ao disposto no art. 26, *caput*, da Lei federal 8.935/1994).

54. Nestes casos – de *desacumulação* ou de *desanexação* –, a competência alocada em uma dada serventia será dela definitivamente suprimida com a *vacância*. Até o momento da vacância, a especialidade *desacumulada* ou *desanexada* continuará sendo desempenhada pelo titular que até então era o único habilitado, após o que será definitivamente transferida a outra serventia.

Com a *desanexação* dá-se o cumulativo desempenho de uma mesma especialidade em uma mesma base territorial, por mais de um notário ou registrador, cada qual investido em distintas serventias; senão que de forma transitória até, pois, a vacância da serventia desanexada.

Situação jurídica diversa se opera com o *desmembramento* e o *desdobramento*.

O desmembramento *e o* desdobramento *e a sua natureza jurídica*

55. Ao prever as figuras do *desmembramento* e do *desdobramento* de serventias, a Lei federal 8.935/1994 não prescreve suas finalidades, tampouco os contornos do seu objeto jurídico. Em vista disto, poder-se-ia concebê-las como expressões sinônimas de *desacumulação* ou *desanexação*, não fosse o conteúdo veiculado no art. 29, I, dessa lei federal.

Com efeito, segundo esse dispositivo legal, o titular poderá "exercer opção", nos casos de desmembramento ou desdobramento de sua serventia. E não existe semelhante "opção" nas hipóteses de desacumulação ou desanexação. Daí a inegável dessemelhança entre essas figuras jurídicas.

56. Nesse particular, a Lei federal 8.935/1994 peca por (i) não assinalar pedagogicamente o que se pode desdobrar ou desmembrar na serventia extrajudicial; e (ii) não apontar qual o objeto jurídico sobre o qual o titular exercerá sua opção (e mais: quais as opções cabíveis).

152   REGIME CONSTITUCIONAL DA ATIVIDADE NOTARIAL E DE REGISTRO

Sem embargo, os confins jurídicos desses institutos podem ser edificados diretamente da Constituição da República. A Carta Maior atrela o *desmembramento* à divisão territorial de uma dada competência pública, cindindo-a.[80] O Texto Maior também contempla a figura do *desdobramento* pelo fracionamento de uma competência no mesmo âmbito territorial, sem, portanto, cisão ou divisão territorial (hipótese, pois, de cisão funcional).[81]

57. Apropriando-se essas noções para o contexto da atividade notarial e de registro, tem-se que no *desmembramento* opera-se a divisão territorial do município e, com isso, a criação da mesma e idêntica especialidade no novel ente político. Há, pois, *transferência* dessa competência pública de uma serventia extrajudicial para outra.

Já no *desdobramento* há duplicação de uma especialidade na mesma base territorial, caso, pois, de *repartição* de uma mesma competência entre duas ou mais serventias extrajudiciais.

Em vista disto, havendo a criação de nova competência notarial ou de registro (em mesmo âmbito territorial ou não), o titular haverá que optar por uma delas (a cindida ou a cindenda). E isto tudo sempre ao abrigo de lei formal.

58. Nesse contexto, com o *desdobramento* e o *desmembramento* *duplicam-se* e *dividem-se* as especialidades alocadas em uma serventia, e afiança-se ao titular da serventia fracionada o direito subjetivo de optar por uma em detrimento da outra.[82] E como nesses dois casos novas competências são criadas (e com ela novas serventias), só por lei formal pode-se prever o *desdobramento* e o *desmembramento*.

Mas um questionamento paira irrespondido: quais os critérios que devem ser adotados pela lei formal para viabilizar a criação de uma serventia extrajudicial.

---

80. Caso de desmembramento dos Estados e Municípios (art. 18, §§ 3º e 4º), que culminou, ademais, com a criação do Estado do Tocantins (art. 13 do ADCT).

81. Caso do art. 28 do ADCT.

82. Sem embargo de que por força de noções propedêuticas edificadas em obra teórica entendemos que essa opção está *condicionada* ao pagamento de justa e prévia indenização. Isso porque, o desmembramento e o desdobramento implicam o *sacrifício parcial* do direito subjetivo do notário e do registrador ao desempenho dessa atividade em prol do *bem comum*; situação exigente de repartição equânime dos encargos, razão da imperiosa necessidade de se pagar justa e prévia indenização relativa à parcela da competência sacrificada (*Responsabilidade Patrimonial do Estado*, São Paulo, Malheiros Editores, 2010).

COMPETÊNCIA LEGISLATIVA EM MATÉRIA NOTARIAL E DE REGISTRO   153

Critérios jurídicos para criação de serventias extrajudiciais

59. A Lei 8.935/1994 fixa os seguintes parâmetros legitimadores da feitura de projeto de lei tendente a modificar, por repartição ou transferência, a competência para o exercício da atividade notarial e de registro. São estes os requisitos a serem cumulativamente observados:

(i) deve-se realizar estudo técnico capaz de apurar o número de atos notariais e/ou de registro praticados ao longo do tempo, além dos emolumentos auferidos (art. 26, parágrafo único, da Lei federal 8.935/1994); *e*

(ii) com base nesse estudo técnico, deve-se aferir a viabilidade econômica da *desacumulação* ou da *desanexação de especialidades*, atentando-se para o fato de que, na hipótese de *desanexação* e até que se opere a vacância da serventia desanexada, haverá simultâneo desempenho dessa especialidade com, no mínimo, outra serventia. E, neste caso, deve-se apurar se a população usuária desses serviços será capaz de, pela sua condição socioeconômica, garantir a subsistência econômica daqueles que desempenham essas duas especialidades em distintas serventias (art. 38 da Lei federal 8.935/1994); *e*

(iii) o exame da viabilidade econômica autorizadora da *desacumulação* ou *desanexação* deve tomar em conta não apenas a serventia receptora da atividade (por *desacumulação* ou *desanexação*), mas também a serventia remanescente (que perderá sobredita especialidade com a vacância). E isso para que a serventia remanescente não se torne economicamente desinteressante aos olhos dos potenciais pretendentes, o que, em última medida, poderá, até mesmo, ensejar sua anexação (art. 44 da Lei federal 8.935/1994); *e*

(iv) seja na hipótese de *desmembramento* ou *desdobramento*, esse estudo técnico deverá aferir se o cumulativo exercício da uma mesma especialidade em mais de uma serventia extrajudicial poderá ou não acarretar mais rapidez, qualidade e eficiência na prestação dessa atividade pública aos usuários (art. 38 da Lei federal 8.935/1994). Afinal, não há uma implicação lógica entre o aumento do número de prestadores de atividades públicas e a melhoria na sua prestação; essa melhoria pode ocorrer ou não. Daí a necessidade de prévia realização de estudo econômico e financeiro sobre a matéria.

Sumário do regime normativo afeto à acumulação, desacumulação, anexação e desanexação de serventias extrajudiciais

60. Em vista do quanto esclarecido, é regra geral o exercício *desconcentrado* de todas as especialidades legislativamente encartáveis na função notarial e de registro. A unificação de uma ou mais dessas espe-

154   REGIME CONSTITUCIONAL DA ATIVIDADE NOTARIAL E DE REGISTRO

cialidades debaixo de uma mesma serventia extrajudicial se legitima por meio da *anexação* e *acumulação*.

Na hipótese de a competência alocada em dada serventia extrajudicial ser *repartida* (por *desdobramento* ou *desanexação*), uma ou mais especialidades passarão a ser cumulativamente desempenhadas com outrem em uma mesma base territorial.

Como no *desdobramento* há criação de nova serventia para nela se alocar a especialidade repartida, pode o titular da serventia fracionada optar por qualquer uma delas.

A *desanexação* se opera com ou sem a criação de nova serventia extrajudicial. Neste caso, o titular da serventia desanexada tem o direito subjetivo de continuar a desempenhar a especialidade repartida, que será definitivamente transferida à outra com sua vacância.

Na hipótese de *transferência* (por *desmembramento*, por *anexação*, por *acumulação* ou por *desacumulação*) há multiplicidade de tratamentos jurídicos. Com efeito, no *desmembramento* o titular da serventia desmembrada pode optar por permanecer na nova ou na primitiva delegação. Como a *anexação* e a *acumulação* se aperfeiçoam com a vacância, a serventia receptora dessas competências impõe ao seu titular o forçoso desempenho dessas atividades (verdadeiro *poder extroverso* em matéria notarial e de registro).

Por fim, com a *desacumulação* há transferência de uma dada especialidade pela vacância da serventia na qual, até estão, estava encartada. E onde há vacância não há titular e, por esta razão, não persiste na serventia vaga essa competência. Logo, dá-se a transferência dessa competência sem mitigação do direito do futuro titular (que é investido na serventia com, pois, essa nova e especial conformação, decorrente da desacumulação).

61. Examinado os vários aspectos de criação, extinção e alteração das serventias extrajudiciais, é tempo de examinarmos a forma de investidura nessa competência pública.

5.6   *Edição de normas gerais relativas ao preenchimento das serventias extrajudiciais vagas*

Disciplina nacional do processo seletivo para ingresso e remoção em serventias extrajudiciais

62. O art. 236, § 3º, da Constituição da República prevê que a investidura inicial de uma pessoa em uma serventia notarial ou de registro exige sua prévia aprovação em concurso público de provas e títulos.

COMPETÊNCIA LEGISLATIVA EM MATÉRIA NOTARIAL E DE REGISTRO   155

O mesmo dispositivo constitucional, no entanto, prescreve a existência de concurso de remoção.

Como o art. 236, § 3º, da Constituição da República não faz alusão a *concurso público* de *remoção*, mas sim a *concurso* de *remoção*, segue-se que este processo seletivo é dirigido apenas àqueles já lotados em uma serventia notarial ou registral. Esse mandamento constitucional foi didaticamente reproduzido no art. 17 da Lei federal 8.935/1994, cuja legitimidade já foi reconhecida pelo Supremo Tribunal Federal.[83]

63. Pretendendo disciplinar o exercício da atividade notarial e registral, a União fez publicar a Lei federal 8.935/1994, dispondo, dentre outros temas, sobre a sistemática de realização destes concursos (para provimento inicial e para provimento por remoção[84]).

Nesse contexto, a Lei federal 8.935/1994 (i) fixou os requisitos de habilitação para o concurso público destinado ao provimento inicial (art. 14, I a VI, e art. 15, § 2º) e para o concurso destinado ao provimento por remoção (arts. 14, I a VI e 17); (ii) apontou o órgão incumbido de realizar os concursos, bem como as pessoas e as entidades que deles devem participar (art. 15); (iii) criou um modelo por meio do qual as serventias vagas seriam preenchidas por concurso público de provimento inicial e por concurso de provimento por remoção (art. 16, *caput*); e, por fim, (iv) previu que a legislação estadual estabelecerá as normas e critérios para os concursos de remoção (art. 18).

64. A despeito de se tratar de atividade pública encartada no plexo de competências estaduais, a União fixou normas gerais sobre a realização destes concursos.

Observe-se que esta competência da União – para edição de lei sobre concurso público de provimento inicial e concurso de provimento por remoção nas serventias notariais e registrais – não encontra assento no art. 22, I e XXV, da Constituição da República, como já se afirmou.

E isso porque o tema relativo à disciplina normativa da atividade notarial e registral (art. 22, I e XXV, da Constituição da República) não se confunde com o plexo normativo disciplinador do concurso público para acesso ou remoção nesta atividade.[85]

---

83. STF, Tribunal Pleno, ADI 2.069, rel. Min. Néri da Silveira, *DJU* 9.5.2003.

84. Sobre o conceito de provimento e sua distinção de investidura, confira-se o sempre ilustrado juízo de Marcio Cammarosano (*Provimentos de Cargos Públicos no Direito Brasileiro*, cit., pp. 23 a 25).

85. Da mesma forma que o concurso público para ingresso na magistratura ou na advocacia pública não se confunde com a própria atividade desempenhada a título de bem realizar essas funções essenciais à Justiça.

156 REGIME CONSTITUCIONAL DA ATIVIDADE NOTARIAL E DE REGISTRO

65. O tema concernente ao concurso para ingresso e remoção em serventias extrajudiciais tem inegável vocação nacional, tanto mais porque (i) compete ao Poder Judiciário realizá-lo; e (ii) pretendendo aniquilar tratamentos jurídicos dissonantes entre os múltiplos Tribunais nesse mister, o CNJ – órgão administrativo do Poder Judiciário – editou a Resolução 81 disciplinando a realização de processos seletivos para a investidura nessa função pública.[86]

Não se tergiversa, pois, sobre a legitimidade da Nação, por meio do Congresso Nacional, editar normas gerais sobre esta matéria.

66. Esta conclusão soa ainda mais acertada se tomarmos em conta que o art. 18 da Lei federal 8.935 prevê que a legislação estadual fixará as normas e os critérios para os concursos de remoção. Deveras, se a competência para legislar sobre estes concursos fosse privativa da União (art. 22, I e XXV, da Carta), esse dispositivo seria inconstitucional, pois não pode haver delegação legislativa, salvo nos casos previstos pelo art. 59, IV, da Constituição.

Mas, nesta enfermidade não incidiu o referido art. 18, pois à luz do art. 24, §§ 2º e 3º, da Constituição da República, os Estados podem legislar sobre a matéria à míngua da norma geral sobre concursos de provimento por remoção nas serventias notariais e registrais.

Logo, ao invés da Lei federal 8.935/1994 fixar normas gerais sobre os concursos de remoção, deixou explicitamente esse encargo à lei estadual.

5.6.1 *Formas de provimento nas serventias extrajudiciais: por ingresso ou por remoção*

Concurso público para provimento por ingresso

67. Conforme anteriormente afirmado, a Constituição da República assinala que a investidura inicial de uma pessoa em uma serventia notarial ou de registro exige sua prévia aprovação em *concurso público* de *provas* e *títulos*. Sucede que o mesmo preceptivo constitucional não faz alusão a *concurso público* de *remoção*, mas sim a *concurso de remoção*.

Por esta razão, enquanto o *concurso público* de ingresso para provimento em serventias notariais e de registro se abre aos interessados ha-

---

86. O que também em relação aos concursos para ingresso na magistratura, por meio da Resolução 75, de 2009.

COMPETÊNCIA LEGISLATIVA EM MATÉRIA NOTARIAL E DE REGISTRO   157

bilitados (inclusive os agentes delegados dessa função[87]), o provimento por remoção para outra serventia extrajudicial dá-se por *concurso* entre os delegatários dessa função pública.

68. Justamente porque as serventias extrajudiciais são providas por concurso público de ingresso e concurso de remoção, o art. 16 da Lei federal 8.935/1994 prevê que

> As vagas serão preenchidas alternadamente, duas terças partes por concurso público de provas e títulos e uma terça parte por meio de remoção, mediante concurso de títulos, não se permitindo que qualquer serventia notarial ou de registro fique vaga, sem abertura de concurso de provimento inicial ou de remoção, por mais de seis meses.

Assim, 1/3 das serventias declaradas vagas serão providas por notários e registradores aprovados em concurso de remoção e 2/3 delas por aprovados em concurso público de ingresso.

69. É certo que existem inúmeras e litigiosas questões relativas à realização desses concursos, porém todas decorrem do exercício da liberdade que o Poder Judiciário goza para, no exercício de função administrativa, fazer instaurar, processar e encerrar concursos para esse mister. Mas disto não trataremos nesta obra.

Concurso para provimento por remoção

70. O art. 16 da Lei federal 8.935/1994, alterado pela Lei federal 10.506/2002, prevê que o concurso de remoção se dará, *exclusivamente*, por meio do exame de *títulos*. Segundo a revogada redação desse preceito, a remoção era precedida da realização de concurso de *provas* e *títulos*.

Grassa grande controvérsia a respeito da legitimidade desse novel preceito, o que se comprova em razão da propositura da Ação Declaratória de Constitucionalidade 14, em curso no STF, por meio da qual se procura reconhecer a constitucionalidade dessa previsão normativa.

Sem embargo – e em inusitada conduta ilegal perpetrada pelos administradores encarregados do servil cumprimento dessa lei –, esmagadora parcela dos Tribunais de Justiça vem ignorando esse dispositivo legal na realização dos concursos de remoção, submetendo os candidatos

---

87. Isso também porque o art. 17 da Lei federal 8.935 prevê que "Ao concurso de remoção somente serão admitidos titulares que exerçam a atividade por mais de dois anos".

158 REGIME CONSTITUCIONAL DA ATIVIDADE NOTARIAL E DE REGISTRO

interessados a processo seletivo de provas e títulos. E isso sob o bene-plácito de ato produzido pelo órgão nacional de fiscalização do Poder Judiciário que, ao editar a Resolução CNJ 81/2009, assinala que os con-cursos de remoção serão realizados por meio de aplicação de provas e exame dos títulos ostentados pelos notários e registradores interessados. Tudo isso em óbvio e flagrante descumprimento ao disposto na nova redação do art. 16 da Lei federal 8.935/1994.

71. Não se nega a possibilidade de qualquer pessoa interessada questionar a lisura desse preceito legal, mesmo porque a Constituição da República assegura que nenhuma lesão ou ameaça a direito poderá ser furtada da apreciação do Poder Judiciário.

Causa espanto, no entanto, a desabrida desobediência a esse precei-to veiculado em lei formal. O espanto sobreleva a natural irresignação que acompanha o comportamento antitético ao sistema normativo, pois os agentes públicos que praticam essa ilegalidade estão no exercício da função administrativa e, por esta razão, sabidamente se encontram servilmente vinculados ao escorreito cumprimento dos comandos legais que lhes são dirigidos. E mais: estão objetivamente atrelados ao cumpri-mento do comando legal que, todavia, é por eles reiteradamente descum-prido como se a Lei federal 10.506/2002 ainda estivesse na *vacatio legis*.

72. Ainda que a Administração entendesse que a nova redação dada ao art. 16 da Lei federal 8.935/1994 é inconstitucional – mas não ine-xistente[88] –, esta circunstância não desobrigaria as autoridades adminis-

---

88. E nem se fale que a presunção de constitucionalidade do art. 16 da Lei federal 8.935/1994, com a redação dada pela Lei federal 10.506/2002, cessou por ocasião do ajuizamento da ADC 14. Em que pesem diversas manifestações lançadas naquela ação, inclusive pugnando pela inadmissibilidade da ação, o pedido de liminar formulado ain-da não foi julgado pelo STF. Neste contexto, a nova redação do art. 16 da Lei federal 8.935/1994 permanece gozando de presunção de constitucionalidade e deve ser obser-vada pelos órgãos administrativos (aí se incluindo o CNJ e os agentes dos Tribunais de Justiça no exercício de função administrativa). Sobre o assunto já nos manifestamos há tempos em companhia de Carolina Zancaner Zockun ("Natureza e limites da atuação dos Tribunais Administrativos", *Interesse Público*, n. 44, Belo Horizonte, Fórum, jul./ago. 2007, pp. 156 a 160). A despeito deste entendimento, ao julgar a Petição 4.656, o Supre-mo Tribunal Federal decidiu, de modo unânime, que "Insere-se entre as competências constitucionalmente atribuídas ao Conselho Nacional de Justiça a possibilidade de afastar, por inconstitucionalidade, a aplicação de lei aproveitada como base de ato administrativo objeto de controle, determinando aos órgãos submetidos a seu espaço de influência a observância desse entendimento, por ato expresso e formal tomado pela maioria absoluta dos membros do Conselho [*sic*]" (STF, Tribunal Pleno, Pet 4.656, rel. Min. Cármen Lúcia, *DJe* 4.12.2017). Segundo este pensamento, portanto, os órgãos administrativos podem suspender a aplicação de uma lei para aqueles que lhe são subordinados sem, contudo, declarar a sua inconstitucionalidade. Neste ponto, são bastante oportunas as

COMPETÊNCIA LEGISLATIVA EM MATÉRIA NOTARIAL E DE REGISTRO 159

trativas a darem pleno curso aos preceitos normativos nele veiculados. Afinal, a lei goza de presunção de validade até manifestação em sentido diverso do Poder Judiciário *no exercício de função jurisdicional*.

Daí porque, em absoluto rigor, a conduta administrativa que nega o cumprimento de um ato normativo desprovido de *manifesta ilegalidade* pode caracterizar o cometimento de ato de improbidade administrativa, a depender das circunstâncias fáticas que secundam a sua prática.

73. Superada essa questão, examina-se a lisura dessa previsão legal.

Há apaixonadas, substanciosas e contrapostas opiniões a respeito da constitucionalidade da nova redação dada ao art. 16 da Lei federal 8.935/1994. Uns sustentam que a Constituição da República, ao tratar de concurso público, prescreve que o candidato interessado terá seus conhecimentos avaliados por meio da aplicação (i) de prova ou (ii) de prova e do exame dos títulos que ostenta. Assim, como a Carta Magna não contemplaria a realização de concurso público apenas por meio do exame dos títulos do candidato interessado, seria ilegítima a adoção dessa modalidade de processo seletivo no concurso de remoção.[89]

Neste particular subscrevemos integralmente o pensamento de Romeu Felipe Bacellar Filho, que desbasta o problema com a argúcia que lhe é peculiar. Seu juízo sobre o tema merece ser integralmente reproduzido, ainda mais porque veiculado em parecer ainda inédito ao grande público. Diz o mestre:

> A Constituição Federal, muito embora promova as necessárias distinções entre agentes administrativos (servidores públicos em geral) e agentes delegados (de que são espécies os notários e registradores), segue uma simetria ideal. Para ambas as figuras jurídicas erige o concurso público como forma democrática e universal de ingresso (investidura originária ou provimento inicial). O texto constitucional, a seu turno, propiciador da valorização da função pública não con-

palavras lançadas pelo Min. Gilmar Mendes neste julgamento, para quem a prerrogativa legitimadora da suspensão da aplicação da lei traz, para os agentes que assim procedem, as correspondentes responsabilidades caso a norma, ao final, seja reputada como consentânea com o sistema normativo.

89. Em nome de todos esses, referimo-nos a Luís Roberto Barroso ("Atividade notarial e de registro. Serviço público delegado a particulares. Inexistência de estruturação em carreira. Preenchimento de serventias vagas por remoção: necessidade de aprovação em concurso público de provas e títulos. Art. 16 da Lei n. 8.935/94: inconstitucionalidade de concurso apenas de títulos", *Parecer emitido em favor da Associação dos Titulares de Cartório de São Paulo (ATC), juntado nos autos da Ação Declaratória de Constitucionalidade 14, em trâmite no Supremo Tribunal Federal*, Rio de Janeiro, 2007).

160 REGIME CONSTITUCIONAL DA ATIVIDADE NOTARIAL E DE REGISTRO

dena a possibilidade de movimentação na carreira, acolhendo, simetricamente, as denominadas investiduras ou provimentos derivados.

A remoção, como dito, espécie de provimento derivado, não impende a realização de concurso público de provas e títulos (...). Com efeito, a Constituição Federal ao referir-se ao instituto em questão alude apenas e tão somente a concurso. E a Constituição, convenha--se, não contém palavras inúteis. Se a intenção do constituinte fosse a de exigir (ou repetir) a prova de suficiência de conhecimentos, tal intenção restaria expressamente consignada.

Seria desarrazoado e profundamente injusto imaginar que, para disputar uma remoção o agente delegado interessado fosse compelido a submeter-se, de novo, a uma prova de conhecimentos, que, por vezes contém questionamentos afastados da experiência e aculturamento sedimentados na atividade notarial e de registro, privilegiando os recém-saídos dos bancos das faculdades. Além disso, o pior estaria reservado para uma hipótese de reprovação. Como justificar essa circunstância perante a opinião pública? E a cordilheira de atos praticados em sua serventia, por um candidato eventualmente reprovado na prova de conhecimentos? Teriam que ser revistos? Talvez fosse cabível até uma ação popular com base no art. 4º, inciso I, da Lei 4.717/65, fundamentada na ausência de habilitação do candidato, pleiteando-se a desconstituição de sua investidura anterior.[90]

Sobrepujado o óbice da suposta desconformidade do art. 16 da Lei federal 8.935/1994 com a Constituição da República, deve-se acomodar a aplicação desse dispositivo aos princípios vetores do desempenho dessas funções públicas.

74. Com efeito, sendo a atividade notarial e de registro segregada em múltiplas e distintas especialidades, entendemos que a remoção poderá se aperfeiçoar apenas em favor de delegatário investido em serventia extrajudicial na qual se encarne especialidade coincidente com aquela legalmente conferida à serventia para a qual o interessado pretende ser removido. É dizer: só há remoção entre serventias extrajudiciais dotadas de coincidentes especialidades. Explica-se.

90. *Parecer emitido em favor do Sindicato dos Notários e Registradores do Estado de São Paulo, concernente à propositura da ADPF em nome da ANOREG-BR*, Paraná, 2006. Semelhante pensamento é subscrito por Sérgio Ferraz ("Prova de títulos em concurso de remoção para serventia extrajudicial", *Parecer emitido em favor do Sindicato dos Notários e Registradores do Estado de São Paulo, juntado nos autos da Ação Declaratória de Constitucionalidade n. 14, em trâmite no Supremo Tribunal Federal*, São Paulo, 2008) e Marcelo Figueiredo (*Parecer emitido em favor do Sindicato dos Notários e Registradores do Estado de São Paulo, juntado nos autos da Ação Declaratória de Constitucionalidade 14, em trâmite no Supremo Tribunal Federal*, São Paulo, 2007).

COMPETÊNCIA LEGISLATIVA EM MATÉRIA NOTARIAL E DE REGISTRO 161

Nos dois anos seguintes ao ingresso na atividade, o notário e registrador exercerão essa função pública em uma dada serventia extrajudicial, dela não podendo ser removido. Por outro lado, sua investidura nessa mesma serventia o habilitará ao desempenho de uma ou algumas especialidades da atividade notarial e de registro, tudo antecipadamente conhecido ao tempo da sessão de escolha.[91] Assim, passados esses dois anos, esse agente delegado terá praticado inúmeros atos jurídicos relacionados às referidas especialidades, granjeado o necessário conhecimento para remoção por títulos para serventia na qual possa desempenhar coincidentes atividades.

Deveras, a remoção autorizada pela Lei federal 8.935/1994 deve ser empreendida em sintonia com os princípios da boa administração[92] e da eficiência no desenvolvimento das atividades públicas. Sendo a remoção em comento autorizada apenas entre serventias de coincidentes especialidades, restariam plenamente observados esses mandamentos aos quais o exercício da função administrativa deve adulador acatamento. Se, todavia, a remoção em apreço pudesse ser concretizada entre agentes lotados em serventias extrajudiciais de descoincidentes especialidades, não haveria objetiva presunção da capacidade de esse agente público desempenhar essa função pública de modo ainda mais satisfatório, o que maltrataria os princípios da finalidade e da persecução do bem comum.

75. Daí porque nos parece que os delegatários dessa função pública *não* possam almejar sua remoção para serventia na qual se desempenhem especialidades diversas daquelas que, nos anos anteriores, amealharam conhecimento e experiência.

Assim, como só pode haver concurso de remoção entre candidatos lotados em serventias de mesma especialidade, há um campo limitado para aplicação dos critérios de aferição dos títulos. Deveras, se um candidato pretende a remoção para uma serventia de especialidade diversa daquela na qual está investido, seguramente não se tratará de remoção, mas sim de nova investidura a ensejar, por consequência, submissão a concurso público.

Eis o pensamento que nos parece acertado.

91. Essa é a última etapa do concurso público de ingresso ou concurso de remoção, após o que se seguem a investidura, posse e entrada em exercício.

92. Sobre os contornos do princípio da boa administração, confira-se o pensamento de Juarez Freitas (*Discricionariedade Administrativa e o Direito Fundamental à Boa Administração Pública*, 2ª ed., São Paulo, Malheiros, 2009, pp. 99 a 125). Preciosas considerações também são feitas por Jaime Rodríguez-Arana Muñoz em relação à Espanha e à União Europeia (*Direito Fundamental à Boa Administração Pública*, trad. de Daniel Wunder Hachem, Belo Horizonte, Fórum, 2012).

162   REGIME CONSTITUCIONAL DA ATIVIDADE NOTARIAL E DE REGISTRO

76. E fiado nas aguçadas observações de Romeu Felipe Bacellar Filho,[93] cogita-se, então, da possibilidade de criação de carreira na atividade notarial e de registro.

5.7 Possibilidade de carreira na atividade notarial e de registro

Notário e registrador como particulares em atividade colaborada com a Administração

77. O tema relacionado à criação de uma carreira notarial e registral não pode ser adequadamente desenvolvido sem o prévio exame (i) da natureza jurídica da atividade desempenhada pelos notários e registradores; (ii) da titulação jurídica por meio da qual se exerce a sobredita atividade; (iii) da natureza jurídica da carreira; e, por fim, (iv) dos pressupostos constitucionais para a criação de uma carreira.

78. A investidura de particulares no desempenho de uma atividade estatal deve ser pautada dentro dos limites prescritos pelo ideal republicano.

Por esta razão, se a execução dessa função não exigir, por sua natureza, o desenvolvimento de uma atividade que demande certo grau de complexidade e conhecimento, mormente de ordem técnica, então o particular poderá ser escolhido tomando-se em consideração apenas o seu *status* de cidadão.

Se, por outro lado, a atividade a ser realizada for tecnicamente complexa, então o particular não poderá ser eleito tomando-se em consideração apenas o fato de ele ser cidadão. Exigir-se-á dele um *plus* em relação aos seus pares. Daí porque, nestes casos, deve-se apurar se ele é tecnicamente capaz de exercer, de forma adequada, a função estatal em cuja investidura se pretende.

Explicita-se, com isto, que os particulares que aspirarem a desempenhar uma atividade pública em colaboração com a Administração devem se mostrar, neste caso, tecnicamente aptos e qualificados a tanto.[94]

79. Essas considerações são relevantes, pois o art. 236 da Constituição da República deixa claro que a atividade notarial e de registro é exercida em caráter privado.

93. Vide item 73.

94. Conforme há tempos nos manifestamos: "A participação do administrado na Administração e o preenchimento de cargos nos Tribunais Administrativos", in Maurício Zockun, Luis Manuel Fonseca Pires e Renata Porto Adri (org.), *Corrupção, Ética e Moralidade Administrativa*, Belo Horizonte, Fórum, 2008, pp. 261 a 270.

COMPETÊNCIA LEGISLATIVA EM MATÉRIA NOTARIAL E DE REGISTRO   163

Isso significa dizer que os titulares das serventias notariais e de registro não desempenham essa atividade pública na qualidade de servidores estatais, integrados, pois, na intimidade do aparelho estatal. Se assim não fosse, as atividades seriam desempenhadas por esses agentes em caráter público, desdenhando o preceito veiculado na própria Constituição da República.

Por isso mesmo os notários e registradores não guardam com o Estado vínculo de natureza profissional, não eventual e sob dependência (hierárquica e/ou econômica). Vale dizer, eles não estão inseridos na estrutura orgânica da Administração como servidores estatais. São, pois, pessoas estranhas ao aparato do Estado e que, a despeito dessa condição, desempenham função pública.

Essa condição dos notários e registradores não deve, aliás, causar qualquer espécie de estranheza. Isso porque, com base em semelhante titulação jurídica, os concessionários e permissionários de serviço público, os jurados, os mesários, os particulares contratados de serviços, os particulares que realizam prisão em flagrante delito, os denominados advogados *ad hoc* exercem, todos, função estatal. Fazem-no, contudo, sem integrar a estrutura orgânica do Estado. São, por isso mesmo, qualificados como particulares em atividade colaborada com a Administração.

Logo, os titulares das serventias notariais e registrais – bem como aqueles titulares das serventias judiciais albergados pelo art. 31 do ADCT – desempenham função pública na qualidade de particulares em atividade colaborada com a Administração.

80. Entretanto, como a atividade notarial e de registro é tecnicamente complexa, o ideal republicano exige que os particulares que pretendam desempenhá-la demonstrem ser os mais habilitados a isso. Não é por outra razão que o art. 236 da Constituição da República prevê, pedagogicamente, a necessidade de concurso público para a investidura nessa função.

Vale dizer, ainda que o art. 236 da Constituição da República não contemplasse explicitamente a necessidade de realização de processo administrativo capaz de selecionar os mais aptos ao desempenho dessa atividade pública, sua efetivação seria uma impostergável exigência do primado republicano.

Diante dessas considerações seria possível conceber a criação de uma carreira para o desempenho da atividade notarial e de registro? Para responder a essa pergunta precisamos, primeiro, estabelecer o que é uma carreira.

164   REGIME CONSTITUCIONAL DA ATIVIDADE NOTARIAL E DE REGISTRO

Natureza jurídica da carreira e possibilidade de sua criação para os
particulares que atuam em atividade colaborada com a Administração

81. Carreira é um conceito implicitamente contido na Constituição.
Deveras, afora o fato de este termo estar previsto em inúmeras oportunidades,[95] há indicação constitucional do que se entende por carreira.

A Constituição atrela a existência da carreira ao desempenho de
uma função estatal. Vale dizer, só há possibilidade de criação de carreira
se se colocar em pauta o desempenho de uma função pública.

Além disso, o art. 39, § 1º, I, da Carta, assinala que as carreiras
devem ser criadas em razão do grau de responsabilidade e complexidade
da atividade a ser desempenhada. Já o art. 39, § 2º, do Texto Magno
prevê que haverá promoção entre degraus, níveis, postos ou classes
destas carreiras. Conjugando-se esses dois dispositivos, percebe-se que
as carreiras exigem, por imperativo constitucional, sua fixação em níveis segundo o grau de responsabilidade e complexidade das atividades
públicas a serem desempenhadas. Fixados esses níveis, é permitido que
as pessoas a eles ascendam. Mas a ascensão se dará com base em qual
critério?

Segundo a Constituição existem duas formas de ascensão na carreira: (i) por *merecimento* (pautado, aliás, no princípio da eficiência ou,
simplesmente, da boa administração); e (ii) por *antiguidade*.[96]

Observe-se, todavia, que a criação de carreira para o desempenho
de uma atividade pública é, usualmente, uma faculdade. Com efeito,
tirante os casos em que a Constituição da República assinala o desempenho de uma atividade por meio de corpo profissional estruturado em
carreira,[97] não há óbice jurídico para que as outras atividades públicas
sejam edificadas segundo esse mesmo modelo.

Mas qual a finalidade que preside a criação de uma carreira? Simples: cria-se uma carreira para permitir que o interesse público seja

95. Arts. 12, § 3º, V; 37, IV, V e XII; 39, § 1º, I; 39, §§ 2º e 8º; 68, § 1º, I; 131, § 2º;
134, §1º; 144, § 1º, todos da Constituição da República.

96. O art. 93, II, da Constituição da República, por nós destacado, prevê esses
dois requisitos: "Art. 93. Lei Complementar, de iniciativa do Supremo Tribunal Federal,
disporá sobre o Estatuto da Magistratura, observados os seguintes princípios: (...) II –
promoção de entrância para entrância, alternadamente, por *antiguidade* e *merecimento*,
atendidas as seguintes normas".

97. É o caso da carreira diplomática, magistratura, ministério público, advocacia
pública federal, profissionais de educação básica, polícias civis, polícia ferroviária federal, polícia rodoviária federal, polícia federal, defensoria pública da União e do Distrito
Federal, procuradoria dos Estados e do Distrito Federal, dentre outros.

COMPETÊNCIA LEGISLATIVA EM MATÉRIA NOTARIAL E DE REGISTRO   165

curado da melhor forma possível, mormente onde o desempenho da atividade estatal se mostre mais necessário e vital.

82. A criação de carreira é, portanto, uma das formas concebidas pela Constituição para garantir a figura da boa administração.

Mas uma atividade pública desempenhada por particular em atividade colaborada com a Administração pode ser estruturada em carreira? Ao nosso juízo a resposta é positiva.

Se a criação da carreira se revelar apta à melhor satisfação do interesse público, sua fixação não é apenas uma faculdade. É, em nossa opinião, um dever.

Não é por outra razão que as atividades desenvolvidas pelos mesários estão, por exemplo, fracionadas em distintos níveis de complexidade. E ainda que não haja propriamente uma carreira de mesário, há distintas classes de atividades a serem exercidas por esses agentes em razão do seu grau de dificuldade e importância.

Nesse sentido, relembre-se que a segregação de uma atividade estatal em distintos plexos de atribuições de acordo com o seu grau de complexidade é o que, justamente, preside e informa a criação de uma carreira. É, por assim dizer, a sua pedra de toque.

Eis a razão porque o art. 120 do Código Eleitoral (Lei federal 4.737, de 1965) prevê que os mesários são estruturados da seguinte forma: (i) Presidente; (ii) Primeiro mesário; (iii) Segundo mesário; (iv) Secretário; e (v) Suplente.[98]

Tanto mais é verdade que essas atividades foram segregadas de acordo com o seu nível de complexidade, que o art. 120, § 2º, do Código Eleitoral prevê que "Os mesários serão nomeados, de preferência entre

98. Nessa hipótese: (i) ao Presidente compete zelar "pessoalmente pela ordem e regularidade do processo eleitoral"; (ii) aos Mesários compete "receber os votos dos eleitores; decidir imediatamente todas as dificuldades ou dúvidas que ocorrerem; manter a ordem, para o que disporá de força pública necessária; comunicar ao juiz eleitoral, que providenciará imediatamente as ocorrências cuja solução deste dependerem; remeter à Junta Eleitoral todos os papéis que tiverem sido utilizados durante a recepção dos votos; autenticar, com a sua rubrica, as cédulas oficiais e numerá-las nos termos das Instruções do Tribunal Superior Eleitoral; assinar as fórmulas de observações dos fiscais ou delegados de partido, sobre as votações; fiscalizar a distribuição das senhas e, verificando que não estão sendo distribuídas segundo a sua ordem numérica, recolher as de numeração intercalada, acaso retidas, as quais não se poderão mais distribuir; e anotar o não comparecimento do eleitor no verso da folha individual de votação"; e (iii) aos Secretários compete "distribuir aos eleitores as senhas de entrada previamente rubricadas ou carimbadas segundo a respectiva ordem numérica; lavrar a ata da eleição; e cumprir as demais obrigações que lhes forem atribuídas em instruções".

166 REGIME CONSTITUCIONAL DA ATIVIDADE NOTARIAL E DE REGISTRO

os eleitores da própria seção, e, dentre estes, os diplomados em escola superior, os professores e os serventuários da Justiça".

Ora, como os mesários realizam atividades vitais no desenvolvimento das eleições, o Código Eleitoral preferiu investir nessa função aquelas pessoas que, presumivelmente, são mais preparadas. Logo, nada obsta que a execução dessas atividades seja estruturada em carreira, já que, dessa forma, o interesse público será satisfeito da melhor forma possível.

Carreira notarial e registral: possibilidade e requisitos para sua criação

83. Em vista do quanto exposto, não se deveria colocar em pauta o questionamento a respeito da viabilidade jurídica de criação de uma carreira para aqueles que desempenhem a função pública notarial e registral. Essa carreira, a toda evidência, pode ser criada! O que se deve indagar é, pelo contrário, se o interesse público poderá ser melhor satisfeito pela criação de uma carreira notarial e registral.

Poder-se-ia sustentar – em desabono dessa colocação – que há inviabilidade de criação de uma carreira para o desempenho dessas atividades, porquanto o Texto Constitucional prevê apenas o concurso de remoção. E onde há remoção não pode haver promoção.

84. Sucede que o sentido de remoção no art. 236 da Constituição da República é bastante diverso daquele adotado pela legislação infraconstitucional. Com efeito, enquanto no plano infraconstitucional remoção é usualmente designada como o meio pelo qual se desloca um agente público para outra unidade de uma mesma atividade,[99] na atividade notarial e de registro esse vocábulo pretende significar a investidura do agente em outra competência sendo, deste modo, forma de provimento originário em uma função pública.

E não há óbice algum para que essa forma de provimento originário a que se refere o art. 236 da Constituição da República se dê por promoção, a ser concretizada após regular processo seletivo. Afinal, nas quadras da Administração Pública, toda promoção resulta de um processo seletivo por amor ao primado republicano; e isso não seria diferente se houvesse promoção na atividade notarial e de registro.

99. Como se apura pelo exame do art. 36 da Lei federal 8.112, de 1990: "Art. 36. Remoção é o deslocamento do servidor, a pedido ou de ofício, no âmbito do mesmo quadro, com ou sem mudança de sede".

COMPETÊNCIA LEGISLATIVA EM MATÉRIA NOTARIAL E DE REGISTRO   167

85. Outra objeção possível adviria do fato de que a função notarial e registral é una e, por essa razão, não seria possível decompor o seu exercício em classes.

Essa objeção, evidentemente, não prospera. Tome-se, por exemplo, o exercício da função jurisdicional. Ela é una e, por essa razão, um juiz estadual substituto investido em uma entrância qualquer nos rincões deste Brasil é tão juiz quanto qualquer Ministro do STF. Não há entre eles hierarquia. Há, pelo contrário, plena isonomia. Essa, aliás, foi a razão de decidir que presidiu o acórdão na Ação Direta de Inconstitucionalidade 3.814, julgada pelo STF.

E, a despeito de a magistratura ser uma carreira una, não é interdito à lei estruturá-la em carreira (nessa hipótese, aliás, a fixação de carreira é uma impostergável exigência constitucional).

Daí porque, sem maior tergiversação, essa possível objeção também não prosperaria. E isso nos remete, novamente, ao tema central: qual a razão que legitimaria a criação de uma carreira notarial e registral?

86. Como se destacou em passagem precedente, só é possível criar carreira se for possível fracionar a atividade pública em distintos escalões de complexidade a exigir, do agente público, maior grau de responsabilidade na persecução do interesse público.

Na magistratura, por exemplo, esse fracionamento em entrâncias é dado pelo volume forense. Presume-se, assim, que, quão maior o volume de atividades forenses, mais complexa é a atividade jurisdicional a ser desempenhada. Cremos que, de fato, essa é uma presunção acertada e, por isso mesmo, pode ser um dos critérios eleitos para a criação de uma carreira.

Isso não significa que outros critérios não possam – e devam – ser eleitos, mormente em razão da multiplicidade de atividades que são acometidas ao Estado.

No entanto, parece-nos acertado sustentar que há possibilidade de criação de carreira notarial e registral, caso se considere o movimento da atividade desempenhada nos limites territoriais da serventia[100] como um dos critérios norteadores de sua concepção.

Criadas as classes ou entrâncias dessa carreira, seus integrantes poderiam nelas ascender por meio de processo administrativo objetivo que selecionasse, dentre os interessados, aqueles mais habilitados a de-

---

100. Afinal, sendo esta atividade pública encartada na competência estadual (como explicamos no Capítulo VI, itens 38 a 43), não é possível haver remoção entre notários e registradores lotados em distintas unidades da federação.

168 REGIME CONSTITUCIONAL DA ATIVIDADE NOTARIAL E DE REGISTRO

sempenhar atividades notariais e registrais mais complexas. E isso pode se aperfeiçoar com o modelo seletivo já previsto na legislação de regência: a remoção em vista dos títulos ostentados pelos agentes delegados, segundo prevê o art. 16 da Lei federal 8.935/1994.

De toda sorte, da possibilidade à conveniência de criação dessa carreira exige-se um elemento intermediário imprescindível: a lei formal.

87. Vista a forma do provimento nas serventias extrajudiciais, há que se esquadrinhar a disciplina normativa afeta à remuneração desse agente delegado.

5.8 *O regime de contraprestação dos atos notariais e de registro*

88. O art. 236, § 2º, da Constituição da República prescreve que "Lei federal estabelecerá normas gerais para fixação de emolumentos relativos aos atos praticados pelos serviços notariais e de registro".

Do exame desse dispositivo constitucional conclui-se que os emolumentos se prestam a remunerar o ato notarial e de registro produzido pelo notário e registrador. Insista-se no ponto: não se remunera o agente delegado dessa função pública, mas sim o ato por ele praticado.

E para a fixação da expressão econômica dos emolumentos, a Constituição da República exige a edição de norma geral.

5.8.1 *Edição de normas gerais para fixação de emolumentos*

Natureza jurídica das normas gerais sobre emolumentos

89. Já se afirmou[101] que o Congresso Nacional é, ao mesmo tempo, o Poder Legislativo da Nação Brasileira e da União. É por esta razão que brotam desse Parlamento tanto *leis nacionais* como *leis federais*.

90. Faz-se esta observação para assinalar que a própria Constituição da República prevê que apenas *lei nacional* pode dispor sobre a formalização do nascimento de uma obrigação tributária, natureza jurídica dos emolumentos.[102]

Com efeito, segundo o art. 146, III, "b", da Constituição da República, por nós destacado,

101. Vide item 4, acima.

102. Aderimos à corrente teórica que qualifica tributo como obrigação de natureza pecuniária (*Regime Jurídico da Obrigação Tributária Acessória*, São Paulo, Malheiros Editores, 2005, pp. 79 a 86), segundo o sempre acertado magistério de Geraldo Ataliba (*Hipótese de Incidência Tributária*, 6ª ed., 17ª tir., São Paulo, Malheiros Editores, 2018, pp. 21 a 24).

COMPETÊNCIA LEGISLATIVA EM MATÉRIA NOTARIAL E DE REGISTRO   169

Cabe à lei complementar: (...)
III – estabelecer normas gerais em matéria de legislação tributá-ria, especialmente sobre: (...)
b) *obrigação*, lançamento, crédito, prescrição e decadência tributários.

Mas, como desta prescrição se conclui que a formalização do nas-cimento dos emolumentos é ditada exclusivamente por meio de uma *lei nacional*? A resposta se encontra nos confins do art. 24, §§ 2º a 4º, da Constituição da República.

91. Segundo esses dispositivos, a competência da União para legis-lar sobre normas gerais (i) se aplica "no âmbito da legislação concorren-te", nas hipóteses em que União, Estados e Municípios possam legislar sobre uma mesma e determinada matéria; (ii) "não exclui a competência suplementar dos Estados"; (iii) "inexistindo lei federal sobre normas ge-rais, os Estados exercerão a competência legislativa plena, para atender a suas peculiaridades"; e (iv) "a superveniência de lei federal sobre nor-mas gerais suspende a eficácia da lei estadual, no que lhe for contrário".

Logo, as normas gerais cuidam de fixar as diretrizes mínimas em vista das quais os entes políticos delas não podem se desgarrar e tampou-co malbaratar. As normas gerais são, portanto, *leis nacionais*.

92. E se este pensamento procede, então a Lei federal 10.169/2000, produzida com fundamento no art. 236, § 2º, da Constituição da Repú-blica, é *lei nacional*.

Disciplina da norma geral sobre emolumentos

93. O art. 1º da Lei federal 10.169/2000 prevê que "Os Estados e o Distrito Federal fixarão o valor dos emolumentos relativos aos atos pra-ticados pelos respectivos serviços notariais e de registro", sendo que "O valor fixado para os emolumentos deverá corresponder ao efetivo custo e à adequada e suficiente remuneração dos serviços prestados".

Tendo os emolumentos natureza jurídica de taxa, a essa exação apli-ca-se o regime da retributividade ou da comutatividade, ideia segundo a qual a magnitude exigida e esse título deve "(...) corresponder ao *custo*, ainda que aproximado, da atuação estatal específica".[103]

94. A noção de retributividade ou comutatividade é tão cara às *taxas* que, sendo o prestador o próprio Estado, o Poder Público estará

103. Pensamento sempre feliz de Roque Antonio Carrazza, *Curso de Direito Cons-titucional Tributário*, São Paulo, Malheiros Editores, 31ª ed., 2017, p. 652.

170   REGIME CONSTITUCIONAL DA ATIVIDADE NOTARIAL E DE REGISTRO

na contingência de cobrar essa exação, acaso ela tenha sido instituída. E nem poderia ser de outra forma, já que a remuneração desses serviços públicos pelo "caixa geral do Estado" romperia o ideal da isonomia. Afinal, ao cominar à coletividade o encargo de custear uma atividade estatal em prol de pessoas determinadas, romper-se-ia o ideal da igualdade que, nesse particular, exige a repartição equânime dos encargos públicos.[104]

Entretanto, o Estado se desincumbe desse encargo se, ao prestar um serviço público, ele seja colocado na contingência de curar outros valores constitucionalmente relevantes que imponham, para a sua consecução, o seu gratuito desempenho. São os casos, por exemplo, de atendimento aos hipossuficientes, consumidores de baixa ou baixíssima renda, vacinação pública e daí afora.

Essa mesma ideia se aplica aos emolumentos e a qualquer forma de contraprestação pelo desempenho de uma atividade pública.

95. Daí a razão de o art. 5º, LXXVI, "a" e "b", da Constituição da República assinalarem serem gratuitos aos reconhecidamente pobres, o registro civil de nascimento e a expedição de certidão de óbito. Esse preceito constitucional inviabiliza a cobrança de emolumentos pela prática do ato de registro na situação em comento, em vista de valores constitucionais diretamente ligados ao exercício da cidadania.

A mesma ideia também presidiu a edição da Lei federal 9.534, de 1997, fixadora da gratuidade na expedição da primeira certidão de nascimento, cuja legitimidade foi acertadamente reconhecida nos autos da Ação Declaratória de Constitucionalidade 5 e da Ação Direta de Inconstitucionalidade 1.800.

96. Sem embargo da legítima gratuidade conferida à produção desses atos notariais e de registro, não se pode descurar do fidedigno interesse patrimonial de o delegatário ver remunerado os atos públicos por ele praticados. E isso em obediência ao direito de propriedade e ao primado da igualdade.

Com efeito, a gratuidade nessas situações se impõe em benefício geral, apesar de concretizada ao exclusivo encargo do delegado da função notarial e de registro. Sucede que o princípio da isonomia impõe a equânime repartição dos encargos decorrentes dos conaturais ônus de uma vida em sociedade. Por esta razão, as limitações administrativas assim se qualificam enquanto ostentarem este equânime e isonômico

---

104. Daí porque, com sucedâneo em pensamento já exposto em obra teórica, não sendo a *taxa* criada neste caso, o Estado poderá ser patrimonialmente responsabilizado por omissão legislativa ilícita (*Responsabilidade Patrimonial do Estado*, São Paulo, Malheiros Editores, 2010).

COMPETÊNCIA LEGISLATIVA EM MATÉRIA NOTARIAL E DE REGISTRO 171

atributo, qualificador de sua juridicidade. Logo, na hipótese de ser cominado encargo anormal e especial em desfavor de determinado estrato da sociedade para, desse modo, acautelar melhormente o bem comum, estará configurada hipótese de sacrifício de direito, exigente da correspondente medida econômica reparadora.

97. Daí a louvável e pedagógica dicção do art. 8º da Lei federal 10.169/2000, por nós destacado, segundo o qual "Os Estados e o Distrito Federal, no âmbito de sua competência (...) estabelecerão forma de *compensação* aos registradores civis das pessoas naturais pelos atos gratuitos, por eles praticados, conforme estabelecido em lei federal".

Correta, portanto, a prescrição veiculada nessa lei nacional por assinalar que os sobreditos valores são entregues ao registrador civil a título de *compensação* (e não de *remuneração*). E sem maior esforço hermenêutico, percebe-se que a compensação assim realizada assume nítido caráter *indenizatório*.[105] Indeniza-se o notário e registrador pela gratuidade legalmente estabelecida, o que atende aos reclamos de um Estado de Direito.[106]

98. E se os emolumentos fixados têm por propósito garantir a justa retribuição pelos atos notariais e de registro praticados, disto emerge tema aridamente tratado pela doutrina: o direito ao reequilíbrio econômico-financeiro no exercício dessa função pública.

5.8.2 *O reequilíbrio econômico-financeiro no desempenho da atividade notarial e de registro*

Direito constitucional subjetivo ao reequilíbrio econômico-financeiro na fixação e alteração dos emolumentos

99. Sabe-se que a ordem jurídica assinala múltiplas formas de as atividades públicas serem desempenhadas: (i) obrigatória e exclusivamente

---

105. E sendo este valor entregue ao notário e registrador a título de indenização, esta grandeza econômica não poderá ser gravada por meio do imposto sobre serviços de qualquer natureza (ISS) ou mesmo considerada como receita na mensuração do imposto sobre a renda, por não materializar a ocorrência das hipóteses de incidência desses dois tributos.

106. Conforme já assinalamos em obra teórica, não poderia o Estado, sabendo, prévia e antecipadamente, que uma conduta a ser por ele perpetrada causará danos a terceiros e, a despeito disto, aguardar a sua ocorrência para, só então, recompor o patrimônio lesado. A omissão estatal nestes casos será manifestamente ilegítima, pois o Poder Público deve ser o primeiro a servilmente cumprir a ordem jurídica, evitando a prática de condutas ilícitas na medida das suas possibilidades. É o ideal republicano e o Estado de Direito que impõe esta inquestionável solução (*Responsabilidade Patrimonial do Estado*, São Paulo, Malheiros Editores, 2010).

172   REGIME CONSTITUCIONAL DA ATIVIDADE NOTARIAL E DE REGISTRO

pelo Estado;[107] (ii) obrigatória, mas não exclusivamente pelo Estado, que deverá permitir ao particular o seu desempenho, sempre que isso for possível, inclusive após regular processo seletivo,[108] caso em que se tem *concessão*; (iii) obrigatória, mas não exclusivamente pelo Estado, sendo o seu desempenho livremente franqueado aos particulares, observadas as normas aplicáveis àqueles que desempenham serviços de interesse público,[109] independentemente de processo seletivo; (iv) facultativamente ao Estado que, desejando ou não prestá-la, poderá transferir o seu exercício a terceiros após regular processo seletivo público,[110] caso em que se tem *concessão* ou *permissão*; e, por fim, (v) cuja prestação será obrigatoriamente realizada *apenas* por particulares, selecionados por meio de processo seletivo, caso em que se tem *delegação* da atividade notarial e de registro. Disto já nos ocupamos demoradamente.[111]

100. A delegação, a concessão e a permissão têm pontos em comum: (i) as condições para sua prestação são fixadas unilateralmente pelo Estado; (ii) para melhor tutela do interesse público, o Estado pode alterar unilateralmente as condições de sua prestação; (iii) os delegatários, concessionários e permissionários exercem essa atividade pública por sua conta e risco; (iv) suscitam responsabilidade subsidiária do Estado; e, por fim, (v) deve o Estado garantir as condições materiais e econômicas para sua adequada prestação, não sendo interesse público a criação, manutenção ou perpetuação de circunstâncias que agravem o desempenho dessa atividade, sob pena de se colocar em risco a salubridade financeira do prestador e, com isso, o ideal da continuidade do desempenho da função pública.

Sucede que, em face dessas prerrogativas da Administração, *emerge* para o particular o direito constitucional subjetivo de não suportar *encargos adicionais* àqueles previstos à época do nascimento de relação jurídica formada entre ele e o Estado, salvo se for adotada contrapartida econômica capaz de preservar o equilíbrio da relação originalmente fixada. Por igual razão, deve a expressão econômica dessa contrapartida ser diminuída caso circunstâncias supervenientes barateiem o seu desempenho.[112]

107. Caso do serviço postal e correio aéreo nacional.
108. Caso dos serviços de radiodifusão sonora e de sons e imagens.
109. Caso da saúde, educação, previdência e assistência social.
110. Caso de serviços de telecomunicação, transporte terrestre e aéreo etc.
111. Vide Capítulo II, itens 23 a 31.
112. Foi o que decidiu o STF, ao apreciar a validade de cláusulas de reajuste automático prevista em contratos travados pela Administração, quando se verificou deflação (STF, Tribunal Pleno, RE 164.836, rel. Min. Nelson Jobim, *DJe* 15.3.2006).

COMPETÊNCIA LEGISLATIVA EM MATÉRIA NOTARIAL E DE REGISTRO   173

101. Em relação aos concessionários e permissionários, a necessidade de recomposição do valor da sua contraprestação pela superveniência de encargos que onerem os custos da prestação resulta *explícita* na Constituição da República, na lei nacional que dispõe sobre a matéria e, ainda, minudentemente fixada em cláusulas do contrato administrativo travado com o Poder Público.

Aliás, a Lei federal 8.987, de 1995, é pedagógica quanto à necessidade de revisão do valor cobrado pelo concessionário ou permissionário na hipótese de criação ou aumento de tributo que grave os custos da prestação, ao que se denomina "equilíbrio econômico-financeiro". É o que se apura pela leitura do seu art. 9º, § 3º, por nós destacado, segundo o qual:

> Art. 9º. A tarifa do serviço público concedido será fixada pelo preço da proposta vencedora da licitação e preservada pelas regras de revisão previstas nesta Lei, no edital e no contrato.
>
> (...)
>
> § 3º. Ressalvados os impostos sobre a renda, *a criação, alteração ou extinção de quaisquer tributos ou encargos legais, após* a apresentação da proposta, quando *comprovado seu impacto, implicará a* revisão *da tarifa*, para mais ou para menos, conforme o caso.

102. Poder-se-ia sustentar que essa ideia é inextensível aos delegatários da atividade notarial e de registro, posto que remunerados por taxas. Uma vez mais cumpriu ao gênio de Celso Antônio Bandeira de Mello demonstrar o desacerto dessa opinião. Deveras, ao tratar da criação de novas hipóteses de gratuidade na remuneração de atos notariais e de registro, o mestre da Escola Paulista de Direito Público afirmou que:

> 6. De toda sorte, o fato é que a similitude de situações entre concessão de serviço público e delegação da função pública notarial e de registro é, de per si, suficiente, para entender-se que, *também no que atina ao respeito ao equilíbrio econômico financeiro, as soluções cabíveis para uma e para outro hão de ser as mesmas* (...). É igualmente óbvio que a anteposição de obstáculos, como o seriam, os de deprimir a rentabilidade da prestação dos serviços pela *superveniente* imposição de gratuidade em relação a certos atos, afetaria o equilíbrio inicial. De resto, em certos casos, poderia até mesmo, dependendo dos atos tornados gratuitos e do peso deles na receita do titular, quase inviabilizar o exercício da atividade, tornando-a antieconômica para

174   REGIME CONSTITUCIONAL DA ATIVIDADE NOTARIAL E DE REGISTRO

seus prestadores, se não lhes for oferecida a compensação reequilibradora.[113]

103. Luís Roberto Barroso afirma inexistir direito constitucional subjetivo à pronta manutenção do reequilíbrio econômico-financeiro em favor dos notários e registradores. E isso ao argumento no sentido de que o reequilíbrio em comento seria acautelado por meio de vínculo contratual formado entre as partes contratantes, situação inaplicável ao agente delegado, que entretém com o Poder Público nítido vínculo de índole estatutária. A despeito de assim dissertar, afirma que a lei impõe esse reequilíbrio.[114] Isso porque, ao seu juízo:

> A noção de equilíbrio econômico-financeiro se aplica também a esse ambiente, ainda que possa sofrer alguns temperamentos quando comparada aos termos de uma relação contratual, como as concessões de serviço público. Em um contrato, esse equilíbrio corresponde a uma fórmula matemática, relativamente rígida, que reflete uma razão entre as prestações das partes. Na delegação estatutária das serventias extrajudiciais, o equilíbrio econômico-financeiro é uma meta a ser observada pelo legislador estadual, um *princípio jurídico* que, por sua própria natureza, não determina, antecipadamente, uma proporção exata entre ônus e lucros a ser observada pelos Estados, mas serve como diretriz vinculante para a revisão das tabelas de emolumentos em função do aumento ou da redução de custos.[115]

113. *Parecer emitido em favor da Associação dos Notários e Registradores do Estado de São Paulo, a respeito do equilíbrio econômico-financeiro da atividade notarial e de registro*, São Paulo, 2009, pp. 10 e 12.

114. É este o pensamento de Luís Roberto Barroso, como se deduz de suas ponderações, por nós destacada: "E é importante lembrar, como referido acima, que *a outorga de serventias extrajudiciais não envolve um sinalagma contratual a ser preservado*. No caso dos serviços públicos concedidos, *o caráter contratual da delegação funciona como uma garantia específica dirigida aos particulares, que têm direito subjetivo à manutenção do equilíbrio econômico-financeiro dos ajustes: a mesma regra, porém, não se aplica aos serviços registrais e notariais.* É certo que os notários e registradores fazem jus, nos termos da lei, a uma remuneração razoável, mas o ponto aqui é mais sofisticado". Procura concretizar o seu pensamento afirmando que "*Por se tratar de um regime estatutário, não há um sinalagma contratual a ser preservado, mas* a própria legislação federal *exige a manutenção de um equilíbrio econômico-financeiro*, de modo que os emolumentos fixados sejam capazes de absorver os custos da atividade e resultar em uma margem adequada de lucro para os notários e registradores. *O ponto de equilíbrio deve ser definido por cada Estado-membro*, até mesmo em função das peculiaridades regionais. O que não se admite é que a necessidade desse equilíbrio seja ignorada, sob pena de se aviltar ou de se inviabilizar o exercício da atividade" ("Serviços notariais e de registro. Repercussão sobre o usuário dos valores recolhidos a título de ISS", cit., itens 16 e 18).

115. "Serviços notariais e de registro. Repercussão sobre o usuário dos valores recolhidos a título de ISS", cit., item 19.

COMPETÊNCIA LEGISLATIVA EM MATÉRIA NOTARIAL E DE REGISTRO   175

104. Aderimos às conclusões atingidas por Luís Roberto Barroso, mas por razões diversas.

O referido autor afirma que o direito ao reequilíbrio econômico-financeiro não existe em uma relação de índole estatutária, sem embargo de, ao mesmo tempo, apregoar que a lei exige a manutenção do equilíbrio nessas relações. Ora, se a lei impõe a manutenção do equilíbrio-econômico em uma relação estatutária, então este vínculo jurídico não é impermeável a esse instituto.

Em absoluto rigor, o direito constitucional subjetivo ao reequilíbrio econômico-financeiro é preceito de índole estatutária que se projeta a todas as espécies de relações formadas com o Poder Público, sejam elas contratuais ou estatutárias.

105. É possível que o pensamento proclamado tenha procurado fazer uma distinção entre *manutenção do equilíbrio econômico-financeiro* (de índole contratual) e *manutenção de equilíbrio econômico-financeiro* (existente no vínculo estatutário).

Todavia, também não procede esta distinção, porque as mesmas causas que influenciam a manutenção desse equilíbrio em uma relação contratual igualmente habitam a relação estatutária. O que há, e isto é certo, são hipóteses contratuais de reequilíbrio (situações, pois, individuais e concretas) e hipóteses estatutárias de reequilíbrio (previstas geral e abstratamente), cuja ocorrência, neste último caso, se aperfeiçoa tanto em avenças contratuais como em relações estatutárias.[116]

106. Assim, verificada a omissão do Poder Legislativo estadual na alteração do valor dos emolumentos em razão de situação caracterizadora de reequilíbrio econômico-financeiro, haverá intolerável desvio de poder legislativo, coartável por meio de mandado de injunção ou ação direta de inconstitucionalidade por omissão. E justamente porque dessa ilegítima omissão legislativa poderá advir um dano patrimonial antijurídico, o Estado poderá ser patrimonialmente responsabilizado.[117]

116. Essa singularidade foi captada por Caio Tácito, reconhecedor que o direito ao reequilíbrio econômico-financeiro do contrato também surge na parte estatutária da relação jurídica formada com o Poder Público ("O equilíbrio financeiro nos contratos administrativos", *Revista de Direito Administrativo*, n. 187, Rio de Janeiro, FGV, jan./mar. 1992, pp. 91 e ss.). No mesmo sentido é o pensamento de Letícia Queiroz de Andrade (*Teoria das Relações Jurídicas da Prestação de Serviço Público sob Regime de Concessão*, São Paulo, Malheiros Editores, 2015, pp. 110 e 111).

117. Conforme já afirmamos no passado (*Responsabilidade Patrimonial do Estado*, cit., pp. 162 a 172).

176   REGIME CONSTITUCIONAL DA ATIVIDADE NOTARIAL E DE REGISTRO

É o que, inclusive, concretamente se processa em relação à atividade notarial e de registro, por força de alterações promovidas na legislação municipal, fixadora da incidência do ISS.

Mudança do regime de tributação da atividade notarial e de registro pelo ISS e o direito ao reequilíbrio econômico-financeiro.

107. É sabido e ressabido que o STF afirmou a possibilidade de se exigir o pagamento do ISS incidente sobre os atos praticados no exercício dessa função pública.[118]

Como o ISS incide sobre os valores percebidos pelo delegatário em razão da prática de atos notariais e de registro, o montante por ele pago a esse título traduz-se em ônus inerente ao exercício dessa função estatal. Valor que, portanto, onera quem desempenha esta função pública, e pelo simples fato de exercê-la. Em circunstâncias como a presente, esses valores (arcados e pagos pelo delegatário) são legislativamente qualificados com "custo" ou "despesa operacional".

Segundo o art. 47 da Lei federal 4.506, de 1964 (reproduzido no art. 299 do Regulamento do Imposto sobre a Renda), qualificam-se como "despesa operacional" os valores pagos para, dentre outras finalidades, garantir a manutenção da atividade desempenhada.

Como o ISS é pago no e pelo desempenho dessa atividade pública, os valores incorridos com a liquidação dessa exigência fiscal se qualificam como "despesa operacional".[119]

108. Assim, é tranquila a ideia segundo a qual o ISS onera a atividade notarial e de registro e "impacta" nos custos a serem suportados pelos delegatários no desempenho do seu mister público.

E fiado nessa premissa, tem-se que o aumento ou a diminuição do valor cobrado dos notários e dos registradores a título de ISS acarreta o agravamento ou arrefecimento dos encargos inerente ao exercício dessa função delegada. E, nesta hipótese, impõe-se ao Estado o dever de *rever* o valor fixado a título de emolumentos.

---

118. Roque Antonio Carrazza sustentava a inviabilidade de tributação nessa hipótese, pois, ao seu juízo, não se poderia tributar, pelo ISS, o montante pago a título de taxa *(Parecer emitido em favor do Sindicato dos Notários e Registradores do Estado de São Paulo, juntado nos autos da Ação Direta de Inconstitucionalidade n. 3.089*, São Paulo, 2003).

119. Não é por outra razão que a Secretaria da Receita Federal, à luz do art. 47 da Lei federal 4.506/1964, tem qualificado o ISS pago pelos notários e registradores como "custo" necessário à prestação e manutenção dessa atividade pública. É o que se apura pela leitura das Soluções de Consulta 207, de 24.7.2012 e 50, de 15.6.2010.

COMPETÊNCIA LEGISLATIVA EM MATÉRIA NOTARIAL E DE REGISTRO 177

Corrobora esse pensamento o art. 1º, parágrafo único, da Lei federal 10.169/2000, segundo o qual, com os nossos destaques:

> Art. 1º. Os Estados e o Distrito Federal fixarão o valor dos emolumentos relativos aos atos praticados pelos respectivos serviços notariais e de registro, observadas as normas desta Lei.
>
> Parágrafo único. O *valor* fixado para os *emolumentos deverá corresponder ao efetivo custo* e à adequada e suficiente remuneração dos serviços prestados.

Ora, se o ISS é qualificado como "custo" para o delegatário, então sua majoração ou redução deve ser considerada na fixação dos emolumentos, sem o que essa taxa paga pelos usuários não retrataria fidedignamente o ônus suportado pelo notário e registrador no desempenho dessa atividade pública.[120]

109. Mas como a lei estadual pode, atento aos comandos da Lei federal 10.169/2000, considerar o ISS na fixação dos emolumentos devidos aos delegatários, tomando-se em conta que os municípios são dotados de autonomia legislativa em relação à mensuração desse tributo?

Simples: prevendo que o valor devido a título de ISS em razão da prática de cada ato notarial e de registro seja incluído nos emolumentos cobrados do usuário dessa atividade. Evita-se, com isto, a necessidade de periódica alteração legislativa que consolide a forma de cobrança do ISS por todos os municípios existente em um Estado para, desse modo, preservar o equilíbrio econômico-financeiro inerente ao desempenho da função notarial.

110. Sendo estatal a função notarial e de registro, procura-se cotidianamente ver a ela aplicáveis certos comandos normativos que se propõem aplicáveis ao Poder Público. Inclui-se a função notarial e de registro no conceito de Poder Público para, desse modo, submetê-los ao mesmo e idêntico tratamento jurídico. É o que ocorreu, por exemplo, com a Lei de Acesso à Informação.

5.9 A Lei de Acesso à Informação e a atividade notarial e de registro

111. Em 5.11.2013, o Plenário do CNJ decidiu, com nossos destaques, que "(...) os *serviços* de notas e registros *estão sob incidência*

---

120. Ideia já sustentada em trabalho mais escorreito: "Equilíbrio da relação jurídica do serviço delegado frente à atuação do Estado", *Revista de Direito Notarial e de Registro*, vol. 25, Brasília, ANOREG/BR, jan./jul. 2012, pp. 54 a 58.

178   REGIME CONSTITUCIONAL DA ATIVIDADE NOTARIAL E DE REGISTRO

da Lei de Acesso à Informação, mesmo porque suas atividades são inteiramente fiscalizadas pelo Poder Judiciário, *que não pode se furtar de fornecer os dados que possui* sobre número de *atos praticados* nas serventias e *valor arrecadado*".[121]

Neste contexto, registre-se que, segundo prevê o art. 2º do Provimento n. 24, de 2012, do CNJ, semestralmente os notários e registradores devem preencher suas informações cadastrais no sistema "Justiça Aberta", disponibilizado no sítio eletrônico daquele Conselho. E, dentre as informações cadastrais preenchidas pelos notários e registradores, perfila-se, precisamente, o rendimento auferido pela percepção de emolumentos.

112. Em vista disto, questiona-se se o CNJ tem o *dever* ou está *proibido* de divulgar desabridamente os dados que lhe são compulsoriamente repassados pelos notários e registradores por meio do sistema "Justiça Aberta",[122] dentre as quais se perfila a remuneração por eles percebida. A resposta a este questionamento se edifica nas dobras do perfil constitucional do direito à informação e sua conformação positiva na Lei de Acesso à Informação.

O alcance da Lei de Acesso à Informação aos notários e registradores

113. A Lei de Acesso à Informação (Lei 12.527, de 2011) impõe ao Estado e seus Poderes o dever de municiar o público do conhecimento dos atos por eles praticados (art. 1º, parágrafo único, I e II), de forma ativa (art. 8º) e/ou passiva (arts. 7º, 9º e 10).

Daí o declarado propósito desta lei com a impositiva divulgação de informação de interesse público, dando ao povo a plena transparência dos atos praticados por quem publicamente lhe representa (art. 3º, II e IV). E isso para fomentar o "desenvolvimento do controle social da administração pública" (art. 3º, V), com o que a sociedade poderá, concreta e adequadamente, se defender dos excessos estatais.

114. Embora essa lei preambularmente imponha o dever de informação ao Estado, pessoas estranhas à sua estrutura orgânica estão abrangidas pelos encargos cominados por essa lei, caso manejem recursos públicos (art. 2º, *caput*), situação, todavia, que comporta temperamentos como se verifica em relação às sociedades de economia mista e empresas

---

121. Consulta CNJ n. 0003410-42.2013.2.00.0000.

122. Segundo prevê o art. 2º do Provimento 24, de 23.10.2012, do Corregedor Nacional de Justiça.

COMPETÊNCIA LEGISLATIVA EM MATÉRIA NOTARIAL E DE REGISTRO   179

estatais exploradoras de atividade econômica.[123] Mas, para elas, esse dever se impõe apenas em relação aos recursos públicos percebidos e utilizados (art. 2º, parágrafo único).

Nada mais salutar nessa previsão legal, pois há inegável interesse público no conhecimento destas informações, até para que se exercite o controle do correto e hígido emprego desse numerário (de titularidade pública).[124]

115. Situação distinta sucede nos casos em que o Estado é depositário de um conjunto de informações, documentos e registros decorrentes de incontáveis relações que cotidianamente entretém com pessoas estranhas a sua estrutura orgânica. Informações, pois, produzidas e acumuladas pelo Estado por força de relações público-privadas (art. 7º, II) ou, então, produzidas e custodiadas por pessoas que não lhe integram a estrutura, mas oriundas de vínculo entretido com o Poder Público (art. 7º, III).

Caso a informação produzida, acumulada ou custodiada pelo Estado ou por particulares em suas relações com o Poder Público disser respeito apenas aos particulares, qualificando-se como informação pessoal (art. 4º, IV), impõe-se o dever de proibir-lhe a publicidade ou restringir-lhe o acesso, quando o interesse público ou geral assim justificar (arts. 6º, III e 31, § 3º, I a IV).

Em vista disto, é interesse público e geral ou interesse privado a informação, detida pelo CNJ, a respeito da remuneração individualizada percebida pelos notários e registradores brasileiros? Há, na espécie, prevalente interesse privado que, sem embargo, também traz ínsito o dever de o Estado e de os próprios notários e registradores disponibilizá-la, de forma restrita, quando o interesse público assim exigir. Explica-se.

116. *Primeiro* porque não há emprego de recursos públicos na remuneração percebida pelos notários e registradores. Com efeito, os emolumentos devidos pela prestação dessa atividade estatal são pagos

123. Isso porque, atuando elas no domínio econômico, impera a ideia segundo a qual "o segredo é a alma do negócio". Deveras, o acesso à informação detida por essas empresas estatais poderá frustrar o escorreito desempenho de suas atividades, inviabilizando a consecução dos interesses públicos que justificam sua excepcional atuação nesse campo: a segurança nacional e o relevante interesse coletivo. Esse também é o pensamento de Weida Zancaner ("Lineamentos sobre a lei de acesso à informação", in Rafael Valim, Antonio Carlos Malheiros e Josephina Bacariça (coords.), *Acesso à Informação Pública*, Belo Horizonte, Fórum, 2015, p. 27).

124. Nesse sentido pensam Clèmerson Merlin Clève e Júlia Ávila Franzoni ("Administração Pública e a nova Lei de Acesso à Informação", *Interesse Público*, ano 15, n. 79, Belo Horizonte, Fórum, maio-jun. 2013, p. 36).

180   REGIME CONSTITUCIONAL DA ATIVIDADE NOTARIAL E DE REGISTRO

pelos usuários; e pagos diretamente aos notários e registradores. Logo, os notários e os registradores não são custeados pelo erário; são pelos usuários.

Inaplicáveis à espécie, portanto, os fundamentos adotados pelo STF, quando o Plenário julgou a Suspensão de Segurança 3.902, ocasião na qual se reconheceu a *legitimidade* da ampla divulgação da remuneração percebida pelos servidores públicos. Naquele feito prevaleceu o juízo de que a realização de rubricas orçamentárias para o custeio da remuneração funcional justificava sua divulgação e transparência, especialmente porque a ilegítima realização de despesa pública para esse fim é passível de controle social. Já na situação em estudo, não há recurso público envolvido.

117. *Segundo* porque a magnitude da remuneração legitimamente percebida pelo notário ou pelo registrador não é suscetível de controle social, pois não há previsão legal ou constitucional fixando-lhe limite à percepção.

Isso se justifica porque o notário e o registrador são particulares em atividade colaborada com a Administração que desenvolvem atividade delegada por sua conta, risco[125] e de modo privado,[126] como se sucede, aliás, com os concessionários, permissionários e autorizados de serviço público.[127]

Assim, se o concessionário, permissionário e autorizado podem falir – porque a atividade pública é desenvolvida por sua conta e risco –, por igual razão o notário ou o registrador pode suscitar a decretação de sua insolvência civil, já que a atividade delegada é desempenhada em caráter privado e pessoal (e não empresarial).

Diversa é a situação que se processa com o servidor público, cujos rendimentos devem ser publicamente divulgados. Com efeito, a transparência sobre a remuneração percebida pelos servidores públicos, bem como as parcelas que lhe integram, é tema de inegável interesse público. Isso para que, tomando-se conhecimento dela, possa-se apurar,

125. Art. 21 da Lei federal 8.935/1994.
126. Nos termos do art. 236 da Constituição da República.
127. Art. 2º, II e IV, da Lei federal 8.987/1995. Registre-se que, neste particular, a situação do notário e do registrador é *sobremaneira* mais gravosa, em relação aos demais particulares em atividade colaborada com a Administração. Isso porque, na aclamada Lei das Parcerias Público-Privadas, o concessionário reparte os riscos da atividade com o poder concedente (arts. 4º, VI; 5º, III, da Lei federal 11.079/2004), compartilhando com o Estado *apenas* os ganhos decorrentes da redução dos riscos de créditos (art. 5º, IX, da Lei federal 11.079/2004).

COMPETÊNCIA LEGISLATIVA EM MATÉRIA NOTARIAL E DE REGISTRO   181

exemplificativamente, (i) a existência de fundamento legal que legitime o seu pagamento; e (ii) eventual inobservância do "teto remuneratório" prescrito pelo art. 37, XI, da Constituição da República.

118. *Terceiro* porque também não prospera a ideia segundo a qual divulgação dos rendimentos auferidos pelos notários e registradores municiaria o público do conhecimento capaz de credenciá-lo ao controle da justa fixação dos emolumentos e da remuneração por eles percebidas.

Com efeito, o art. 1º, parágrafo único, da Lei federal 10.169/2000, ao prever as normas gerais sobre a fixação dos emolumentos, prescreve que a remuneração devida ao notário e registrador, a par de ser fixada em lei, "(...) deverá corresponder ao efetivo custo e à adequada e suficiente remuneração dos serviços prestados".

Logo, a justeza da remuneração do notário e registrador está inicialmente atrelada ao custo por ele suportado no desempenho dessa função pública.

Assim, atende melhor aos fins da Lei de Acesso à Informação a divulgação das despesas suportadas pelos notários e registradores, e não a remuneração por eles percebida. Isso porque é a partir das despesas incorridas pelos delegatários que se afere a adequada e suficiente remuneração dos serviços prestados.

Ademais, como a lei fixadora de emolumentos é geral e abstrata, também não se apuraria a justa remuneração do notário ou registrador a partir do público (ou reservado) conhecimento dos rendimentos percebidos por um ou alguns notários e registradores.

Deveras, o controle social da justa remuneração dos notários e registradores perpassa pela comparação entre (i) as despesas geral e abstratamente suportadas pelos notários e registradores nas múltiplas unidades da federação; (ii) quantidade de atos jurídicos praticados por todos os notários e registradores das mesmas unidades federativas; e (iii) os emolumentos fixados para remuneração de cada um dos atos jurídicos praticados (que, sendo taxas, são gerais e abstratas).

É desta comparação que se pode publicamente apurar a capacidade de os emolumentos fixados suportarem as despesas incorridas pelos notários e registradores nas diversas unidades federativas, garantindo-lhes, geral e abstratamente, justa remuneração.

Por derradeiro, como os emolumentos são previstos de modo geral e abstrato, a "(...) adequada e suficiente remuneração dos serviços prestados" não se aquilata por meio da remuneração percebida por um específico (ou específicos) notário e registrador. Afere-se, pelo contrário,

182   REGIME CONSTITUCIONAL DA ATIVIDADE NOTARIAL E DE REGISTRO

pela remuneração geral e abstratamente percebida por todos eles, não se individualizando as pessoas que a percebem.

E, por mais estas razões, é ilegítima a divulgação dos rendimentos percebidos pelos notários e registradores.

119. Quarto porque a totalidade da remuneração percebida por um notário e registrador, mesmo nas ocasiões em que a serventia extrajudicial vaga é levada a concurso, não ganha contornos de interesse público ou geral.

É que, nesses casos, estando vaga a serventia extrajudicial, apenas os candidatos aprovados devem tomar conhecimento da remuneração até então percebida pelo interino, de modo que possam optar por aquela que melhor lhes interessa, inclusive em vista destas informações.

Daí porque, nestes casos, até mesmo a remuneração percebida pelo notário e registrador (interino na serventia extrajudicial vaga) não se transmuda de informação privada em informação pública, mas sim em informação pessoal de acesso restrito (art. 31, § 3º, I a IV, da Lei de Acesso à Informação). Isso porque o provimento dessa serventia vaga é interesse público, mas restrita àqueles que participam do concurso.[128]

120. Quinto porque, em algumas hipóteses, a totalidade da remuneração percebida pelo notário ou registrador passa a ser relevante apenas ao agente fiscalizador (Poder Judiciário). Isso porque, sendo baixo o volume de serviços prestados e rendimentos proporcionados ao delegatário, o Poder Judiciário poderá propor a acumulação de especialidades em uma única serventia extrajudicial (art. 26, parágrafo único, da Lei federal 8.935/1994).

E isso para torná-la atrativa aos eventuais interessados, sob pena de propor-se sua extinção ou anexação em outra serventia, em razão da falta de interessados (art. 44, *caput*, da Lei federal 8.935/1994).

No entanto, essa opção só poderá ser adotada em relação às serventias extrajudiciais vagas e que, portanto, estão sendo interinamente dirigidas por notários ou registradores.

E, nestes casos, é dever do Poder Judiciário dar plena publicidade às razões que o levaram a propor essa solução em relação às serventias vagas, caso em que deverá fornecer aos interessados as justificativas adotadas, inclusive aquelas pautadas em dados econômicos, tornando translúcida sua decisão.

---

128. Procedimento adotado, por exemplo, pelo Tribunal de Justiça do Estado de São Paulo, que franqueia aos aprovados o acesso aos dados econômicos das *serventias vagas* antes de o candidato por uma delas optar.

COMPETÊNCIA LEGISLATIVA EM MATÉRIA NOTARIAL E DE REGISTRO   183

Daí porque não há interesse público ou geral que justifique a divulgação da remuneração percebida por notários ou registradores regulamente investidos, como titulares, em uma serventia extrajudicial.

121. Semelhante questionamento se instala em relação à responsabilidade patrimonial do notário e do registrador. Isso porque há acirrada controvérsia quanto à submissão desses agentes delegados de função pública ao *tratamento jurídico* dispensado ao Poder Público, nos termos do art. 37, § 6º, da Constituição da República.

5.10 *Fixação da responsabilidade patrimonial dos notários e registradores*

122. O art. 37, § 6º, da Constituição da República prevê que "As pessoas jurídicas de direito público e as de direito privado prestadoras de serviços públicos responderão pelos danos que seus agentes, nessa qualidade, causarem a terceiros, assegurado o direito de regresso contra o responsável nos casos de dolo ou culpa".

Sem embargo desta previsão, o art. 236, § 1º, da Carta Magna assinala, com os nossos destaques, que "Lei regulará as atividades, *disciplinará* a *responsabilidade civil* e criminal dos *notários*, dos *oficiais de registro* e de *seus prepostos*, e definirá a fiscalização de seus atos pelo Poder Judiciário".[129]

Em vista destes dispositivos, formulam-se as seguintes proposições: (i) o notário e o registrador são patrimonialmente responsáveis no exercício dessa função delegada à moda do art. 37, § 6º, da Constituição da República, respondendo objetivamente pelos atos lesivos praticados contra terceiros[130] e subjetivamente pelos atos omissos que deságuem nos mesmos e nefastos resultados.[131] E, por esta razão, a lei alusiva no art. 236, § 1º, da Carta Magna apenas cuidará de minudenciar essa res-

129. A Lei aqui referida é de competência privativa do Congresso Nacional, segundo prevê o art. 22, I, da Constituição da República.

130. Sergio Cavalieri Filho afirma a responsabilidade civil objetiva dos notários e registradores, não se debruçando, contudo, sobre os casos de danos decorrentes de sua omissão (*Programa de Responsabilidade Civil*, 9ª ed., São Paulo, Atlas, 2010, p. 260).

131. Segundo advogam Luís Paulo Aliende Ribeiro (*Regulação da Função Pública Notarial e de Registro*, cit., pp. 119 a 128), Yussef Said Cahali (*Responsabilidade Civil do Estado*, 3ª ed., 3ª tir., São Paulo, Ed. RT, 2007, p. 263) e Mario Antonio Silveira ("Responsabilidade civil do Estado por ato praticado por registrador de imóveis", in Alexandre Dartanham de Mello Guerra, Luis Manuel de Fonseca Pires e Marcelo Benacchio (coords.), *Responsabilidade Civil do Estado: desafios contemporâneos*, São Paulo, Quartier Latin, 2010, pp. 1.084 a 1.096).

184   REGIME CONSTITUCIONAL DA ATIVIDADE NOTARIAL E DE REGISTRO

ponsabilidade, o que concretamente se deu;[132] *ou* (ii) não se aplica ao notário e registrador a responsabilidade prescrita no art. 37, § 6º, da Constituição da República, pois o art. 236, § 1º, da Carta Magna prescreve que a lei cuidará de disciplinar esta matéria em relação a esses delegados de função pública, em suposta exceção à regra geral de responsabilidade do Estado;[133] *ou* (iii) o Estado é objetivamente responsável pelos danos causados no desempenho da função notarial e de registro, podendo, em caso de condenação, propor ação regressiva em desfavor desses agentes delegados de função pública segundo a teoria da culpa.[134]

132. Romeu Felipe Bacellar Filho entende que o art. 22 da Lei federal 8.935/1994 comina aos notários e registradores responsabilidade objetiva e direta ("Do regime jurídico dos notários e registradores", in *Reflexões sobre o Direito Administrativo*, Belo Horizonte, Fórum, 2009, p. 157). No mesmo sentido é o pensamento de Hércules Alexandre da Costa Benício (*Responsabilidade do Estado decorrente de Atos Notariais e de Registro*, São Paulo, Ed. RT, 2005).

133. Tese defendida, por exemplo, por Walter Ceneviva (*Lei dos Notários e Registradores Comentada*, 8ª ed., São Paulo, Saraiva, 2010, p. 60) e Ricardo Dip ("Da responsabilidade civil e penal dos oficiais registradores", *Revista de Direito Imobiliário – IRIB*, ano 25, n. 53, São Paulo, Ed. RT, jul./dez. 2002, pp. 89 e 90).

A esse propósito, o pensamento de Décio Erpen nos soa genial. Segundo o seu magistério, a responsabilidade é subjetiva à luz da Lei federal 8.935/1994. *Primeiro* porque o art. 37, § 6º, da Carta Magna não faz alusão à pessoa física do notário, tese que subscrevemos integralmente. *Segundo* porque não podem o notário e o registrador ser objetivamente responsáveis pela prática de um ato dentro do que a lei lhes autoriza (como protesto de título prescrito, por exemplo), ainda que isto flagrantemente possa causar prejuízo a terceiros. Daí porque afirma haver a necessidade de distinção entre (a) deficiência na programação da atividade delegada, situação deflagradora de responsabilização; e (b) responsabilização na execução da atividade que, feita dentro dos escaninhos legais, não pode redundar na responsabilização do delegatário. É uma construção teórica de fôlego que merece registro e meditação ("Da responsabilidade civil e do limite de idade para aposentadoria compulsória dos notários e registradores", *Revista de Direito Imobiliário*, vol. 22, n. 47, São Paulo, Ed. RT, jul./dez. 1999, pp. 106 e 107).

134. Pensamento professorado por Rui Stoco, para quem a responsabilidade do notário e do registrador é subjetiva porque, partindo da ideia no sentido de que esses profissionais eram servidores públicos – tanto mais porque lhes era aplicável a aposentadoria compulsória –, seria afrontoso à equidade submeter alguns servidores à responsabilidade subjetiva (por meio de ação de regresso), e imputar ao notário e registrador, igualmente servidores, as consequências de uma responsabilização objetiva. O raciocínio era irrebatível a partir das premissas eleitas pelo autor, ainda que não as subscrevamos, pois, ao nosso juízo, esses agentes delegados nunca se qualificaram como servidores públicos ("Responsabilidade civil dos notários e registadores (comentários à Lei 8.935, de 18.11.1994)", *Revista dos Tribunais*, vol. 84, n. 717, São Paulo, Ed. RT, jul. 1995). Daí porque não nos convencem as mesmas conclusões erigidas após o advento da Emenda Constitucional 20, de 1998, que, ao juízo do STF, alterou a qualificação dos notários e dos registradores para particulares em atividade colaborada com a Administração (tese advogada por Henrique Bolzani, *A Responsabilidade Civil dos Notários e Registradores*, São Paulo, LTr, 2007, pp. 74 a 92).

COMPETÊNCIA LEGISLATIVA EM MATÉRIA NOTARIAL E DE REGISTRO   185

E como se afirmou, há acirrada controversa doutrinária[135] a respeito do tema, que brevemente, supõe-se, será equacionada pelo Supremo Tribunal Federal,[136] mesmo após o advento da Lei federal 13.286, de 2016, que deu nova redação ao art. 22 da Lei federal 8.935/1994.

123. O debate a esse respeito, todavia, extravasa as estritas fronteiras da atividade notarial e de registro. Com efeito, a resolução dessa polêmica se estenderá às pessoas físicas delegadas de função pública, aí se incluindo as pessoas naturais permissionárias[137] de serviços públicos,[138] circunstância que reclama a nossa atenção.

135. Luís Paulo Aliende Ribeiro afirma que o Estado responderá direta e solidariamente quando há designados na direção da serventia extrajudicial, tese que ousamos discordar, pois, à luz do art. 236, § 1º, da Constituição da República, o Estado está proibido de desempenhar essa atividade pública. Para esse arguto jurista, é o Poder Público quem, na vacância da serventia extrajudicial, desempenha transitoriamente a atividade notarial e de registro, o que não nos parece acertado como cuidamos de demonstrar mais amiúde no Capítulo VI, itens 28 a 30 e 47 a 49. Ademais, também afirma que o art. 37, § 6º, da Constituição da República se aplica às pessoas naturais, proposição da qual também discordamos, pois as pessoas naturais não estão referidas nessa passagem constitucional. E, por força das premissas adotadas, também enjeitamos a ideia segundo a qual Lei federal 6.015/1973 não teria sido recepcionada pela Constituição da República de 1988 ou mesmo teria sido revogada pela Lei federal 8.935/1994 (*Regulação da Função Pública Notarial e de Registro*, cit., pp. 121 e 124). Esse também é o pensamento de Yussef Said Cahali (*Responsabilidade Civil do Estado*, cit., p. 264).

136. Isso porque o tema concernente à abrangência da responsabilidade patrimonial dos notários e registradores será objeto de julgamento em repercussão geral nos autos do Recurso Extraordinário 842.846.

137. Segundo o art. 2º, IV, da Lei Geral de Concessão (Lei federal 8.987, de 1995), define-se permissão de serviço público como "(...) a delegação, a título precário, mediante licitação, da prestação de serviços públicos, feita pelo poder concedente à pessoa física ou jurídica que demonstre capacidade para seu desempenho, por sua conta e risco".

138. Exceção feita a José dos Santos Carvalho Filho (*Manual de Direito Administrativo*, cit., p. 553, item 3.2), o tema passou despercebido pelos mais conhecidos tratadistas do direito administrativo, como se lê de suas obras gerais. Celso Antônio Bandeira de Mello, por exemplo, não abordou este aspecto peculiar da responsabilidade do Estado (*Curso de Direito Administrativo*, 33ª ed., 3ª tir., São Paulo, Malheiros Editores, 2018, pp. 1.025 a 1.085), omissão igualmente existente em monografias especificas sobre o tema, tal como a elaborada por Sergio Cavalieri Filho (*Programa de Responsabilidade Civil*, cit., pp. 250 e 251, item 74.3, e pp. 255 a 258, item 74.6) e Yussef Said Cahali, que contempla a permissão em sua análise, mas nela afirma existir responsabilização (*Responsabilidade Civil do Estado*, cit., pp. 127 e 128, item 5.6). Diogenes Gasparini afirma que o termo *agentes*, empregado no art. 37, § 6º, da Constituição da República, deve ser interpretada de modo abrangente, sem embargo de mais adiante conferir este atributo apenas ao Estado e às pessoas jurídicas concessionárias ou permissionárias de serviço público. Todavia, ou bem a acepção de *agentes* é larga ao ponto de acolher todas as pessoas que desempenham atividades públicas (nela se encartando as pessoas físicas) ou estrita por nela contemplar apenas o Estado e as pessoas jurídicas que desempenhem atividade estatal. Daí se vê que o raciocínio edificado por esse autor é, *data venia*, contraditório, pois, apesar de defender

186   REGIME CONSTITUCIONAL DA ATIVIDADE NOTARIAL E DE REGISTRO

124. Não é estranha ao Texto Constitucional a possibilidade de indireta prestação de atividades públicas por meio de pessoas físicas. Tanto assim que o art. 197 da Constituição da República, inalterado desde a sua promulgação, prevê, com os nossos destaques, que "São de relevância pública as *ações* e *serviços de saúde*, cabendo ao Poder Público dispor, nos termos da lei, sobre sua regulamentação, fiscalização e controle, devendo sua *execução* ser feita *diretamente* ou *através de terceiros* e, também, por *pessoa física* ou jurídica de direito privado".

Se isto é verdade, o art. 37, § 6º, da Constituição da República propositadamente deixou de incluir as pessoas físicas no seu campo de abrangência, que se restringe (i) às pessoas jurídicas de direito público e (ii) às pessoas jurídicas de direito privado prestadoras de serviços públicos.[139] Esse preceito faz alusão às pessoas físicas apenas para assegurar "(...) o direito de regresso contra o responsável nos casos de dolo ou culpa".

Inúmeras razões podem ter levado o constituinte a estruturar esse modelo normativo, dele excepcionando as pessoas físicas executoras de função pública. De todo modo, parece-nos que o legislador andou bem neste particular.

Com efeito, seria irrazoável que a Constituição da República conferisse tratamentos jurídicos dessemelhantes a pessoas que se encontrem

a acepção ampla de *agentes* para fins de responsabilização do Estado, sua fundamentação revela o acolhimento da noção estrita desse mesmo conceito (*Direito Administrativo*, cit., p. 1.044). Por igual razão, não subscrevemos os pensamentos de Edmir Netto de Araújo (*Curso de Direito Administrativo*, 6ª ed., São Paulo, Saraiva, 2014, p. 824), Sílvio Luís Ferreira da Rocha (*Manual de Direito Administrativo*, São Paulo, Malheiros Editores, 2013, p. 748, item 4.4) e Hely Lopes Meirelles (*Direito Administrativo Brasileiro*, 15ª ed., São Paulo, Ed. RT, 1990, p. 551). Também não aderimos, neste particular, ao sempre certeiro pensamento de Maria Sylvia Zanella Di Pietro. A preclara professora afirma que a responsabilidade à luz do art. 37, § 6º, abrange as condutas praticadas pelo Estado e pelas pessoas jurídicas de direito privado prestadoras de serviços púbicos, aí se incluindo os *cartórios extrajudiciais* (*Direito Administrativo*, cit., p. 792). Ao nosso juízo, contudo, (i) apartam-se as noções de *cartório extrajudicial, serventia extrajudicial* e *serventuário extrajudicial*. *Cartório extrajudicial* é o local corpóreo (no mundo do ser) no qual se desenvolve a atividade notarial e de registro, sendo ele desprovido de personalidade jurídica (inclusive segundo o art. 44 do Código Civil, diploma referenciado pela própria autora). *Serventia extrajudicial* representa o plexo de competência pública jungida à atividade notarial e de registro. *Serventuário extrajudicial* é o agente delegado dessa função pública ou, dito de outro modo, o notário e registrador; e (ii) essa função pública é delegada *intuitu personae* ao notário e registrador, que a desempenha nesta específica qualidade (de pessoa física). Assim, não há responsabilização objetiva aos notários e registradores, pois *cartório extrajudicial* não é dotado de personalidade jurídica.

139. Ainda que, neste aspecto, entendamos que a expressão *serviço público* seja utilizada como expressão sinônima de atividade pública. Ao nosso juízo, o constituinte empregou essa expressão em seu sentido vulgar.

COMPETÊNCIA LEGISLATIVA EM MATÉRIA NOTARIAL E DE REGISTRO   187

em uma mesma situação jurídica base, mormente se não houver circunstância externa justificadora do distinto regramento previsto. Faz-se essa observação porque a Carta Magna imputa ao servidor público e ao servidor estatal a responsabilização subjetiva pelos danos que, nessa qualidade, causem a terceiros. Em vista disto, seria despropositado imaginar que, nas mesmas e idênticas circunstâncias, o Texto Magno pudesse imputar a responsabilização objetiva a outras pessoas naturais perseguidoras dos mesmos e públicos propósitos. Afinal, não há discrímen lógico capaz de justificar tão discrepante disciplina na responsabilização de pessoas físicas que desempenhem função pública.

Daí porque, ao nosso juízo, as pessoas físicas não respondem patrimonialmente segundo o regime jurídico estabelecido no art. 37, § 6º, da Constituição da República. Respondem nos termos na legislação comum que, inclusive, pode prever sua responsabilização patrimonial objetiva.[140] Só não há em desfavor delas responsabilização objetiva por determinação constitucional.

125. Por estas razões, é inaplicável às pessoas físicas do notário, do registrador e do permissionário de atividade pública o regime da responsabilidade patrimonial ditada pelo art. 37, § 6º, da Constituição da República. A elas se aplica a responsabilidade patrimonial nos termos ditados pela legislação que disciplina os efeitos decorrentes do ato lesivo praticado.[141]

E esse é um campo propício ao minucioso estudo que se empreende em monografias.[142] É justamente por esta razão que, propositadamente, deixamos de esquadrinhar amiúde a disciplina infraconstitucional a esse propósito.

126. Exaurido o exame da competência da União que nos soa relevante ao tema, ocupemo-nos da competência estadual sobre a matéria.

140. Para Venicio Antonio de Paula Salles a responsabilidade dos notários e registradores não é fixada segundo o art. 37, § 6º, da Constituição da República, mas sim por lei. E, em sua visão, a Lei federal 8.935/1994 prevê a responsabilização objetiva dos agentes delegados ("Responsabilidade civil extracontratual dos notários e registradores", in Alexandre Dartanham de Mello Guerra, Luis Manuel de Fonseca Pires e Marcelo Benacchio (coords.), *Responsabilidade Civil do Estado: desafios contemporâneos*, cit., p. 115).

141. Por outros meios, assim também conclui Rui Stoco (*Tratado de Responsabilidade Civil: doutrina e jurisprudência*, 8ª ed., São Paulo, Ed. RT, 2011, pp. 677 a 687, item 19.01).

142. Como fizemos (*Responsabilidade Patrimonial do Estado*, São Paulo, Malheiros Editores, 2010), no que estamos em boa companhia de tantos outros como Hércules Alexandre da Costa Benício (*Responsabilidade do Estado decorrente de Atos Notariais e de Registro*, São Paulo, Ed. RT, 2005).

188   REGIME CONSTITUCIONAL DA ATIVIDADE NOTARIAL E DE REGISTRO

5.11   Competência legislativa estadual: campo de atuação em matéria notarial e de registro

127. Apesar de a Constituição da República não prever em favor dos Estados competência legislativa específica a respeito da atividade notarial e de registro, esses entes federados são dotados dessa prerrogativa. *Primeiro* porque, como vimos,[143] há legitimidade legislativa estadual para fixação da própria atividade por meio da edição de normas especiais, aí se incluindo, por exemplo, a disciplina legislativa relacionada aos concursos de remoção. *Segundo* porque, observadas as normas gerais, cumpre aos Estados dispor sobre os emolumentos. *Terceiro* porque o art. 25, § 1º, da Constituição da República prevê serem "(...) reservadas aos Estados as competências que não lhes sejam vedadas por esta Constituição", revelando que a atividade notarial e de registro é função pública da exclusiva alçada estadual.[144] Cuidemos desses temas.

5.11.1   Disciplina normativa estadual para os concursos de remoção e o caso da Lei Complementar paulista 539, de 1988

Competência legislativa para os concursos de provimento na Constituição de 1967/1969

128. Sob a égide da Constituição de 1967, com a alteração promovida pela Emenda constitucional 1, de 1969, (i) competia à União estabelecer normas gerais sobre serviços forenses, de registros públicos e notariais;[145] (ii) as serventias judiciais foram estatizadas (ou "oficializadas", na dicção constitucional da época);[146] e (iii) as serventias extrajudiciais passaram a ser preenchidas por particulares aprovados em concurso público de provas e títulos, nos termos da legislação dos Estados, do Distrito Federal e dos Territórios.[147] E tudo isso em servil observância à prescrição veiculada no art. 208, *caput*, segundo a qual "Fica assegurada aos substitutos das serventias extrajudiciais e do foro judicial, na vacância, a efetivação, no cargo de titular, desde que, investidos na forma da

---

143. Cf. itens 19 a 28, acima.

144. No que comungamos do pensamento de Clèmerson Merlin Clève ("O regime previdenciário aplicável aos notários e registradores de serviços, em face da Lei federal n. 8.935, de 18.11.94", *Boletim de Direito Administrativo*, vol. 12, n. 9, São Paulo, set. 1996, p. 592).

145. Art. 8º, XVII, "c", da Constituição da República de 1967/1969.

146. Art. 206, *caput*, da Constituição da República de 1967/1969.

147. Art. 207, *caput*, da Constituição da República de 1967/1969.

COMPETÊNCIA LEGISLATIVA EM MATÉRIA NOTARIAL E DE REGISTRO   189

lei, contem ou venham a contar cinco anos de exercício, nessa condição e na mesma serventia, até 31 de dezembro de 1983".

Com fundamento no art. 206, *caput*, daquela Constituição, o Estado de São Paulo publicou um conjunto de leis regulando a forma de provimento nas serventias extrajudiciais. A última lei paulista publicada com fundamento neste dispositivo da Constituição de 1967/1969 foi, justamente, a Lei Complementar paulista 539, de 26 de maio de 1988.

Advento da Constituição da República de 1998
e as leis anteriormente editadas

129. Com o advento da Constituição da República de 1988, o art. 236, § 1º, prevê que "Lei regulará as atividades, disciplinará a responsabilidade civil e criminal dos notários, dos oficiais de registro e de seus prepostos, e definirá a fiscalização de seus atos pelo Poder Judiciário". Ocorre que, apenas no dia *21 de novembro de 1994*, publicou-se a Lei federal 8.935 disciplinando a matéria.

Neste hiato normativo,[148] o Superior Tribunal de Justiça[149] firmou entendimento no sentido de que a Lei Complementar paulista 539/1988 deveria ser aplicada aos concursos que fossem realizados pelo Tribunal de Justiça do Estado de São Paulo. E ao assim julgar, reconheceu-se a recepção desta lei pela sua parcial conformidade com a nova Carta, o que também é afirmado por abalizada doutrina, ainda que tratando de leis estaduais de outros Estados da Federação.[150]

130. A Lei federal 8.935/1994 sobreveio e fixou as seguintes regras a serem observadas na realização de concurso para ingresso e remoção em serventias extrajudiciais: (i) apontou os requisitos para participação em concurso público;[151] (ii) previu que o Poder Judiciário realizará

148. Entre a promulgação de Constituição da República de 1988 e a publicação da Lei 8.935, de 1994.
149. STJ, 6ª T., RO em MS 6.703, rel. Min. Vicente Leal, *DJU* 12.5.1997; STJ, 6ª T., RO em MS 8.481, rel. Min. Hamilton Carvalhido, *DJU* 19.12.2002.
150. Fazemos alusão a Tercio Sampaio Ferraz Júnior (*Parecer emitido em favor de João Carlos Kloster e outros, relativo à permuta de serventias extrajudiciais no Estado do Paraná*, São Paulo, 2011).
151. O art. 14 da Lei federal 8.935/1994 prevê que "Art. 14. A delegação para o exercício da atividade notarial e de registro depende dos seguintes requisitos: I – habilitação em concurso público de provas e títulos; II – nacionalidade brasileira; III – capacidade civil; IV – quitação com as obrigações eleitorais e militares; V – diploma de bacharel em direito; VI – verificação de conduta condigna para o exercício da profissão". Segundo o art. 15, § 2º, desta lei, podem afluir a este certame "(...) candidatos não bacharéis em

190   REGIME CONSTITUCIONAL DA ATIVIDADE NOTARIAL E DE REGISTRO

estes concursos com a participação, "em todas as suas fases, da Ordem dos Advogados do Brasil, do Ministério Público, de um notário e de um registrador";[152] (iii) determinou que "O concurso será aberto com a publicação de edital, dele constando os critérios de desempate";[153] (iv) determinou que "As vagas serão preenchidas alternadamente, duas terças partes por concurso público de provas e títulos e uma terça parte por meio de *remoção*,[154] mediante concurso de títulos, não se permitindo que qualquer serventia notarial ou de registro fique vaga, sem abertura de concurso de provimento inicial ou de remoção, por mais de seis meses";[155] (v) declarou que "A legislação estadual disporá sobre as normas e os critérios para o concurso de remoção"[156] e, por fim, (vi) assinalou que "os candidatos serão declarados habilitados na rigorosa ordem de classificação no concurso".[157]

Ocorre que, como já se assinalou,[158] esta lei federal não exauriu a ampla gama de temas afetos ao concurso para investidura em serventia extrajudicial. Além disto, esta lei federal prevê que à legislação estadual compete fixar as normas e critérios para o concurso de remoção. E é justamente neste contexto que surge o debate em pauta.

131. Com efeito, a Lei Complementar paulista 539/1988 prevê um conjunto de regras aplicáveis aos concursos de ingresso e remoção nas serventias extrajudiciais no Estado de São Paulo, obrando sobre campo legislativo ainda intocado pela Lei federal 8.935/1994. E, por essa razão, essa Lei Complementar paulista deve ser observada pelo Poder Público na realização de concursos para o preenchimento das serventias extrajudiciais vagas, nas oportunidades em que as disposições daquela Lei Complementar não conflitem com a Lei federal 8.935/1994 e com a Constituição da República.

E assim deve obrar a Lei Complementar paulista em harmonia com o disposto no art. 18 da Lei federal 8.935/1994 – em relação aos

direito que tenham completado, até a data da primeira publicação do edital do concurso de provas e títulos, dez anos de exercício em serviço notarial ou de registro".

152. Art. 15, *caput*, da Lei federal 8.935/1994.

153. Art. 15, § 1º, da Lei federal 8.935/1994.

154. Segundo o art. 17, *caput*, da Lei federal 8.935/1994 podem afluir ao concurso de remoção – por títulos – apenas os titulares que já tenham exercido a atividade por mais de dois anos.

155. Art. 16, *caput*, da Lei federal 8.935/1994.

156. Art. 18, *caput,* da Lei federal 8.935/1994.

157. Art. 19, *caput,* da Lei federal 8.935/1994.

158. Vide itens 62 e 66, acima.

COMPETÊNCIA LEGISLATIVA EM MATÉRIA NOTARIAL E DE REGISTRO   191

concursos de remoção –, e ao prescrito no art. 24, § 2º, da Constituição da República – em relação aos concursos de provimento por ingresso.

*Aplicação da Lei Complementar paulista 539/1988
aos concursos de remoção*

132. O art. 16 da Lei federal n. 8.935/1994 prevê que a remoção para 1/3 das serventias vagas far-se-á mediante concurso de títulos. De seu turno, o art. 18 da mesma lei prevê que "a legislação estadual disporá sobre as normas e os critérios para o concurso de remoção". Assim, qual a lei estadual paulista que dispõe sobre a avaliação de títulos nos concursos para provimento das serventias extrajudiciais?

As duas leis estaduais paulistas que pretenderam disciplinar a matéria após a Constituição da República de 1998 foram declaradas inconstitucionais pelo Poder Judiciário. Com efeito, (i) a Lei paulista 12.227/2006 foi declarada inconstitucional pelo STF nos autos da Ação Direta de Inconstitucionalidade 3.773; e (ii) a Lei paulista 10.340/1999 foi declarada inconstitucional pelo Tribunal de Justiça do Estado de São Paulo nos autos da Ação Direta de Inconstitucionalidade 31.710.0/0. E isso por suposto vício de iniciativa no qual, ao nosso juízo, elas não incidiram.

Para que a declaração de inconstitucionalidade de uma norma não acarrete uma situação de anomia – o que ensejaria indiscutível insegurança jurídica –, o art. 11, § 2º, da Lei federal 9.868, de 1999, prevê que a declaração de inconstitucionalidade de uma lei deflagra a repristinação daquela que até então disciplinava a matéria.[159]

Logo, se a Lei Complementar paulista 539/1988 foi sucedida pelas Leis paulistas 10.340/1999 e 12.227/2006 e estas foram declaradas inconstitucionais, então a Lei Complementar paulista 539/1988 deve ser aplicável aos concursos de remoção.

133. É bem verdade que alguns admitem a viabilidade de inovação inaugural da ordem jurídica por ato infralegal em razão da denominada

---

159. Eis a redação do art. 11, § 2º, da Lei 9.868, de 1999: "Art. 11. Concedida a medida cautelar, o Supremo Tribunal Federal fará publicar em seção especial do *Diário Oficial da União* e do *Diário da Justiça da União* a parte dispositiva da decisão, no prazo de dez dias, devendo solicitar as informações à autoridade da qual tiver emanado o ato, observando-se, no que couber, o procedimento estabelecido na Seção I deste Capítulo. (...) § 2º. A concessão da medida cautelar torna aplicável a legislação anterior acaso existente, salvo expressa manifestação em sentido contrário".

192 REGIME CONSTITUCIONAL DA ATIVIDADE NOTARIAL E DE REGISTRO

sujeição especial.[160] Há quem, inclusive, tenha acertadamente afirmado a aplicação deste regime aos concursos para provimento de serventias notariais e de registro.[161]

Entretanto, se o legislador resolveu chamar à sua alçada determinada matéria que, em tese, poderia ser objeto de *sujeição especial* ou *regulação infralegal*, então o primado republicano, o ideal da cidadania e a soberania popular hão de ser respeitados. Logo, se por opção política deu-se tratamento legislativo a uma matéria passível de *regulação infralegal*, tal circunstância (i) revoga os atos administrativos acaso existentes e (ii) proíbe nova disciplina do tema por *ato infralegal*.

Assim, a declaração de inconstitucionalidade das Leis paulistas 10.340/1999 e 12.227/2006 ensejou, *ipso facto*, a repristinação da Lei Complementar paulista 539/1988. E tal circunstância impede que ato infralegal venha a dar tratamento jurídico diverso daquele que foi assinalado em lei formal.

134. Ademais, o campo de incidência da Lei Complementar paulista 539/1988 não se restringe aos concursos de remoção. Com efeito, atuando a lei paulista no campo próprio das *normas especiais*, deve o administrador, de todos os Poderes, lhe serem servilmente obedientes. E assim observamos, pois há preceitos nessa lei paulista também aplicáveis aos concursos públicos de ingresso nas serventias extrajudiciais.

Aplicação da Lei Complementar paulista 539/1988
aos atuais concursos de ingresso

135. Conforme se assinalou anteriormente, o STJ firmou entendimento no sentido de que a Lei Complementar paulista 539/1988 foi recepcionada pela Constituição da República de 1988, devendo ser aplicada aos concursos em andamento até que sobreviesse lei federal disciplinando a matéria.

Ocorre que a Lei federal 8.935/1994 é norma geral, já que os Estados têm competência para, concorrentemente e respeitadas essas normas gerais, tratarem desta modalidade de concurso. Neste contexto, há diversos temas sobre os concursos de ingresso versados na Lei Complementar paulista 539/1988 que não têm (e nem poderiam ter) disciplina própria na Lei federal 8.935/1994.

160. Sobre o assunto, leia-se nossas considerações no item 38, acima.
161. Caso de Luís Paulo Aliende Ribeiro (*Regulação da Função Pública Notarial e de Registro*, cit., pp. 158 a 162).

COMPETÊNCIA LEGISLATIVA EM MATÉRIA NOTARIAL E DE REGISTRO   193

Recorde-se que a Lei federal 8.935/1994 (i) fixou os requisitos de habilitação para o concurso público de ingresso (art. 14, I a VI e art. 15, § 2º); (ii) apontou o órgão incumbido de realizar os concursos, bem como as pessoas e as entidades que deles devem participar (art. 15); (iii) criou um modelo por meio do qual as serventias vagas seriam preenchidas por concurso público de ingresso (art. 16, *caput*); (iv) estabeleceu que o concurso público de ingresso deve ser precedido da publicação de edital, dele constando critério de desempate (art. 15, § 1º); e, por fim, (v) determinou que os candidatos devem ser nomeados na ordem de classificação (art. 19, *caput*).

Ocorre que a Lei Complementar paulista 539/1988 prevê (i) a pontuação para os títulos ostentados pelos candidatos (art. 10, §§ 4º a 6º); (ii) a imperiosa necessidade de aplicação de prova escrita e avaliação de títulos, impedindo-se exames orais e entrevistas, por exemplo (art. 10, *caput*); (iii) que as matérias exigidas dos candidatos no concurso de ingresso sejam afetas à especialidade da serventia colocada em concurso público[162] (art. 10, § 2º); e (iv) ser o ato de investidura da competência do Chefe do Poder Executivo Estadual (art. 3º, § 2º).

As disposições normativas dessa lei paulista não se sobrepõem aos preceitos gerais veiculados pela Lei federal 8.935/1994. Pelo contrário, atuam no campo próprio das *normas especiais*, segundo dispõe o art. 24, § 2º, da Constituição da República.

Por estas razões, tanto os concursos de remoção como os concursos de ingresso em serventias extrajudiciais podem ser regrados por lei estadual, respeitado, nos dois casos, o intransponível campo reservado às *normas gerais*.

Regime de fixação dos emolumentos

136. Cumpre aos Estados, ainda, fixar legislativamente os emolumentos devidos pela prática de atos notariais e de registro.

162. Registre-se, neste particular, que a ideia subjacente a este preceito é de uma simplicidade franciscana: por meio da formulação de questões atinentes às especialidades das serventias extrajudiciais postas em concurso, pretende-se selecionar os candidatos que detenham maior conhecimento técnico para o bom exercício dessa função pública. Por esta razão, andou bem a Lei Complementar 539/1988 ao prescrever que as matérias exigidas nos concursos para provimento de serventias extrajudiciais no Estado de São Paulo tenham pertinência lógica com o conhecimento técnico que se exigirá do candidato no exercício dessa função delegada, tudo em atenção aos princípios da razoabilidade e da proporcionalidade.

194 REGIME CONSTITUCIONAL DA ATIVIDADE NOTARIAL E DE REGISTRO

Nesse ponto, a iniciativa para apresentação do projeto de lei em matéria tributária não é privativa do Chefe do Poder Executivo, sendo imperioso que também se prevejam mecanismos viabilizadores do pronto reestabelecimento do equilíbrio econômico-financeiro no desempenho desta atividade pública delegada, tema sobre o qual já nos debruçamos.[163]

5.11.2 Regime de aposentação dos titulares, escreventes e auxiliares das serventias extrajudiciais

Regime previdenciário dos escreventes e auxiliares das serventias extrajudiciais contratados até o advento da Lei federal 8.935/1994

137. O sistema normativo brasileiro prevê a existência de três regimes previdenciários: (i) o Regime Geral de Previdência Social (RGPS[164]); (ii) o Regime Próprio de Previdência Social (RPPS);[165] e (iii) o Regime Especial de Previdência Social (REPS).[166] Ainda que a previdência social tenha natureza de seguro, dependente ou não de contribuição,[167] interessa-nos o regime previdenciário formado por força de um correspondente e singular vínculo laboral.

Os notários, registradores e seus escreventes e auxiliares contratados que ingressaram na atividade após o advento da Lei federal 8.935/1994 estão submetidos ao RGPS. Entretanto, aqueles que ingressaram após a promulgação da Constituição da República e antes do advento da Lei federal 8.935/1994 estão em singular situação previdenciária.

138. Com efeito, o art. 51 da Lei federal 8.935/1994 prevê que "Aos atuais notários e oficiais de registro, quando da aposentadoria, fica assegurado o direito de percepção de proventos de acordo com a

163. Conforme se lê nos itens 99 a 109 deste capítulo.

164. Segundo o art. 11 da Lei federal 8.213/1991, são segurados obrigatórios do Regime Geral de Previdência Social (RGPS) os empregados (regidos pela CLT), empregados da União que exerçam sua atividade no exterior, ocupantes de mandato eletivo, se não houver regime próprio de previdência social, empregado doméstico, contribuinte individual ou trabalhador avulso.

165. Regime previdenciário próprio dos servidores ocupantes de cargos de provimento efetivo e vitalício.

166. O REPS era especialmente *comum* até o advento do RGPS, como bem destaca Miguel Horvath Júnior (*Direito Previdenciário*, 7ª ed., São Paulo, Quartier Latin, 2008, pp. 138 e 139). O REPS permanece uma faculdade expressamente conferida em favor dos ocupantes de mandato eletivo.

167. Nesse sentido é o magistério de Carolina Zancaner Zockun (*Da Intervenção do Estado no Domínio Social*, cit., pp. 77 e 78, itens 70 a 75).

COMPETÊNCIA LEGISLATIVA EM MATÉRIA NOTARIAL E DE REGISTRO   195

legislação que anteriormente os regia, desde que tenham mantido as contribuições nela estipuladas até a data do deferimento do pedido ou de sua concessão".

Por seu turno, os §§ 1º e 2º desse mesmo dispositivo prescrevem que (i) "O disposto neste artigo aplica-se aos escreventes e auxiliares de investidura estatutária ou em regime especial que vierem a ser contratados em virtude da opção de que trata o art. 48"; e (ii) "Os proventos de que trata este artigo serão os fixados pela legislação previdenciária aludida no *caput*".

Já o didático art. 48, § 2º, da Lei federal 8.935/1994, pontua a singularidade do regime laboral dos escreventes e auxiliares das serventias extrajudiciais contratados até o advento dessa lei. Nele se afirma que "(...) os escreventes e auxiliares de investidura estatutária ou em regime especial continuarão regidos pelas normas aplicáveis aos *funcionários públicos* ou pelas *editadas pelo Tribunal de Justiça* respectivo, vedadas novas admissões por qualquer desses regimes, a partir da publicação desta lei".

139. Vê-se, com isso, que até o advento da Lei federal 8.935/1994, os funcionários das serventias extrajudiciais tinham sua disciplina de trabalho (i) fixada pelo estatuto dos funcionários públicos; *ou* (ii) ditada diretamente pelo Tribunal de Justiça.

Daí a especial felicidade da redação do art. 48, *caput*, dessa Lei federal,[168] por assinalar que esses funcionários (escreventes e auxiliares) observam "regime jurídico" de trabalho diverso daquele ditado pela CLT. Tanto é assim que, apenas por opção expressa, ele poderia ser vertido em regime de emprego, disciplinado pela CLT. Essa anuência, aliás, é imprescindível, pois o art. 5º, XXXVI, da Constituição da República resguarda o "ato jurídico perfeito" do alcance da lei nova.

140. Esse singular regime de trabalho é expressamente reconhecido pela legislação previdenciária, pois ela exclui do RGPS os escreventes e auxiliares das serventias contratados *até* o advento da Lei federal 8.935/1994.[169] E por idêntica razão, também estão excluídos do RGPS

168. É o que prevê o art. 48, *caput*, dessa Lei federal: "Art. 48. Os notários e os oficiais de registro poderão contratar, segundo a legislação trabalhista, seus atuais escreventes e auxiliares de investidura estatutária ou em regime especial desde que estes aceitem a transformação de seu regime jurídico, em opção expressa, no prazo improrrogável de trinta dias, contados da publicação desta lei".

169. Confira-se a redação do art. 9º, *caput*, cumulado com o inciso V, "j" e "l", e § 15, do Decreto federal 3.048: "Art. 9º. São segurados obrigatórios da previdência social as seguintes pessoas físicas: (...) V – como contribuinte individual: (...) j) quem presta

196   REGIME CONSTITUCIONAL DA ATIVIDADE NOTARIAL E DE REGISTRO

os titulares das serventias extrajudiciais que nelas ingressaram até aquele marco temporal.

Aliás, mesmo antes do advento do Regulamento da Previdência Social, o Ministério do Estado e da Previdência Social, sensibilizado pelas peculiaridades do regime de trabalho dos escreventes e auxiliares das serventias extrajudiciais contratados até o advento da Lei federal 8.935/1994, editou a Portaria MPAS 2.801. Nela esclareceu a insubmissão desses profissionais ao RGPS.[170]

Em vista disto, pode-se perquirir se esses trabalhadores (*alijados* do RGPS) estão acolhidos pelo Regime Próprio de Previdência Social (RPPS) ou, alternativamente, por um Regime Especial de Previdência Social (REPS).

Isso porque, com o julgamento da Ação Direta de Inconstitucionalidade 2.791,[171] o STF firmou o entendimento no sentido de que os

serviço de natureza urbana ou rural, em caráter eventual, a uma ou mais empresas, sem relação de emprego; l) a pessoa física que exerce, por conta própria, atividade econômica de natureza urbana, com fins lucrativos ou não; (...) § 15. Enquadram-se nas situações previstas nas alíneas 'j' e 'l' do inciso V do *caput*, entre outros: (...) VII – o notário ou tabelião e o oficial de registros ou registrador, titular de cartório, que detêm a delegação do exercício da atividade notarial e de registro, não remunerados pelos cofres públicos, admitidos a partir de 21 de novembro de 1994".

170. Confira-se a redação desse dispositivo por nós destacado: "Art. 1º. O notário ou tabelião, oficial de registro ou registrador que são os titulares de serviços notariais e de registro, conforme disposto no art. 5º da Lei n. 8.935, de 18.11.1994, têm a seguinte vinculação previdenciária: a) aqueles que foram admitidos até 20.11.1994, véspera da publicação da Lei n. 8.935/94, continuarão vinculados à legislação previdenciária que anteriormente os regia; b) aqueles que foram admitidos a partir de 21.11.1994, são segurados obrigatórios do Regime Geral de Previdência Social, como pessoa física, na qualidade de trabalhador autônomo, nos termos do inciso IV do art. 12 da Lei n. 8.212/91. (...) Art. 2º. A partir de 21.11.1994, os escreventes e auxiliares contratados por titular de serviços notarias e de registro serão admitidos na qualidade de empregados, vinculados obrigatoriamente ao Regime Geral de Previdência Social, nos termos da alínea 'a' do inciso I do art. 12 da Lei n. 8.212/91. § 1º. Os escreventes e auxiliares de investidura estatutária ou em regime especial, contratados por titular de serviços notariais e de registro antes da vigência da Lei n. 8.935/94 que fizeram opção, expressa, pela transformação do seu regime jurídico para o da Consolidação das Leis do Trabalho, serão segurados obrigatórios do Regime Geral de Previdência Social como empregados e terão o tempo de serviço prestado no regime anterior integralmente considerado para todos os efeitos de direito, conforme o disposto nos arts. 94 a 99 da Lei n. 8.213/91; § 2º. Não tendo havido a opção de que trata o parágrafo anterior, os escreventes e auxiliares de investidura estatutária ou em regime especial continuarão vinculados à legislação previdenciária que anteriormente os regia, desde que mantenham as contribuições nela estipuladas até a data do deferimento de sua aposentadoria, ficando, consequentemente, excluídos do RGPS conforme disposição contida no art. 13 da Lei n. 8.212/91".

171. STF, Tribunal Pleno, ADI 2.791, rel. Min. Gilmar Mendes, *DJe* 24.11.2006.

COMPETÊNCIA LEGISLATIVA EM MATÉRIA NOTARIAL E DE REGISTRO   197

escreventes e auxiliares da justiça não podem ser inseridos no regime da previdência edificado em favor dos servidores públicos *stricto sensu* (ou seja, no RPPS).

141. A resposta a esse questionamento é *legislativamente* fornecida pelo art. 51, *caput*, cumulado com seu § 1º da Lei federal 8.935/1994, já transcritos anteriormente.

Segundo essa regra nacional, aquele trabalhador que ingressou como escrevente em serventia extrajudicial *antes* da edição da Lei federal 8.935/1994 *permanece* submetido ao REPS, afastando-se, com isso, sua inclusão no RGPS ou no RPPS. Isso porque, apesar de não serem eles servidores públicos (o que afasta sua submissão ao RPPS), eles o são para fins previdenciários e, nesta condição, estão e permanecem inseridos no REPS, em *justa* homenagem ao princípio da segurança jurídica e ao ato jurídico perfeito.

142. Daí a especial *relevância* do julgamento empreendido pelo Pleno do STF, ao apreciar a Ação Direta de Inconstitucionalidade 1.551.[172] Isso porque, naquela assentada, examinaram-se os confins dos art. 40, parágrafo único, e art. 51, §§ 1º a 3º, da Lei federal 8.935/1994, dando-lhes por compatíveis com a ordem constitucional em vigor. E, por força disto, reconheceu-se a submissão ao REPS dos escreventes e auxiliares das serventias extrajudiciais contratados *entre* o advento da Constituição da República de 1988 *e* 21.11.1994, data da entrada em *vigor* da Lei federal 8.935, o que também se aplica aos titulares que ingressaram neste período.

Assim, *há* direito constitucional subjetivo dos titulares, escreventes e auxiliares das serventias extrajudiciais ao enquadramento no REPS, *se* ingressados ou contratados *após* a promulgação da Constituição da República de 1988, *mas antes* do advento da Lei federal 8.935/1994.

Nada de estranho nesse singular regime previdenciário, pois a Constituição da República não proibiu a criação de REPS. Basta tomar como exemplo o art. 11 da Lei federal 8.213/1991, que previu o REPS em favor dos ocupantes de mandatos eletivos.[173] Daí a lisura da Lei federal 8.935/1994 que, nesse particular, também prevê um REPS em favor dos titulares, escreventes e auxiliares das serventias extrajudiciais que ingressaram na atividade notarial e de registro até o seu advento.

172. STF, Tribunal Pleno, ADI 1.551, rel. Min. Nelson Jobim, *DJU* 17.12.1999.
173. Criado, no âmbito federal, pela Lei federal 9.506/1997.

198   REGIME CONSTITUCIONAL DA ATIVIDADE NOTARIAL E DE REGISTRO

*Financiamento do REPS dos titulares, escreventes
e auxiliares das serventias extrajudiciais*

143. Nesse contexto, (i) o Estado, (ii) os empregadores e os escreventes e auxiliares contratados até a Lei federal 8.935/1994 e (iii) os dirigentes de serventias extrajudiciais *estavam* e *estão* obrigados a financiar o REPS.[174] Isso porque, segundo o art. 195 da Constituição da República, esse REPS é financiado em vista dos princípios da universalidade, uniformidade e equidade.

Desse modo, como o REPS desses notários e registradores se volta a uma específica parcela social, é interdito impor à coletividade o seu indireto financiamento,[175] sob pena de ofensa ao ideal da equidade, do qual a retributividade é a consequência lógica e jurídica.

É por esta razão que, por exemplo, contribuem ao REPS criado em favor de deputados federais e senadores (i) estes agentes políticos, no exercício do seu mandato eletivo; e (ii) aquele que incorre com o pagamento da sua remuneração (ou seja: Câmara dos Deputados e Senador Federal).[176]

A mesma ideia se aplica ao REPS concedido em favor dos titulares, escreventes e auxiliares das serventias extrajudiciais, respectivamente, investidos e contratados até o advento da Lei federal 8.935/1994. Esse REPS foi edificado não apenas para arcar com o pagamento de benefícios previdenciários concedidos e presentemente usufruídos pelos aposentados nesse regime, mas, também, para garantir o pagamento dos benefícios previdenciários daqueles que, embora ainda na ativa, ingressaram na atividade antes da Lei federal 8.935/1994, como titular, escreventes ou auxiliares de serventias extrajudiciais.

144. No entanto, se por um lado impera o primado da universalidade do custeio do RGPS – porque todos da sociedade podem dele usufruir –, o mesmo não se fale em relação ao RPPS ou ao REPS, em vista do primado da equidade no seu financiamento.

Com efeito, o art. 149, V, da Constituição da República, ao tratar das disposições gerais da seguridade social, comina a imperiosa necessidade de observância da "equidade na forma de participação no custeio". Em vista disto, cada grupo social deve suportar o financiamento da

174. A Lei federal 8.935/1994 expressamente assinala que o beneficiário desse RESP perde sua condição se deixar de recolher as contribuições a seu encargo (*ex vi* art. 51, *caput*).

175. Por meio de contribuições sociais.

176. Art. 12, I a III, da Lei federal 9.506/1997.

COMPETÊNCIA LEGISLATIVA EM MATÉRIA NOTARIAL E DE REGISTRO   199

seguridade social na medida da sua participação para a concessão de benefícios criados.

Logo, se as serventias extrajudiciais são o *berço* e o *nascedouro* do encargo de benefício edificado pelo REPS criado pela Lei federal 8.935/1994, por questão de *equidade* os dirigentes dessas serventias devem *concorrer* para o financiamento desse regime previdenciário.

Com isto se exaure o que nos parece relevante na órbita legislativa estadual em relação à atividade notarial e de registro.

5.12 Competência legislativa municipal

145. Decretada a constitucionalidade da cobrança do ISS,[177] iniciou-se longo debate sobre o regime de tributação dos notários e registradores. Isso de modo a apurar se a esses agentes delegados se aplicava o disposto no art. 9º, § 1º, do Decreto-lei 406, de 1968, assim redigido

> Art 9º. A base de cálculo do imposto é o preço do serviço.
>
> § 1º. Quando se tratar de prestação de serviços sob a forma de trabalho pessoal do próprio contribuinte, o imposto será calculado, por meio de alíquotas fixas ou variáveis, em função da natureza do serviço ou de outros fatores pertinentes, nestes não compreendida a importância paga a título de remuneração do próprio trabalho.

Neste contexto, firmou-se o pensamento no sentido de que os notários e registradores desempenham essa função pública de modo empresarial, o que afasta a aplicação do art. 9º, § 1º, do Decreto-lei 406/1968.[178] E por esta razão, esses agentes delegados passaram a ser tributados pelo ISS como se empresários fossem, à moda do que se processa em relação às concessões e permissões de serviços públicos. Nada mais desacertado.

146. *Primeiro* porque a concessão e permissão de serviços públicos, contemplados no art. 175 da Constituição da República, estão insertos no Título "Da Ordem Econômica" e, ademais, no Capítulo "Dos Princípios Gerais da Atividade Econômica". Não é de se estranhar, portanto, que o art. 175, parágrafo único, da Carta Magna, tenha atribuído à lei o encargo de prever, dentre outros temas, "o regime das empresas concessionárias e permissionárias de serviços públicos". Já se vê, portanto, que

---

177. O que já se deu notícia no item 107.
178. STJ, 1ª Seção, REsp 1.328.284, rel. Min. Mauro Campbell, *DJe* 3.10.2013.

200 REGIME CONSTITUCIONAL DA ATIVIDADE NOTARIAL E DE REGISTRO

na concessão e na permissão os serviços públicos são prestados, como regra, de modo empresarial.

O que se processa com os notários e registradores? Suas atividades delegadas estão previstas no Título "Das Disposições Constitucionais Gerais" (e não "Da Ordem Econômica", como se dá com as concessões e permissões). Vê-se daí que elas não estão submetidas ao regime jurídico típico das atividades econômicas, mas sim a um regime peculiar, porquanto as atividades realizadas a esse título se volvem à constituição ou à certificação de situações jurídicas, imprimindo-lhes segurança jurídica.

147. Segundo porque as concessionárias e permissionárias desempenham de modo empresarial a prestação dos serviços públicos transferidos. Tanto mais porque, como regra, os vencedores nas licitações volvidas a esse fim devem criar uma sociedade de propósito específico (SPE), cujas quotas representativas do seu capital social podem, inclusive, ser alienadas no mercado de ações. Além disto, a responsabilidade dos sócios das empresas concessionárias e permissionárias é limitada ao valor das suas quotas sociais. Não fosse isso suficiente, é possível haver transferência da concessão ou da permissão para terceiros (art. 27 da Lei federal 8.987/1995) ou, mesmo, subconcessão (art. 26, § 1º, da Lei federal 8.987/1995), desde que haja anuência do Poder concedente.

O que se processa com os notários e registradores? A delegação é concedida em favor da pessoa natural aprovada em concurso ou concurso público, que responderá com seu patrimônio pessoal pelas despesas decorrentes do desempenho dessa atividade. Sem embargo, essa atividade delegada é desempenhada de modo profissional – e não empresarial. Ademais, em nome do notário e do registrador serão travados os contratos de trabalho, debitadas as despesas necessárias ao desempenho da função delegada e, por óbvio, as receitas decorrentes do pagamento de emolumentos. A possibilidade de transferência da delegação para terceiros traduz-se em verdadeira heresia; proibição alçada a verdadeiro estandarte defensivo da moralidade.

148. Terceiro porque, justamente em razão do caráter empresarial dos serviços públicos dados em concessão e permissão, as empresas concessionárias e permissionárias (i) têm o valor de suas tarifas fixado no contrato e revisto periodicamente (art. 9º da Lei federal 8.987/1995); (ii) podem conceder descontos e abatimentos nos valores de suas tarifas cobradas; (iii) concorrem entre si (art. 29, XI, da Lei federal 8.987/1995); (iv) empreendem os meios necessários para angariar o maior número de usuários (por meio, por exemplo, de propagandas, políticas de fidelização de clientes etc.); e (v) têm em seu favor a possibilidade de perceber,

COMPETÊNCIA LEGISLATIVA EM MATÉRIA NOTARIAL E DE REGISTRO   201

além do valor da tarifa, receitas alternativas, complementares, acessórias ou de projetos associados (art. 11 da Lei federal 8.987/1995). O que se processa com os notários e registradores? Os valores dos emolumentos são fixados e alterados por lei. Em vista disto, não podem eles conceder quaisquer espécies de desconto ou abatimento, fazer propaganda, concorrer entre si ou obter outras fontes de rendimentos em razão do desempenho dessa função pública.

149. *Quarto* porque as empresas concessionárias, por exercerem essas atividades de modo empresarial, percebem receitas ou faturamento, institutos próprios das atividades empresariais.

O que se processa com os notários e registradores públicos? Os emolumentos são pagos a título de remuneração (art. 1º, parágrafo único, da Lei federal 10.169/2000); e por remuneração entende-se a contraprestação devida em razão do desempenho de uma atividade pessoal a título profissional. Esse, aliás, é o sentido constitucional que se confere ao vocábulo remuneração (*ex vi* dos arts. 7º, VII a IX, XV a XVII, XXIII; 27, § 1º; 37, X, XI, XIII, § 8º; 38, II e III; 39, § 1º, 61, § 1º, II, "a", todos da Constituição da República, dentre tantos outros).

150. *Quinto* porque, ao lado dos notários e registradores, há inúmeras pessoas naturais que atuam em atividade colaborada com a Administração de modo pessoal e profissional. É o caso, por exemplo, dos mesários, dos jurados e vários outros requisitados de serviço público.

Deveras, o art. 236 da Constituição da República, ao mesmo tempo que dispõe que "os serviços notariais e de registro são exercidos em caráter privado (...)", autoriza a contratação de prepostos.

E quem são estes prepostos a que se refere o art. 236 da Constituição da República? São aqueles empregados dos notários e registradores e que, por expressa autorização legal – da legislação pré-constitucional[179] recepcionada pela nova ordem vigente – podem exercer essa função pública.

Trata-se, pois, de previsão legal que, com o advento da Constituição da República de 1988, foi alçada ao patamar constitucional.[180] Por-

179. Com efeito, a Lei federal 6.015, de 1973, dispositiva da atividade delegada de registros públicos, previa em seus arts. 15, 19, 143, § 1º, 185, 210 e 248 as funções dos substitutos.

180. Isso porque o próprio Texto Constitucional prevê a existência de preposto nessa atividade. Confira-se a redação do seu art. 236, § 1º, com os nossos destaques: "Art. 236. Os serviços notariais e de registro são exercidos em caráter privado, por delegação do Poder Público. § 1º. Lei regulará as atividades, disciplinará a responsabilidade civil e

202 REGIME CONSTITUCIONAL DA ATIVIDADE NOTARIAL E DE REGISTRO

tanto, a figura de preposto – assim entendida como pessoa legitimada a exercer a função notarial e de registro – ascendeu do plano legal ao constitucional.

Em vista disso, como (i) é a pessoalidade ou não da atividade desempenhada que lhe confere ou não o agir empresarial; e (ii) o regime jurídico constitucional da atividade notarial e de registro – art. 236 da Constituição – contempla existência de prepostos, sem que isso mitigue a pessoalidade destes serviços, sendo intrínseco a ele, conclui-se que noticiada atividade é prestada de forma pessoal e profissional e não empresarial.

151. *Sexto* porque não prospera a ideia segundo a qual notário e registrador desempenham essa função pública com intuito lucrativo. Com efeito, os notários e registradores são pessoas naturais que exercem de modo pessoal e profissional a função que lhes foi delegada (mas não de modo empresarial, insista-se) percebendo, para tanto, remuneração.

Neste contexto, o *superavit* econômico obtido por empresas e empresários no desempenho de suas atividades verte-se em lucro (volvido, pois, à distribuição entre os seus acionistas); para quem percebe remuneração esse *superavit* é poupança ou economia: termos distintos e que identificam os regimes jurídicos a que esses *superavits* econômicos estão submetidos.

152. Sem embargo, como estes predicados não foram reconhecidos em favor dos notários e registradores ao se analisar seu pessoal regime de tributação pelo ISS, onerou-se o desempenho dessa atividade pública. Serão os usuários dessa atividade quem, em última medida, suportarão esse novo encargo por força do reequilíbrio econômico-financeiro dos emolumentos.[181]

---

criminal dos notários, dos oficiais de registro e de *seus prepostos*, e definirá a fiscalização de seus atos pelo Poder Judiciário".

181. Tema já esquadrinhado nos itens 99 a 109.

Capítulo VI

COMPETÊNCIA ADMINISTRATIVA EM MATÉRIA NOTARIAL E DE REGISTRO

6.1 Introdução. 6.2 Regime de desempenho da atividade notarial e de registro. 6.3 A fiscalização da atividade notarial e de registro. 6.4 Limites constitucionais à função fiscalizatória do Poder Judiciário em relação à atividade notarial e de registro: 6.4.1 Os confins da fiscalização dos atos notariais e de registro pelo Poder Judiciário; 6.4.2 A remuneração dos interinos das serventias extrajudiciais. 6.5 A pessoa política titular da atividade notarial e de registro. 6.6 O órgão estatal titular da atividade notarial e de registro. 6.7 A declaração de vacância da serventia extrajudicial: 6.7.1 A Resolução 80 do Conselho Nacional de Justiça e a indiscriminada declaração de vacância de serventias extrajudiciais.

6.1 Introdução

1. Ao lado das competências legislativas relativas à atividade notarial e de registro,[1] perfila-se tema de capital relevância e importância: a disciplina normativa concernente ao concreto desempenho dessa função estatal.

Cumpre-nos alertar de antemão que a Constituição da República, neste particular, não confere especial atribuição administrativa aos Municípios. Isso porque, como veremos, a atividade notarial e de registro é atribuição imantada na esfera de competência estadual.[2] E, por esta razão, os Estados são os verdadeiros protagonistas no exercício da competência administrativa em relação a essa função estatal.

6.2 Regime de desempenho da atividade notarial e de registro

2. Apesar de parcela da função notarial e de registro ser obrigatoriamente exercida por particulares,[3] a delegação dessa função pública e o

---

1. Que procuramos esquadrinhar no Capítulo V.

2. Vide Capítulo V.

3. Que comporta exceções, conforme registramos em diversas passagens, como a lançada no Capítulo II, item 30.

204 REGIME CONSTITUCIONAL DA ATIVIDADE NOTARIAL E DE REGISTRO

seu concreto desempenho se aperfeiçoam estribados segundo os princípios informadores do direito público.[4]

Mas há quem, no entanto, vislumbre a influência de normas de direito privado no exercício dessa atividade estatal, posição em relação a qual guardamos reserva pelas razões adiante declinadas.

O suposto caráter misto da atividade notarial e de registro

3. É certo que as múltiplas especialidades desempenhadas por meio da função notarial e de registro se dispõem a regular situações majoritariamente formadas no campo do direito privado. Isso porque os atos constituídos ou formalizados por meio da intersecção dessa atividade estatal usualmente têm por objeto interesses disponíveis à vontade das partes, campo normativo próprio do direito comum.

E justamente porque a atividade notarial e de registro se volve ao preponderante trato de situações tuteladas pelo direito privado, alguns afirmam que o seu concreto desempenho é ditado segundo as disposições normativas veiculadas nessa metodológica quadra do direito. Daí defenderem o *caráter misto* dessa função estatal,[5] por ser ela supostamente regrada tanto por normas de direito público como de direito privado.

A suposta procedência desse pensamento não se instabilizaria pelo fato de a legislação episodicamente dispor sobre a obrigatória atuação desses agentes delegados na constituição e formalização de atos e fatos jurídicos. Isso porque o tolhimento da liberdade particular não é campo reservado à exclusiva alçada do direito público.

Com efeito, a inviabilidade de derrogação de disposição normativa pelos particulares nestes casos decorre do influxo de normas de *ordem pública*, e não por força de preceitos decorrentes do *direito público.*[6]

4. Disto tratamos no Capítulo II.

5. É o que afirma Ricardo Dip, ao alegar que a função pública registral se reveste desse caráter misto, pois administra situações privadas e interesses de natureza privada. Daí ser vocacionada à garantia de situações jurídicas particulares, revelando preponderância do caráter *jusprivado* do direito registral (*Direito Administrativo Registral*, São Paulo, Saraiva, 2010, pp. 28 e 29). Clèmerson Merlin Clève percorre a mesma trilha ao assinalar que "(...) não se pode afirmar que tais serviços submetem-se integralmente ao regime de direito privado", razão por que "(...) o regime (...) é de natureza mista", revelando a adesão do autor à tese da preponderância do direito privado no exercício dessa atividade pública ("O Regime jurídico das serventias extrajudiciais e a Lei 3.893/2002 do Estado do Rio de Janeiro", in *Soluções Práticas de Direito – Administração Pública, tributação e finanças públicas – Pareceres*, vol. 2, São Paulo, Ed. RT, 2012, pp. 405).

6. Daí o acertado magistério de Oswaldo Aranha Bandeira de Mello, para quem a *norma de ordem pública* "(...) estabelece o caráter obrigatório ou cogente de certas nor-

COMPETÊNCIA ADMINISTRATIVA EM MATÉRIA NOTARIAL 205

Regime de direito público e o exercício da atividade notarial e de registro

4. Sucede que esse pensamento, supostamente atrativo do regime de direito privado à atividade notarial e de registro, não nos convence.

5. *Primeiro* porque esta construção desconsidera a *tríplice relação jurídica* que se edifica em razão da delegação prescrita no art. 236 da Carta Republicana de 1988.[7] A *primeira* formada entre o ente delegante e os delegados dessa função pública, por meio da qual se viabiliza o exercício privado dessa atividade estatal. A *segunda* formada entre o Poder Público e os notários e registradores, fixadora da disciplina normativa relativa ao concreto desempenho dessa atividade pelos agentes delegados. A *terceira* constituída entre os notários e registradores e os usuários dessa atividade.[8]

Em vista desta classificação, resulta claro que a tese defensiva da suposta regência dessa atividade pelo direito privado toma como referência a disciplina normativa aplicável a uma relação jurídica externa à delegação.

mas de direito privado (...). Apenas não se permite sejam essas normas derrogadas pelas partes, e lhe são assim obrigatórias, se subsumem ao regime jurídico por elas regulado. Em tais casos não ocorre, como se costuma dizer, a publicização do direito. Essas normas continuam a ser de direito privado, regulando institutos desse ramo jurídico e as relações de direito que através deles se perfazem" (*Princípios Gerais de Direito Administrativo*, 3ª ed., vol. I, São Paulo, Malheiros Editores, 2007, p. 45).

7. Embora assemelhada aos denominados "efeitos trilaterais" das concessões referidos por Maria Sylvia Zanella Di Pietro, a *tríplice relação jurídica* na delegação com ela não se confunde. Deveras, a construção da professora paulista toma por referência as partes colhidas pelos efeitos jurídicos projetados do contrato de concessão de serviço público, como se lê da seguinte passagem: "(...) uma das características do contrato de concessão de serviço público é a de produzir efeitos trilaterais: embora celebrado apenas entre o poder concedente e concessionário, os seus efeitos alcançam terceiros estranhos à celebração do ajuste e que são os usuários do serviço concedido" (*Parcerias na Administração Pública*, 5ª ed., São Paulo, Atlas, 2006, p. 111). Já a tese aqui empreendida considera as relações jurídicas formadas com a concretização da delegação, cujo substrato corresponde àquele muito bem identificado por André Luiz Freire, conforme pensamento exposto na nota de rodapé seguinte.

8. André Luiz Freire se refere a essas relações como sendo de (i) *organização* da sua disciplina normativa, ideia que congrega tanto as medidas administrativas tendentes a trespassar essa atividade aos particulares, como a disciplina administrativa afeta ao seu modo de prestação (sob o rótulo *organização*, há dúplice relação jurídica, como muito bem identifica o autor, quais sejam (a) a que formaliza o trespasse do exercício da atividade pública; e (b) aquele que dispõe sobre o modo de desempenho dessa função pública); e (ii) *prestação* em si mesma considerada, concernente ao concreto oferecimento de utilidades aos administrados (*O Regime de Direito Público na Prestação de Serviços Públicos por Pessoas Privadas*, São Paulo, Malheiros Editores, 2014, pp. 268 e 280, itens 1, 2.1 e 3).

206 REGIME CONSTITUCIONAL DA ATIVIDADE NOTARIAL E DE REGISTRO

Com efeito, a relação jurídica engendrada entre particulares a partir de um ato notarial ou de registro não se enquadra em uma daquelas acima mencionadas. Isso porque nela não figuram como partes nem o ente delegante, tampouco os agentes delegados. E ainda que haja inegável *coligação*[9] entre as relações jurídicas formadas a partir da delegação e aquela constituída entre particulares a partir de um ato notarial e de registro, cada qual é predicada por singular morfologia e atributos.[10]

Logo, se o delegatário da função notarial e de registro não participa desta última relação (composta exclusivamente entre particulares), ela não poderá influenciar a fixação do regime jurídico do exercício dessa função pública. Isso porque, como magistralmente observou Celso Antônio Bandeira de Mello, "(...) um fator neutro em relação às situações, coisas ou pessoas diferenciadas é inidôneo para distingui-las".[11]

Logo, não se pode definir um dado objeto por aquilo que ele não é ou a partir de um atributo que lhe é estranho. Conceitua-se um fenômeno jurídico por aquilo que ele é ou, ainda, pelos predicados que ele ostenta. E isso sob pena de definir uma figura jurídica tomando por referência outra que lhe é diversa ou mesmo incompatível, situação relevadora do desacerto metodológico daqueles que empreendem por esta trilha.

6. *Segundo* porque, se os notários e os registradores desempenham uma atividade pública viabilizadora do nascimento de relações jurídicas regidas pelo direito privado, eles assim procedem segundo a disciplina normativa própria ao exercício dessa função administrativa.

Desse modo, não se saca o regime jurídico da atividade notarial e de registro pelas relações privadas que por meio dela se formam. É a disciplina normativa regente do exercício dessa função que revela os seus princípios cardeais. E essa disciplina, insista-se, é própria do campo do direito público.

9. Essa mesma ideia foi captada pelo saudoso Antônio Carlos Cintra do Amaral, ao afirmar, tratando da concessão, que "(...) a relação contratual entre concessionária e usuário, mediante a qual uma parte se obriga a prestar um serviço, recebendo em pagamento um preço público (tarifa), tem como pressuposto uma outra, entre a concessionária e o poder concedente. Em situação semelhante a essa, a doutrina civilista italiana aposta a existência de dois contratados *coligados*, um, *principal*, o outro, *acessório*" (*Concessão de Serviços Públicos: novas tendências*, São Paulo, Quartier Latin, 2012, p. 114 – destaques no original).

10. Sobre a morfologia e singularidade das obrigações principais e acessórias, confira-se o insuperável magistério de José Souto Maior Borges (*Obrigação Tributária: uma introdução metodológica*, 3ª ed., São Paulo, Malheiros Editores, 2015), ao qual nos filiamos (*Regime Jurídico da Obrigação Tributária Acessória*, São Paulo, Malheiros Editores, 2005).

11. Vide *Conteúdo do Jurídico do Princípio da Igualdade*, 3ª ed., 25ª tir., São Paulo, Malheiros Editores, 2017, p. 30.

COMPETÊNCIA ADMINISTRATIVA EM MATÉRIA NOTARIAL   207

7. Terceiro porque não se concebe que o exercício de uma competência pública *in concreto* se formalize segundo os parâmetros do direito privado, tirante os casos em que esta condição for inata ao seu desempenho, o que se dá, por exemplo, na hipótese prescrita no art. 173, § 1º, II, da Constituição da República.[12]

8. Aliás, registre-se que nem mesmo as relações formadas entre os delegatários da atividade notarial e de registro e os utentes dessa função estatal são regidos pelo direito privado. Forma-se entre eles um vínculo de índole estatutária[13] ou regulamentar,[14] cujo conteúdo normativo é fixado por normas de direito público.[15]

12. Eis a redação do dispositivo constitucional referido e por nós destacado: "Art. 173. Ressalvados os casos previstos nesta Constituição, a *exploração direta* de *atividade econômica* pelo Estado só será permitida quando necessária aos imperativos da segurança nacional ou ao relevante interesse coletivo, conforme definidos em lei. § 1º. A lei estabelecerá o estatuto jurídico da empresa pública, da sociedade de economia mista e de suas subsidiárias que explorem atividade econômica de produção ou comercialização de bens ou de prestação de serviços, dispondo sobre: (...) II – a *sujeição ao regime jurídico próprio das empresas privadas*, inclusive quanto aos *direitos* e *obrigações civis, comerciais, trabalhistas* e *tributários*".

13. Ideia professorada por Romeu Felipe Bacellar Filho ("Concessões, permissões e autorizações de serviço público", *Reflexões sobre o Direito Administrativo*, Belo Horizonte, Fórum, 2009, pp. 195 a 196) e André Luiz Freire (*O Regime de Direito Público na Prestação de Serviços Públicos por Pessoas Privadas*, cit., pp. 285 a 291, item 4.1). No mesmo sentido é o pensamento de Letícia Queiroz de Andrade (*Teoria das Relações Jurídicas da Prestação de Serviço Público sob Regime de Concessão*, São Paulo, Malheiros Editores, 2015, pp. 102, 173 e 174).

14. É o pensamento de Maria Sylvia Zanella Di Pietro (*Parcerias na Administração Pública*, cit., p. 111).

15. Daí ser procedente a afirmativa de Weida Zancaner que, ao tratar da prestação de serviços públicos, afirma "(...) os direitos dos usuários dos serviços públicos advêm dos princípios informadores dos serviços públicos que têm por fundamento a própria Constituição. Nenhuma lei pode reduzir-lhes ou amesquinhar-lhes os contornos, nem a Administração Pública pode abdicar do fiel cumprimento destes direitos, direitos subjetivos públicos que cada um de nós, como usuários, tem o direito de exercitar contra o Estado-Poder" ("Responsabilidade do Estado, serviço público e os direitos dos usuários", in Juarez Freitas (coord.), *Responsabilidade Civil do Estado*, São Paulo, Malheiros Editores, 2006, p. 351). No mesmo sentido é o pensamento de Álvaro Lazzarini ("Direito público e direito privado – Competência recursal no Estado de São Paulo", *Revista de Direito Administrativo*, n. 207, Rio de Janeiro, FGV, jan./mar. 2007, p. 98, item 3.2).

Almiro do Couto e Silva também tratou do regime jurídico aplicável à atividade notarial e de registro ("Privatização no Brasil e o novo exercício de funções públicas por particulares. Serviço público 'à brasileira'?", in *Conceitos Fundamentais do Direito no Estado Constitucional*, São Paulo, Malheiros Editores, 2015, pp. 213 e 215). Segundo ele, "Será possível a prestação de serviço público em regime privado? A Constituição Federal, no seu art. 236, que trata dos serviços notariais e de registro, declara que eles 'são exercidos em caráter privado, por delegação do Poder Público'. Analogamente, os serviços públicos delegados aos concessionários e permissionários do setor privado são

208   REGIME CONSTITUCIONAL DA ATIVIDADE NOTARIAL E DE REGISTRO

É justamente por esta razão que às atividades delegadas se aplicam as disposições do Código de Defesa do Consumidor (CDC) *cum grano salis*. Isso porque a atividade notarial e de registro é desempenhada segundo normas de direito público, ao passo que o CDC foi concebido para o trato de relações disciplinadas pelo direito privado, situação exigente, quando possível, da sua necessária adaptação ao regime jurídico próprio ao desempenho dessa atividade estatal.[16]

E como o CDC pode, quando muito, somar garantias ao utente das atividades estatais, sem nunca amesquinhar as prerrogativas do Estado ou de quem lhe faça as vezes no seu desempenho, o advento da futura lei do usuário de serviços públicos[17] apenas poderá acrescer novas medidas protetivas concebidas em favor do administrado.

9. Superado este tema, ingressemos no campo da fiscalização da atividade notarial e de registro.[18]

6.3   A fiscalização da atividade notarial e de registro

Teorias a respeito do alcance do art. 236, § 1º,
da Constituição da República

10. O art. 236, § 1º, da Constituição da República prevê que o Poder Judiciário fiscalizará os *atos* decorrentes do exercício da atividade notarial e de registro. Sublinhamos essa passagem constitucional: "Lei

por eles exercidos em caráter privado, por sua conta e risco. Em ambos os casos, porém, não há ampla abertura ao mercado, com liberdade de acesso à atividade pelos interessados, uma vez preenchidos os requisitos exigidos, e com liberdade, também, para a fixação dos preços dos serviços" (p. 213). "Utilizando distinção feita por Ruy Cirne Lima, pode-se dizer que esse regime, *quoad extra*, no tocante às relações estabelecidas com os usuários, é predominantemente de direito privado, mas *quoad intra*, no concernente às relações entre o delegante e o delegado, é de direito público, sendo, assim, de qualquer modo, visualizado o regime em seu conjunto, exorbitante do direito comum, o que bastará para qualificá-lo como especial, ou como de Direito Privado Administrativo, como preferimos dizer" (p. 215). Ao nosso juízo esse pensamento só apresenta uma marginal inconsistência. Isso porque se afirma, de modo genérico, que o regime jurídico nestes casos é de *Direito Privado Administrativo*, pois segundo as justificativas lançadas, esse singular regime é aplicável às atividades industriais e empresariais do Estado, situação na qual não se insere, obviamente, a atividade notarial e de registro que se tipifica como uma atividade eminentemente jurídica.

16. Nesse sentido é o magistério de Celso Antônio Bandeira de Mello (*Curso de Direito Administrativo*, 33ª ed., 3ª tir., São Paulo, Malheiros Editores, 2018, p. 775, item 68).

17. A previsão da edição dessa lei, ainda em gestação no Congresso Nacional, está contemplada no art. 27 da Emenda Constitucional 19, de 1998.

18. Tema abordado com especial esmero e atenção por Luís Paulo Aliende Ribeiro (*Regulação da Função Pública Notarial e de Registro*, São Paulo, Saraiva, 2009, pp. 135 a 173).

COMPETÊNCIA ADMINISTRATIVA EM MATÉRIA NOTARIAL 209

regulará as atividades (...) e *definirá* a *fiscalização* de *seus atos* pelo Poder Judiciário".

Assim, a Constituição da República afirma explicitamente que ao Poder Judiciário cumpre a fiscalização dos *atos* notariais e de registro. Sem embargo, existe uma aparente omissão constitucional a respeito da fiscalização das *atividades* desempenhadas pelos agentes delegados dessa função pública.[19]

Em vista disto, alguns sustentam que, se Constituição da República pretendesse atribuir ao Poder Judiciário a fiscalização sobre a atividade notarial e de registro (e não apenas sobre os atos notariais e de registro), ela assim teria previsto de modo expresso. E por força desse silêncio, seria interdito ao Poder Judiciário exercer essa competência administrativa.[20]

Outros reconhecem em favor do Poder Judiciário essa atribuição pelos mais diversos fundamentos. Alguns afirmam que este atributo decorre do fato de as serventias extrajudiciais serem serviços auxiliares do Poder Judiciário,[21] inclusive em razão de suposta posição de hierarquia do magistrado em relação ao notário e registrador.[22] Há quem também

19. Daí a insuficiência de fundamentação, por exemplo, de Sergio Cavalieri Filho. Isso porque esse autor afirma existir a prerrogativa de o Poder Judiciário empreender a "fiscalização desse serviço" notarial e de registro, sem embargo de, reproduzindo a dicção constitucional, assinalar que esse órgão público só poderá fiscalizar os atos notariais e de registro. Vê-se que o autor fluminense não esclarece a razão pela qual o Poder Judiciário teria sido dotado do *munus* de fiscalizar o exercício dessa atividade pública se, de acordo com a Constituição da República, a ele foi atribuída a tarefa de fiscalizar os atos produzidos no exercício dessa função pública. É dizer, não se esclareceu a suposta razão pela qual a atribuição da fiscalização do ato notarial e de registro supostamente englobaria a fiscalização da própria atividade. Daí a insuficiência de fundamentação registrada (*Programa de Responsabilidade Civil*, 9ª ed., São Paulo, Atlas, 2010, p. 259, item 74.6.2).

20. Esse é o pensamento de Ovídio Araújo Baptista da Silva ("O notariado brasileiro perante a Constituição Federal", in *Coleção Doutrinas Essenciais: direito registral*, vol. I, São Paulo, Ed. RT, 2011, p. 1.273, item 5).

21. Subscreve este pensamento Maria Helena Diniz que, ademais, afirma que os auxiliares dos notários e registradores devem ser contratados ou demitidos mediante aprovação do Poder Judiciário, tese que, *data venia*, não encontra amparo na Constituição da República ou na Lei federal 8.935/1994 que, em seus arts. 20 e 21, infirma esse magistério da catedrática paulista (*Sistema de Registros de Imóveis*, 9ª ed., São Paulo, Saraiva, 2010, p. 713). Clèmerson Merlin Clève assevera que o Poder Judiciário tem competência para obrar nesse mister em razão de sua prerrogativa para dispor sobre "organização e divisão judiciárias" ("O Regime jurídico das serventias extrajudiciais e a Lei 3.893/2002 do Estado do Rio de Janeiro", cit., p. 407). Não comungamos desses ilustres pensamentos, conforme se lê das observações lançadas no Cap. IV, item 16 e Cap. V, itens 38 a 44.

22. É esse o pensamento de Maria Helena Diniz (*Sistema de Registros de Imóveis*, cit., p. 49). Registramos nosso desacordo com esse ponto de vista, pois não há hierarquia

210   REGIME CONSTITUCIONAL DA ATIVIDADE NOTARIAL E DE REGISTRO

apregoe a interpretação extensiva na noção de fiscalização atribuída ao Poder Judiciário pelo art. 236 da Constituição da República,[23] pensamento fruto de um processo histórico,[24] que convenientemente afasta essa atividade correcional da órbita do Poder Executivo.[25]

11. Daí se questionar se o simples fato de a Constituição da República não prever explicitamente essa prerrogativa em favor do Poder Judiciário impediria, consequentemente, que os agentes deste órgão jurisdicional fiscalizassem a atividade desempenhada por esses agentes delegados. Eis o âmago do questionamento que pretendemos equacionar a seguir.

6.4   Limites constitucionais à função fiscalizatória do Poder Judiciário em relação à atividade notarial e de registro

Pressupostos para delimitação da atividade de fiscalização a cargo do Judiciário

12. A descrição dos confins normativos que viabilizam a fiscalização da função notarial e de registro pelo Poder Judiciário deve adotar como premissa a elementar distinção entre (i) o processo de formação do ato jurídico e (ii) o ato jurídico formado a partir deste processo. Justamente em razão da singular relevância desse critério classificatório,

entre a Administração Pública e os particulares em atividade colaborada com o Estado. Afinal, só há hierarquia se o hierarca e o subordinado integrarem a mesma estrutura orgânica, situação antitética à condição do notário e do registrador. Daí nosso pleno acordo com Marcelo Figueiredo ("Análise da importância da atividade notarial na prevenção dos litígios e dos conflitos sociais", *Revista de Direito Notarial*, ano 2, n. 2, São Paulo, Quartier Latin, set. 2009-maio 2010, p. 75) e Luís Paulo Aliende Ribeiro (*Regulação da Função Pública Notarial e de Registro*, cit., pp. 84 a 93).

23. Caso de Luís Paulo Aliende Ribeiro, monografista do tema, para quem "fiscalização" deve ser entendida como termo equivalente a "regulação" (*Regulação da Função Pública Notarial e de Registro*, cit., p. 9).

24. Pois historicamente o Poder Judiciário esteve incumbido de fiscalizar essa atividade jurídica, como registra Claudio Martins ao observar que esses profissionais são "(...) apenas fiscalizados por esse Poder (Judiciário) porque tal é a praxe no Brasil, já que o Executivo não quer fazê-lo, como seria mais razoável" ("Fé pública é fé notarial", *Revista da Academia Cearense de Letras*, ano 92, n. 38, Fortaleza, 1977, p. 9).

25. Leonardo Brandelli abraça a ideia segundo a qual a fiscalização dessa função pública deve mesmo ficar a cargo do Poder Judiciário, pelo fato de os seus integrantes serem os mais habilitados ao exame técnico da atividade notarial, pois "(...) a ligação do notariado com o Poder Executivo tem-se mostrado perniciosa, remetendo, ordinariamente, a função notarial ao namoro com critérios políticos, que a maculam, conforme se pode verificar em vários regimes latino-americanos" (*Teoria Geral do Direito Notarial*, 4ª ed., São Paulo, Saraiva, 2011, p. 89).

COMPETÊNCIA ADMINISTRATIVA EM MATÉRIA NOTARIAL   211

segrega-se, por exemplo, (a) processo legislativo de ato legislativo,[26] (b) processo administrativo de ato administrativo e (c) processo judicial de sentença. Institutos que, embora umbilicalmente associados, guardam ontológica e recíproca dessemelhança.

É certo, contudo, que o nosso sistema de direito positivo usualmente assinala que a pessoa irrogada na prerrogativa para fiscalizar a lisura do ato jurídico produzido também possa exercer atividade correcional do seu processo de produção.[27] A própria Constituição da República, contudo, cuidou de excepcionar essa genérica previsão.

É o que se verifica, por exemplo, com o processo de julgamento das contas do Chefe do Poder Executivo federal. Segundo prevê o art. 71, I, da Constituição da República, compete ao Tribunal de Contas da União (TCU) instaurar o processo administrativo tendo por objeto a apuração da reta realização de receitas e despesas públicas pelo Presidente da República. A despeito disto, a decisão final a esse propósito – aprovando ou rejeitando as contas apresentadas – é atribuição do Congresso Nacional (art. 49, IX, da Carta Magna).

Assim, o Congresso Nacional não goza de prerrogativa para rever a correção do processo de tomada de contas levado a efeito pelo TCU, senão que atribuir-lhe um resultado final conclusivo, aprovando ou rejeitando as contas do ocupante do cargo de Presidente da República.[28]

13. Entretanto, também não procede o argumento daqueles que, fiados da dicção gramatical da Constituição da República, afirmam que só o ato notarial e de registro (e não o desempenho da atividade notarial e de registro) pode ser fiscalizado pelo Poder Judiciário em sua função correcional. A própria Carta Magna infirma esse juízo em outras passagens.

Com efeito, o art. 71, III, da Constituição da República confere ao TCU a competência para, com os nossos destaques, "*apreciar, para fins*

26. Como registrou Gabriela Zancaner (*As Competências do Poder Legislativo e as Comissões Parlamentares*, São Paulo, Malheiros Editores, 2009, pp. 67 a 77).
27. Caso do art. 21, VI, da Constituição da República, segundo o qual compete à União "autorizar e fiscalizar a produção e o comércio de material bélico".
28. Em 2016 houve agressiva investida dos meios de comunicação a esse propósito, propugnando pelo *impeachment* da Presidente da República. Enjeitando a tese defensiva da defenestração da Chefe do Poder Executivo, alguns juristas teceram preciosas considerações sobre o julgamento das contas presidenciais. Foi o caso de Celso Antônio Bandeira de Mello e Fábio Konder Comparato ("Requisitos jurídicos para configuração de crime de responsabilidade", *Revista Trimestral de Direito Público*, n. 64, São Paulo, Malheiros Editores, 2015) e Pedro Estevam Alves Pinto Serrano ("Requisitos jurídicos para configuração do *impeachment*", *Revista Trimestral de Direito Público*, n. 64, São Paulo, Malheiros Editores, 2015).

212   REGIME CONSTITUCIONAL DA ATIVIDADE NOTARIAL E DE REGISTRO

de *registro*, a *legalidade* dos *atos de admissão de pessoal* (...), bem como a das *concessões* de *aposentadorias*, reformas e pensões". Ora, como a admissão é o último ato de um concurso público para provimento de cargo e emprego público vago, os defensores dessa tese concluiriam que o TCU não pode se imiscuir na lisura do concurso público instaurado. Sem razão, contudo.

Afinal, a lisura (ou legalidade) do ato de admissão será apurada em sua plenitude se, evidentemente, o concurso público realizado não estiver encarnado de qualquer espécie de vício. Nesta hipótese, portanto, atada à competência para aferição da legitimidade do ato de admissão está a prerrogativa para averiguar a lisura do concurso público realizado.

14. Neste contexto, há que se perquirir qual a opção constitucional feita em relação à atividade de fiscalização do Poder Judiciário sobre a função notarial e de registro.

6.4.1   Os confins da fiscalização dos atos notariais e de registro pelo Poder Judiciário

15. À míngua de qualquer disposição constitucional em sentido diverso, entendemos que o Poder Judiciário não poderá adequadamente apurar a correção dos atos notariais e de registro se, imbricado nessa competência, não estiver incutida a prerrogativa para fiscalizar a atividade pública que ensejou a sua produção.

Logo, o art. 236, § 1º, da Constituição da República não pretende restringir a atividade de fiscalização do Poder Judiciário ao exclusivo exame da lisura do ato notarial e de registro produzido. Seu mérito está, diversamente, na implícita *delimitação* do exercício dessa atividade correcional atinente, *apenas* e *tão somente*, às atividades desempenhadas pelos agentes delegados que possam desaguar ou influenciar, *direta* e *decisivamente*, na produção desses atos jurídicos.

E, neste campo, a fiscalização poderá ser *prévia*,[29] *concomitante*[30] ou, ainda, *posterior* à produção do ato notarial e de registro.[31] Alguns

29. Orientando, por exemplo, as balizas jurídicas segundo as quais podem ser produzidos atos notariais e de registro.

30. Como se dá no caso de "arguição de dúvida" a respeito da viabilidade ou não da prática de certos atos jurídico em razão do exercício dessa função pública, nos termos do art. 30, XIII, da Lei federal 8.935/1994, assim redigido e por nós destacado: "Art. 30. São deveres dos notários e dos oficiais de registro: (...) XIII – *encaminhar* ao *juízo competente as dúvidas levantadas* pelos interessados, obedecida a sistemática processual fixada pela legislação respectiva".

31. O que também se opera na hipótese de apuração de falta cometida pelo agente delegado, nos termos previstos no art. 35, II, da Lei federal 8.935/1994: "Art. 35. A *perda*

COMPETÊNCIA ADMINISTRATIVA EM MATÉRIA NOTARIAL   213

denominam estas atividades de regulação,[32] pelo fato de os propósitos perseguidos por meio dessa competência pública serem mais largos do que os tradicionalmente atribuídos à atividade de fiscalização.[33]

16. Daí porque extravasaria o campo de competência do Poder Judiciário a adoção de qualquer espécie de medida normativa que, a propósito de exercer essa atividade de fiscalização, interferisse no autônomo exercício dessa atividade delegada.

Neste contexto, é muito feliz a redação do art. 38 da Lei federal 8.935/1994 por assinalar que "O juízo competente zelará para que os serviços notariais e de registro sejam prestados com rapidez, qualidade satisfatória e de modo eficiente (...)". Ou ainda o art. 30, I a XIV, dessa mesma lei, que arrola os encargos a serem suportados pelos agentes delegados dessa função pública, todos volvidos à adequada produção de atos notariais e de registro. Coroa esse pensamento o inciso XIV do referido dispositivo, segundo o qual o notário e o registrador devem "observar as normas técnicas estabelecidas pelo juízo competente".

Esses dispositivos corroboram a assertiva segundo a qual ao Poder Judiciário compete fiscalizar (i) os atos notariais e de registro e (ii) as atividades realizadas pelos notários e registradores que influenciem, *direta* e *decisivamente*, a produção de atos notariais e de registro.

17. É certo, contudo, que esta última atribuição fiscalizatória do Poder Judiciário é palco de grandes controvérsias. Afinal, é bastante complexa a fixação de um critério prestante a identificar ou catalogar quais condutas dos notários e dos registradores são capazes de influenciar, *direta* e *decisivamente*, a produção dos atos notariais e de registro a autorizar, por esta razão, a fiscalização do Poder Judiciário.

Dúvida semelhante também se instalou no legislador penal ao tempo em que se fixou um suposto critério legal para qualificação de uma conduta como infracional, em vista do resultado ilícito indesejado.[34] Nos dois casos – da lei penal e da fiscalização da atividade notarial e de

da *delegação dependerá*: (...) II – de decisão decorrente de *processo administrativo instaurado* pelo *juízo* competente, assegurado amplo direito de defesa".

32. Sobre o tema da regulação, confira-se a obra de Ricardo Marcondes Martins (*Regulação Administrativa à luz da Constituição Federal*, São Paulo, Malheiros Editores, 2011).

33. Caso de Luís Paulo Aliende Ribeiro (*Regulação da Função Pública Notarial e de Registro*, cit., pp 135 a 180).

34. Questiona-se, por exemplo, se a lei penal poderia (ou deveria) punir quem produz e comercializa licitamente uma arma de fogo (i) pelo fato de ela ter sido empregada na prática do crime de homicídio, ou (ii) cujo disparo acidental lesionou terceiro, em razão do mal funcionamento da sua trava de segurança.

214   REGIME CONSTITUCIONAL DA ATIVIDADE NOTARIAL E DE REGISTRO

registro – o problema supostamente se solve pela identificação da teoria do *nexo causal* legislativamente acolhida.

Sucede que existem múltiplas teorias a esse propósito, tais como (i) da equivalência das condições ou equivalência dos antecedentes ou *conditio sine qua non*, (ii) causalidade adequada ou eficiente, (iii) imputação objetiva, dentre outras.[35] Não fosse a multiplicidade dessas teorias condição suficiente para turvar o campo do legítimo exercício dessa competência fiscalizatória pelo Poder Judiciário, a ela se soma o desacordo doutrinário e jurisprudencial a respeito da teoria de nexo causal adotada nas mais diferentes situações juridicamente disciplinadas. Estas múltiplas controvérsias, como se vê, rendem acalentadas disputas e deflagram inesgotáveis litígios.

Para nós, caso uma atividade empreendida pelo agente delegado *seja incapaz* de, só por si, viabilizar a produção de ato notarial, então ela não estará na alçada fiscalizatória do Poder Judiciário. Adota-se, desse modo, a *teoria da causalidade eficiente*, segundo a qual a atividade notarial e de registro alcançada pela prerrogativa fiscalizatória do Poder Judiciário é aquela com intrínseco poder de produção do ato notarial e de registro.[36]

18. Tome-se, por exemplo, o que se processa em relação à contratação de pessoal pelo notário e registrador. Segundo o art. 20, *caput*, da Lei federal 8.935/1994, os notários e registradores podem contratar (i) *escreventes*, escolhendo dentre eles o seu (ii) *substituto*, além de (iii) *auxiliares*.[37] Dentre estes empregados, *apenas* os *escreventes* (aí se incluindo os *substitutos*) podem praticar atos notariais e de registro *nos limites da delegação* fixada pelo titular da serventia extrajudicial, nos termos do que dispõem os §§ 3º e 4º do referido preceito legal.[38]

35. A respeito do tema, confira-se o primoroso estudo de Agostinho Alvim (*Da Inexecução das Obrigações e suas Consequências*, 5ª ed., São Paulo, Saraiva, 1980, pp. 339 a 374) e o belíssimo texto de Rodrigo Valgas dos Santos ("Nexo causal e excludentes da responsabilidade extracontratual do Estado", in Juarez Freitas (coord.), *Responsabilidade Civil do Estado*, São Paulo, Malheiros Editores, 2006).

36. Ainda que por fundamentos diversos, é bastante coincidente nossa posição com aquela professorada por Luís Paulo Aliende Ribeiro (*Regulação da Função Pública Notarial e de Registro*, cit., pp. 101 a 109), ao menos até as considerações lançadas sobre a atividade desempenhada pelo responsável na hipótese de a serventia extrajudicial ser declarada vaga.

37. "Art. 20. Os notários e os oficiais de registro poderão, para o desempenho de suas funções, contratar escreventes, dentre eles escolhendo os substitutos, e auxiliares como empregados, com remuneração livremente ajustada e sob o regime da legislação do trabalho."

38. "Art. 20. (...) § 3º. Os escreventes poderão praticar somente os atos que o notário ou o oficial de registro autorizar. § 4º. Os substitutos poderão, simultaneamente com o

COMPETÊNCIA ADMINISTRATIVA EM MATÉRIA NOTARIAL 215

Por esta razão, o Poder Judiciário poderá exigir que o titular da serventia extrajudicial informe o nome dos *escreventes* habilitados à prática de atos notariais e de registro, ainda que a Lei federal 8.935/1994 explicite esta prerrogativa apenas em relação ao *substituto*.[39] Deveras, a contratação desses profissionais poderá redundar, *direta* e *imediatamente*, na produção de atos notariais e de registro, circunstância viabilizadora da fiscalização a ser levada a efeito pelo Poder Judiciário.

Por igual fundamento, será *ilegítima* a determinação do Poder Judiciário que imponha ao agente delegado o dever de informar o nome de todos os empregados por ele contratados, aí se incluindo os *auxiliares* e os *escreventes* que não dispõem de prerrogativa para produzir atos notariais e de registro. Isso porque a contração desses empregados não desaguará, *direta* e *imediatamente*, na produção de atos notariais e de registro.

19. Fundado nessa ideia, parece-nos compatível com o critério eleito a instauração e a realização, pelo Poder Judiciário, de concurso público e concurso para provimento de serventias extrajudiciais vagas. Isso porque o provimento das serventias extrajudiciais viabilizará, *direta* e *imediatamente*, a produção de atos notariais e de registro.[40]

O mesmo se afirme em relação ao Provimento n. 35, de 2007, por meio do qual o CNJ disciplinou a aplicação da Lei federal 11.441, de 2007, permissiva da realização de inventário, partilha e separação consensual e divórcio consensual por via administrativa. Essa regulamentação empreendida pelo CNJ é *formalmente* legítima, por dizer respeito a uma atividade desempenhável pelo notário e registrador que poderá desaguar, *direta* e *imediatamente*, na produção de um ato notarial e de registro.

Na atividade de fiscalização quem pode o mais não necessariamente também poderá o menos

20. A partir das premissas eleitas, é manifestamente infundada a assertiva segundo a qual, no campo da prerrogativa correcional do Poder

notário ou o oficial de registro, praticar todos os atos que lhe sejam próprios exceto, nos tabelionatos de notas, lavrar testamentos."
39. "Art. 20. (...) § 2º. Os notários e os oficiais de registro encaminharão ao juízo competente os nomes dos substitutos."
40. Mas realizar o concurso não significa determinar a sua instauração. A determinação para o início do concurso não decorre de ato do Poder Judiciário, mas sim de previsão constitucional, exigente da sua semestral realização, na hipótese de ser apurada a existência de serventias vagas nos seis meses seguintes ao término do concurso realizado. Isso porque as serventias que vagarem no decorrer do certame *devem*, ao nosso juízo, ser colocadas à disposição dos candidatos até a realização da sessão de escolha.

216 REGIME CONSTITUCIONAL DA ATIVIDADE NOTARIAL E DE REGISTRO

Judiciário em matéria notarial e de registro, "quem pode o *mais*, pode o *menos*". Afinal, diriam os defensores dessa tese: se ao Poder Judiciário compete fiscalizar os atos notariais e de registro (o *mais*), todas as condutas praticadas pelos agentes delegados dessa função pública que influenciem a produção desses atos jurídicos estarão irremediavelmente submetidas à mesma alçada fiscalizatória (o *menos*).

Este pensamento não se sustenta por, no mínimo, duas razões fundamentais.

Primeira porque, em se tratando de competências públicas, não há o mais e tampouco o menos. Afinal, não há hierarquia entre as funções estatais.

Segunda porque nem sempre a entidade incumbida do controle *administrativo* de um ato jurídico também recebeu atribuição para fiscalizar todo o seu processo de produção, o que já foi aqui demonstrado.[41]

Em especial porque se trata de competência pública e, assim sendo, ela não pode ser exercida além ou aquém dos confins legislativamente fixados.[42]

Vê-se, pois, que a ideia que procura conferir dilatada competência fiscalizatória ao Poder Judiciário em relação à atividade notarial e de registro só prospera com a adoção da teoria da causalidade da *equivalência das condições*;[43] corrente teórica paulatinamente abandonada e bastante desprestigiada, por incluir no seu bojo agentes desprovidos de capacidade jurídica para impedir ou influenciar na deflagração do ato ou fato regrado pelo direito.

21. E justamente em razão dos excessos causados pela total ou parcial adoção da teoria da *equivalência das condições*, alguns denunciam a extrapolação dos limites dessa atividade de fiscalização atribuída ao Poder Judiciário. É o que fez Romeu Felipe Bacellar Filho, para quem:

A comunidade jurídica vem assistindo, perplexa, a extrapolação, *data venia*, pelo Poder Judiciário nos Estados das emanações da Lei

41. Vide itens 12 a 14, acima.

42. Não destoamos, portanto, do magistério de Celso Antônio Bandeira de Mello, que, ao tratar da competência pública, afirma "Segue-se que os poderes nela contidos, por definição, ficarão delimitados pelo *necessário* e *suficiente* ao cumprimento do escopo normativo, jamais podendo excedê-los" (*Curso de Direito Administrativo*, cit., p. 148, item 7).

43. Segundo essa teoria, todas as condições que, direta ou indiretamente, viabilizaram a realização de um resultado lhe dão causa, sendo juridicamente relevantes para o seu atingimento. É o que, em síntese, prevê no art. 13 do Código Penal, segundo o qual "O resultado, de que depende a existência do crime, somente é imputável a quem lhe deu causa. Considera-se causa a ação ou omissão sem a qual o resultado não teria ocorrido".

COMPETÊNCIA ADMINISTRATIVA EM MATÉRIA NOTARIAL   217

n. 8.935/94, como dito, arrogando-se deveres e prerrogativas que não lhe são conferidos pela legislação em tela. Daí porque mostra-se estranhável, *v.g.*, a imposição aos notários e registradores de toda regulamentação atinente aos concursos de servidores públicos. Se a solenidade da outorga não é prerrogativa do Poder Judiciário, não se lhe poderia reconhecer, com o devido respeito, nem os atos preparatórios, composição de bancas ou mesmo a iniciativa legislativa atinente aos concursos para preenchimento dos cargos de notários e registradores e tampouco o ato de cassação de delegação.[44]

Estes não são, todavia, os únicos excessos perpetrados no exercício dessa atividade fiscalizatória, como veremos adiante.

6.4.2 A remuneração dos interinos das serventias extrajudiciais

22. O CNJ fez publicar a Resolução 80 pretendendo (i) estabelecer o quadro nacional das serventias extrajudiciais providas e as vagas à luz da disciplina prescrita pela Constituição da República de 1988; e (ii) disciplinar a realização de concursos para investidura e remoção, bem como os efeitos jurídicos decorrentes das investiduras que se operaram na forma da legislação dos Estados e do Distrito Federal, editadas anteriormente ao advento da Lei federal 8.935/1994.

No dia 12 de julho de 2010 publicou-se no Diário da Justiça a decisão do CNJ que, ao ensejo de dar cumprimento ao art. 2º da Resolução 80 do CNJ, deu publicidade "(...) às decisões relativas à condição de provimento de cada serviço extrajudicial do País e que esteja devidamente cadastrado nos sistemas do Conselho Nacional de Justiça".

23. Ocorre que, ao assim fazê-lo, o CNJ determinou, com os nossos destaques, que

> 6. O serviço extrajudicial que não está classificado dentre aqueles regularmente providos é declarado *revertido* do serviço público ao *poder delegante*. Em consequência, os direitos e privilégios inerentes à delegação, inclusive a renda obtida com o serviço, pertencem ao Poder Público (à sociedade brasileira).
>
> 6.1 *O interino responsável pelos trabalhos da serventia que não está classificada dentre as regularmente providas* (...) *é um preposto do Estado delegante*, e como tal *não pode apropriar-se da renda de*

---

44. Cf. "Do regime jurídico dos notários e registradores", in *Reflexões sobre o Direito Administrativo*, cit., p. 147.

218   REGIME CONSTITUCIONAL DA ATIVIDADE NOTARIAL E DE REGISTRO

um serviço público cuja delegação reverteu para o Estado e com o Estado permanecerá até que nova delegação seja efetivada.

6.2 O interino, quando ocupante de cargo público (...), manterá a remuneração habitual paga pelos cofres públicos. *Por outro lado, interino escolhido dentre pessoas que não pertencem ao quadro permanente da administração pública, deve ser remunerado de forma justa, mas compatível com os limites estabelecidos para a administração pública em geral, já que atua como preposto do Estado.*

6.3 *Nenhum responsável* por serviço extrajudicial que não esteja classificado dentre os regularmente providos *poderá obter remuneração máxima superior a 90,25% dos subsídios dos Srs. Ministros do Supremo Tribunal Federal, em respeito ao artigo 37, XI, da Constituição Federal.*

6.4 O valor da remuneração do interino também deverá ser lançado na folha de pagamento e no balancete mensal do serviço extrajudicial (...), a título de despesa ordinária para a continuidade da prestação do serviço.

6.5. As despesas necessárias ao funcionamento do serviço extrajudicial, inclusive as pertinentes à folha de pagamento, serão igualmente lançadas no balancete mensal de prestação de contas.

6.6. A partir da publicação desta decisão, a diferença entre as receitas e as despesas deverá ser recolhida, *até o dia dez de cada mês*, aos cofres públicos, sob a classificação *Receitas do Serviço Público Judiciário*, ou a fundo legalmente instituído para tal fim.

Ao juízo do CNJ, portanto, até a realização dos concursos para provimento das serventias extrajudiciais por ele declaradas vagas, (i) "o serviço extrajudicial" é revertido ao Poder Público; (ii) os substitutos que responderem provisoriamente pelo desempenho dessa atividade delegada não poderão perceber emolumentos líquidos que superem o teto remuneratório previsto no art. 37, XI, da Constituição da República;[45] e (iii) o *superavit* obtido no desempenho dos "serviços extrajudiciais", subtraída a importância devida ao dirigente da serventia extrajudicial, será *revertido* em favor do Poder Público e depositado em conta designada como "Receitas do Serviço Público Judiciário".

Essa deliberação do CNJ é *formalmente* viciada, por extravasar a competência fiscalizatória constitucionalmente atribuída ao Poder Judiciário, e *materialmente* inválida, pelas razões a seguir declinadas.

---

45. Entende-se por emolumentos líquidos o *produto* decorrente da *soma* da remuneração paga pelos atos notariais e de registro produzidos, *deduzidas* as despesas incorridas para manutenção e aperfeiçoamento da atividade estatal desempenhada na serventia extrajudicial.

COMPETÊNCIA ADMINISTRATIVA EM MATÉRIA NOTARIAL 219

Ilegitimidade da decisão de aplicação do "teto remuneratório" aos interinos das serventias extrajudiciais

24. O regime remuneratório do agente delegado, titular ou não na serventia extrajudicial, não interfere, *direta* e *imediatamente*, na produção de atos notariais e de registro. Desse modo, e segundo as premissas eleitas,[46] esta condição interdita ao Poder Judiciário dispor sobre este tema a pretexto de fiscalizar o desempenho dessa atividade estatal.

Daí porque, ao nosso juízo, o Poder Judiciário avançou em campo que não lhe foi reservado pelo constituinte, razão da nulidade *formal* desse ato do CNJ.

Em absoluto rigor, esse é campo fiscalizatório próprio do Poder Executivo estadual, órgão estatal que titulariza essa atividade estatal, como mais adiante esclarecemos.[47]

25. Entretanto, caso esse óbice *formal* fosse superado pela adoção de uma teoria de nexo de causalidade viabilizadora dessa regulamentação, ainda sim este ato será nulo. Isso porque também grava sobre ele a ilegitimidade *material*. Expliquemos.

Os agentes delegados de função notarial e de registro são particulares em atividade colaborada com o Poder Público

26. O art. 236 da Constituição da República prescreve que a atividade notarial e de registro é pública. Ademais, já se afirmou que essa função estatal goza de peculiar tratamento normativo, pois o mesmo dispositivo da Carta Magna alijou do Poder Público a possibilidade de desempenhá-la, salvo nas hipóteses constitucionalmente excepcionadas ou, alternativamente, com eventual reforma do Texto Constitucional.

Logo, como essa função estatal é exercida em caráter privado, seus executores materiais e intelectuais são qualificados como particulares em atividade colaborada com o Poder Público. E, nesta condição, não lhes é aplicável o conteúdo previsto no art. 37, XI, da Constituição da República. Detalhemos o pensamento.

Não se aplica o "teto remuneratório" a particulares em atividade colaborada com o Poder Público

27. A conjugada interpretação de passagens do Texto Constitucional revela que o "teto remuneratório" não se aplica a todos os agentes

46. Capítulo VI, itens 12 a 19.
47. Capítulo VI, itens 38 e 46.

220 REGIME CONSTITUCIONAL DA ATIVIDADE NOTARIAL E DE REGISTRO

públicos. Deveras, o art. 37, § 9º, da Carta Magna prevê que "O disposto no inciso XI aplica-se às empresas públicas e às sociedades de economia mista, e suas subsidiárias, que receberem recursos da União, dos Estados, do Distrito Federal ou dos Municípios para pagamento de despesas de pessoal ou de custeio em geral".

Isso significa dizer que a prescrição do art. 37, XI, da Constituição da República não espraia os seus efeitos aos empregados públicos lotados em empresas estatais que não recebam recursos públicos para pagamento de despesa de pessoal ou custeio em geral.

Logo, a *mens legis* que preside o "teto remuneratório" se volve às hipóteses em que o Poder Público desembolsa recursos para suportar a remuneração devida aos agentes integrantes de sua estrutura funcional.

Ora, se a produção dos atos notariais e de registro rende ensejo à cobrança de emolumentos, não estão preenchidos os pressupostos fáticos autorizadores da incidência do art. 37, XI, da Constituição da República. Isso porque esses valores (i) são pagos aos notários e registradores diretamente pelos particulares que se valem das atividades por eles desempenhadas; e (ii) não se qualificam como recurso público, pois não integram – e nem podem integrar – qualquer categoria de receita pública.[48]

Não há "reversão" do desempenho da atividade notarial e de registro ao Poder Público

28. Segundo a decisão do CNJ, por nós destacada, "(...) o serviço extrajudicial que não está classificado dentre aqueles regularmente providos é *declarado revertido* do *serviço público* ao *poder delegante*".[49] Ao assim enunciar, o CNJ pretendeu assinalar que, após a declaração de vacância, as serventias extrajudiciais vagas seriam revertidas ao Poder Público.

E se supostamente o "acessório segue o principal", havendo a reversão da própria atividade ao Poder Público, a mesma sorte seguirá os recursos decorrentes da contraprestação advinda da produção dos atos notariais e de registro.

48. Daí ser inconstitucional a retenção ou destinação dos emolumentos pagos por qualquer espécie de órgão estatal. Por injunção constitucional, os emolumentos integram a noção de propriedade dos notários e registradores, sendo ilegítima sua posse pelos agentes de fiscalização, ainda que de modo transitório.
49. Prescrição normativa que conta com o abono teórico de Luís Paulo Aliende Ribeiro, para quem "(...) antes da nova outorga, o Estado recebeu de volta a delegação (...)" (*Regulação da Função Pública Notarial e de Registro*, cit., p. 69).

COMPETÊNCIA ADMINISTRATIVA EM MATÉRIA NOTARIAL   221

É um raciocínio que não vinga à luz de um exame mais criterioso. **29.** Com efeito, a atividade notarial e de registro é pública, sendo, pois, de titularidade estatal. Isso por uma razão muito simples: não se dá em concessão, permissão ou delegação uma competência pública. O que, pelo contrário, se concede, delega ou permite é o desempenho dessa competência. Vale dizer, transfere-se ao particular o exercício dessa competência (e não a própria competência, que permanece constitucionalmente imantada na órbita estatal).

Em vista disto, não se poderia imaginar que o exercício dessa competência seja revertido ao Poder Público, pois o art. 236 da Constituição da República prevê que o desempenho dessa função estatal se dará em caráter privado; é dizer, *somente* por particulares em atividade colaborada com o Poder Público.

Tanto mais isto é verdade que, na absoluta impossibilidade de prover a serventia extrajudicial pelo intransponível desinteresse dos particulares, o art. 44 da Lei federal 8.935/1994 assinala que se deve propor a sua extinção ou anexação a outra,[50] a ser concretizada por meio de lei formal.

30. Ora, se mesmo nessa radical hipótese de vacância da serventia extrajudicial – por absoluto desinteresse dos particulares – o desempenho dessa atividade não é retomado pelo Poder Público, com maior razão na hipótese de vacância da serventia não se pode vislumbrar a *inovadora* solução proposta pelo CNJ.

Aliás, há *apenas uma hipótese* em que se admite o desempenho estatal da atividade notarial e de registro prevista no art. 236 da Constituição da República. Ela se processa nas serventias extrajudiciais estatizadas (ou oficializadas) pelo Poder Público até o advento da Constituição da República de 1988, tal como preconizado pelo art. 32 do Ato das Disposições Constitucionais Transitórias.[51] Desse modo, afora esta estrita e taxativa situação, é defeso ao Estado desempenhar estas atividades.

Assim, se as atividades em pauta são públicas e o seu desempenho deve-se dar, segundo o art. 236 da Constituição da República, *apenas*

50. Eis a redação do dispositivo legal em comento: "Art. 44. Verificada a absoluta impossibilidade de se prover, através de concurso público, a titularidade de serviço notarial ou de registro, por desinteresse ou inexistência de candidatos, o juízo competente proporá à autoridade competente a extinção do serviço e a anexação de suas atribuições ao serviço da mesma natureza mais próximo ou àquele localizado na sede do respectivo Município ou de Município contíguo".

51. "Art. 32. O disposto no art. 236 não se aplica aos serviços notariais e de registro que já tenham sido oficializados pelo Poder Público, respeitando-se o direito de seus servidores."

222 REGIME CONSTITUCIONAL DA ATIVIDADE NOTARIAL E DE REGISTRO

pelo particular, é manifestamente contrária à ordem jurídica a aludida reversão referida pelo CNJ. É dizer, na matéria em pauta não se reverte a atividade (porque esta nunca saiu da órbita do Estado) tampouco o seu desempenho (que, por injunção constitucional, é sempre desempenhado por particulares, e na condição de particulares).

Emolumentos não são receitas públicas

31. Afirma o CNJ que os interinos não podem se apropriar das receitas auferidas pelo desempenho da atividade notarial e de registro, ao argumento de que, com a aludida reversão dessas atividades ao Estado, esses valores passaram a ser considerados como receita pública.

Com efeito, sendo privada a execução dessa função pública, os valores dos emolumentos pagos por cada ato notarial e de registro praticado se caracterizam como *receita privada*, a despeito de ter sido instituída pelo Poder Público.

A natureza de *receita privada* dos emolumentos não é desnaturada pelo fato de ela ser uma taxa. *Primeiro* porque há constitucional destinação do produto de sua arrecadação aos notários e registadores, caso de típica parafiscalidade,[52] situação reveladora de que sua instituição é pública, mas sua destinação, na hipótese, é privada. *Segundo* porque, não sendo a atividade prescrita pelo art. 236 da Constituição da República desempenhada pelo Estado, essa pessoa política não detém prerrogativa jurídica para se apropriar do produto da arrecadação decorrente da criação dessa exação. Afinal, sendo a taxa pautada pelo princípio da retributividade,[53] seria inconstitucional retribuir a pessoa que não desempenhou a atividade estatal legitimadora da cobrança dos emolumentos. Daí porque, sendo essa atividade estatal constitucionalmente desempenhada por particular, o princípio constitucional da retributividade exige que ele seja o destinatário constitucional do produto decorrente da tributação (e

52. Conceito muito bem esquadrinhado por Regina Helena Costa, para quem "(...) a parafiscalidade é conceito que se distancia dos anteriores por não se relacionar à competência tributária, mas, sim, à capacidade tributária ativa, vale dizer, das aptidões de arrecadar e fiscalizar a exigência de tributos a outra pessoa, de direito público ou privado – autarquia, fundação pública, empresa estatal ou pessoa jurídica de direito privado, esta desde que persiga finalidade pública. Às pessoas delegatárias, em regra, atribui-se, outrossim, o produto arrecadado. Quaisquer espécies tributárias podem ser objeto de parafiscalidade, embora as contribuições do art. 149 CR, por sua natureza finalística, revelem-se as mais apropriadas a essa delegação" (*Curso de Direito Tributário*, 2ª ed., São Paulo, Saraiva, 2012, p. 192).

53. O conceito de retributividade foi esclarecido no Capítulo V, item 94.

COMPETÊNCIA ADMINISTRATIVA EM MATÉRIA NOTARIAL 223

não o Estado). *Terceiro* porque, se o Estado fizesse jus à percepção desse recurso, então os emolumentos seriam pagos aos notários e registradores pela própria entidade delegante. E se isso fosse verdade, então os notários e registadores seriam contratados do Estado para, por conta e risco da entidade delegante, exercer essa atividade. E isso não se compadece com a dicção constitucional, segundo a qual a hipótese em apreço é de delegação (e não de contratação).

Não há nova categoria de agentes públicos aplicável aos dirigentes das serventias declaradas vagas

32. Caso se pretendesse submeter o interino ao "teto remuneratório" do art. 37, XI, da Constituição da República, então haveria necessidade de que estes particulares em atividade colaborada com o Poder Público fossem *transpostos* para uma das seguintes categorias: agentes políticos ou servidores estatais.[54] Isso porque o referido comando constitucional se volve, *numeri clausi*, a esses agentes públicos (e não a outros, tais como os particulares em atividade colaborada com a Administração).

A primeira *transposição* exigiria aprovação em sufrágio universal ou indicação, pelo Chefe do Poder Executivo, para o desempenho de uma atividade tipicamente política (desempenhada, em regra, pelos Ministros de Estado e Secretários das pastas estaduais e municipais), o que não ocorre na espécie. Isso porque, a atividade notarial e de registro é eminentemente técnica (e não política), cujo acesso se dá pelo critério meritório.

A segunda *transposição* exigiria a prévia aprovação em concurso público. Isso porque, como regra geral, os cargos e empregos públicos são providos após prévia aprovação em republicano processo seletivo. E em uma das poucas hipóteses em que se admite a contratação de empregado público em caráter temporário, exige-se excepcional interesse público legalmente definido[55] (art. 37, IX, da Constituição da República).

No entanto, os interinos não são contratados como empregados públicos pelo Estado, pois (i) não há lei qualificando a vacância das

54. Registre-se que adotamos a classificação de agentes públicos proposta por Celso Antônio Bandeira de Mello (*Curso de Direito Administrativo*, cit., pp. 257 a 264, itens 4 a 10).

55. Cujo regime jurídico não é fixado pela CLT ou mesmo estatutário, mas, diversamente, um regime especial, como observa Carolina Zancaner Zockun (*Da Terceirização na Administração Pública*, São Paulo, Malheiros Editores, 2014, pp. 111 a 116, itens 14 a 22).

224 REGIME CONSTITUCIONAL DA ATIVIDADE NOTARIAL E DE REGISTRO

serventias extrajudiciais como hipótese de excepcional interesse público a ensejar, por esta razão, sua contratação como empregado público em caráter temporário, (ii) é inconstitucional a transposição de cargos após a Constituição da República de 1988, como assinala o verbete da Súmula Vinculante 43; e (iii) já há disciplina normativa própria (prevista na Lei federal 8.935/1994), que determina o *iter* a ser seguido na condução da serventia entre a sua declaração de vacância e o seu ulterior provimento por concurso de ingresso ou remoção.

Ademais, como sempre há possibilidade de o particular rejeitar a sua investidura em cargo ou emprego público (posto que se trata de ato jurídico *bilateral*), haveria necessidade suplementar de se transformar esses empregos privados (substituto) em empregos ou cargos públicos, de modo a, com isso, *unilateralmente* submeter os seus ocupantes ao "teto remuneratório". Ocorre que, em nenhuma passagem do texto constitucional, admite-se essa transformação.[56]

Tratamento normativo previsto para a direção das serventias vagas desfigura a situação fática viabilizadora da aplicação do "teto remuneratório"

33. Não bastassem esses argumentos, a Lei federal 8.935/1994 prevê que, na hipótese de declaração de vacância, o substituto mais antigo passará a responder pela serventia até a realização de concurso de investidura ou remoção (art. 39, § 2º). Vê-se, pois, que o substituto desempenha essa função pública por sua conta e risco.

Não fosse assim, essa atividade seria desempenhada por conta e risco do Estado, que incorreria em todos os deveres e direitos que lhe são inerentes. E, por esta razão, seria obrigado a instaurar licitação pública para formação de vínculos de natureza patrimonial e proceder à abertura de concurso público para provimento de posto de escrevente e auxiliares, estatizando-se, pois, o desempenho dessa função pública.

56. E por estas razões discordamos, *data venia*, da posição manifestada por Luís Paulo Aliende Ribeiro, que retira dos dirigentes das serventias extrajudiciais declaradas vagas a condição de particulares em atividade colaborada com o Poder Público (*Regulação da Função Pública Notarial e de Registro*, cit., pp. 110 a 111). Segundo esse festejado publicista, essas pessoas "agem em nome do Estado" (p. 111), a revelar que seriam, presume-se, empregados públicos temporários referidos no art. 37, IX, da Constituição da República. *Concessa venia*, e como já se expôs, essa contratação temporária não encontra respaldo no figurino constitucional, exigente de situação tipificada como sendo de "excepcional interesse público" a ser definido em lei. E, no caso, não há "excepcional interesse público", tampouco a Lei federal 8.745, de 1993, dispositiva da matéria, tratou desta específica situação.

COMPETÊNCIA ADMINISTRATIVA EM MATÉRIA NOTARIAL   225

Como a vacância da serventia extrajudicial não redunda na transitória estatização do desempenho dessa atividade, ao menos em nosso ponto de vista, o substituto é pessoalmente responsável pela boa condução das atividades na serventia extrajudicial.

Aliás, pensamos que a resposta nestes casos é fixada na própria Constituição da República, ao assinalar que o desempenho dessa atividade é privado (ainda que não seja de direito privado o regime jurídico aplicável ao seu desempenho).

34. A natureza privada do exercício dessa atividade estatal é, outrossim, confirmada na própria Lei federal 8.935/1994. Isso porque o substituto é empregado privado, pois o art. 20 da Lei federal 8.935/1994 prevê que os escreventes e auxiliares são contratados nos termos da legislação trabalhista.

É claro que, com a declaração da vacância, já não mais subsistirá o vínculo de emprego entre o substituto e o titular. Todavia, para que não haja descontinuidade no exercício da atividade notarial e de registro, o substituto mais antigo passará a responder pela serventia extrajudicial, sucedendo o titular até o seu ulterior provimento.

35. Esta nova função do substituto – a despeito de ele já responder pela serventia na ausência do titular (art. 20, § 5º, da Lei federal 8.935/1994) – não lhe retira o anterior atributo de particular. Ele não será encartado como agente político ou servidor estatal em razão da aludida vacância. A Lei federal 8.935/1994 prevê, diversamente, que, nesse interregno, o substituto mais antigo passará a responder como se titular fosse – e não como preposto do Estado.

E nessa condição, o substituto – que responde em caráter provisório pela serventia – qualifica-se como particular que, transitoriamente, exerce uma atividade pública em colaboração com o Estado, mas sob remuneração direta dos utentes dessa função pública.

Por esta razão, seus deveres e ônus serão os mesmos conferidos ao titular. E, pela mesma razão, o substituto que responderá provisoriamente pela serventia extrajudicial na hipótese de sua vacância gozará das mesmas prerrogativas assinaladas ao titular na ordem jurídica, salvo aquelas expressamente vedadas pela Lei federal 8.935/1994.

E nesse plexo de ônus e prerrogativas está o direito constitucional subjetivo aos rendimentos privados decorrentes do desempenho dessa função pública, sem a limitação prescrita no art. 37, XI, da Constituição da República.

36. Logo, assim como ocorre com todos os demais funcionários das serventias, (i) o substituto mantém vínculo funcional alheio à estru-

226 REGIME CONSTITUCIONAL DA ATIVIDADE NOTARIAL E DE REGISTRO

tura orgânica do Estado (não integrando a Administração direta tampouco a indireta); (ii) os recursos auferidos pela prestação desses serviços são privados; (iii) a atividade é desempenhada por conta e risco do seu responsável; e (iv) não há possibilidade jurídica de *transformar* um núcleo de emprego privado em um emprego público ou cargo público, segue-se que (v) não se aplica aos substitutos das serventias extrajudiciais o "teto remuneratório" a que alude o art. 37, XI, da Constituição da República.

37. Restaria, por fim, apurar a lisura material desta deliberação do CNJ, ao prever que o *superavit* obtido no desempenho dos "serviços extrajudiciais", subtraída a importância devida ao dirigente da serventia extrajudicial, será *revertido* em favor do Poder Público e depositado em conta designada como "Receitas do Serviço Público Judiciário".[57]

Sucede que, para responder a essa questão, deveremos identificar (i) em favor de qual pessoa jurídica de direito público foi conferida a competência pública *in abstrato*[58] desta atividade pública; e (ii) em qual órgão dessa mesma pessoa sobredita atribuição está constitucionalmente alocada. Fixemos essa competência orgânica da atividade notarial e de registro.

6.5 A pessoa política titular da atividade notarial e de registro

38. Em nenhuma passagem do Texto Constitucional foi assinalada a pessoa política em favor de quem se atribuiu a competência sobre a atividade notarial e de registro. Esse silêncio eloquente, todavia, não caracteriza omissão, pois o art. 25, § 1º, da Carta Magna prescreve que "São reservadas aos Estados as competências que não lhes sejam vedadas por esta Constituição". Logo, está integrada aos Estados e ao Distrito Federal a competência sobre essa atividade pública.

Se não há séria tergiversação a respeito da pessoa política titular dessa competência pública, o mesmo não se pode dizer a respeito do Poder estatal em favor do qual essa atribuição foi afiançada: se ao Poder Executivo ou ao Poder Judiciário. Existe aguda controvérsia a esse propósito.

---

57. Razão por que discordamos do magistério de Luís Paulo Aliende Ribeiro para quem, realizando o Poder Judiciário a outorga da delegação ao notário e registrador, esse mesmo órgão seria o seu poder delegante (*Regulação da Função Pública Notarial e de Registro*, cit., p 155).

58. No Capítulo II, itens 3 a 15, dissertamos sobre os conceitos de competência pública *in abstrato* e *in concreto*.

COMPETÊNCIA ADMINISTRATIVA EM MATÉRIA NOTARIAL 227

6.6 O órgão estatal titular da atividade notarial e de registro

39. Segundo a Constituição da República, ao Poder Judiciário cumpre fiscalizar o desempenho desta atividade. Mas, pelo fato de um ente público ter o *dever-poder* de fiscalizar o desempenho de uma atividade isto não acarreta, *ipso facto*, que a própria atividade fiscalizada seja de sua titularidade.

Com efeito, pelo fato de o Poder Público ter o dever de fiscalizar a produção de produtos medicamentosos[59] não decorre a sua titularidade para a produção. Por igual razão, do fato de o Estado ter de fiscalizar o comércio em geral[60] também não decorre que esta atividade seja pública (é, pelo contrário, inscrita na ordem econômica).

Em vista disto, pelo fato de um órgão estatal fiscalizar a prestação de uma atividade pública qualquer não decorre que a atividade fiscalizada seja (i) de titularidade estatal, tampouco (ii) encartada no órgão estatal incumbido de fiscalizar o seu desempenho.[61]

40. Assim, é simplista e equivocado o pensamento daqueles que imaginam que a fiscalização empreendida atrai a atividade fiscalizada para a órbita da competência do órgão fiscalizador. Dezenas de passagens constitucionais infirmam a procedência dessa assertiva.

E, por esta razão, não prospera a ideia segundo a qual esta atividade estatal é de competência do Poder Judiciário, pelo fato de ele deter a prerrogativa constitucional para fiscalizá-la.[62]

59. Segundo a Constituição da República, por nós destacada: "Art. 200. Ao *sistema único de saúde compete*, além de outras atribuições, nos termos da lei: I – controlar e *fiscalizar* procedimentos, *produtos* e *substâncias* de *interesse para a saúde* e participar da produção de medicamentos, equipamentos, imunobiológicos, hemoderivados e outros insumos".

60. Segundo a Constituição da República, por nós destacada: "Art. 174. Como *agente* normativo e *regulador* da *atividade econômica*, o *Estado* exercerá, na forma da lei, as funções de *fiscalização*, incentivo e planejamento, sendo este determinante para o setor público e indicativo para o setor privado".

61. Daí Celso Antônio Bandeira de Mello ter afirmado, com inegável acerto, que "(...) fiscalizar os atos de alguém é, quer do ponto de vista lógico, quer do ponto de vista semântico, quer do ponto de vista jurídico, atividade absolutamente distinta de prover o fiscalizado nas competências cujo exercício será objeto de delegação. Não se tem notícia de alguém que haja feito confusão entre estas duas coisas" ("A competência para criação e extinção de serviços notariais e de registro e para delegação e provimentos desses serviços", vol. I, in *Coleção Doutrinas Essenciais: direito registral*, São Paulo, Ed. RT, 2011, p. 80).

62. Afirmativa corrente em parcela do pensamento jurídico nacional, como registra Carlos Luiz Poisl ("O tabelionato e o Poder Judiciário", *Revista de Direito Notarial*, ano 3, n. 3, São Paulo, Quartier Latin, jun. 2010-jun. 2011, p. 61).

228 REGIME CONSTITUCIONAL DA ATIVIDADE NOTARIAL E DE REGISTRO

41. Como se trata de uma função administrativa, presume-se que essa atividade tenha sido outorgada à titularidade do Poder Executivo dos Estados, já que a esse órgão compete tipicamente o desempenho dessa função estatal. Aliás, somente diante de *explícita* ou *implícita* prescrição constitucional excepcionando a regra geral é que se poderia atingir conclusão diversa.

Daí a imperiosa necessidade de o art. 236, § 1º, da Constituição da República prever que ao Poder Judiciário compete a fiscalização dessas atividades administrativas. Isso porque, segundo a regra geral decorrente da Separação dos Poderes, não fosse o art. 236 da Constituição da República, essa função estatal estaria na alçada fiscalizatória do Poder Executivo, por ser esta a sua atribuição precípua.

Como não há regra constitucional excepcionando a titularidade desta atividade, ela está, consequentemente, encartada no Poder Executivo dos Estados.

42. Além disso, ao Poder Judiciário compete apenas fiscalizar essas atividades e, nos termos da Lei federal 8.935/1994, realizar concurso público para o preenchimento das serventias. Não foi outorgada a esse órgão a prerrogativa de praticar o ato de investidura dos agentes públicos nas serventias vagas.

Deveras, o concurso é mero ato de habilitação do candidato. Procedimento formal que pretende apurar se o candidato preenche, ou não, as condições objetivas para provimento inicial ou por remoção na função notarial e de registro.

43. Logo, ao Poder Judiciário cabe realizar o concurso público de ingresso e concurso de remoção. Ao Poder Executivo cabe prover os candidatos aprovados no exercício das funções administrativas circunscritas na serventia.

Qualquer solução em sentido diverso deveria ser expressamente prevista em lei formal, o que não ocorre, pensamento que encontra respaldo no sempre certeiro magistério de Celso Antônio Bandeira de Mello:

> De outro lado, verifica-se que no art. 15 da Lei 8.935/1994, a mesma lei atribuiu ao Poder Judiciário o encargo de realizar os concursos públicos para provimento das serventias, sem, contudo, referir que lhe competiria efetuar os provimentos consequentes, o que já é, de per si, significativo; ou seja: revelador de que não pretendeu adotar tal solução. Com efeito, na conformidade da legislação estadual existente à época da Lei 8.935/1994, tanto como em toda a

COMPETÊNCIA ADMINISTRATIVA EM MATÉRIA NOTARIAL   229

tradição legislativa precedente, os provimentos não eram feitos pelo Judiciário, mas pelo Executivo, donde, parece obvio que, se fosse intento da lei federal produzir ou determinar tão radical alteração no sistema anterior, tê-lo-ia dito e, ademais de modo claro e explícito. Seria, pois, absurdo e desatado atribuir ao seu silêncio no particular, o surpreendente efeito de destituir o Executivo de uma competência que não lhe contestou e atribuir ao Judiciário uma competência que este dantes não possuía.[63]

44. Merece especial registro o pensamento de Clèmerson Merlin Clève por acrescer fundamento que, ao nosso juízo, coroa a ideia segundo a qual a própria Constituição da República conferiu esta atividade jurídica à alçada do Poder Executivo. Segundo aquele autor, o art. 236, *caput*, da Constituição da República prevê textualmente que a *delegação* dessa atividade aos particulares é incumbência do "Poder Púbico", e não especificamente do Poder Judiciário.[64]

Ora, se a delegação é, na acepção constitucional, o ato de investidura do particular na serventia extrajudicial[65] a cargo do "Poder Público", quisesse a Constituição da República cominar essa atribuição ao Poder Judiciário teria previsto esta providência de modo inconteste,[66] como procedeu em inúmeras outras passagens do seu Texto Magno.[67]

63. "A competência para criação e extinção de serviços notariais e de registro e para delegação e provimentos desses serviços", cit., p. 80.

64. "Criação e extinção de serventias extrajudiciais mediante ato administrativo do Tribunal", in *Soluções Práticas de Direito – Administração Pública, tributação e finanças públicas – Pareceres*, vol. 2, São Paulo, Ed. RT, 2012, pp. 377 a 379. Romeu Felipe Bacellar Filho professora o mesmo magistério, ao afirmar que o Poder Judiciário não é o poder delegante, pois a atividade não está sob sua alçada (mas sim do Poder Executivo) ("Do regime jurídico dos notários e registradores", in *Reflexões sobre o Direito Administrativo*, Belo Horizonte, Editora Fórum, 2009, p. 150).

65. Celso Antônio Bandeira de Mello afirma, com destaques no original, que "Delegação é a outorga, a transferência, a outrem, do exercício de atribuições que, não fora por isto, caberiam ao delegante (...) a delegação, uma vez procedida, evidentemente, opera a *investidura* – dos sujeitos que a recebem – nos *'serviços'* que dessarte lhes hajam sido delegados" ("A competência para criação e extinção de serviços notariais e de registro e para delegação e provimentos desses serviços", cit., pp. 68 e 69, itens 2 e 4, respectivamente).

66. Luís Paulo Aliende Ribeiro não comunga deste pensamento. Ao seu juízo, só ao *poder delegante* se reconhece o *poder de outorga*. E sendo este último atributo conferido ao Poder Judiciário – tese substanciosa da qual, respeitosamente, discordamos –, ele figura como órgão estatal titular dessa competência pública (*Regulação da Função Pública Notarial e de Registro*, cit., p. 155).

67. Ao afirmar nominalmente essa competência ao Poder Judiciário: art. 63 do ADCT; e 36, I; 37, XI; 39, § 6º; 62, § 1º, I, "c"; 68, § 1º, I; 71, IV; 74 da Constituição da República.

230   REGIME CONSTITUCIONAL DA ATIVIDADE NOTARIAL E DE REGISTRO

A destinação do superavit decorrente da aplicação do
"teto remuneratório" aos dirigentes interinos da serventia extrajudicial

45. Em vista destas considerações, o suposto *superavit* – decorrente da suposta aplicação do "teto remuneratório" aos dirigentes interinos da serventia extrajudicial – deverá ser recolhido em favor da conta única do Estado (à Fazenda Pública Estadual, portanto) que, se assim entender, poderá posteriormente revertê-lo em favor do Poder Judiciário por meio de dotação própria consignada em lei orçamentária. Afinal, os recursos acaso devidos pelo exercício dessa competência devem ser destinados ao ente titular dessa competência pública, qual seja: o Poder Executivo.

46. Derradeiramente, e sempre no bojo da competência administrativa relacionada à atividade notarial e de registro, cuidaremos de esquadrinhar tema invulgarmente relevante: a declaração de vacância da serventia extrajudicial.

6.7 *A declaração de vacância da serventia extrajudicial*

47. Ao nosso juízo, o Poder Judiciário não é dotado da prerrogativa para realizar a investidura de pessoas naturais nas serventias extrajudiciais (ou *outorga na delegação*, como designa o Texto Constitucional). Isso porque, conforme se assinalou, este atributo não decorre e não está compreendido na sua competência fiscalizatória.

A despeito disto, a declaração do desfazimento da investidura[68] e a consequente *declaração de vacância* da serventia extrajudicial estão adstritas à atuação fiscalizatória do Poder Judiciário. E não há nesta afirmativa qualquer contradição com a anteriormente enunciada.

48. Deveras, ou a vacância se aperfeiçoa por meio de declaração do Poder Judiciário (nos casos de morte, aposentadoria facultativa, invalidez ou renúncia), ou porque, sendo ato desconstitutivo da *delegação*, ela decorrerá da imposição de penalidade a ser aplicada por esse órgão estatal (pena de perda da delegação). E nestas duas situações – declaração ou constituição da vacância da serventia extrajudicial –, o Poder Judiciário tutela fato que diz respeito, *direta* e *imediatamente*, à produção de atos notariais e de registro.

---

68. Que ocorre nas hipóteses previstas do art. 39 da Lei federal 8.935/1994, cuja redação é a seguinte: "Art. 39. Extinguir-se-á a delegação a notário ou a oficial de registro por: I – morte; II – aposentadoria facultativa; III – invalidez; IV – renúncia; V – perda, nos termos do art. 35; VI – descumprimento, comprovado, da gratuidade estabelecida na Lei n. 9.534, de 10 de dezembro de 1997".

COMPETÊNCIA ADMINISTRATIVA EM MATÉRIA NOTARIAL 231

Com efeito, com a vacância da serventia extrajudicial, a Lei federal 8.935/1994 prevê que o mais antigo escrevente substituto será transitoriamente responsável pela continuidade do desempenho dessa atividade estatal. E, por óbvio, essa investidura transitória não decorre de ato do Poder Judiciário (por não ser ele a entidade delegante), senão que de disposição diretamente emanada da lei em favor desse específico profissional.[69]

Logo, a atuação do Poder Judiciário, ao declarar ou constituir a vacância, afeta, *direta* e *imediatamente*, a produção de atos notariais e de registro. Daí sua correta atuação a esse propósito.

49. Se *formalmente* a declaração de vacância pode ser levada a efeito pelo Poder Judiciário, nem sempre *materialmente* ela é lisamente realizada. Pela sua invulgar importância, cuidaremos do que se processou por meio da Resolução 80 do CNJ.

6.7.1 *A Resolução 80 do Conselho Nacional de Justiça*
e a indiscriminada declaração de vacância
de serventias extrajudiciais

50. O CNJ fez publicar a Resolução 80 pretendendo disciplinar os efeitos jurídicos decorrentes das investiduras que se operaram na forma da legislação dos Estados e do Distrito Federal, anteriores à regulação da atividade notarial e de registro pela Lei federal 8.935/1994. E com isto declarou vagas todas as serventias extrajudiciais cujos titulares não tenham sido investidos por meio de regular concurso de ingresso ou remoção, nos seguintes termos:

---

69. A própria Lei federal 8.935/1994 confirma a procedência dessa afirmativa. Segundo o seu art. 39, § 2º: "Extinta a delegação a notário ou a oficial de registro, a autoridade competente declarará vago o respectivo serviço, designará o substituto mais antigo para responder pelo expediente e abrirá concurso". Neste caso, portanto, a investidura está prevista diretamente na lei, incumbindo ao Poder Judiciário *apenas* formalizar o início do exercício pelo novo responsável. Não sem razão a lei utiliza o vocábulo *delegação* para formalizar o ato de investidura do titular e *designação* para a situação em apreço, na qual há transitória direção da serventia extrajudicial. E não há nada de novo no fato de a lei, prévia e antecipadamente, considerar uma dada pessoa automaticamente provida no exercício de uma função pública, sendo desnecessário, pois, ato formal de uma autoridade para este mister. É o que também se processa, por exemplo, com a prerrogativa atribuída a qualquer um do povo para, desejando, realizar a prisão em flagrante delito, atividade tipicamente estatal. Confira-se, a propósito, a redação do art. 301 do Código de Processo Penal: "Art. 301. Qualquer do povo poderá e as autoridades policiais e seus agentes deverão prender quem quer que seja encontrado em flagrante delito".

232   REGIME CONSTITUCIONAL DA ATIVIDADE NOTARIAL E DE REGISTRO

Art. 1º. É declarada a vacância dos serviços notariais e de registro cujos atuais responsáveis não tenham sido investidos por meio de concurso público de provas e títulos específico para a outorga de delegações de notas e de registro, na forma da Constituição Federal de 1988.

§ 1º. Cumprirá aos respectivos tribunais dos Estados, do Distrito Federal e Territórios elaborar lista das delegações vagas, inclusive aquelas decorrentes de desacumulações, encaminhando-a à Corregedoria Nacional de Justiça, acompanhada dos respectivos títulos de investidura dos atuais responsáveis por essas unidades tidas como vagas, com a respectiva data de criação da unidade, no prazo de quarenta e cinco dias.

§ 2º. No mesmo prazo os tribunais elaborarão uma lista das delegações que estejam providas segundo o regime constitucional vigente, encaminhando-a, acompanhada dos títulos de investidura daqueles que estão atualmente respondendo por essas unidades como delegados titulares e as respectivas datas de suas criações. (...)

Art. 4º. Estão incluídas nas disposições de vacância do *caput* do artigo 1º desta resolução todas as demais unidades cujos responsáveis estejam respondendo pelo serviço a qualquer outro título, que não o concurso público específico de provas e títulos para a delegação dos serviços notariais e de registro, a exemplo daqueles que irregularmente foram declarados estáveis depois da Constituição Federal de 1988 e dos que chegaram à qualidade de responsável pela unidade por permuta ou por qualquer outra forma não prevista na Constituição Federal de 5 de outubro de 1988.

(...)

Art. 5º. São declaradas vagas também as unidades dos serviços notariais e de registro oficializadas cujos servidores titulares tenham tido sua investidura extinta por qualquer causa, já na vigência do atual regime constitucional, salvo se já providas essas unidades por concurso público de provas e títulos específico para outorga de delegação de serviços notariais e de registro na forma da Constituição Federal de 1988.

51. É certo que, desde o advento da Constituição da República de 1988, a investidura em serventia extrajudicial exige a prévia aprovação em concurso. A despeito disto, significativa parcela dos Tribunais de Justiça, por meio de seus órgãos administrativos, firmou o entendimento no sentido de que a exigência de concurso para este propósito demandava a edição de lei nacional que dispusesse a respeito do tema, o que só se processou com o advento da Lei federal 8.935, de 1994.

COMPETÊNCIA ADMINISTRATIVA EM MATÉRIA NOTARIAL   233

Nesse meio tempo, pessoas naturais foram investidas na titularidade de serventias extrajudiciais, sem que houvesse, na esmagadora maioria das vezes, qualquer espécie de contestação administrativa ou judicial. Essa placidez em relação a esses provimentos ilegítimos era, aliás, bastante compreensível. Afinal, como habitualmente era a cúpula do Poder Judiciário nos Estados que autorizava, por ato administrativo, a delegação dessas serventias às pessoas naturais, era bastante improvável que, em sede de contestação judicial, essa mesma cúpula adotasse solução divergente.

52. É inegável que nessa continental conduta perpetrada por quase todos os Tribunais de Justiça da Nação,[70] muitas situações peculiares justificavam (e justificam) o provimento sem concurso, mas delas não trataremos neste estudo.

Interessa-nos, contudo, a posição do notário e do registrador que, investidos na titularidade de uma serventia extrajudicial por ato do Tribunal de Justiça, posteriormente tiveram sua delegação desconstituída pela Resolução 80 do CNJ. Agrava o fato a circunstância de que estas investiduras – realizadas ao arrepio da ordem jurídica, insista-se – permaneceram incontestes por anos a fio, até mesmo por décadas e décadas.

Os princípios da boa-fé e da confiança legítima

53. Segundo Jesús González Pérez, as expectativas criadas pelos atos emanados do Poder Público geram, presumivelmente, direitos subjetivos em relação aos administrados que podem e devem confiar na atuação do Estado.[71]

As situações jurídicas criadas pela Administração em favor dos particulares não podem ser modificadas abruptamente, ainda que emanadas em desconformidade com a ordem jurídica.

Afinal, se a esfera jurídica do particular foi ampliada por ato ou conduta ilegítima do Poder Público, não se revela juridicamente aceitável que, posteriormente e preenchidos determinados requisitos, o próprio Poder Público anule o ato praticado arguindo sua ilegitimidade. Isto porque, aos atos perpetrados pela Administração também se aplica a máxima segundo a qual *venire contra factum proprium non valet.*

70. O Tribunal de Justiça do Estado de São Paulo, louve-se, sempre exigiu concurso para este propósito.
71. *El Principio de la Buena-Fe en el Derecho Administrativo*, Madri, Civitas, 1983, p. 40.

234 REGIME CONSTITUCIONAL DA ATIVIDADE NOTARIAL E DE REGISTRO

54. Aliás, registre-se que não só os atos administrativos, mas também a prática reiteradamente adotada pela Administração, são considerados como elementos integrantes do sistema de direito positivo[72] e, por isto mesmo, geram efeitos jurídicos em benefício de terceiros que merecem ser preservados.

Assim, havendo mudança da conduta administrativa em razão de modificação na intepretação que autorizava esse agir administrativo, é o próprio sistema de direito positivo que interdita a retroação dessa nova interpretação para, com isto, instabilizar situações nascidas sob o império da interpretação superada.[73]

Assim, se outra foi a interpretação que os Tribunais, depois de décadas de contínua prática, imprimiram à aplicabilidade do concurso a que alude o art. 236 da Constituição da República – se exigente ou não de lei que lhe regulamentasse –, os precedentes administrativos até então formados deveriam ser preservados. E isso de modo que apenas situações novas fossem colhidas pelo novo sentido, conteúdo e alcance que lhe deram as Cortes de Justiça.[74]

55. A despeito de inúmeros dissensos doutrinários, o primado da boa-fé impede que a Administração revele ou assinale, por ação ou omissão, determinada garantia ao administrado para, em momento subsequente, arguindo a invalidade da sua primitiva conduta, suprimir aquela prerrogativa.

Logo, a conduta estatal agressiva a este cânone maltrataria a proteção à confiança legítima, que se traduz ou (i) em direito subjetivo invalidamente constituído por obra do Poder Público; ou (ii) fruto de expectativa legitimamente emanada do Estado.[75]

---

72. Segundo o art. 100 do Código Tributário Nacional "São normas complementares das leis, dos tratados e das convenções internacionais e dos decretos: I – os atos normativos expedidos pelas autoridades administrativas; (...) III – as práticas reiteradamente observadas pelas autoridades administrativas".

73. É novamente o CTN que prevê, com os nossos destaques, que: "Art. 146. A *modificação* introduzida, de ofício ou em *consequência de decisão administrativa* ou judicial, *nos critérios jurídicos* adotados pela autoridade administrativa no exercício do lançamento somente pode ser *efetivada*, em relação a um mesmo sujeito passivo, *quanto* a *fato gerador* ocorrido *posteriormente* à sua introdução".

74. Sobre o tema dos precedentes, confira-se a monografia de Gustavo Marinho de Carvalho (*Precedentes Administrativos no Direito Brasileiros*, São Paulo, Contracorrente, 2015).

75. Sobre a noção de proteção da confiança, há excelentes monografias e textos escritos especificamente a esse respeito. É o caso das obras de Valter Shuenquener de Araujo (*O Princípio da Proteção à Confiança: uma nova forma de tutela do cidadão diante do Estado*, Niterói, Impetus, 2009), Almiro do Couto e Silva ("O princípio da proteção da confiança e a teoria da invalidade dos atos administrativos no direito brasileiro",

COMPETÊNCIA ADMINISTRATIVA EM MATÉRIA NOTARIAL   235

São exatamente estes princípios que, ao nosso juízo, restaram inobservados pela Resolução 80 do CNJ.

56. Com efeito, ao produzir a lista de serventias extrajudiciais vagas, o CNJ acabou desconstituindo situações jurídicas que, apesar de invalidamente constituídas, foram estabilizadas pelo longo decurso de tempo, associado, ademais, à boa-fé daqueles que dela se beneficiaram, pois a má-fé não se presume.[76]

É claro que há um aparente conflito entre valores constitucionalmente prestigiados: legalidade (de um lado) e segurança jurídica ou proteção à confiança (de outro lado). O conflito é aparente, pois apenas um deles prepondera sobre o outro à luz do caso concreto.

E a situação ilicitamente formada por anos a fio assumiu foros de estabilidade. Por óbvio que a manutenção do ato de investidura inválido impedirá que eventuais interessados possam concorrer à serventia extrajudicial por ele ocupada. Trata-se do duplo efeito que toda manutenção do ato inválido acarreta, como bem pontuou Rafael Maffini.[77] Todavia, a solução para este entrechoque de valores é lapidar: deve-se buscar uma solução que seja menos traumática para a ordem jurídica.

E como diz Almiro do Couto e Silva, a segurança jurídica pode ser, no caso concreto, a própria forma de concretização da justiça material (que, nesta hipótese, se contrapõe à justiça formal). Aliás, ciente da possibilidade de que a aplicação da lei formal poderia ensejar o cometimento de grandes injustiças no caso concreto, Cícero talhou a máxima "summum jus, summa injuria".

Daí porque segurança jurídica não se contrapõe a justiça; é a própria justiça sob seu viés material, pouco importando a circunstância de o direito em pauta ter nascido por ofensa à Constituição da República ou por

---

Conceitos Fundamentais do Direito no Estado Constitucional, São Paulo, Malheiros Editores, 2015), Rafael Maffini (*Princípio da Proteção Substancial da Confiança no Direito Administrativo Brasileiro*, Porto Alegre, Verbo Jurídico, 2006) e, finalmente, de Celso Antônio Bandeira de Mello ("A estabilidade dos atos administrativos e a segurança jurídica, a boa-fé e a confiança legítima ante os atos estatais", in *Grandes Temas do Direito Administrativo*, São Paulo, Malheiros Editores, 2009).

76. E ainda que houvesse má-fé nestes casos, a proteção da confiança também ampara a manutenção dos atos inválidos. E isso porque, como afirma Weida Zancaner (*Da Convalidação e da Invalidação dos Atos Administrativos*, 3ª ed., São Paulo, Malheiros Editores, 2008, p. 99), a imprescritibilidade é exceção a ser expressamente prevista na Constituição da República. Mas neste caso – de má-fé – a estabilidade dos atos inválidos se aperfeiçoa após 10 anos, nos termos do art. 205 do Código Civil.

77. *Princípio da Proteção Substancial da Confiança no Direito Administrativo*, cit., p. 147.

236 REGIME CONSTITUCIONAL DA ATIVIDADE NOTARIAL E DE REGISTRO

lesão à legislação infraconstitucional.[78] Ou não é a segurança jurídica a maior razão de ser do Direito?

---

78. Reconhecem a estabilidade do ato inválido, mesmo que lesivo à Constituição da República tanto Celso Antônio Bandeira de Mello (*Parecer emitido em favor da Associação dos Notários e Registradores do Brasil, a respeito da possibilidade de se desconstituir a investidura de notários e registradores providos sem serventias extrajudiciais sem a prévia aprovação em concurso público de ingresso ou concurso de remoção*, São Paulo, 2009) como Almiro do Couto e Silva ("A desconstituição de atos inconstitucionais é caducável – O caso dos notários e registradores sem prévia aprovação em concurso", in *Conceitos Fundamentais do Direito no Estado Constitucional*, São Paulo, Malheiros Editores, 2015). Estamos, pois, em excelente e ilustrada companhia.

CONCLUSÕES

Ao cabo e ao fim do exame dos temas que nos pareceram mais relevantes para delimitar o regime constitucional da atividade notarial e de registro, eis as conclusões atingidas:

I – Uma dada matéria será submetida ao direito público, não apenas porque o Estado, ou quem lhe faça as vezes, é parte em uma dada relação jurídica; não apenas porque o bem da vida por meio dela perseguido visa à tutela do interesse público; mas, *especialmente*, porque o Poder Público tem o *dever-poder* de persegui-la, atuando, pois, no exercício de uma *função pública*.

II – A despeito disto, há possibilidade de o interesse público ser curado pelo Estado ou por quem lhe faça as vezes sob o regime de direito privado. Daí a singular importância da noção de *função pública*, pois o seu exercício poderá se dar tanto em obediência às balizas ditadas pelo direito público (regra geral) como em observância àquelas fixadas pelo direito privado (situação excepcional).

III – Afinal, tanto em um (item I) como em outro caso (item II), o Poder Público *não* age ao abrigo da *autonomia de vontade* na persecução do interesse público. Isso porque, encontrando-se o Estado na contingência de tutelar o interesse público primário em obediência às normas de direito privado, ele o fará no exercício de *função pública*, circunstância que impede a atuação estatal sob o signo da *autonomia de vontade*.

IV – As atividades concebidas em favor do Poder Público podem ser concebidas em *sentido amplo* e em *sentido estrito*. *Aquela* se traduz na competência, fixada em norma *geral e abstrata*, que comina ao Estado um plexo de atribuições, necessárias à consecução do interesse público. *Esta* se aperfeiçoa na própria atividade jurídica desempenhada em busca da satisfação do interesse público.

238 REGIME CONSTITUCIONAL DA ATIVIDADE NOTARIAL E DE REGISTRO

Assim, onde houver uma *atividade pública* haverá, inexoravelmente, uma *função pública*; em sentido *amplo*, será a *função pública concebida* e em sentido estrito será *função pública exercida*.

V – Por meio do exercício da função administrativa, desempenham--se as seguintes atividades jurídicas: (i) exercer o poder de polícia; (ii) fomentar e auxiliar o desenvolvimento e expansão de atividades privadas de interesse coletivo; (iii) equipar-se com recursos humanos e materiais para desempenhar suas atividades; (iv) prestar serviços públicos; e (v) intervir em atos e fatos da vida particular para lhes atribuir certeza e segurança jurídica.

VI – Como a ordem jurídica confere múltiplos tratamentos à competência pública, seus contornos positivados devem ser edificados a partir do seu *aspecto material*, veiculados em norma de comportamento. Daí porque se define a competência pública como um plexo de poderes a ser exercitado pelo agente habilitado nas hipóteses legalmente previstas, em vista do fim que preside sua existência, segundo o regime jurídico próprio aplicável a cada uma das funções estatais.

VII – Sob esta ótica (*critério material*), a transferência de uma função ou atividade pública pode compreender duas situações jurídicas muito distintas: a transferência da competência *in abstrato* ou *in concreto*. Aquela impositiva do dever-poder para o desempenho da atividade ou função pública; esta consistente no dever-poder de concretamente exercitá-la (a atividade ou função pública).

VIII – Existem competências públicas que, como regra, podem ser delegadas a terceiros, ao passo que outras são excepcionalmente delegáveis à luz da Constituição da República. É a natureza da competência pública, e não elemento a ela externo, que divisa a viabilidade da inviabilidade de delegação.

IX – Acerta-se ao afirmar a existência de proibição constitucional à transmissão ou delegação de uma competência pública *in abstrato* entre as pessoas políticas ou destas para os administrados. Afinal, sendo os Poderes Públicos harmônicos e independentes entre si, a Constituição da República lhes assegura *independência funcional*.

Logo, a delegação da competência *in abstrato* esbarra em vedação decorrente do primado da Separação dos Poderes ou da Federação, cláusulas pétreas entre nós. Por esta razão, não se admite inovação legislativa alguma neste campo que tenha por objetivo a *despublicização* de uma competência em favor do particular ou mesmo o seu trespasse a outro Poder da mesma ou diferente pessoa política. E isso sob pena de incons-

CONCLUSÕES 239

titucionalidade, por burla ao art. 60, § 4º, da Constituição da República. Assim, as delegações destas competências são aquelas – e apenas aquelas – admitidas, implícita ou explicitamente, pelo Poder Constituinte. Elas conformam as imutáveis fronteiras da Separação dos Poderes e da Federação em nosso direito positivo.

X – Ao mesmo tempo em que se entoa a viabilidade da delegação do exercício *in concreto* de uma atividade pública, não se indica o título jurídico por meio do qual este ato se aperfeiçoa, circunstância que mascara a natureza do objeto jurídico delegado. Isso porque, como esclarecido (item IX), o Poder Público não delega o desempenho de uma atividade material a outrem; delega uma competência jurídica *in concreto*, cujo exercício pode se concretizar no *campo jurídico* **ou** no *campo jurídico e também no plano material*.

A modificação do perfil jurídico de uma competência pública *in concreto* por meio de Emenda à Constituição da República que, todavia, não resulte em sua abolição ou trespasse, total ou parcial, a outro ente político ou à ordem econômica, resulta, apenas e tão somente, na sua reconfiguração ou remodelagem, o que é perfeitamente legítimo. É que nestes casos não haverá perda ou supressão de competência pública *in concreto*, que continua imantada na pessoa política.

XI – Admite-se a mutação dos confins constitucionais das atividades públicas e privadas, não se permitindo, contudo, que a modificação proposta pelo Poder constituído redunde na ilegítima redução do campo reservado à livre iniciativa, de modo que, por seu intermédio, ela (a livre iniciativa) seja abolida ou restringida em magnitude incompatível com a ordem constitucional.

XII – Tomando como referência a viabilidade de delegação das competências públicas *in concreto*, as funções públicas classificam-se em: (a) atividades públicas indelegáveis pelo Estado; (b) atividades públicas obrigatoriamente delegáveis pelo Estado; e (c) atividades públicas facultativamente delegáveis pelo Estado. Examinando-se o exercício concreto destas competências públicas, podemos apartá-las como: (d) de exercício exclusivo ou privativo pelo Poder Público; (e) de exercício empreendido por pessoa integrante da Administração indireta; (f) de exercício exclusivo ou privativo pelos particulares; e (g) de exercício colaborado com os administrados.

XIII – A atividade notarial e de registro é qualificada pelo art. 236 da Constituição da República e pelo art. 32 do Ato das Disposições Constitucionais transitórias como *serviços*. Sucede que, ao aludir aos denominados "serviços" notariais e de registro, a Constituição da Re-

240 REGIME CONSTITUCIONAL DA ATIVIDADE NOTARIAL E DE REGISTRO

pública não cuidou de qualificá-los ou mesmo indicar as atividades a serem desempenhadas por meio desta função pública. Por esta razão, esses institutos têm os seus confins jurídicos fixados na conformidade do *perfil legal* que possuíam ao tempo da promulgação da Constituição da República.

XIV – A função pública notarial e de registro tem por objetivo: (a) a garantia "da aquisição e exercício do direito de propriedade e a instituição de ônus real de fruição, garantia ou aquisição", dando-se "proteção especial à propriedade imobiliária (...) sob o ponto de vista da respectiva titularidade e dos ônus reais que o gravam (...) tornando os dados registrados conhecidos por terceiros",[1] proporcionando segurança jurídica às operações que tenham a propriedade imobiliária como objeto; (b) a caracterização do inadimplemento do devedor; (c) lavrar escrituras, procurações, atas notariais, testamentos públicos, aprovar testamentos cerrados – caso em que orienta e aconselha as partes como proceder e quais atos jurídicos podem praticar em vista do fim desejado, bem como dos direitos e deveres decorrentes da escolha empreendida –, além de autenticar cópias e reconhecer firmas. Em síntese, por meio da atividade notarial e de registro pretende-se conferir segurança jurídica na produção e irradiação dos efeitos dos atos e fatos jurídicos constituídos ou declarados por meio da chancela estatal levada a efeito, neste particular, pelos notários e registradores.

XV – Em vista disto, todos os atos jurídicos estatais ou privados, porque dotados de presunção de validade, reputam-se conformes com o Direito. Apesar de esta assertiva ser correta, dela não se pode extrair a conclusão no sentido de que os atos jurídicos presumivelmente válidos são, por esta razão, dotados de *fé pública*.

É dizer, a *fé pública* dos atos estatais não decorre da sua presumível conformidade com a ordem jurídica, pois esta presunção também alberga os atos jurídicos produzidos por particulares. Para que a *fé pública* emerja desta presunção de validade – como elemento que lhe é adicional – outro atributo se reconhece aos atos estatais: o seu especial modo de produção, obediente aos princípios que informam e conformam o direito público.

XVI – Entende-se por *função administrativa* a atividade do Estado, ou de quem lhe faça as vezes, que, a título de dar cumprimento aos comandos jurídicos que lhe são dirigidos, produz atos jurídicos ou materiais, sem os quais os fins queridos pelo direito positivo exigentes

---

1. Cf. Maria Helena Diniz, *Sistema de Registros de Imóveis*, 9ª ed., São Paulo, Saraiva, 2010, p. 49.

CONCLUSÕES 241

da atuação do Estado não seriam atingidos. O exercício dessa atividade se dá, na intimidade do Poder Público, pela formação de vínculos hierárquicos, cujo resultado final conclusivo é, como regra, suscetível de apreciação pelo Poder Judiciário.

XVII – Pelo exercício da atividade notarial e de registro os agentes delegados não tutelam a segurança jurídica mediante a resolução de conflitos, tampouco seus atos têm força de coisa julgada, o que sabidamente se passa com as decisões judiciais. Não raramente afirma-se que o notário é conselheiro das partes, indicando a elas como praticar atos e fatos jurídicos, imunizando-os de ilicitude, conduta incompatível com o exercício da função jurisdicional. Em absoluto rigor, a atividade notarial e de registro é logicamente precedente à deflagração do conflito, também se prestando a prevenir a sua ocorrência. Assim, não se poderia qualificá-la como atividade jurisdicional.

XVIII – A atividade notarial e de registro consiste em uma competência pública cujo desempenho se realiza pelo exercício da função administrativa. Isso porque os atos produzidos sob o seu manto pretendem dar cumprimento aos comandos jurídicos sem os quais inúmeros atos e fatos jurídicos não seriam praticados ou não teriam a mesma valência normativa (pois desprovidos da *fé pública*).

Como a atividade notarial e de registro é constitucionalmente disposta ao desempenho de uma atividade jurídica – razão porque não se amolda à noção de serviço público, o que já se demonstrou –, é melhor designá-la de função notarial e de registro;

XIX – Pelos pressupostos que adotamos, tirante as exceções previstas no texto originário da Constituição da República, toda delegação da competência pública *in abstrato* é inconstitucional, por esbarrar na vedação decorrente do primado da Separação dos Poderes ou da Federação, cláusula pétrea entre nós. Por esta razão, não admitimos inovação legislativa alguma neste campo que tenha por objetivo a *despublicização* de uma competência em favor do particular ou mesmo o seu trespasse a outro Poder da mesma ou diferente pessoa política.

Ora, se o trespasse de uma competência pública *in abstrato* entre os entes públicos resulta no ilegítimo malbaratamento dos meios constitucionalmente assegurados para a consecução do interesse público, o mesmo e deletério efeito advirá do seu completo aniquilamento. Sob este ângulo, a competência pública notarial e de registro (*in abstrato*) é irrenunciável, indelegável e intransferível.

XX – No mesmo vício incidirá a proposta de Emenda Constitucional que indistintamente imante todos os particulares na prerrogativa de

242 REGIME CONSTITUCIONAL DA ATIVIDADE NOTARIAL E DE REGISTRO

produzir atos jurídicos dotados de *fé pública*. É que, ao assim prever, essa alteração constitucional redundará, de modo disfarçado e transverso, na renúncia de uma competência pública *in abstrato*, o que é vedado.

XXI – A modificação do perfil jurídico de uma competência pública *in concreto* por meio de Emenda Constitucional que, todavia, não resulte em sua abolição ou trespasse, total ou parcial, a outro ente político ou à ordem econômica, resulta, apenas e tão somente, na sua reconfiguração ou remodelagem, o que é perfeitamente legítimo. É que, nestes casos, não haverá perda ou supressão de competência pública *in concreto*, que continuará imantada na pessoa política.

Daí porque não vislumbramos qualquer espécie de inconstitucionalidade na alteração da competência *in concreto* para o desempenho da atividade notarial e de registro.

Por igual razão vemos ilegitimidade na legislação que configure e reconfigure a atividade notarial e de registro, pois, sendo ela conferida aos delegatários sob regime jurídico de índole estatutária, não há direito adquirido à inalterabilidade dos fatos que possam ser, por meio dela, dotados de *fé pública*.

XXII – A atividade notarial e de registro é uma atividade estatal por meio da qual se formalizam atos e fatos jurídicos, atribuindo-lhes as notas da *fé pública*. É, sob esta ótica, uma disciplina normativa de *sobreposição*. Isso porque ela adere a outra que lhe serve de suporte; não tem a atividade notarial e de registro vida jurídica autonômica. Constitui-se direito adjetivo que demanda existência de direito substantivo, sem o que não haverá objeto viabilizador da sua incidência.

Assim como o processo civil inexiste sem o correspondente direito material a ser reclamado em juízo, a atividade notarial e de registro (*direito meio*) não subsiste sem outro fenômeno jurídico que lhe sirva de suporte (*direito fim*).

XXIII – Sob esta ótica é o *direito fim* que ditará a necessidade ou não da prática do *direito meio*, bem como a forma de sua realização. Desse modo, é o direito civil, eleitoral, agrário, marítimo, aeronáutico, espacial do trabalho (art. 21, I, da Constituição da República) que fixam, ao seu modo, o alcance e a extensão dos atos notariais e de registro que lhes possam ser prestantes.

Por estas razões, não tem a atividade notarial e de registro previsão legislativa autônoma. Essa função pública tem sua nascente no *direito fim* que arrima a sua existência e demanda o seu exercício.

CONCLUSÕES

XXIV – Com efeito, as leis fixadoras das diversas especialidades notariais e de registro foram produzidas pela União como medida de suporte e apoio à concretização de atos e fatos jurídicos produzidos com fundamento em leis nacionais ou federais.

As leis nacionais ou federais diretamente relacionadas à atividade notarial e de registro procuram condensar o tratamento normativo dessa função pública nesse âmbito. E mesmo assim não exaurem o seu objeto, por vezes tratado de modo extravagante no bojo de leis brotadas do Congresso Nacional e veiculadoras de *direito meio* ou de *direito fim*.

Logo, não é o art. 22, XXV, da Constituição da República fundamento constitucional para edição de lei sobre a atividade notarial ou de registro. Esta competência é assinalada à pessoa política privativamente legitimada a produzir o *direito fim*, eventualmente exigente do desempenho da atividade notarial e de registro (*direito meio*).

XXV – A atividade notarial e registral é um tema de vocação nacional. Isso porque os efeitos jurídicos decorrentes dos atos praticados com base nesta titulação jurídica não estão circunscritos aos estritos limites territoriais do ente titular desta competência administrativa (que, adiantamos, são os Estados).

Em razão da vocação nacional dessa função administrativa estadual, a União e os Estados podem legislar concorrentemente sobre as atividades indiretamente necessárias ao seu desempenho, a teor do disposto no art. 24, §§ 1º a 4º, da Constituição da República, o que se deu com a edição da Lei federal 8.935, de 1994.

XXVI – A serventia extrajudicial é uma competência pública, cuja criação, transformação e extinção devem se operar por meio de lei formal.

XXVII – O art. 236, § 3º, da Constituição da República prevê que a investidura inicial de uma pessoa em uma serventia notarial ou de registro exige sua prévia aprovação em concurso público de provas e títulos. O mesmo dispositivo constitucional, no entanto, prescreve a existência de concurso de remoção. Como o art. 236, § 3º, da Constituição da República não faz alusão a *concurso público* de *remoção*, mas sim a *concurso* de *remoção*, segue-se que este processo seletivo é dirigido apenas àqueles já lotados em uma serventia notarial ou registral.

XXVIII – A despeito de se tratar de atividade pública encartada no plexo de competências estaduais (art. 25, § 1ª, da Constituição da República), a União fixou normas gerais sobre a realização destes concursos, pois é tema de inegável vocação nacional.

244 REGIME CONSTITUCIONAL DA ATIVIDADE NOTARIAL E DE REGISTRO

XXIX – Os concursos de remoção são fixados em lei estadual, pois, com fundamento no art. 24, §§ 2º e 3º, da Constituição da República. O art. 18 da Lei federal 8.935/1994 assinalou explicitamente que os Estados podem legislar sobre a matéria à míngua da norma geral sobre este tema;

XXX – A Constituição da República assinala que a investidura inicial de uma pessoa em uma serventia notarial ou de registro exige sua prévia aprovação em *concurso público* de *provas* e *títulos*. Sucede que o mesmo preceptivo constitucional não faz alusão a *concurso público* de *remoção*, mas sim a *concurso* de *remoção*.

Por esta razão, enquanto o *concurso público* de ingresso para provimento em serventias notariais e de registro se abre aos interessados habilitados (inclusive os agentes delegados dessa função[2]), o provimento por remoção para outra serventia extrajudicial dá-se por *concurso* entre os delegatários dessa função pública.

XXXI – O art. 16 da Lei federal 8.935/1994, alterado pela Lei federal 10.506, de 2002, prevê que o concurso de remoção se dará, *exclusivamente*, por meio do exame de *títulos*. Segundo a revogada redação desse preceito, a remoção era precedida da realização de concurso de *provas* e *títulos*.

XXXII – Há possibilidade de criação de carreira na atividade notarial e de registro, desde que tal providência se aperfeiçoe por meio de lei formal.

XXXIII – Os emolumentos previstos a título de contraprestação pelo desempenho da atividade notarial e de registro têm natureza jurídica de taxa e são fixados por meio de lei estadual, em atenção à norma geral sobre a matéria.

XXXIV – Como esses valores pretendem fazer face às despesas incorridas pelos notários e registradores no desempenho dessas atividades, é direito subjetivo eles terem revistos os emolumentos conforme se incrementem os custos relacionados à prestação dessas atividades, inclusive por meio de tributação.

XXXV – A Lei de Acesso à Informação não se aplica aos notários e registadores.

XXXVI – A responsabilidade civil dos notários e registradores pelos danos que ele e seus propostos causem, nessa qualidade, a terceiro, não é

---

2. Isso também porque o art. 17 da Lei federal 8.935 prevê que "Ao concurso de remoção somente serão admitidos titulares que exerçam a atividade por mais de dois anos".

CONCLUSÕES 245

disciplinado pelo art. 37, § 6º, da Constituição da República. Com efeito, de acordo com o art. 236, § 1º, da Constituição da República, lei formal cuidará de prever essa modalidade de responsabilidade (se objetiva ou subjetiva), bem como os seus confins.

XXXVII – Os Estados são dotados da prerrogativa de instituir e alterar os emolumentos por meio de lei formal, bem como disciplinar o regime de aposentadoria dos titulares e empregados que ingressaram no exercício dessa função estatal antes do advento da Lei federal 8.935/1994.

XXXVIII – Por fim, os municípios podem, *grosso modo*, gravar o desempenho dessas atividades por meio do ISS.

XXXIX – A atividade notarial e de registro é desempenhada segundo normas de direito público, não se aplicando a elas o direito privado.

XL – Ao Poder Judiciário cumpre a fiscalização dos *atos* notariais e de registro. E para que o Poder Judiciário possa adequadamente apurar a correção dos atos notariais e de registro, imbricada nessa competência está incutida a prerrogativa para fiscalizar a atividade pública que ensejou a sua produção. E neste contexto, ao Poder Judiciário compete fiscalizar (i) os atos notariais e de registro e (ii) as atividades realizadas pelos notários e registradores que influenciem, *direta* e *decisivamente*, a produção de atos notariais e de registro.

XLI – Não se aplica aos dirigentes interinos das serventias notarias e de registro o teto remuneratório prescrito no art. 37, XI, da Constituição da República.

XLII – Os Estado e o Distrito Federal são titulares da competência notarial e de registro.

XLIII – Operou-se ao arrepio da ordem jurídica a declaração de vacância prescrita pela Resolução 80 do CNJ, pois situações jurídicas consolidadas no tempo não poderiam ter sido por ela atingidas.

BIBLIOGRAFIA

ABRÃO, Carlos Henrique. *Do Protesto.* São Paulo, Editora Leu, 1999.

ADRI, Renata Porto; ZOCKUN, Maurício; PIRES, Luis Manuel Fonseca (coords.). *Corrupção, Ética e Moralidade Administrativa.* Belo Horizonte, Fórum, 2008.

AGUILLAR, Fernando Heren. *Controle Social de Serviços Públicos.* São Paulo, Max Limonad, 1999.

ALARCÓN, Pietro da Jesús Lora. *Ciência Política, Estado e Direito Público: uma introdução ao direito público da contemporaneidade.* São Paulo, Editora Verbatim, 2011.

ALFONSO, Luciano Parejo. *Lecciones de Derecho Administrativo.* 4ª ed. Valencia, Tirant lo Blanch, 2011.

ALMEIDA JÚNIOR, João Mendes de. "Orgams da fé pública: tabelliães ou notários. Escrivães e officiaes do juizo. Archivistas", in *Coleção Doutrinas Essenciais: direito registral,* vol. I. São Paulo, Ed. RT, 2011.

ALVIM, Agostinho. *Da Inexecução das Obrigações e suas Consequências.* 5ª ed. São Paulo, Saraiva, 1980.

AMADEI, Vicente de Abreu. "Princípios de protesto de títulos", in DIP, Ricardo (coord.). *Introdução ao Direito Notarial e Registral.* Porto Alegre, Sergio Antonio Fabris Editor, 2004.

AMARAL, Antônio Carlos Cintra do. *Concessão de Serviço Público.* 2ª ed. São Paulo, Malheiros Editores, 2002.

_____. *Concessão de Serviços Públicos: novas tendências.* São Paulo, Quartier Latin, 2012.

_____. *Extinção do Ato Administrativo.* São Paulo, Ed. RT, 1978.

ANDRADE, Letícia Queiroz de. *Teoria das Relações Jurídicas da Prestação de Serviço Público sob Regime de Concessão.* Tese (Doutorado em Direito do Estado). São Paulo, PUC/SP, 2010; e Malheiros Editores, 2015.

ARAGÃO, Alexandre dos Santos. "Algumas notas críticas sobre o princípio da presunção de veracidade dos atos administrativos", *Revista de Direito Administrativo,* n. 259. Rio de Janeiro, FGV, jan./abr., 2012.

_____. *Direito dos Serviços Públicos.* Rio de Janeiro, Forense, 2007.

ARAÚJO, Edmir Netto de. *Curso de Direito Administrativo.* 6ª ed. São Paulo, Saraiva, 2014.

248 REGIME CONSTITUCIONAL DA ATIVIDADE NOTARIAL E DE REGISTRO

ARAÚJO, Luiz Alberto David; NUNES JÚNIOR, Vidal Serrano. *Curso de Direito Constitucional.* 15ª ed. São Paulo, Editora Verbatim, 2011.

ARAUJO, Valter Shuenquener de. *O Princípio da Proteção à Confiança: uma nova forma de tutela do cidadão diante do Estado.* Niterói, Impetus, 2009.

ARNELA, Cristina Noemí. "El notariado argentino a principios del siglo XXI", *Revista de Direito Notarial,* ano 1, n. 1. São Paulo, Quartier Latin, jul./set. 2009.

ARRIGONI, Rita. "Regolazione e gestione nelle *public utilities*: principio di separazione e libera concorrenza nell'applicazione di principi costituzionali e comunitari", *Rivista Trimestrale di Diritto Pubblico,* n. 1. Milão, Giuffrè, 1995.

ARROYO SOTO, Augusto. *El Secreto Profesional del Abogado y del Notario.* México D.F., Instituto de Investigaciones Jurídicas, 1980.

ASSUMPÇÃO, Letícia Franco Maculan. *Função Notarial e de Registro: concurso público, regime jurídico e responsabilidade civil.* Porto Alegre, Nuria Fabris Editora, 2011.

ATALIBA, Geraldo. *Apontamentos de Ciência das Finanças, Direito Financeiro e Tributário.* São Paulo, Ed. RT, 1969.

_____. "Conflito entre ICMS, ISS e IPI", *Revista de Direito Tributário,* ns. 7 e 8. São Paulo, Ed. RT, jan./jun. 1979.

_____. "Delegação normativa: limites às competências do C.M.N. e BACEN", *Revista de Informação Legislativa,* ano 29, n. 113. Brasília, Senado Federal, jan./mar. 1992.

_____. *O Direito Administrativo no Sistema da "Common Law".* Instituto de Direito Público da Faculdade de Direito da USP, Imprensa Oficial do Estado de São Paulo, 1965.

_____. "Empresas estatais e regime administrativo (Serviço público – Inexistência de concessão – Delegação – Proteção ao interesse público)", *Revista Trimestral de Direito Público,* n. 4. São Paulo, Malheiros Editores, 1993.

_____. *Hipótese de Incidência Tributária.* 6ª ed., 17ª tir. São Paulo, Malheiros Editores, 2018.

_____. "Normas gerais de Direito Financeiro e Tributário", *Revista de Direito Público,* n. 10. São Paulo, Editora Ed. RT.

_____. "Periodicidade do Imposto sobre a Renda I". *Revista de Direito Tributário,* n. 63. São Paulo, Malheiros Editores.

_____. *República e Constituição.* 3ª ed. São Paulo, Malheiros Editores, 2011.

_____. "Sabesp – Serviço público – Delegação a empresa estatal – Imunidade a impostos – Regime de taxas". *Revista de Direito Público,* n. 92. São Paulo, Ed. RT, out./dez. 1989.

_____. *Sistema Constitucional Tributário Brasileiro.* São Paulo, Ed. RT, 1968.

_____; GOMES DE SOUZA, Rubens; BARROS CAVALHO, Paulo. *Comentários ao Código Tributário Nacional.* 2ª ed. São Paulo, Ed. RT, 1985.

BIBLIOGRAFIA
249

AUBY, Jean-François. "La délégation de service public: premier bilan et perspectives", *Revue du Droit Public et de la Science Politique en France et a l'Etranger*, n. 4. Paris, LGDJ, jul./ago. 1996.

ÁVILA, Humberto. *Teoria da Segurança Jurídica*. 4ª ed. São Paulo, Malheiros Editores, 2016.

AZEREDO DOS SANTOS, Theophilo de. "Observações sobre o protesto de títulos e documentos", *Boletim Informativo do IEPTBRJ*, ano 1, n. 8. Rio de Janeiro, dez. 2002.

BACARIÇA, Josephina; VALIM, Rafael; MALHEIROS, Antonio Carlos. *Acesso à Informação Pública*. Belo Horizonte, Fórum, 2015.

BACELLAR FILHO, Romeu Felipe. "Concessões, permissões e autorizações de serviço público", in *Reflexões sobre o Direito Administrativo*. Belo Horizonte, Fórum, 2009.

_____. *Direito Administrativo e o novo Código Civil*. Belo Horizonte, Fórum, 2007.

_____. "Do regime jurídico dos notários e registradores", in *Reflexões sobre o Direito Administrativo*. Belo Horizonte, Fórum, 2009.

_____. *Parecer emitido em favor do Sindicato dos Notários e Registradores do Estado de São Paulo, concernente à propositura da ADPF em nome da ANOREG-BR*. Paraná, 2006.

_____. "O poder normativo dos entes reguladores e a participação dos cidadãos nesta atividade. Serviços públicos e direitos fundamentais: os desafios da regulação na experiência brasileira", in *Reflexões sobre o Direito Administrativo*. Belo Horizonte, Fórum, 2009.

BACHOF, Otto; WOLFF, Hans J.; STOBER, Rolf. *Direito Administrativo*, vol. I. Trad. de António F. de Sousa. 11ª ed. Lisboa, Fundação Calouste Gulbenkian, 2006.

BALBÍN, Carlos Francisco. *Curso de Derecho Administrativo*, t. I. Buenos Aires, La Ley, 2007.

BANDEIRA DE MELLO, Celso Antônio. "Apontamentos sobre o poder de polícia", *Revista de Direito Público*, n. 9. São Paulo, Ed. RT, 1969.

_____. "A competência para criação e extinção de serviços notariais e de registro e para delegação e provimentos desses serviços", in *Coleção Doutrinas Essenciais: direito registral*, vol. I. São Paulo, Ed. RT, 2011.

_____. "O conceito de normas gerais no direito constitucional brasileiro", *Interesse Público*, ano 13, n. 66. Belo Horizonte, Fórum, mar./abr. 2011. Disponível em *www.editoraforum.com.br/ef/wp-content/uploads/2014/07/artigo-bandeira-mello.pdf*.

_____. *Conteúdo do Jurídico do Princípio da Igualdade*. 3ª ed., 25ª tir. São Paulo, Malheiros Editores, 2017.

_____. "Contrato administrativo – Direito ao equilíbrio econômico-financeiro – Reajustes contratuais e os Planos Cruzado e Bresser", *Revista de Direito Público*, n. 90. São Paulo, Ed. RT, 1989.

250 REGIME CONSTITUCIONAL DA ATIVIDADE NOTARIAL E DE REGISTRO

_____. "Contrato administrativo: fundamentos da preservação do equilíbrio econômico-financeiro", *Revista de Direito Econômico*, n. 211. Rio de Janeiro, CADE, jan./mar. 1998.

_____. "Controle judicial dos atos administrativos", in *Grandes Temas do Direito Administrativo*. São Paulo, Malheiros Editores, 2009.

_____. *Curso de Direito Administrativo*. 33ª ed., 3ª tir. São Paulo, Malheiros Editores, 2018.

_____. "Desvio de poder", in *Grandes Temas do Direito Administrativo*. São Paulo, Malheiros Editores, 2009.

_____. "Direito adquirido e o direito administrativo: uma nova perspectiva", in *Grandes Temas do Direito Administrativo*. São Paulo, Malheiros Editores, 2009.

_____. "A estabilidade dos atos administrativos e a segurança jurídica, a boa-fé e a confiança legítima ante os atos estatais", in *Grandes Temas do Direito Administrativo*. São Paulo, Malheiros Editores, 2009.

_____. *O Homem e a Sociedade*. São Paulo, 1970.

_____. *Natureza e Regime Jurídico das Autarquias*. São Paulo, Ed. RT, 1968.

_____. *Parecer emitido em favor da Associação dos Notários e Registradores do Brasil, a respeito da possibilidade de se desconstituir a investidura de notários e registradores providos sem serventias extrajudiciais sem a prévia aprovação em concurso público de ingresso ou concurso de remoção*. São Paulo, 2009.

_____. *Parecer emitido em favor da Associação dos Notários e Registradores do Estado de São Paulo, a respeito do equilíbrio econômico-financeiro das atividades notarias e de registro*. São Paulo, 2009. Disponível em *www.anoregsp.org.br/be/Parecer_Prof_CelsoABdeMello.pdf e www.irtdpjbrasil.com.br/Parecer_Prof_CelsoABdeMello.pdf.*

_____. *Parecer emitido em favor do Sindicato dos Notários e Registradores do Estado de São Paulo, a respeito da aplicação da Súmula vinculante n. 13 às serventias notariais e de registro*. São Paulo, 2009.

_____. "Princípio da legalidade no direito brasileiro – Garantia constitucional do livre exercício de atividade econômica lícita – Delegação legislativa disfarçada – Inconstitucionalidade do uso de meios indiretos de compulsão ao pagamento", in *Pareceres de Direito Administrativo*. São Paulo, Malheiros Editores, 2011.

_____. "Privatização e serviços públicos", *Boletim de Direito Administrativo*. vol. 15, n. 6. São Paulo, maio 1999.

_____. "Regime jurídico administrativa e seu valor metodológico", *Revista de Direito Público*, n. 2. São Paulo, Ed. RT, 1968.

_____. "Serviço público e poder de polícia: concessão e delegação", *Revista Trimestral de Direito Público*, n. 20. São Paulo, Malheiros Editores.

_____. "Serviço público e sua feição constitucional no Brasil", in *Grandes Temas do Direito Administrativo*. São Paulo, Malheiros Editores, 2009.

BIBLIOGRAFIA 251

_____; COMPARATO, Fábio Konder. "Requisitos jurídicos para configuração de crime de responsabilidade", *Revista Trimestral de Direito Público*, n. 64. São Paulo, Malheiros Editores, 2015.

BANDEIRA DE MELLO, Oswaldo Aranha. "Conceito do direito administrativo", *Revista de Direito Administrativo: Edição comemorativa – 70 anos FGV*. Rio de Janeiro, FGV, 2013.

_____. "Do serviço público", *Revista de Direito Administrativo*, n. 21. Rio de Janeiro, FGV, jul./set., 1950.

_____. "Natureza jurídica da concessão de serviço público", *Revista de Direito Público*, n. 19. São Paulo, Ed. RT, jan./mar. 1972.

_____. *Princípios Gerais de Direito Administrativo*, vol. I. 3ª ed. São Paulo, Malheiros Editores, 2007; vol. II. Rio de Janeiro, Forense, 1969.

BAPTISTA DA SILVA, Ovídio Araújo. "O notariado brasileiro perante a Constituição Federal", in *Coleção Doutrinas Essenciais: direito registral*, vol. I. São Paulo, Ed. RT, 2011.

BARBOSA, Rui. "O calote do governo, as decisões do Poder Judiciário, as intervenções federais e o comércio da intervenção em São Paulo", in *Obras Completas de Rui Barbosa – Discursos Parlamentares*, vol. XLI, t. III. Rio de Janeiro, Ministério da Educação e Cultura, 1974.

BARRAZA, Javier Indalecio. *Manual de Derecho Administrativo*. Buenos Aires, La Ley, 2005.

BARRETO, Aires F. *ISS na Constituição e na Lei*. 2ª ed. São Paulo, Dialética, 2005.

BARROS CAVALHO, Paulo; GOMES DE SOUZA, Rubens; e ATALIBA, Geraldo. *Comentários ao Código Tributário Nacional*. 2ª ed. São Paulo, Ed. RT, 1985.

BARROS JÚNIOR, Carlos Seabra de. "Teoria dos atos administrativos", *Revista de Direito Administrativo*, n. 106. Rio de Janeiro, FGV, out./dez. 1971.

BARROSO, Luís Roberto. "Atividade notarial e de registro. Serviço público delegado a particulares. Inexistência de estruturação em carreira. Preenchimento de serventias vagas por remoção: necessidade de aprovação em concurso público de provas e títulos. Art. 16 da Lei n. 8.935/94: inconstitucionalidade de concurso apenas de títulos". *Parecer emitido em favor da Associação dos Titulares de Cartório de São Paulo (ATC), juntado nos autos da Ação Declaratória de Constitucionalidade 14, em trâmite no Supremo Tribunal Federal*. Rio de Janeiro, 2007.

_____. *Curso de Direito Constitucional Contemporâneo: os conceitos fundamentais e a construção do novo modelo*. 5ª ed. São Paulo, Saraiva, 2015.

_____. "Invalidade de exercício direto pelo Estado dos Serviços Notariais e de Registros. Interpretação conforme a Constituição do art. 1.361, § 1º, do novo Código Civil". *Parecer emitido em favor da Associação de Registradores de Títulos e Documentos da Cidade do Rio de Janeiro*. Rio de Janeiro, 2003. Disponível em *www.irtdpjbrasil.com.br/NEWSITE/Barroso.htm*.

252   REGIME CONSTITUCIONAL DA ATIVIDADE NOTARIAL E DE REGISTRO

_____. "Serviços notariais e de registro. Repercussão sobre o usuário dos valores recolhidos a título de ISS". *Parecer emitido em favor da Associação dos Notários e Registradores do Rio de Janeiro*. Rio de Janeiro, 2012.

BASTOS, Celso Ribeiro. "Concessão de serviços públicos". *Cadernos de Direito Constitucional e Ciência Política*, vol. 4, n. 15. São Paulo, Ed. RT, abr./ jun. 1996.

_____. *Curso de Direito Constitucional*. 22ª ed., revista e atualizada por Samantha Meyer-Pflug. São Paulo, Malheiros Editores, 2010.

_____. *Parecer emitido em favor do Sindicato dos Escreventes e Auxiliares Notariais e Registrais do Estado de São Paulo – SEANOR*. São Paulo, 1999.

BATISTA, Joana Paula. *Remuneração dos Serviços Públicos*. São Paulo, Malheiros Editores, 2005.

BECKER, Alfredo Augusto. *Teoria Geral do Direito Tributário*. 3ª ed. Campinas, Lejus, 1998.

BENACCHIO, Marcelo; GUERRA, Alexandre Dartanham de Mello; PIRES, Luis Manuel de Fonseca (coords.). *Responsabilidade Civil do Estado: desafios contemporâneos*. São Paulo, Quartier Latin, 2010.

BENICIO, Hércules Alexandre da Costa. *Responsabilidade do Estado decorrente de Atos Notariais e de Registro*. São Paulo, Ed. RT, 2005.

BÉNOIT, Francis-Paul. *Le Droit Administratif Français*. Paris, Dalloz, 1968.

BISCARETTI DI RUFFIA, Paolo. *Direito Constitucional – Instituições de Direito Público*. Trad. de Maria Helena Diniz. São Paulo, Ed. RT, 1984.

BOLZANI, Henrique. *A Responsabilidade Civil dos Notários e Registradores*. São Paulo, LTr, 2007.

BORGES, Alice Maria Gonzalez. "O equilíbrio econômico-financeiro nos contratos administrativos", *Boletim de Direito Administrativo*, vol. 13, n. 2. São Paulo, fev. 1997.

BORGES, Eduardo de Carvalho (coord.). *Tributação nas Telecomunicações*. São Paulo, Quartier Latin, 2004.

BORGES, José Souto Maior. *Obrigação Tributária: uma introdução metodológica*. 3ª ed. São Paulo, Malheiros Editores, 2015.

_____. "Princípio constitucional da legalidade e as categorias obrigacionais", *Revista de Direito Tributário*, ns. 23/24. São Paulo, Ed. RT.

BRANCO, Paulo Gustavo Gonet; COELHO, Inocêncio Mártires; MENDES, Gilmar Ferreira; *Curso de Direito Constitucional*. 4ª ed. São Paulo, Saraiva, 2009.

BRANDELLI, Leonardo. *Teoria Geral do Direito Notarial*. 4ª ed. São Paulo, Saraiva, 2011.

BRITTO, Carlos Ayres. "A privatização das empresas estatais, à luz da Constituição", *Revista Trimestral de Direito Público*, n. 12. São Paulo, Malheiros Editores.

BURDEAU, Georges; HAMON, Francis; TROPER, Michel. *Direito Constitucional*. Trad. de Carlos Souza. Barueri, Manole, 2005.

BIBLIOGRAFIA 253

BUZAID, Alfredo. *Exposição de Motivos do Código de Processo Civil – Lei n 5.869, de 11.1.73.* Disponível em *www.oabsa.org.br/documentos/cod_proc_civil.pdf.*

CAETANO, Marcello. *Manual de Direito Administrativo*, t. I. 10ª ed., 8ª tir., revista e atualizada por Diogo Freitas do Amaral. Coimbra, Livraria Almedina, 2005; t. II, 10ª ed., 7ª tir., revista e atualizada por Diogo Freitas do Amaral. Coimbra, Livraria Almedina, 2004.

CAHALI, Yussef Said. *Responsabilidade Civil do Estado.* 3ª ed., 3ª tir. São Paulo, Ed. RT, 2007.

CALVO MURILLO, Virgilio F. "La función del notario: desde al ámbito del derecho público", *Revista de Ciencias Jurídicas*, n. 91. San José, jan./abr. 2000.

CAMMAROSANO, Marcio. *Provimentos de Cargos Públicos no Direito Brasileiro.* São Paulo, Ed. RT, 1984.

_____; VALIM, Rafael; DAL POZZO, Augusto Neves (coords.). *Regime Diferenciado de Contratações Públicas – RDC (Lei n. 12.462/2011; Decreto n. 7.581/2011): aspectos fundamentais.* 3ª ed. Belo Horizonte, Fórum, 2014.

CAMPILONGO, Celso Fernandes. *Função Social do Notariado: eficiência, confiança e imparcialidade.* São Paulo, Saraiva, 2014.

_____. "A mediação e o notário", *Jornal Valor Econômico*. São Paulo, 26.8.2013.

CARRAZZA, Roque Antonio. *Curso de Direito Constitucional Tributário.* 31ª ed., revista, atualizada e ampliada até a EC 95/2016. São Paulo, Malheiros Editores, 2017.

_____. *Parecer emitido em favor do Sindicato dos Notários e Registradores do Estado de São Paulo, juntado nos autos da Ação Direta de Inconstitucionalidade n. 3.089.* São Paulo, 2003.

CARVALHO, Afrânio de. "A Constituição e os registros públicos", *Revista Forense*, vol. 84, n. 304. Rio de Janeiro, Forense, out./dez. 1989.

CARVALHO, Gustavo Marinho de. *Precedentes Administrativos no Direito Brasileiro.* São Paulo, Contracorrente, 2015.

CARVALHO FILHO, José dos Santos. *Consórcios Públicos.* Rio de Janeiro, Lumen Juris, 2009.

_____. *Manual de Direito Administrativo.* 25ª ed. São Paulo, Atlas, 2012.

CASSAGNE, Juan Carlos. *Derecho administrativo*, ts. I e II. 7ª ed. Buenos Aires, Abeledo-Perrot, 2002.

CAVALCANTI, Themistocles Brandão. *Curso de Direito Administrativo.* 10ª ed. São Paulo, Freitas Bastos, 1977.

CAVALIERI FILHO, Sergio. *Programa de Responsabilidade Civil.* 9ª ed. São Paulo, Atlas, 2010.

CELY, Martha Lucía Bautista; SILVEIRA, Raquel Dias da (coords.). *Direito Disciplinário Internacional,* vol. I. Belo Horizonte, Fórum, 2011.

254 REGIME CONSTITUCIONAL DA ATIVIDADE NOTARIAL E DE REGISTRO

CENEVIVA, Walter. *Direito Constitucional Brasileiro*. São Paulo, Saraiva, 1989.

_____. *Lei dos Notários e Registradores Comentada*. 8ª ed. São Paulo, Saraiva, 2010.

CHACON DE ALBUUERQUE, Roberto. "Crise financeira internacional e estatização bancária na Alemanha", *Revista Direito GV*, vol. 6, n. 12. São Paulo, jul./dez. 2010.

CHENUAUD-FRAZIER, Carole. "La notion de délégation de service public", *Revue du Droit Public et de la Science Politique en France et a l'Etranger*, n. 1. Paris, LGDJ, jan./fev. 1995.

CIRNE LIMA, Ruy. "Direito administrativo e direito privado", *Revista de Direito Administrativo*, n. 26. Rio de Janeiro, FGV, out./dez. 1951.

_____. *Princípios de Direito Administrativo Brasileiro*. 3ª ed. Porto Alegre, Sulina, 1954; 7ª ed., revista e reelaborada por Paulo Alberto Pasqualini. São Paulo, Malheiros Editores, 2007.

CLÈVE, Clèmerson Merlin. "Atividade notarial. Distribuição de títulos e documentos. Regime jurídico. Controle de constitucionalidade", in *Soluções Práticas de Direito – Administração Pública, tributação e finanças públicas – Pareceres*, vol. 2. São Paulo, Ed. RT, 2012.

_____. "Criação e extinção de serventias extrajudiciais mediante ato administrativo do Tribunal", in *Soluções Práticas de Direito – Administração Pública, tributação e finanças públicas – Pareceres*, vol. 2. São Paulo, Ed. RT, 2012.

_____. "O Estado Brasileiro – Algumas linhas sobre a divisão de Poderes na Federação Brasileira à luz da Constituição de 1988", in *Temas de Direito Constitucional*. 2ª ed. Belo Horizonte, Fórum, 2014.

_____. "Poder Judiciário: autonomia e justiça", in *Temas de Direito Constitucional*. 2ª ed. Belo Horizonte, Fórum, 2014.

_____. "O regime jurídico das serventias extrajudiciais e a Lei 3.893/2002 do Estado do Rio de Janeiro", in *Soluções Práticas de Direito – Administração Pública, tributação e finanças públicas – Pareceres*, vol. 2. São Paulo, Ed. RT, 2012.

_____. "O regime previdenciário aplicável aos notários e registradores de serviços, em face da Lei federal n. 8.935, de 18.11.94", *Boletim de Direito Administrativo*, vol. 12, n. 9. São Paulo, set. 1996.

_____; FRANZONI, Júlia Ávila. "Administração Pública e a nova Lei de Acesso à Informação", *Interesse Público*, ano 15, n. 79. Belo Horizonte, Fórum, maio/jun. 2013.

COELHO, Fábio Ulhoa. *Manual de Direito Comercial*. São Paulo, Saraiva, 2002.

COELHO, Inocêncio Mártires; MENDES, Gilmar Ferreira; BRANCO, Paulo Gustavo Gonet. *Curso de Direito Constitucional*. 4ª ed. São Paulo, Saraiva, 2009.

BIBLIOGRAFIA

COLLADO, Pedro Escribano. "El usuario ante los servicios públicos", *Revista de Administración Pública*, n. 82. Madri, Instituto de Estudios Políticos, jan./abr. 1977.

COMPARATO, Fábio Konder; BANDEIRA DE MELLO, Celso Antônio. "Requisitos jurídicos para configuração de crime de responsabilidade", *Revista Trimestral de Direito Público*, n. 64, São Paulo, Malheiros Editores, 2015.

CONSELHO FEDERAL DO NOTARIADO ARGENTINO. "El notario ante la jurisdicción voluntaria", *Revista del Colegio de Notarios del Estado de Jalisco*, n. 7, Guadalajara (México), jul./dez. 1992. Disponível em *www. juridicas.unam.mx/publica/rev/indice.htm?r=podium&n=7*.

CORRAL, Luis; CORRAL, Teresa. "El derecho notarial", *Revista del Colegio de Notarios del Estado de Jalisco*, n. 4. México, UNAM, jan./jun. 1991.

CORRAL, Teresa; CORRAL, Luis. "El derecho notarial", *Revista del Colegio de Notarios del Estado de Jalisco*, n. 4. México, UNAM, jan./jun. 1991.

COSTA, Regina Helena. *Curso de Direito* Tributário. 2ª ed. São Paulo, Saraiva, 2012.

COSTA JR., Paulo José da. *Código Penal Comentado*. 8ª ed. São Paulo, DPJ Editora, 2005.

COTRIM NETO, Alberto Bitencourt. "O aperfeiçoamento do notariado brasileiro: essencial para o aperfeiçoamento da justiça", *Revista de Informação Legislativa*, vol. 11, n. 44. Brasília, Senado Federal, out./dez. 1974.

_____. "A situação jurídica do notariado brasileiro", *Revista de Informação Legislativa*, vol. 10, n. 37. Brasília, Senado Federal, jan./mar. 1973.

_____. "Organização jurídica do notariado na República Federal da Alemanha: um estudo da solução de problemas insolúveis no Brasil", *Revista de Informação Legislativa*, vol. 8, n. 31. Brasília, Senado Federa, jul./set. 1971.

COUTO E SILVA, Almiro do. "A desconstituição de atos inconstitucionais é caducável – O caso dos notários e registradores sem prévia aprovação em concurso", in *Conceitos Fundamentais do Direito no Estado Constitucional*. São Paulo, Malheiros Editores, 2015.

_____. "Atividade econômica e serviços públicos", in *Conceitos Fundamentais do Direito no Estado Constitucional*. São Paulo, Malheiros Editores, 2015.

_____. "Os indivíduos e o Estado na realização de tarefas públicas", in *Conceitos Fundamentais do Direito no Estado Constitucional*. São Paulo, Malheiros Editores, 2015; e *Revista da Procuradoria-Geral do Estado do Rio Grande do Sul,* vol. 27, n. 57 (suplemento). Porto Alegre, 2004.

_____. "Princípios da legalidade da Administração Pública e da segurança jurídica no Estado de Direito contemporâneo", in *Conceitos Fundamentais do Direito no Estado Constitucional*. São Paulo, Malheiros Editores, 2015.

_____. "O princípio da proteção da confiança e a teoria da invalidade dos atos administrativos no direito brasileiro", in *Conceitos Fundamentais do Direito no Estado Constitucional*. São Paulo, Malheiros Editores, 2015.

256 REGIME CONSTITUCIONAL DA ATIVIDADE NOTARIAL E DE REGISTRO

_____. "O princípio da segurança jurídica no direito público brasileiro e o direito da Administração Pública de anular seus próprios atos administrativos: o prazo decadencial do art. 54 da Lei de Processo Administrativo da União (Lei 9.784/1999)", in *Conceitos Fundamentais do Direito no Estado Constitucional*. São Paulo, Malheiros Editores, 2015.

_____. "Privatização no Brasil e o novo exercício de funções públicas por particulares. Serviço público 'à brasileira'?", in *Conceitos Fundamentais do Direito no Estado Constitucional*. São Paulo, Malheiros Editores, 2015; e *Revista da Procuradoria-Geral do Estado do Rio Grande do Sul*, vol. 27, n. 57 (suplemento). Porto Alegre, 2004.

CUNHA JÚNIOR, Dirley da. "A privatização dos serviços de notas e registro e a situação dos atuais titulares", *Repertório IOB de Jurisprudência: tributário, constitucional e administrativo*, vol. 1, n. 19. São Paulo, out. 2007.

DAL POZZO, Augusto Neves. *Aspectos Fundamentais do Serviço Público no Direito Brasileiro*. São Paulo, Malheiros Editores, 2013.

_____. VALIM, Rafael; CAMMAROSANO, Marcio (coords.). *Regime Diferenciado de Contratações Públicas – RDC (Lei n. 12.462/2011; Decreto n. 7.581/2011): aspectos fundamentais*. 3ª ed. Belo Horizonte, Fórum, 2014.

DALLARI, Adilson Abreu. "Concessões e permissões sob a tutela da Lei n. 8.987, de 13.2.95", *Boletim de Direito Administrativo*, vol. 12, n. 8. São Paulo, ago. 1996.

DALLARI, Dalmo de Abreu. *O Renascer do Direito*. São Paulo, Bushatsky, 1976.

DALLEDONE, Rodrigo Fernandes Lima. *O Regime Jurídico da Função Pública Notarial e sua Fiscalização pelo Poder Judiciário*. Dissertação (Mestrado em Direito do Estado). Curitiba, Universidade Federal do Paraná (UFPR), 2012.

DECKERS, Eric. *Função Notarial e Deontologia*. Trad. de Albino Matos. Coimbra, Almedina, 2005.

DELPIAZZO, Carlos E. *Derecho Administrativo Uruguayo*. México, Porrúa, 2005.

DI PIETRO, Maria Sylvia Zanella. *Direito Administrativo*. 25ª ed. São Paulo, Atlas, 2012.

_____. *Direito Administrativo*. 28ª ed. São Paulo, Atlas, 2015.

_____. *Do Direito Privado na Administração Pública*. São Paulo, Atlas, 1989.

_____. "Equilíbrio econômico-financeiro do contrato administrativo", *Revista da Procuradoria-Geral do Estado*, vol. 22, n. 50. Porto Alegre, Instituto de Informática Jurídica do Rio Grande do Sul, 1994.

_____. *Parcerias na Administração Pública*. 5ª ed. São Paulo, Atlas, 2006.

DIEZ, Manuel María. *Derecho Administrativo*, t. II. Buenos Aires, Plus Ultra, 1965.

DINIZ, Maria Helena. *Código Civil Anotado*. 8ª ed. São Paulo, Saraiva, 2002.

BIBLIOGRAFIA 257

_____. *Compêndio de Introdução à Ciência do Direito*. São Paulo, Saraiva, 1993.

_____. *Sistema de Registros de Imóveis*. 9ª ed. São Paulo, Saraiva, 2010.

DIP, Ricardo. *Direito Administrativo Registral*. São Paulo, Saraiva, 2010.

_____. "Da responsabilidade civil e penal dos oficiais registradores", *Revista de Direito Imobiliário IRIB*, ano 25, n. 53. São Paulo, Ed. RT, jul./ dez. 2002.

_____ (coord.). *Introdução ao Direito Notarial e de Registro*. Porto Alegre, IRIB e Fabris, 2004.

DROMI, José Roberto. *Manual de Derecho Administrativo*, t. I. Buenos Aires, Editorial Ástrea, 1987.

DUGUIT, Léon. *Traité de Droit Constitutionnel*, t. I. 2ª ed. Paris, Ancienne Librairie Fontemoing, 1923.

ERPEN, Décio. "Da responsabilidade civil e do limite de idade para aposentadoria compulsória dos notários e registradores", *Revista de Direito Imobiliário*, vol. 22, n. 47. São Paulo, Ed. RT, jul./dez. 1999.

_____. "Registros públicos", *Revista dos Tribunais*, vol. 75, n. 610. São Paulo, Ed. RT, ago. 1986.

ESTORNINHO, Maria João. *A Fuga para o Direito Privado*. 1ª ed., 2ª tir. Coimbra, Almedina, 2009.

FACHIN, Luiz Edson. *Teoria Crítica do Direito Civil*. Rio de Janeiro, Renovar, 2003.

FAGUNDES, Miguel Seabra. *O Controle dos Atos Administrativos pelo Poder Judiciário*. 5ª ed. Rio de Janeiro, Forense, 1979.

FERNÁNDEZ, Tomás-Ramón; GARCÍA DE ENTERRÍA, Eduardo. *Curso de Derecho Administrativo*. 11ª ed., vol. I. Madri, Civitas, 2002; 8ª ed., vol. II. Madri, Civitas, 2002.

FERRAGUT, Maria Rita. *Presunções no Direito Tributário*. São Paulo, Dialética, 2001.

FERRARI, Paola Nery, e FERRARI, Regina Maria Macedo Nery. *Controle das Organizações Sociais*. Belo Horizonte, Fórum, 2007.

FERRARI, Regina Maria Macedo Nery. *Direito Constitucional*. São Paulo, Ed. RT, 2011.

_____; FERRARI, Paola Nery. *Controle das Organizações Sociais*. Belo Horizonte, Fórum, 2007.

FERRAZ, Patrícia André de Camargo. *Funções Notarial e de Registro e Princípios Constitucionais*. Dissertação (Mestrado em Direito do Estado). São Paulo, Pontifícia Universidade Católica (PUC/SP), 2012.

FERRAZ, Sergio. "Prova de títulos em concurso de remoção para serventia extrajudicial". *Parecer emitido em favor do Sindicato dos Notários e Registradores do Estado de São Paulo, juntado nos autos da Ação Declaratória*

258 REGIME CONSTITUCIONAL DA ATIVIDADE NOTARIAL E DE REGISTRO

de Constitucionalidade n. 14, em trâmite no Supremo Tribunal Federal. São Paulo, 2008.

FERRAZ JÚNIOR, Tercio Sampaio. *Introdução ao Estudo do Direito: técnica, decisão, dominação.* 6ª ed. São Paulo, Atlas, 2010.

_____. *Parecer emitido em favor de João Carlos Kloster e outros, relativo à permuta de serventias extrajudiciais no Estado do Paraná.* São Paulo, 2011.

FERREIRA, Luiz Tarcísio Teixeira. *Parcerias Público-Privadas: aspectos constitucionais.* Belo Horizonte, Fórum, 2006.

FERREIRA, Pinto. *Comentários à Constituição Brasileira,* vol. 7. São Paulo, Saraiva, 1995.

FERREIRA, Sergio de Andréa. "Serviços de registro de distribuição. Regime jurídico. Art. 236 e seus parágrafos da Constituição Federal", *Revista Forense,* vol. 101, n. 381. Rio de Janeiro, Forense, set./out. 2005.

FERREIRA FILHO, Manuel Gonçalves. *Comentários à Constituição Brasileira.* 3ª ed. São Paulo, Saraiva, 1983.

FIGUEIREDO, Lúcia Valle. *Curso de Direito Administrativo.* 9ª ed. São Paulo, Malheiros Editores, 2008.

FIGUEIREDO, Marcelo. "Análise da importância da atividade notarial na prevenção dos litígios e dos conflitos sociais", *Revista de Direito Notarial,* ano 2, n. 2. São Paulo, Quartier Latin, set. 2009-maio 2010.

_____. *Parecer emitido em favor do Dr. Evandro Mombrum de Carvalho.* São Paulo, 2008.

_____. *Parecer emitido em favor do Sindicato dos Notários e Registradores do Estado de São Paulo, juntado nos autos da Ação Direta de Inconstitucionalidade 3.812.* São Paulo, 2007.

_____. *Parecer emitido em favor do Sindicato dos Notários e Registradores do Estado de São Paulo juntado nos autos da Ação Declaratória de Constitucionalidade 14, em trâmite no Supremo Tribunal Federal.* São Paulo, 2008.

_____. *Parecer emitido em favor do Sindicato dos Notários e Registradores do Estado de São Paulo.* São Paulo, 2008.

FORTINI, Cristiana. *Contratos Administrativos: franquia, concessão, permissão e PPP.* 2ª ed. São Paulo, Atlas, 2009.

FRANZONI, Júlia Ávila; CLÈVE, Clèmerson Merlin. "Administração Pública e a nova Lei de Acesso à Informação", *Interesse Público,* ano 15, n. 79. Belo Horizonte, Fórum, maio/jun. 2013.

FREIRE, André Luiz. *O Regime de Direito Público na Prestação de Serviços Públicos por Pessoas Privadas.* São Paulo, Malheiros Editores, 2014.

FREIRE, Claudio Marçal. "O Documento de Dívida e a Lei 9.492, de 10 de setembro de 1997". Disponível em *www.anoreg.org.br/index.php?option com_content&view=article&id=2833:imported_2801&catid=54:diver sos&Itemid=184.*

BIBLIOGRAFIA 259

FREITAS, Juarez. *Discricionariedade Administrativa e o Direito Fundamental à Boa Administração Pública*. 2ª ed. São Paulo, Malheiros, 2009.

_____. "O novo regime de concessões e permissões de serviços públicos", *Revista Jurídica*, vol. 43, n. 210. Porto Alegre, Nota Dez, abr. 1995.

_____ (coord.). *Responsabilidade Civil do Estado*. São Paulo, Malheiros Editores, 2006.

FREITAS, Vladimir Passos de (coord.). *Corregedorias do Poder Judiciário*. São Paulo, Ed. RT, 2003.

GABARDO, Emerson. *Interesse Público e Subsidiariedade*. Belo Horizonte, Fórum, 2009.

GAMA, Tácio Lacerda. "Federação, autonomia financeira e competência tributária: é possível uma Federação sem repartição de competências tributárias?", in SOUZA, Priscila de (coord.). *X Congresso Nacional de Estudos Tributários: sistema tributário brasileiro e as relações internacionais*. São Paulo, Noeses, 2013.

GARCIA, Maria. *Desobediência Civil: direito fundamental*. 2ª ed. São Paulo, Ed. RT, 2004.

GARCÍA DE ENTERRÍA, Eduardo; FERNÁNDEZ, Tomás-Ramón. *Curso de Derecho Administrativo*. 11ª ed., vol. I. Madri, Civitas, 2002; 8ª ed., vol. II. Madri, Civitas, 2002.

GARNICA, Sara Elisa Ortega. "La intervención del notario público en la función judicial", *Revista del Colegio de Notarios del Estado de Jalisco*, n. 31. México, UNAM, jan./jun. 2005.

GASPARINI, Diogenes. *Direito Administrativo*. 16ª ed. Saraiva, São Paulo, 2011.

GIACOMUZZI, José Guilherme. *A Moralidade Administrativa e a Boa-Fé da Administração Pública*. 2ª ed. São Paulo, Malheiros Editores, 2013.

_____. "A supremacia do interesse público na jurisprudência do Supremo Tribunal Federal durante a República Velha", *Revista de Direito Administrativo*, n. 263. Rio de Janeiro, FGV, maio/ago. 2013.

GIANNINI, Massimo Severo Giannini. *Lezioni di Diritto Amministrativo*, vol. I. Milão, Giuffrè, 1950.

GODOY, Cláudio Luiz Bueno, in FREITAS, Vladimir Passos de (coord.). *Corregedorias do Poder Judiciário*. São Paulo, Ed. RT, 2003.

GOMES DE SOUZA, Rubens; BARROS CAVALHO, Paulo; ATALIBA, Geraldo. *Comentários ao Código Tributário Nacional*. 2ª ed. São Paulo, Ed. RT, 1985.

GÓMEZ, Juan Carlos Ramírez. *Derecho Notarial y Registral Colombiano*. Bogotá, Editorial Temis, 2007.

GONÇALVES, José Artur Lima. *Imposto sobre a Renda: pressupostos constitucionais*. São Paulo, Malheiros Editores, 1997; 2ª tir., 2002.

GORDILLO, Agustín. *Princípios Gerais de Direito Público*. Trad. de Marco Aurélio Greco. São Paulo, Ed. RT, 1977.

260   REGIME CONSTITUCIONAL DA ATIVIDADE NOTARIAL E DE REGISTRO

_____. *Tratado de Derecho Administrativo – El acto administrativo*, t. 3. 6ª ed. Belo Horizonte, Del Rey/Buenos Aires, Fundación de Derecho Administrativo, 2003.

_____. *Tratado de Derecho Administrativo – Parte General*, t. 1. 7ª ed. Belo Horizonte, Del Rey/Buenos Aires, Fundación de Derecho Administrativo, 2003.

GRAEFF JÚNIOR, Cristiano. "Natureza jurídica dos órgãos notarial e de registro", *Revista da Associação dos Juízes do Rio Grande do Sul – AJURIS*, vol. 24, n. 71. Porto Alegre, nov. 1997.

GRAU, Eros. "Princípio da equivalência e o equilíbrio econômico e financeiro dos contratos", *Revista de Direito Público*, n. 96. São Paulo, Ed. RT, 1990.

GRECO, Marco Aurélio. "Emolumentos cobrados pelos serviços notariais e de registros", *Revista Fórum de Direito Tributário – RFDT*, ano 1, n. 5. Belo Horizonte, Fórum, set./out. 2003.

GROTTI, Dinorá Adelaide Musetti. *O Serviço Público e a Constituição Brasileira de 1988*. São Paulo, Malheiros Editores, 2003.

GUERRA, Alexandre Dartanham de Mello; BENACCHIO, Marcelo; PIRES, Luis Manuel de Fonseca (coords.). *Responsabilidade Civil do Estado: desafios contemporâneos*. São Paulo, Quartier Latin, 2010.

GUIMARÃES, Fernando Vernalha. *Concessão de Serviço Público*. São Paulo, Saraiva, 2012.

_____. *Parcerias Público-Privadas*. São Paulo, Saraiva, 2012.

HACHEM, Daniel Wunder. *Mandado de Injunção e Direitos Fundamentais*. Belo Horizonte, Fórum, 2012.

_____. *Princípio Constitucional da Supremacia do Interesse Público*. Belo Horizonte, Fórum, 2011.

HAMON, Francis; BURDEAU, Georges; TROPER, Michel. *Direito Constitucional*. Trad. de Carlos Souza. Barueri, Manole, 2005.

HARB, Karina Houat. *A Revisão na Concessão Comum de Serviço Público*. São Paulo, Malheiros Editores, 2012.

HARGER, Marcelo. *Consórcios Públicos na Lei 11.107/2005*. Belo Horizonte, Fórum, 2007.

HÉCTOR, Ornelas K. "Apuntes para la historia del derecho notarial", *Revista Notarial: órgano del Colegio de Notarios del Distrito Federal y Territorios*, ano 6, vol. 5, n. 21. México, jun. 1955. Disponível em *www.juridicas.unam.mx/publica/rev/indice.htm?r=revnot&n=21.*

HESSE, Konrad. *Elementos de Direito Constitucional da República Federal da Alemanha*. Trad. de Luís Afonso Heck. Porto Alegre, Sérgio Antônio Fabris Editor, 1998.

HORTA, Raul Machado. *Direito Constitucional*. 4ª ed. Belo Horizonte, Del Rey, 2003.

HORVATH JÚNIOR, Miguel. *Direito Previdenciário*. 7ª ed. São Paulo, Quartier Latin, 2008.

BIBLIOGRAFIA 261

HUNGRIA, Nelson. *Comentários ao Código Penal*, vol. IX: arts. 250 a 361. Rio de Janeiro, Forense, 1958.

_____. "Ilícito administrativo e ilícito penal", *Revista de Direito Administrativo*, n. 1. Rio de Janeiro, FGV, jan./mar. 1945.

JARACH, Dino. *O Fato Imponível*. 2ª ed. São Paulo, Ed. RT, 2004.

JUSTEN FILHO, Marçal. *Curso de Direito Administrativo*. 10ª ed. São Paulo, Ed. RT, 2014.

KELSEN, Hans. *Teoria Geral do Direito e do Estado*. Trad. de João Baptista Machado. 6ª ed., 4ª tir. São Paulo, Martins Fontes, 2000.

LAGOS, Rafel Nuñes. "El derecho notarial como rama particular del derecho", *Revista Notarial: órgano del Colegio de Notarios del Distrito Federal y Territorios*, anos 4 e 5, t. I, ns. 13 a 19. México, abr. 1953-dez. 1954. Disponível em *www.juridicas.unam.mx/publica/rev/indice.htm?r=revnot&n=13*.

LAPATZA, José Juan Ferreiro. *Direito Tributário: teoria geral do tributo*. São Paulo, Manole/Madri, Marcial Pons, 2007.

LAZZARINI, Álvaro. "Direito público e direito privado – Competência recursal no Estado de São Paulo", *Revista de Direito Administrativo*, n. 207. Rio de Janeiro, FGV, jan./mar. 2007.

LIMA, Frederico Henrique Viegas de. "Perspectivas da função social dos notários brasileiros", *Estudos Jurídicos*, vol. 22, n. 54. São Leopoldo, EduniSul, jan./abr. 1989.

LISBOA, Juliana Follmer Bortolin. "A força normativa da Constituição como paradigma do atual direito notarial e registral brasileiro na busca da segurança jurídica", *Revista de Direito Notarial*, ano 3, n. 3. São Paulo, Quartier Latin, jun. 2010-jun. 2011.

LOUREIRO FILHO, Lair da Silva; LOUREIRO, Claudia Regina Magalhães. *Notas e Registros Públicos*. 4ª ed. São Paulo, Saraiva, 2012.

MAFFINI, Rafael. *Princípio da Proteção Substancial da Confiança no Direito Administrativo Brasileiro*. Porto Alegre, Verbo Jurídico, 2006.

MALHEIROS, Antonio Carlos; BACARIÇA, Josephina; VALIM, Rafael (coords.). *Acesso à Informação Pública*. Belo Horizonte, Fórum, 2015.

MALUF, Carlos Alberto Dabus. "As presunções na teoria da prova", *Revista da Faculdade de Direito*, vol. 79. São Paulo, Universidade de São Paulo, 1984.

MARQUES, José Frederico. *Ensaio sobre a Jurisdição Voluntária*. São Paulo, Ed. RT, 1952.

MARTINS, Claudio. "Fé pública é fé notarial", *Revista da Academia Cearense de Letras,* ano 92, n. 38. Fortaleza, 1977.

MARTINS, Ricardo Marcondes. *Regulação Administrativa à luz da Constituição Federal*. São Paulo, Malheiros Editores, 2011.

262 REGIME CONSTITUCIONAL DA ATIVIDADE NOTARIAL E DE REGISTRO

MASAGÃO, Mário. *Curso de Direito Administrativo.* 6ª ed. São Paulo, Ed. RT, 1977.

MAURER, Hartmut. *Direito Administrativo Geral.* Trad. de Luís Afonso Heck. Barueri, Manole, 2006.

MAXIMILIANO, Carlos. *Hermenêutica e Aplicação do Direito.* 9ª ed. Rio de Janeiro, Forense, 1979.

MAZZILI, Hugo Nigro. "O Ministério Público e a jurisdição voluntária", *Revista de Processo*, n. 48. São Paulo, Ed. RT, out./dez. 1987.

MEDAUAR, Odete. *Direito Administrativo Moderno.* 16ª ed. São Paulo, Ed. RT, 2012.

MEIRELES, José Dilermando. "Rumos da reforma judiciária", *Revista de Informação Legislativa*, vol. 15, n. 57. Brasília, Senado Federal, jan./mar. 1978.

MEIRELLES, Hely Lopes. *Direito Administrativo Brasileiro.* 15ª ed. São Paulo, Ed. RT, 1990.

_____; BURLE FILHO, José Emmanuel; BURLE, Carla Rosado; GHIDETI, Luís Gustavo Casillo. *Direito Administrativo Brasileiro.* 43ª ed., atual. até a EC 99/2017. São Paulo, Malheiros Editores, 2018.

MEIRELLES TEIXEIRA, José Horácio. *Curso de Direito Constitucional.* Revisto e atualizado por Maria Garcia. Rio de Janeiro, Forense Universitária, 1991.

MENDES, Gilmar Ferreira; COELHO, Inocêncio Mártires; BRANCO, Paulo Gustavo Gonet. *Curso de Direito Constitucional.* 4ª ed. São Paulo, Saraiva, 2009.

MENEZES DE ALMEIDA, Fernanda Dias. *Competências na Constituição de 1988.* 3ª ed. São Paulo, Atlas, 2005.

MIELE, Giovanni. *Principî di Diritto Amministrativo*, vol. I. 2ª ed., 2ª tir. Padova, CEDAM, 1966.

MONTEIRO, Vera. *Concessão.* São Paulo, Malheiros Editores, 2010.

MOREIRA, Egon Bockmann. *Direito das Concessões de Serviço Público: inteligência da Lei 8.987/1995 (parte geral).* São Paulo, Malheiros Editores, 2010.

MOREIRA NETO, Diogo de Figueiredo. *Curso de Direito Administrativo.* 15ª ed. Rio de Janeiro, Forense, 2009.

_____. "O sistema de parceria entre os setores públicos e privado. Execução de serviços através de concessões, permissões, terceirizações e outros regimes. Aplicação adequada desses institutos", *Boletim de Direito Administrativo*, vol. 13, n. 2. São Paulo, fev. 1997.

MOSQUERA, Roberto Quiroga. *Renda e Proventos de Qualquer Natureza: o imposto e o conceito constitucional.* São Paulo, Dialética, 1996.

MOTTA, Paulo Roberto Ferreira. *Regulação e Universalização dos Serviços Públicos: análise crítica da regulação da energia elétrica e das telecomunicações.* Belo Horizonte, Fórum, 2009.

MUÑOZ, Jaime Rodríguez-Arana. *Direito Fundamental à Boa Administração Pública.* Trad. de Daniel Wunder Hachem. Belo Horizonte, Fórum, 2012.

BIBLIOGRAFIA 263

NALINI, José Renato. "A responsabilidade civil do notário", *Revista de Jurisprudência do Tribunal de Justiça do Estado de São Paulo*, vol. 25, n. 130. São Paulo, Lex, maio/jun. 1991.

NERY, Rosa Maria de Andrade; NERY JUNIOR, Nelson; *Novo Código Civil e Legislação Extravagantes Anotados*. São Paulo, Ed. RT, 2002.

NERY JUNIOR, Nelson; NERY, Rosa Maria de Andrade. *Novo Código Civil e Legislação Extravagantes Anotados*. São Paulo, Ed. RT, 2002.

NOBRE JÚNIOR, Edilson Pereira. *O Princípio da Boa-Fé e a sua Aplicação no Direito Administrativo Brasileiro*. Porto Alegre, Sérgio Antônio Fabris Editor, 2002.

NOGUEIRA, Ataliba. *O Estado É Meio e Não Fim*. 3ª ed. São Paulo, Saraiva, 1955.

NONATO, Orosimbo. *Da Coação como Defeito do Ato Jurídico*. Rio de Janeiro, Forense, 1957.

NUNES, Castro. "Delegação de poderes", *Revista de Direito Administrativo*, n. 25. Rio de Janeiro, FGV, jul./set. 1951.

NUNES JÚNIOR, Vidal Serrano; ARAÚJO, Luiz Alberto David. *Curso de Direito Constitucional*. 15ª ed. São Paulo, Editora Verbatim, 2011.

OLIVEIRA, Régis Fernandes de. *Delegação e Avocação Administrativas*. 2ª ed. São Paulo, Ed. RT, 2004.

OLIVEIRA FILHO, J. de. "Serventuário de justiça: Official maior e sua competência para praticar todos os actos de competencia do serventuario", in *Coleção Doutrinas Essenciais: direito registral*, vol. I. São Paulo, Ed. RT, 2011.

ORLANDI NETO, Narciso. "Atividade notarial – Noções", in DIP, Ricardo (coord.). *Introdução ao Direito Notarial e de Registro*. Porto Alegre, IRIB e Fabris, 2004.

_____. "Serviços notariais e de registro", in FREITAS, Vladimir Passos de (coord.). *Corregedorias do Poder Judiciário*. São Paulo, Ed. RT, 2003.

PAIVA, João Pedro Lamana. "Novas perspectivas de atos notariais: usucapião extrajudicial e sua viabilidade no ordenamento jurídico brasileiro", *Revista de Direito Notarial*, ano 3, n. 3. São Paulo, Quartier Latin, jun. 2010-jun. 2011.

PASSARELLI, Luciano Lopes. "O *Livro de Eparca* – Os notários em Bizâncio", *Revista de Direito Notarial*, ano 3, n. 3. São Paulo, Quartier Latin, jun. 2010-jun. 2011.

PEREIRA, Antonio Albergaria. *Comentários à Lei n. 8.935, dos Serviços Notariais e Registrais*. Bauru, Edipro, 1995.

PEREIRA, Cesar A. Guimarães. *Usuários de Serviços Públicos: usuários, consumidores e os aspectos econômicos dos serviços públicos*. 2ª ed. São Paulo, Saraiva, 2008.

264 REGIME CONSTITUCIONAL DA ATIVIDADE NOTARIAL E DE REGISTRO

PÉREZ, Jesús González. *El Principio de la Buena-Fe en el Derecho Administrativo*. Madri, Civitas, 1983.

_____. "Los efectos de la inscripción de los actos administrativos", *Revista de Administración Pública*, n. 74. Madri, Instituto de Estudios Políticos, maio/ago. 1974.

PIMENTA BUENO, José Antônio. *Direito Público Brazileiro e Analyse da Constituição de Império*. Rio de Janeiro, J. Villeneuve, 1857.

PIRES, Luis Manuel Fonseca. "A presunção de legitimidade e veracidade dos atos administrativos e o mito da inversão do ônus da prova em prejuízo dos administrados", *Revista da Escola Paulista da Magistratura*, ano 6, vol. 1. São Paulo, Escola Paulista da Magistratura, jul./dez. 2005.

_____; BENACCHIO, Marcelo; GUERRA, Alexandre Dartanham de Mello (coords.). *Responsabilidade Civil do Estado: desafios contemporâneos*. São Paulo, Quartier Latin, 2010.

_____; ZOCKUN, Maurício; ADRI, Renata Porto (coords.). *Corrupção, Ética e Moralidade Administrativa*. Belo Horizonte, Fórum, 2008.

POISL, Carlos Luiz. "O tabelionato e o Poder Judiciário", *Revista de Direito Notarial*, ano 3, n. 3. São Paulo, Quartier Latin, jun. 2010-jun. 2011.

PONDÉ, Eduardo Bautista. *Origen e Historia del Notariado*. Buenos Aires, Depalma, 1967.

PONDÉ, Lafayette. "O ato administrativo, sua perfeição e eficácia", *Revista de Direito Administrativo*, n. 29. Rio de Janeiro, FGV, jul./set. 1952.

PONTES DE MIRANDA, F. C. *Tratado de Direito Privado*. 2ª ed., t. I, atualizado por Vilson Rodrigues Alves. Campinas, Bookseller, 2000; 2ª ed., t. III, atualizado por Vilson Rodrigues Alves. Campinas, Bookseller, 2001.

PONTES FILHO, Valmir. *Poder, Direito e Constituição*. Belo Horizonte, Fórum, 2010.

_____. *Parecer emitido em favor de notários e registradores do Paraná, a respeito da lisura de permutas realizadas pelo Justiça do Estado do Paraná*. Fortaleza, 2011.

POULIS, Panayotis. "Le transfert d'activités administratives a des personnes privées. Réflexion sur la privatisation en droit hellénique", *Revue Internationale de Droit Compare*, vol. 49, n. 4. Paris, Société de Législation Comparé, out./dez. 1997.

REALE, Miguel. *Função Social do Contrato*. Disponível em *www.miguelreale.com.br/artigos/funsoccont.htm*.

RÊGO, Paulo Roberto de Carvalho. *Registros Públicos e Notas: natureza jurídica do vínculo laboral de prepostos e responsabilidade de notários e registradores*. Porto Alegre, IRIB e Sergio Antonio Fabris Editor, 2004.

RIBEIRO, Juliana de Oliveira Xavier. *Direito Notarial e Registral*. Rio de Janeiro, Campus jurídico, Elsevier Editora, 2008.

RIBEIRO, Luís Paulo Aliende. "CNB-SP e a autorregulação da atividade", *Revista de Direito Notarial*, ano 3, n. 3. São Paulo, Quartier Latin, jun. 2010-jun. 2011.

BIBLIOGRAFIA   265

_____. *Regulação da Função Pública Notarial e de Registro*. São Paulo, Saraiva, 2009.

RIBEIRO, Maurício Portugal; PRADO, Lucas Navarro. *Comentários à Lei de PPP – Parcerias Público-Privadas: fundamentos econômico-jurídicos*. São Paulo, Malheiros Editores, 2007; 2ª tir., 2010.

RIVERO, Jean. *Direito Administrativo*. Trad. de Rogério Ehrhardt Soares. Coimbra, Almedina, 1981.

ROCHA, Carmen Lúcia Antunes. *Estudos sobre Concessão e Permissão de Serviço Público no Direito Brasileiro*. São Paulo, Saraiva, 1996.

ROCHA, Silvio Luís Ferreira da. *Manual de Direito Administrativo*. São Paulo, Malheiros Editores, 2013.

RODRIGUES, Felipe Leonardo. "Regimento dos Tabeliães das Notas: Ordenações Filipinas – Edição 1933 *versus* Regulamento da atividade dos Tabeliães de Notas (Lei 8.935/1994)", *Revista de Direito Notarial*, ano 3, n. 3. São Paulo, Quartier Latin, jun. 2010-jun. 2011.

ROMANO, Santi. *Fragmentos e un Diccionario Jurídico*. Buenos Aires, Editorial EJEA, 1964.

_____. *Princípios de Direito Constitucional Geral*. Trad. de Maria Helena Diniz. São Paulo, Ed. RT, 1977.

ROMERO, Miguel Acosta. "La modernización del Estado, su redimensionamiento, la privatización de empresas públicas y servicios públicos", *Revista de la Facultad de Derecho de México*, vol. 44, ns. 195-196. México, UNAM, maio/ago. 1994.

ROSS, Alf. *Direito e Justiça*. Trad. de Edson Bini. São Paulo, Edipro, 2000.

SALLES, Venicio Antonio de Paula. "Responsabilidade civil extracontratual dos notários e registradores", in GUERRA, Alexandre Dartanham de Mello; PIRES, Luis Manuel de Fonseca; BENACCHIO, Marcelo (coords.). *Responsabilidade Civil do Estado: desafios contemporâneos*. São Paulo, Quartier Latin, 2010.

SALOMONI, Jorge Luis. *Teoría General de los Servicios Públicos*. Buenos Aires, Ad-hoc, 2004.

SAMPAIO DÓRIA, Antônio Roberto. *Direito Constitucional Tributário e "Due Process of Law": ensaio sobre o controle judicial da razoabilidade das leis*. Rio de Janeiro, Forense, 1986.

SANTI, Eurico Marcos Diniz de (coord.). *Relatório Final NEF 2009 – Reforma do Processo Administrativo Fiscal Federal (PAF)/CARF: excelência, celeridade e eficiência*. São Paulo, FGV, 2009 (disponível em *http://invente.com.br/nef/files/upload/2011/05/19/relatorio-final-completo-nef-2009-v-1-0.pdf*).

SARAIVA, Gastão Grossê. "Ofícios de justiça: questões pertinentes à classificação de candidatos inscritos nos concursos para provimento de ofício de justiça – Escrevente de Cartório que passa a escrivão – O cargo de escrevente habilitado nas serventias de justiça – Das prerrogativas dos escreventes habilitados", *Revista dos Tribunais*, vol. 383. São Paulo, Ed. RT, set. 1967.

266 REGIME CONSTITUCIONAL DA ATIVIDADE NOTARIAL E DE REGISTRO

SARLET, Ingo Wolfgang. *Dignidade (da Pessoa) Humana e Direitos Fundamentais na Constituição Federal de 1988*. 10ª ed. Porto Alegre, Livraria do Advogado, 2015.

SERRANO, Pedro Estevam Alves. "Requisitos jurídicos para configuração do *impeachment*", *Revista Trimestral de Direito Público*, n. 64. São Paulo, Malheiros Editores, 2015.

SILVA, José Afonso da. *Comentário Contextual à Constituição*. 9ª ed., atualizada até a EC 83/2014. São Paulo, Malheiros Editores, 2014.

_____. *Curso de Direito Constitucional Positivo*. 41ª ed., revista e atualizada até a EC/2017. São Paulo, Malheiros Editores, 2018.

SILVA, Virgílio Afonso da. *A Constitucionalização do Direito: os direitos fundamentais nas relações entre particulares*. 1ª ed., 4ª tir. São Paulo, Malheiros Editores, 2014.

SILVEIRA, Mario Antonio. "Responsabilidade civil do Estado por ato praticado pelo registrador de imóveis", in GUERRA, Alexandre Dartanham de Mello; PIRES, Luis Manuel de Fonseca; BENACCHIO, Marcelo (coords.). *Responsabilidade Civil do Estado: desafios contemporâneos*. São Paulo, Quartier Latin, 2010.

SILVEIRA, Raquel Dias da; CELY, Martha Lucía Bautista (coords.). *Direito Disciplinário Internacional*, vol. I. Belo Horizonte, Fórum, 2011.

SIQUEIRA, Bruno Luiz Weiler; SIQUEIRA, Marli Aparecida da Silva. "Tabeliães e oficiais de registros: da evolução histórica à responsabilidade civil e criminal", *Revista de Informação Legislativa*, ano 37, n. 148. Brasília, Senado Federal, out./dez. 2000.

SIQUEIRA, Marli Aparecida da Silva; SIQUEIRA, Bruno Luiz Weiler. "Tabeliães e oficiais de registros: da evolução histórica à responsabilidade civil e criminal", *Revista de Informação Legislativa*, ano 37, n. 148. Brasília, Senado Federal, out./dez. 2000.

SIQUEIRA CASTRO, Carlos Roberto de. *O Devido Processo e a Razoabilidade das Leis na nova Constituição do Brasil*. Rio de Janeiro, Forense, 1989.

SIVIERO, José Maria. "Registro de títulos e documentos – 1903/2003 – Segurança que faz história", in DIP, Ricardo (coord.). *Introdução ao Direito Notarial e Registral*. Porto Alegre, Sergio Antonio Fabris Editor, 2004.

SORACE, Domenico. "Servizi pubblici e servizi (economici) di pubblica utilità", *Diritto Pubblico*, vol. 5, n. 2. Padova, maio/ago. 1999.

SOUSA E SILVA, Marcos. "Estatização dos serviços de registro de imóveis", *Revista Síntese de Direito Civil e Processual Civil*, vol. 3, n. 14. Porto Alegre, Síntese, nov./dez. 2001.

SOUTO, Marcos Juruena Villela. *Desestatização: privatização, concessões e terceirizações*. 3ª ed. Rio de Janeiro, Lumen Juris, 2000.

SOUZA, Eduardo Pacheco Ribeiro de. *Noções Fundamentais de Direito Registral e Notarial*. São Paulo, Saraiva, 2011.

STOBER, Rolf; BACHOF, Otto; WOLFF, Hans J. *Direito Administrativo*, vol. I. Trad. de António F. de Sousa. 11ª ed. Lisboa, Fundação Calouste Gulbenkian, 2006.

BIBLIOGRAFIA 267

STOCO, Rui. "Responsabilidade civil dos notários e registadores (comentários à Lei 8.935, de 18.11.1994)", *Revista dos Tribunais*, vol. 84, n. 717. São Paulo, Ed. RT, jul. 1995.

_____. *Tratado de Responsabilidade Civil: doutrina e jurisprudência*. 8ª ed. São Paulo, Ed. RT, 2011.

SUPIOT, Alain. "La crise de l'esprit de service public", *Droit Social*, n. 12. Paris, Lib. Sociale et Economique, dez. 1989.

TÁCITO, Caio. "Arbitragem nos litígios administrativos", *Revista de Direito Administrativo*, n. 242. Rio de Janeiro, FGV, out./dez. 2005.

_____. *Direito Administrativo*. São Paulo, Saraiva, 1975.

_____. "O equilíbrio financeiro nos contratos administrativos", *Revista de Direito Administrativo*, n. 187. Rio de Janeiro, FGV, jan./mar. 1992.

TEIXEIRA, Odelmir Teixeira. *Princípios e Procedimentos Notariais*. Campinas, Russel, 2009.

TEMER, Michel. *Elementos de Direito Constitucional*. 24ª ed., 4ª tir. São Paulo, Malheiros Editores, 2017.

THOMPSON FLORES, Carlos. "Titulares vitalícios e estáveis das serventias extrajudiciais. Limitação de sua arrecadação", *Interesse Público*, ano 13, n. 65. Belo Horizonte, Fórum, jan./fev. 2011.

TORRES, Heleno Taveira. *Direito Constitucional Financeiro: Teoria da Constituição Financeira*. São Paulo, Ed. RT, 2014.

_____. *Direito Constitucional Tributário e Segurança Jurídica*. 2ª ed. São Paulo, Ed. RT, 2012.

TORRES, Silvia Faber. *O Princípio da Subsidiariedade no Direito Público Contemporâneo*. Rio de Janeiro, Renovar, 2001.

TROPER, Michel; BURDEAU, Georges; HAMON, Francis. *Direito Constitucional*. Trad. de Carlos Souza. Barueri, Manole, 2005.

URBANO DE CARVALHO, Raquel Melo. *Curso de Direito Administrativo*. 2ª ed. Bahia, Editora Jus Podivm, 2009.

VALGAS DOS SANTOS, Rodrigo. "Nexo causal e excludentes da responsabilidade extracontratual do Estado", in FREITAS, Juarez (coord.). *Responsabilidade Civil do Estado*. São Paulo, Malheiros Editores, 2006.

VALIM, Rafael. *O Princípio da Segurança Jurídica no Direito Administrativo Brasileiro*. São Paulo, Malheiros Editores, 2010.

_____; DAL POZZO, Augusto Neves; CAMMAROSANO, Marcio (coords.). *Regime Diferenciado de Contratações Públicas – RDC (Lei n. 12.462/2011; Decreto n. 7.581/2011): aspectos fundamentais*. 3ª ed. Belo Horizonte, Fórum, 2014.

_____; MALHEIROS, Antonio Carlos; BACARIÇA, Josephina (coords.). *Acesso à Informação Pública*. Belo Horizonte, Fórum, 2015.

268   REGIME CONSTITUCIONAL DA ATIVIDADE NOTARIAL E DE REGISTRO

VENOSA, Silvio de Salvo. *Direito Civil: parte geral*, vol. I. 4ª ed. São Paulo, Atlas, 2004.

_____. "O protesto de documentos de dívida". Disponível em *www.miga lhas.com.br/dePeso/16,MI947,61044-O+protesto+de+documentos+de+ divida.*

VILANOVA, Lourival. *As Estruturas Lógicas e o Sistema do Direito Positivo.* São Paulo, Max Limonad, 1997.

_____. *Causalidade e Relação no Direito.* 4ª ed. São Paulo, Ed. RT, 2000.

VIOLIN, Tarso Cabral. *Terceiro Setor e as Parcerias com a Administração Pública: uma análise crítica.* Belo Horizonte, Fórum, 2006.

WOLFF, Hans J.; BACHOF, Otto; STOBER, Rolf. *Direito Administrativo*, vol. I, 11ª ed. Trad. de António F. de Sousa. Lisboa, Fundação Calouste Gulbenkian, 2006.

XAVIER, Alberto. *Do Lançamento: teoria geral do ato, do procedimento e do processo tributário.* Rio de Janeiro, Forense, 1997.

ZANCANER, Gabriela. *As Competências do Poder Legislativo e as Comissões Parlamentares.* São Paulo, Malheiros Editores, 2009.

ZANCANER, Weida. *Da Convalidação e da Invalidação dos Atos Administrativos.* 3ª ed. São Paulo, Malheiros Editores, 2008.

_____. *Da Responsabilidade Extracontratual da Administração Pública.* São Paulo, Ed. RT, 1981.

_____. "Lineamentos sobre a lei de acesso à informação", in VALIM, Rafael; MALHEIROS, Antonio Carlos; BACARIÇA, Josephina (coords.). *Acesso à Informação Pública.* Belo Horizonte, Fórum, 2015.

_____. "Princípios informadores da Lei de Acesso à Informação", *Revista de Direito de Informática e Telecomunicações – RDIT*, ano 8, n. 15. Belo Horizonte, Fórum, jul./dez. 2013.

_____. "Responsabilidade do Estado, serviço público e os direitos dos usuários", in FREITAS, Juarez (coord.). *Responsabilidade Civil do Estado.* São Paulo, Malheiros Editores, 2006.

ZANOBINI, Guido. *Corso di Diritto Amministrativo.* 8ª ed. Milão, Giuffrè, 1958.

ZOCKUN, Carolina Zancaner. *Da Intervenção do Estado no Domínio Social.* São Paulo, Malheiros Editores, 2009.

_____. *Da Terceirização na Administração Pública.* São Paulo, Malheiros Editores, 2014.

_____. "Sujeição especial e regime jurídico da função pública no Estado de Direito Democrático e Social", in CELY, Martha Lucía Bautista; SILVEIRA, Raquel Dias da (coords.). *Direito Disciplinário Internacional*, vol. I. Belo Horizonte, Fórum, 2011.

BIBLIOGRAFIA 269

_____; ZOCKUN, Maurício. "Natureza e limites da atuação dos Tribunais Administrativos", *Interesse Público*, vol. 44. Belo Horizonte, Fórum, jul./ ago. 2007.

ZOCKUN, Maurício. "A natureza jurídica das taxas destinadas ao Fundo de Fiscalização das Telecomunicações – FISTEL", in BORGES, Eduardo de Carvalho (coord.). *Tributação nas Telecomunicações*. São Paulo, Quartier Latin, 2004.

_____. "A participação do administrado na Administração e o preenchimento de cargos nos Tribunais Administrativos", in ZOCKUN, Maurício; PIRES, Luis Manuel Fonseca; ADRI, Renata Porto (coords.). *Corrupção, Ética e Moralidade Administrativa*. Belo Horizonte, Fórum, 2008.

_____. "A participação dos cartórios no desenvolvimento econômico do País", *Revista de Direito Notarial e de Registro*, vol. 27. Brasília, ANOREG/ BR, jan./jul. 2014. Disponível em *www.youblisher.com/p/906769-Revista- -de-Direito-Notarial-e-de-Registro/*.

_____. "A separação dos Poderes e o Poder Judiciário como legislador positivo e negativo", *Revista Trimestral de Direito Público*, n. 47. São Paulo, Malheiros Editores.

_____. "As empresas estatais prestadoras de serviço público privatizado e o cumprimento de obrigação pecuniária oriunda de condenação judicial (Comentários ao Acórdão do Supremo Tribunal Federal no Recurso extraordinário 599.628)", *Revista Trimestral de Direito Público*, n. 58, 2013.

_____. "Apontamentos do Regime Diferenciado de Contratação à luz da Constituição da República", in VALIM, Rafael; DAL POZZO, Augusto Neves; CAMMAROSANO, Marcio (coords.). *Regime Diferenciado de Contratações Públicas – RDC (Lei n. 12.462/2011; Decreto n. 7.581/2011): aspectos fundamentais*. 3ª ed. Belo Horizonte, Fórum, 2014.

_____. "Carreira notarial e registral: possibilidade, conveniência ou necessidade", *Revista Trimestral de Direito Público*, n. 54. São Paulo, Malheiros Editores.

_____. "Competência legislativa municipal e o interesse local", *Revista da Procuradoria-Geral do Município de Belo Horizonte – RPGMBH*, ano 3, n. 5. Belo Horizonte, Fórum, jan./jun. 2010.

_____. "Controle de preços de medicamentos pela CMED. Obrigatoriedade de seus fabricantes e distribuidores aplicarem, na sua venda, desconto compulsório (CAP) sobre o denominado 'preço fábrica'. A formação do 'preço fábrica' e o usufruto facultativo de isenções tributárias condicionadas", *Revista Trimestral de Direito Público*, ns. 51/52. São Paulo, Malheiros Editores.

_____. "Equilíbrio da relação jurídica do serviço delegado frente à atuação do Estado", *Revista de Direito Notarial e de Registro*, vol. 25. Brasília, ANOREG/BR, jan./jul. 2012. Disponível em *www.youblisher.com/p/ 459914-Anoreg-Revista-de-Direito-Notarial-e-de-Registro-n25-2012/*.

_____. "Lei 8.935/94: concursos públicos sob as perspectivas do CNJ e dos tribunais", *Revista de Direito Notarial e de Registro*, vol. 29. Brasília, ANOREG/BR, jan./jul. 2015. Disponível em *www.youblisher.com/p/1183066-/*.

270 REGIME CONSTITUCIONAL DA ATIVIDADE NOTARIAL E DE REGISTRO

_____. *Regime Jurídico da Obrigação Tributária Acessória*. São Paulo, Malheiros Editores, 2005.

_____. *Responsabilidade Patrimonial do Estado: matriz constitucional, a responsabilidade por atos legislativos, a obrigatoriedade da prévia indenização e a responsabilidade pessoal do parlamentar*. São Paulo, Malheiros Editores, 2010.

_____; PIRES, Luis Manuel Fonseca; ADRI, Renata Porto (coords.). *Corrupção, Ética e Moralidade Administrativa*. Belo Horizonte, Fórum, 2008.

_____; ZOCKUN, Carolina Zancaner. "Natureza e limites da atuação dos Tribunais Administrativos", *Interesse Público*, vol. 44. Belo Horizonte, Fórum, jul./ago. 2007.

ZUVILIVIA, Marina C. *El Notario y la Seguridad Jurídica*. Rosario, Editorial Juris, 2008.

ÍNDICE REMISSIVO

Os algarismos romanos referem o capítulo e os arábicos,
o tópico dentro do capítulo.

Ação direta de inconstitucionalidade
– CNJ – possibilidade de suspender a aplicação de uma lei: V/72 e rodapé 88

Ação direta de inconstitucionalidade por omissão
– Cabimento: V/1 e rodapé 3

Atividade de relevância pública (vide: Serviço público)

Atividade notarial e de registro
– Acumulação *(vide, neste tópico: Serventia extrajudicial)*
– Anexação *(vide, neste tópico: Serventia extrajudicial)*
– Atividade pública
  • e instituição jurídica autônoma: I/28 e rodapé 78
  • qualificação: I/28 (e rodapé 78) e 29
– Atos gratuitos do registro civil:
  • e compensação por atos praticados de modo gratuito: V/97
  • e reequilíbrio econômico-financeiro: V/96
  • e tributação pelo imposto sobre serviços de qualquer natureza (ISS) e imposto sobre a renda devido pela pessoa física (IRPF): V/97 e rodapé 105
– Carreira
  • atividade colaborada com a Administração – possibilidade: V/82
  • conceito constitucional: V/81
    * provimentos – espécies: V/81 e rodapés 96 e 97
  • finalidade: V/81
  • notarial e de registro – possibilidade: V/83
    * classes da carreira: V/85 e 86
    * remoção – pluralidade de sentidos: V/84
– Cartório *(vide também: Serventia extrajudicial)*
  • designação: V/43 e 51
– Código de Defesa do Consumidor
  • limites à sua aplicação: VI/8 e rodapé 15
– Compensação por atos gratuitos do registro civil *(vide, neste tópico: Emolumento e, dentro dele, no subtópico Gratuidade)*
– Competência administrativa dos Estados

272 REGIME CONSTITUCIONAL DA ATIVIDADE NOTARIAL E DE REGISTRO

- função notarial e de registro: V/48; VI/1
- titularidade sobre a atividade: VI/38
  * do Poder Executivo: VI/41 a 44
  * do Poder Judiciário – crítica: VI/39 e 40
– Competência legislativa
- critério de fixação: V/3
  * subjetivo-orgânico: V/48
- e normas gerais: V/18
- e registro público (art. 22, XXV, da Constituição da República) – crítica: V/5 (e rodapé 14), 19 a 28 e 64 a 65
- matérias legisláveis: V/5
– Competência legislativa estadual
- campo legislativo em matéria notarial e de registro: V/127
– Competência legislativa municipal
- imposto sobre serviços de qualquer natureza: V/145
  * regime de tributação: V/145 e 146
– Competência pública
- caracterização: II/31
- *in abstrato* e *in concreto*: II/10
- *in abstrato* e *in concreto* – distinção: V/6
– Conceito constitucional por referência
- definição: III/2 e 3
– Concurso de ingresso
- cabimento – hipótese: V/62
- competência legislativa – normas gerais: V/5
- conceito: V/62
- e concurso de remoção – distinção: V/67
- normas gerais: V/18
- realização – Poder Judiciário: VI/43
– Concurso de remoção
- cabimento – hipótese: V/62
- competência legislativa – Estados – normas especiais: V/66
- competência legislativa – Estados – recepção da legislação editada antes de 1988: V/128 a 135
  * Lei Complementar paulista 539, de 1988: V/131 a 135
- conceito: V/62
  * conceito constitucional – significados: V/84
- e concurso de ingresso – distinção: V/67
- e sujeição especial: V/133
- realização – Poder Judiciário: VI/43
- títulos – exame – critério seletivo: V/70
  * e Resolução 81 do Conselho Nacional de Justiça: V/70
  * hipóteses de cabimento – mesma especialidade: V/74 e 75
  * pela ilegitimidade deste critério seletivo: V/73 e rodapé 89
  * pela legitimidade deste critério seletivo: V/73 e rodapé 90
  * posicionamento dos Tribunais: V/70
– Concurso público
- cabimento – hipótese: V/62
- competência legislativa – normas gerais: V/5 e 65

ÍNDICE REMISSIVO   273

- normas gerais: V/18
- realização – Poder Judiciário: VI/19
- Concurso público para provimento por ingresso *(vide neste subtópico: Concurso de ingresso)*
- Concurso público para provimento por remoção *(vide neste subtópico: Concurso de remoção)*
- Confiança
  - finalidade: Introdução/1 e rodapé 1
- Delegação obrigatória
  - cabimento: II/28
- Desacumulação *(vide, neste tópico: Serventia extrajudicial)*
- Desanexação *(vide, neste tópico: Serventia extrajudicial)*
- Desdobramento *(vide, neste tópico: Serventia extrajudicial)*
- Desmembramento *(vide, neste tópico: Serventia extrajudicial)*
- Desoficialização ou privatização
  - conceito: II/9.
  - da competência *in abstrato* – impossibilidade: V/8 e 9
  - histórico: V/11
- Divórcio consensual e separação consensual
  - cabimento: IV/14
- Emolumentos
  - competência legislativa: V/5
    * iniciativa do Chefe do Poder Executivo: V/41 (e rodapé 67) e 136
    * iniciativa privativa do Poder Judiciário – crítica: V/41
  - gratuidade: V/94 e 95
    * e compensação por atos praticados de modo gratuito – natureza jurídica: V/97
    * e reequilíbrio econômico-financeiro: V/96 *(vide também: Reequilíbrio econômico-financeiro)*
  - natureza jurídica – taxa: IV/3 a 6
    * princípio informador – retributividade: V/94
  - normas gerais: V/18, 90 e 91
  - objeto da remuneração – ato notarial e de registro: V/88
  - pagamento – usuário: V/41
    * e receita privada: VI/31
- Especialidades
  - ampliação, modificação e redução: III/3 e rodapé 20; IV/14; V/29 a 33
  - exercício cumulativo – vedação – regra geral: V/49
  - gênero e espécies: V/20
  - rol legal: III/5
- Estatização ou oficialização *(vide, o tópico: Oficialização ou estatização)*
- Exercício territorial da atividade
  - Município: V/49
- Extinção de delegação *(vide, o tópico: Serventia extrajudicial)*
- Extinção de serventia extrajudicial *(vide, neste tópico: Serventia extrajudicial)*
- Finalidade: Introdução/1, 2 (e rodapé 5); III/6 e 21; IV/7
  - constituição e declaração de direitos: III/6 e rodapé 27
  - e natureza jurídica: III/20

274 REGIME CONSTITUCIONAL DA ATIVIDADE NOTARIAL E DE REGISTRO

* atividade pessoal: V/146 a 151
• e pressuposto de validade de atos jurídicos: III/8 e rodapé 30
• e segurança jurídica
* decorrência da atividade notarial e de registro: IV/2 e 7
• e serviço auxiliar do Poder Judiciário
* e administração da Justiça: IV/11 e rodapé 39
* e modelo francês: IV/17 e rodapé 66
* qualificação: IV/16 e rodapé 62
* qualificação – crítica: IV/12 e 13 (e rodapés 48 a 51), 16 (e rodapé 63)
• e tutela administrativa de interesses privados: IV/17 e rodapé 65
– Fiscalização da atividade notarial e de registro
• campo de fiscalização: VI/10
• competência legislativa: V/5
• competência legislativa concorrente: V/35
• critério de classificação: VI/12 a 18 e 20 a 21
• iniciativa de lei – Poder Judiciário: V/44
• normas gerais: V/18
• Poder Judiciário
* atribuição: V/34 e rodapé 55
* campo de atuação fiscalizadora – da atividade notarial e de registro: VI/10; 15 a 18 e 20 a 21
* campo de atuação fiscalizadora – dos atos notariais e de registro: V/35 e 44; VI/10
* declaração de vacância: VI/47 a 49
– Função administrativa
• conceito: I/28 e rodapé 74; IV/18
• e jurisdição voluntária: IV/14 (e rodapé 52) e 15 a 19
– Função jurisdicional
• conceito: III/1 e rodapé 5
• e adjudicação da fé pública por magistrados: IV/11 e rodapé 42
• e administração da Justiça: IV/11 e rodapé 39
– Função notarial e de registro
• administração indireta de serviços jurisdicionas: IV/11 e rodapé 36
• atividade administrativa de competência dos Estados: V/48 e 64
• como função administrativa: I/28 e rodapé 74; IV/18
• como função jurisdicional: IV/11
* crítica: IV/12 e 13 (e rodapés 48 a 51)
• conceito: IV/1 (e rodapé 2) e 18
• vocação nacional: V/34 e rodapé 54
– Função pública
• qualificação: IV/1 e rodapé 3
– Imposto sobre serviços de qualquer natureza (ISS)
• e atividade pessoal: V/146 a 151
• e reequilíbrio econômico-financeiro: V/106 a 109
• e tributação da compensação para pelos atos gratuitos do registro civil: V/97 e rodapé 105
– Interpretação histórica: III/1 e rodapés 1 a 3
– Inventário extrajudicial
• cabimento: IV/14

ÍNDICE REMISSIVO 275

- Investidura
  - ato do Poder Executivo dos Estados: VI/41 a 44
  - e processo seletivo: V/78
  - e provimento – distinção: V/63 e rodapé 84
  - ocorrência: V/36 e rodapé 58
- Lei de Acesso à Informação
  - alcance: V/112 a 114
  - inaplicabilidade aos notários e registradores – emolumentos recebidos: V/114 a 120
- Mediação e conciliação
  - e atividade notarial e de registro: IV/15
- Normas gerais
  - conceito: V/16 e 17
- Notário
  - função – conselheiro jurídico: IV/13 e rodapé 49
- Notários e registradores
  - e particulares em atividade colaborada com a Administração: V/79; VI/26 e 32
  - regime de aposentadoria: V/137 a 144
    * espécies de regime de aposentadoria: V/137 e rodapés 164 a 166
  - regime estatutário estabelecido com o Poder Público: V/31 e rodapés 50 e 51
    * direito adquirido à imutabilidade do regime jurídico: V/31 e rodapé 52
- Oficialização ou estatização
  - competência *in abstrato*: V/8 e 9
  - conceito: II/9
  - e eficiência: V/13
  - histórico: V/11
  - requisitos constitucionais: V/13
- Organização judiciária *(vide: Função jurisdicional)*
- Prestação privativa pelo Estado
  - conceito: Introdução/2 e rodapé 3
  - e embaixadas e consulados brasileiros: Introdução/2 e rodapé 4
  - e Juntas Comerciais: Introdução/2 e rodapé 3
- Presunção de validade dos atos notariais e de registro: III/8 a 19
  - e ato inexistente: III/16 e rodapés 69 e 70
  - e direito de resistência: III/15 e rodapé 62
  - e documentos privados: III/22
  - e fé-pública: III/9 a 17
    * e consequências: III/23
    * e exigibilidade: III/19 e rodapé 84
    * e imperatividade: III/19 e rodapé 84
    * e impessoalidade: III/17 e rodapé 79
    * e presunção de veracidade: III/15 e rodapé 57
    * e princípio republicano: III/18
  - e impugnação judicial: III/15 e rodapé 60
  - e modo de produção dos atos estatais: III/16 (e rodapés 67 e 68) e 17
  - e ônus da prova: III/15 e rodapé 61
  - e pressuposto do Direito: III/16 e rodapé 67

276   REGIME CONSTITUCIONAL DA ATIVIDADE NOTARIAL E DE REGISTRO

– Privatização ou desoficialização *(vide: Desoficialização e privatização)*
– Provimento
  • e investidura – distinção: V/63 e rodapé 84
  • inicial – hipótese: V/63
  • por remoção – hipótese: V/63
– Reequilíbrio econômico-financeiro
  • conceito: V/100 e 101
  • e atividade notarial e de registro – aplicabilidade: V/102 e 104
    * meios de controle: V/105
  • e atividade notarial e de registro – inaplicabilidade: V/103
  • e atos gratuitos do registro civil: V/94 e 98
  • e tributação da atividade notarial e de registro – ISS: V/106 a 109
– Regime jurídico aplicável ao seu desempenho *(vide também: Regime jurídico)*
  • direito privado: Introdução/3
    * aplicável a terceiros e usuários da atividade: Introdução/3 e rodapé 8
    * aplicável aos não usuários da atividade: Introdução/3 e rodapé 7
    * crítica: VI/4 a 6
    * preponderância do direito privado: Introdução/3 e rodapé 9
  • direito público: Introdução/3
    * preponderância do direito público: Introdução/3 e rodapé 9 e 4; VI/6 e 8
  • dualidade de regimes jurídicos: Introdução/3
  • regime misto: VI/3 e rodapé 5
– Registro público
  • na Constituição: V/22
– Remuneração *(vide neste subtópico: Emolumentos)*
– Responsabilidade civil
  • competência legislativa: V/5
  • da pessoa natural: III/15 e rodapé 66; V/123 e 124
  • do notário e do registrador
    * correntes doutrinárias: V/122 e rodapés 130 a 136
    * fundamento constitucional: V/121
    * inaplicabilidade do art. 37, § 6º, da Constituição da República: V/123 a 126
– Sacrifício de direito
  • e oficialização ou estatização: V/13 e 14
– Separação e divórcio consensual
  • e atividade notarial e de registro: IV/14; V/32
– Serventia extrajudicial
  • acumulação
    * cabimento – hipótese: V/49 a 54
    * como concentração de atividade: V/47
    * exigência de lei formal: V/50 e rodapés 76 a 78
    * regime normativo – síntese: V/60
  • anexação
    * cabimento – hipótese: V/49 a 54
    * como concentração de atividade: V/47
    * exigência de lei formal: V/50 e rodapés 76 a 78
    * regime normativo – síntese: V/60
  • conceito: V/36

ÍNDICE REMISSIVO 277

* como competência pública: V/36 (e rodapés 63 e 64) e 45 (e rodapé 69)
* como empresa – crítica: V/36 e rodapé 62
* como órgão público – crítica: V/36 e rodapés 60 e 61
* designação – Cartório: V/43 e 51
• criação de serventia extrajudicial
* critérios jurídicos para criação: V/59
* e extinção de delegação – diferença: V/45 e rodapé 70
* exigência de lei formal: V/46 e rodapés 70 a 72
* na vacância – crítica: V/45
• desacumulação
* como desconcentração de atividade: V/50
* conceito: V/50
* e vacância: V/50 e 53 a 54
* exigência de lei formal: V/50 e rodapés 76 a 78
* regime normativo – síntese: V/60
• desanexação
* como desconcentração de atividade: V/50
* conceito: V/50
* e vacância: V/50, 53 (e rodapé 79) e 54
* exigência de lei formal: V/50 e rodapés 76 a 78
* regime normativo – síntese: V/60
* vedação – no transcurso da delegação: V/53
• desdobramento
* e desanexação – diferença: V/55
* exigência de lei formal: V/58
* regime normativo – síntese: V/60
• desmembramento
* e desacumulação – diferença: V/55
* exigência de lei formal: V/58
* regime normativo – síntese: V/60
• extinção da delegação
* consequências: V/46
* e extinção de serventia extrajudicial – diferença: V/45 e rodapé 70
* exigência de lei formal: V/46 e rodapés 70 a 72
• vacância *(vide neste subtópico: Desanexação e desacumulação)*
* conceito: V/45
* declaração – Poder Judiciário: VI/47 a 49
* declaração pelo CNJ – Resolução 80, de 2010: VI/50 a 56
* reversão ao Poder Público – crítica: VI/28 a 30
– Serventia judicial
• e notários e registradores: V/79
– Serviço auxiliar do Poder Judiciário *(vide também: Função jurisdicional)*
• e atividade notarial e de registro – distinção: V/41 e 44
– Serviço de interesse público
• e atividade notarial e de registro como serviço de interesse público: IV/7 e rodapé 19
– Serviço público
• e atividade notarial e de registro como serviço público: IV/6
– Territorialidade

278   REGIME CONSTITUCIONAL DA ATIVIDADE NOTARIAL E DE REGISTRO

- âmbito de atuação – atividade notarial e de registro: Introdução/1 e rodapé 2
- Teto remuneratório
  - fixação pelo CNJ Resolução 80, de 2010: VI/22 e 23
  - fixação pelo CNJ Resolução 80, de 2010 – destinação do *superavit*: VI/45
  - inaplicabilidade aos interinos: VI/24 a 37
- Titularidade *(vide, neste tópico: Competência administrativa dos Estados)*
- Usucapião extrajudicial
  - e atividade notarial e de registro: IV/14
- Vacância *(vide, neste tópico: Serventia extrajudicial)*

Atividade pública
- Atividades materiais realizadas pelo Estado: I/22 e rodapé 52
- Função pública: I/20 e 22 e rodapé 53
- Sentido amplo e sentido estrito: I/22

Atividades materiais (vide: Atividade pública)

Atividades públicas e privadas (vide também: Função pública)
- Critério de classificação: I/21 e rodapé 50
- Função pública: I/20 e 22 e rodapé 53

Ato jurídico
- Conceito: II/19 e rodapé 43
- Inexistente *(vide: Atividade notarial e de registro; subitem Presunção de validade dos atos notariais e de registro)*
- Presunção de validade *(vide: Atividade notarial e de registro; subitem Presunção de validade dos atos notariais e de registro)*

Atos privados
- e interesse público: III/17 e rodapés 78 e 79

Autonomia da vontade (vide: Direito privado)

Capacidade pública (vide: Competência pública)

Carreira (vide: Atividade notarial e de registro; subitem Carreira)

Cartório (vide: Atividade notarial e de registro; subitem Serventia extrajudicial)

Código de Defesa do Consumidor (vide: Atividade notarial e de registro; subitem Código de Defesa do Consumidor)

Coisa julgada
- Conceito: I/27
- Sentença arbitral: I/27 e rodapé 71

Comodidades públicas
- Regime de prestação: Introdução/4 e rodapé 10

ÍNDICE REMISSIVO 279

Competência (vide também: Função)
- Dever poder
  - conceito: I/17 e rodapé 41

Competência legislativa (vide: Função legislativa)

Competências públicas
- Atributos das competências públicas: II/5
- Conceito: II/1 e rodapés 1 a 3
- Classificação
  - critério – concreto exercício: II/23
  - critério – formal: II/3
  - critério – material: II/3 e rodapé 12
  - critério – viabilidade de delegação: II/23
- Definição: II/3
  - e divergências doutrinárias: II/3 e rodapé 13
- Delegação
  - ao próprio Estado: II/25 e rodapé 78
  - Conceito
    * como atos translativo ou constitutivo de direito: II, 10 e rodapé 42
    * e dissenso doutrinário: II/6
  - e autorização: II/15
  - e concessão de serviço público: II/6 e rodapé 20
    * e delegação – espécie: II/6 e rodapé 21
    * e efeitos trilaterais: VI/5 e rodapé 7
    * e relações jurídicas formadas: VI/5 e rodapé 8
    * e terceirização – distinção: II/5 e rodapé 22
  - e despublicização: II/10 e rodapé 48
    * função legislativa e jurisdicional – vedação: II/16
  - e serviço público
    * e credenciamento: II/25 e rodapé 79
    * e execução material – distinção: II/5 e rodapé 23
  - exercício da competência delegada: II/22 a 31
    * e sujeição especial: II/24 e rodapé 71
    * e supervisão ministerial: II/24 e rodapé 67
    * exercício privativo do Estado: II/25
- e capacidade pública: II/1 e rodapé 4
- Residual: II/2 e rodapé 11
- Supressão: II/13
- Transferência de competências públicas
  - e despublicização: II/11 e rodapé 48
    * limites formais: II/11 a 15
    * limites substantivos: II/16
  - *in abstrato*
    * conceito: II/4
    * e atividade notarial e de registro: II/10
    * e delegabilidade: II/11 e rodapé 49
    * e exercício obrigatório: IV/2
    * e indelegabilidade: II/8

280   REGIME CONSTITUCIONAL DA ATIVIDADE NOTARIAL E DE REGISTRO

* e indelegabilidade – exceção: II/8
* *in concreto*
  * conceito: II/4
  * e atividade notarial e de registro: II/10
  * e concessão de serviço público: II/10
  * e delegabilidade: II/12
  * e delegação facultativa: II/30
  * e delegação obrigatória: II/27 a 29
  * e delegação proibida: II/25
  * e intransferibilidade total: II/13 e 14
  * e limites: V/12

Conceito constitucional
  – por referência: III/2 e 3

Concessão de serviço público (vide: Competências públicas)

Conciliação
  – Obrigatoriedade: II/28 e rodapé 85

Concurso (vide: Atividade notarial e de registro; subitens Concurso público, Concurso de ingresso e Concurso de remoção)

Concurso público (vide: Atividade notarial e de registro; subitens Concurso público, Concurso de ingresso e Concurso de remoção)

Congresso Nacional
  – Representação política nacional e federal: V/4

Conselho Nacional de Justiça
  – Competência em matéria notarial e de registro: V/41
  – Competência – lei supostamente inconstitucional – suspensão da sua aplicação: V/72 e rodapé 88
  – Resolução 80, de 2010 *(vide: Atividade notarial e de registro; subitens Teto remuneratório e Serventia extrajudicial)*

Controle de constitucionalidade
  – CNJ – possibilidade de suspender a aplicação de uma lei: V/72 e rodapé 88

Credenciamento (vide: Serviço público e Competências públicas)

Delegação de competências públicas (vide: Competências públicas)

Despublicização (vide: Competências públicas)

Direito
  – Completude: I/4 a 10
    • plenitude da ordenação: I/5 e rodapé 8
  – Definições jurídicas: I/11 e rodapé 16

ÍNDICE REMISSIVO

– Direito fim e direito meio: V/24 a 27
– Presunção de validade dos atos jurídicos: III/16 e rodapés 67 e 68
– Propósito: I/1 a 3
– Regulação do comportamento humano: I/8

Direito de resistência (vide: Atividade notarial e de registro, subitem Presunção de validade dos atos notariais e de registro)

Direito privado (vide também: Direito público)
– Autonomia da vontade: I/19 e rodapé 44
– Direito público
  • critério adotado para separação do direito privado: I/17 a 20
  • critérios para separação do direito privado: I/12 a 16
  • inutilidade da distinção com o direito privado: I/9 e rodapé 14
– Função pública: I/19 e rodapés 46 e 47
– Publicização do direito privado: I/14 e rodapé 24

Direito público (vide também: Direito privado)
– Conceito: Introdução/3 e rodapé 6
– Direito privado
  • critério adotado para separação do direito público: I/17 a 20
  • critérios para separação do direito público: I/12 a 16
  • função pública: I/19 e rodapés 46 e 47
  • inutilidade da distinção com o direito público: I/9 e rodapé 14
– Normas de ordem pública: I/14 e rodapé 24
  • Conceito: VI/3 e rodapé 6

Divórcio consensual extrajudicial (vide: Atividade notarial e de registro; subitem Separação e divórcio consensual)

Embaixadas brasileiras
– Desempenho de função notarial e de registro: Introdução/2 e rodapé 4

Emolumentos (vide: Atividade notarial e de registro; subitem Emolumentos)

Extraterritorialidade da lei nacional (vide também: Princípio da legalidade)
– Cabimento: I/7 e rodapés 10 a 13

Fato jurídico
– Conceito: II/10 e rodapé 43

Fé-pública (vide: Atividade notarial e de registro; subitem Presunção de validade dos atos notariais e de registro)

Fiscalização da atividade notarial e de registro (vide: Atividade notarial e de registro; subitem Fiscalização da atividade notarial e de registro)

Função (vide também: Competência)
– Conceito: I/17 e rodapé 41

282   REGIME CONSTITUCIONAL DA ATIVIDADE NOTARIAL E DE REGISTRO

– e competências públicas: II/1

Função administrativa
– Atividade notarial e de registro *(vide também: Atividade notarial e de registro; subitens Função administrativa e Função notarial e de registro)*
– Classificação: I/28
– Conceito: I/25 e rodapé 62; IV/10
– Jurisdição voluntária: I/27 e rodapé 70
– Tutela administrativa dos interesses privados: I/27

Função executiva
– Função pública: IV/10 e rodapé 32

Função jurisdicional
– Administração indireta de serviços jurisdicionais *(vide: Atividade notarial e de registro; subitem Função jurisdicional)*
– Atividade notarial e de registro *(vide: Atividade notarial e de registro; subitem Função jurisdicional)*
– Conceito: I/26 e rodapé 63; IV/12 e rodapé 43
– Fiscalização da atividade notarial e de registro *(vide também: Atividade notarial e de registro; subitem Fiscalização da atividade notarial e de registro)*
  • órgão competente: V/34
– Indelegabilidade: II/16 e 17
– Organização de serventia judicial: V/38
  • e notários e registradores: V/79
– Organização judiciária
  • extensão: V/38 e 39
– Serviços auxiliares do Poder Judiciário
  • conceito de serviços auxiliares do Poder Judiciário: V/38 a 39 e 41
  • competência: V/40
  • e atividade notarial e de registro – distinção: V/40 a 44

Função legislativa
– Características: IV/10
– Competência legislativa
  • atividade notarial e de registro *(vide: Atividade notarial e de registro)*
  • remanescente ou residual: V/1
  • repartição – critérios: V/1 e rodapé 4
  • residual ou remanescente: V/1
– Direito fim e direito meio: V/24 a 27
– e Congresso Nacional: V/4
– Indelegabilidade: II/16
– Normas gerais: V/16 e 17

Função política
– Função pública: IV/10 e rodapé 31

Função pública (vide também: Atividade notarial e de registro; subitem Função pública)

ÍNDICE REMISSIVO 283

- Atividades públicas e privadas: I/20
- Classificação: I/23 e rodapé 58
  • e critério subjetivo: IV/11 e rodapé 38
- Conceito: I/17 e rodapé 41; IV/10 e rodapés 28 a 30
- Direito privado: I/19 e rodapés 46 e 47

Infração administrativa
- e infração penal – natureza jurídica: III/13 e rodapé 43

Interpretação histórica
- Alcance: III/1 e rodapé 4

Investidura (vide: Atividade notarial e de registro; subitem Investidura)

Juntas Comerciais
- Prestação privativa do Estado: Introdução/2 e rodapé 3

Justiça de paz
- Delegação obrigatória: II/28

Legalidade (vide: Princípio da legalidade)

Lei (vide: Princípio da legalidade)

Lei de Acesso à Informação (vide também: Atividade notarial e de registro; subitem Lei de Acesso à Informação)
- Alcance: V/112 a 114

Lei de Introdução às Normas do Direito Brasileiro (vide também: Princípio da segurança jurídica)
- e segurança jurídica: I/6

Livre concorrência
- e regime de competição – diferença: II/30 e rodapé 94

Livre iniciativa
- Modificação constitucional: II/19

Mandado de injunção
- Cabimento: V/1 e rodapé 3

Nação
- Conceito: V/4 e rodapé 9

Norma geral
- Conceito: V/16 e 17

Normas de ordem pública (vide: Direito público)

284 REGIME CONSTITUCIONAL DA ATIVIDADE NOTARIAL E DE REGISTRO

Poder hierárquico
- e exercício de função delegada: II/24 e rodapé 67

Poder Judiciário (vide: Função jurisdicional)

Presunção de validade dos atos jurídicos (vide: Atividade notarial e de registro)

Presunção de veracidade dos atos estatais: III/15 e rodapé 57

Princípio da boa-fé e da confiança legítima
- Conceito: VI/53 a 56
- e Resolução 80, de 2010, do CNJ: VI/55 e 56

Princípio da legalidade (vide também: Princípio da segurança jurídica)
- e lei geral: V/17 e rodapé 39
- e segurança jurídica: I/5
- Extraterritorialidade da lei nacional: I/7 e rodapés 10 a 13

Princípio da segurança jurídica
- e alterações legislativas: V/29 e 30
- e Lei de Introdução às Normas do Direito Brasileiro: I/6
- e princípio da legalidade: I/5
- Princípio fundamental do Direito: I/3 e rodapé 3; IV/12 e rodapé 44

Privatização (vide: Atividade notarial e de registro; subitem Desoficialização ou privatização; e Serviço público)

Provimento (vide: Atividade notarial e de registro; subitem Provimento)

Reequilíbrio econômico-financeiro (vide: Atividade notarial e de registro; subitem Reequilíbrio econômico-financeiro)

Regime jurídico
- Desempenho da atividade notarial e de registro *(vide também: Atividade notarial e de registro; subitem Regime jurídico aplicável ao seu desempenho)*
  • direito privado: Introdução/3
    * aplicável aos não usuários da atividade: Introdução/3 e rodapé 7
    * aplicável a terceiros e usuários da atividade: Introdução/3 e rodapé 8
    * preponderância do direito privado: Introdução/3 e rodapé 9
  • direito público: Introdução/3
    * preponderância do direito público: Introdução/3 e (rodapé 9) e 4
  • dualidade de regimes jurídicos: Introdução/3

Responsabilidade civil do Estado (vide: Responsabilidade patrimonial do Estado; subitem Responsabilidade civil)

Responsabilidade patrimonial do Estado
- da pessoa natural: III/15 e rodapé 66; V/123 e 124

ÍNDICE REMISSIVO 285

– do notário e registrador *(vide: Atividade notarial e de registro; subitem Responsabilidade civil)*

Sanção administrativa
– e sanção penal – natureza jurídica: III/13 e rodapé 43

Segurança jurídica (vide: Princípio da segurança jurídica)

Sentença arbitral (vide: Coisa julgada)

Separação consensual extrajudicial (vide: Atividade notarial e de registro; subitem Divórcio consensual e separação consensual)

Serventia extrajudicial (vide: Atividade notarial e de registro; subitem Serventia extrajudicial)

Serventia judicial (vide: Função jurisdicional; e Atividade notarial e de registro; subitem Serventia judicial)

Serviço público
– Conceito: IV/7
• e regime de contraprestação – crítica: IV/4 a 6
– e atividade de relevância pública: II/26 e rodapé 81
• e serviços públicos não privativos – crítica: II/26 e rodapé 82
– e atividade notarial e de registro *(vide também: Atividade notarial e de registro)*
– e atividade privada: II/20
– e autorização: II/15 *(vide também: Competências públicas)*
– e concessão, permissão e delegação *(vide também: Competências públicas)*
– e contraprestação: IV/3 a 6
– Prestação por terceiros: II/10 e 25 e rodapé 77
• e credenciamento: II/25 (e rodapé 79) e 30 (e rodapé 93)
• em regime de competição com o Estado: II/30 e rodapé 94
– Privatização
• natureza e limites: V/11 e 12
– Serviço público de interesse local – qualificação por lei: II/17
– Serviço público estadual – qualificação por lei: II/18

Sujeição especial (vide também: Atividade notarial e de registro; subitem Concurso de remoção; e Competências públicas)
– e delegação: II/24 e rodapé 71

Supervisão ministerial
– Conceito: II/24 e rodapé 68

Suspensão de segurança
– Manejo pelo delegatário de função pública: II/10

Taxa
– Emolumentos *(vide: Atividade notarial e de registro; subitem Emolumentos)*

286   REGIME CONSTITUCIONAL DA ATIVIDADE NOTARIAL E DE REGISTRO

Terceirização (vide: Serviço público)

Teto remuneratório (vide: Atividade notarial e de registro; subitem Teto remuneratório)

Tradução juramentada
  – e segurança jurídica: IV/12

Usucapião extrajudicial (vide: Atividade notarial e de registro; subitem Usucapião extrajudicial)

*   *   *

GRÁFICA PAYM
Tel. [11] 4392-3344
paym@graficapaym.com.br

00298